世界国别与区域地理研究丛书

秦大河 杜德斌 主编

缅甸地理

胡志丁 著

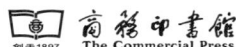

图书在版编目（CIP）数据

缅甸地理/胡志丁著. —北京：商务印书馆，2024
（世界国别与区域地理研究丛书）
ISBN 978-7-100-23967-7

Ⅰ.①缅… Ⅱ.①胡… Ⅲ.①地理—缅甸 Ⅳ.①K933.7

中国国家版本馆 CIP 数据核字（2024）第 095562 号

权利保留，侵权必究。

世界国别与区域地理研究丛书
缅甸地理
胡志丁 著

商　务　印　书　馆　出　版
（北京王府井大街36号　邮政编码100710）
商　务　印　书　馆　发　行
北京启航东方印刷有限公司印刷
ISBN 978-7-100-23967-7
审　图　号：GS 京（2024）0556 号

2024 年 10 月第 1 版　　　　开本 787×1092 1/16
2024 年 10 月北京第 1 次印刷　印张 23¼

定价：168.00 元

"世界国别与区域地理研究丛书"总序

地理学作为一门古老的学科,是伴随着人类文明的滥觞一并出现,并随着生产力的进步、社会需求的提高和人类对不同尺度人地系统认识的深化而逐步发展起来的。15—17世纪,欧洲封建社会走向衰落,资本主义生产方式开始兴起,经济发展对原料地和销售市场提出了新的要求,驱动着哥伦布等一批航海家开始向外冒险,从而在人类历史上开启了一段可歌可泣的伟大历程——地理大发现。地理大发现极大地拓展了人类的认知空间,第一次凸显了地理知识的强大威力。有了日益丰富的地理知识的武装,欧洲一些规模较大的大学开始开设专业地理学课程并开展相关的研究,包括地图绘制、航海术和制图学,地理学逐渐走出推测与假说,逐步摆脱对其他学科的依附而成为一门显学。

到了19世纪末,欧洲殖民主义的扩张达到了高潮,地理学被称为"所有宗主国科学中无可争议的皇后",成为西方国家知识领域中不可或缺的部分。在西方殖民扩张过程中,涌现出大批杰出的地理学家,其中包括德国地理学家亚历山大·冯·洪堡(Alexander von Humboldt,1769—1859)。洪堡是19世纪最杰出的科学家之一,他的科学考察足迹遍及西欧、北亚、中亚、南美洲和北美洲,所到之处,高山大川无不登临,奇花异草无不采集。正是源于对世界各地的深入考察,他科学揭示了自然界各种事物间的因果关系,把包括人在内的自然界视为一个统一的、充满内在联系的、永恒运动的整体。洪堡的科学考察活动和学术思想,推动了千百年来纯经验性的地理现象和事实描述向科学规律探索的转变,使得地理学成为一门真正的科学,洪堡也因此被誉为近代地理学的奠基人。

20世纪初,随着各领域科学技术的进步,特别是横贯大陆铁路的出现,以俄国和德国为代表的陆地力量迅速崛起，给以英国为代表的海洋霸权带来巨大冲击和挑战。为警示英国政府，英国地理学家哈尔福德·麦金德（Halford Mackinder，1861—1947）于1904年在英国皇家地理学会宣读了题为"历史的地理枢纽"的论文。在该文中，麦金德首次将世界视为一个整体，从全球海陆结构的视角来考察人类数千年的发展历史，发现亚欧大陆内陆的大片区域构成了人类战争和经济史上最重要的"枢纽地区"（后称"心脏地带"）。麦金德认为：谁统治了东欧，谁就能控制"心脏地带"；谁统治了"心脏地带"，谁就能控制"世界岛"；谁统治了"世界岛"，谁就能控制全世界。

麦金德的"历史的地理枢纽"一文发表10年后，第一次世界大战爆发。大战中，所有参战国较大的地理机构均被各国情报部门利用起来，为军队提供最新的地理信息和地图。大战结束后的巴黎凡尔赛和平会议上，美国地理学家艾赛亚·鲍曼（Isaiah Bowman，1878—1950）、威廉·莫里斯·戴维斯（William Morris Davis，1850—1934）和埃伦·丘吉尔·森普尔（Ellen Churchill Semple，1863—1932），法国地理学家埃马纽埃尔·德·马东（Emmanual de Martonne，1873—1955）及其他主要国家一些地理学家都被邀请作为和谈代表团顾问，参与重绘战后世界政治地图的工作。20年后，第二次世界大战爆发，再次验证了麦金德的预言，也进一步凸显了地理学理论和思想的强大威力。

进入21世纪，新一轮科技革命深入发展，新的全球问题不断涌现，国际力量格局深刻调整，大国博弈持续加剧，世界又一次站在历史的十字路口。面对世界之变、时代之变、历史之变，中国政府提出构建"人类命运共同体"理念和共建"一带一路"倡议，为促进世界和平发展和完善全球治理体系积极贡献中国智慧、提供中国方案。这对新时代中国地理学的发展提出了新的要求，也带来了前所未有的历史机遇，尤其赋予区域国别地理（世界地理）学科新的重大使命。

中国地理学家对于区域国别地理的研究具有悠久的历史。早在20世纪30—40年代，中国人文地理学的奠基人之一胡焕庸先生就曾编写出版了中国第一套区域国别地理（志）著作，包括《法国地志》《俄国地志》《英国地志》《德国地志》《南欧地志》《日本地志》《美国经济地理》等。50—60年代，百废待兴的中华人民共和国，出于了解外部世界的迫切需求，区域国别地理受到高度重视。

1956年，中国科学院外国地理研究组（后更名为世界地理研究室）作为我国第一个区域国别地理研究机构的成立，对推动学科发展具有重要意义。1963年中国地理学会世界地理专业委员会的成立，标志着中国的区域国别地理研究的发展由自发阶段进入有组织化阶段。此后，一批世界区域国别地理研究机构在各高校相继成立，并在研究区域上形成明确的分工，如华东师范大学的西欧北美地理研究室、南京大学的非洲经济地理研究室、暨南大学的东南亚经济地理研究室等。70年代，又陆续成立了北京师范大学的北美地理研究室、东北师范大学的日本和苏联经济地理研究室、华中师范学院的拉丁美洲地理研究室、福建师范大学的东南亚地理研究室等，全国14家出版社还联合翻译、出版了72部（套）区域国别地理著作。80年代，在中国地理学会世界地理专业委员会的组织和协调下，中国地理学家先后完成大型工具书《中国大百科全书·世界地理卷》和《辞海·世界地理分册》、大型专业丛书"世界农业地理丛书"、《世界钢铁工业地理》《世界石油地理》等重大科研项目，为深入了解世界发展、普及世界地理知识做出了重要贡献。但令人遗憾的是，由于种种原因，中国的区域国别地理研究工作并没有随着改革开放的深入发展而持续繁荣，相反自90年代起就日渐衰落，相关研究机构几乎全部关闭或处于名存实亡的状态。直至今天，区域国别地理研究依然面临研究力量薄弱、研究经费不足、研究质量亟待提高的问题。

在此百年未有之大变局下，中国地理学人肩负新的历史使命，应树立更加宽广的世界眼光，赶上时代，引领时代，充分发挥学科优势，在世界文明发展中阐释人与自然生命系统和谐演进的科学机理，为人类命运共同体建设贡献专业智慧、提供专业方案。特别是，要加强对世界区域国别地理研究，让国人读懂世界，同时对外讲好中国故事，让世界读懂中国。

从学科发展的角度看，区域国别地理是地理学的基础性学科。区域是地理要素的集合体，地理学的任何理论成果和规律，只有通过世界性的综合研究和区域性的比较分析才能得以证实；普遍规律和特殊规律，只有放在全球的尺度上，方能理清脉络，分清层次。忽视区域国别地理研究，就会有"只见树木、不见森林"之虞。正如胡焕庸先生所说，地理学研究既要用"显微镜"，横察中国现世；更须用"望远镜"，纵观世界大势。

一直以来，我就倡导中国学者要牢固树立"世界眼光、家国情怀、战略思维、服务社会"的治学价值观。2020年2月，我受邀担任华东师范大学世界地理与地缘战略研究中心主任。四年来，我和杜德斌教授等同人一同发起举办了世界地理大会，启动了"世界国别与区域地理研究丛书"，还分别主编了《中国大百科全书》（第三版）冰冻圈科学卷和世界地理学科卷，围绕共建"一带一路"倡议共同完成了多项研究课题。我们力图通过这些学术活动和项目研究来推动自然地理学与人文地理学的深度融合，促进中国区域国别地理研究的繁荣，使中国地理学更好地服务国家战略，造福世界人民。

"世界国别与区域地理研究丛书"是推进区域国别地理研究发展的一项实质性重大举措，符合时代之需、民族之需和学术之需。此套丛书由华东师范大学世界地理与地缘战略研究中心和商务印书馆共同策划，初步规划对世界主要国家和区域开展地理研究，分期分批出版。丛书以国家为主，区域为辅，力求向读者呈现一个真实立体的世界地理全貌。愿此套丛书的出版能吸引更多有志青年投身到世界区域国别地理的学习和研究中，与国家同频共振！

中国科学院院士

华东师范大学世界地理与地缘战略研究中心主任

2024 年 5 月 30 日

前　　言

对世界的认知与探索无疑是地理学不断发展演进的源泉之一。百年未有之大变局下，中国了解世界、研析世界的诉求与动力与日俱增。洞见世间之真，寻求经世之用，是地理学区域研究和地理学科为学的重要精神与内质。对于任何一个在世界上有重大影响的国家和地区而言，国别与区域地理研究是必要的。中国要在世界舞台上扮演更具建设性的角色，就更需要超越陈旧的区域视野和理论观念，为更广泛的地区合作和人类命运共同体建设提供符合时代潮流的理论贡献。国别与区域的动态性要求我们在知识层面应"常知常新"，以科学的立场去解读过去、分析当前和研判未来。国别与区域地理研究的浪潮正在席卷中华大地，各方需求相得益彰，成为此书撰写的缘起。

本书是"世界国别与区域地理研究丛书"第一辑出版书目。研究缅甸，首先是因缅甸作为中国的重要邻邦，其发展局势影响着"一带一路"倡议的通道合作与边境安全；在中国面临日渐紧张的大国竞争态势中，缅甸重要的战略区位对于缓解国际压力、争取主动性具有重要意义。其次，中缅交往历史悠久，双方关系历久弥坚，缅甸作为"一带一路"上重要的枢纽国家，中缅走廊和皎漂特区等案例彰显了国家合作大格局，也展示了中国的发展模式、发展经验对于世界的贡献。在人类命运共同体实践推进的过程中，更深层次地认识缅甸是研究的应有之义，也是合时势的应有之举。

本书在写作过程中，承袭了前人对于国别地理、区域地理研究的视野与方法而进一步发轫，借鉴相关的优秀成果，力求全面展现缅甸的社会、经济、政治等发展概况。同时，在"集其大成"和"自为体系"的双向要求下，本书以人文学科理性思维与文化传承精神为主轴，叠加前沿定量手段与数据技术，兼顾各细分领域的学术进展和实践应用，由浅及深地从区域介绍渐进至机理探索，体系化展现缅甸的发展缘起、历史沿革、地方特性和变化规律，理论性与应用性兼备。

在本书写作过程中，协助撰写的人员包括：第一章，郑纲、龚彦维；第二章，蔡维阳、陈秀红；第三章，杨启科；第四章，牟雅图；第五章，郭莎；第六章，杜文杰；第七章，周泽奇、毕诗瑶；第八章，赵玉洁；第九章，林瑶；第十章，肖爱耿、余珍鑫；第十一章，杨鑫。在此感谢上述成员的辛苦付出与协助。

希望本书构建"由此及彼，由表及里"的研究新思路，能为中国的国别与区域地理研究贡献绵薄之力。本书只是一个新起点，对于中国的国别与区域地理研究，应认识到"路漫漫其修远兮"，还需"始于足下"。

目　　录

第一章　绪论 ·· 1
　　第一节　缅甸发展简史 ··· 2
　　第二节　缅甸基本国情 ··· 6
　　第三节　缅甸战略区位演化 ··· 11
　　第四节　本书架构 ·· 13

第二章　地理环境与资源禀赋 ·· 16
　　第一节　地形地貌与气候 ·· 17
　　第二节　水系与港口 ··· 27
　　第三节　自然资源 ·· 38

第三章　自然灾害 ··· 53
　　第一节　自然灾害频发多发 ··· 53
　　第二节　自然灾害的地理环境脆弱性 ··································· 70
　　第三节　防灾减灾体系 ·· 74

第四章　缅甸人口 ··· 81
　　第一节　人口发展概况 ·· 82
　　第二节　人口的空间分布 ·· 102
　　第三节　人口流动情况 ··· 108

第五章　民族与宗教地理 ·· 132
　　第一节　民族的迁徙与分布 ·· 133

第二节　宗教与宗教群体的关系 …………………………………… 142
　　第三节　民族宗教矛盾激化的武装冲突 ……………………………… 159

第六章　城市地理 ……………………………………………………………… 171
　　第一节　城市化进程与发展趋势 ……………………………………… 173
　　第二节　城市体系与空间结构 ………………………………………… 180
　　第三节　城市经济与产业发展 ………………………………………… 186
　　第四节　城乡关系与地区差异 ………………………………………… 196

第七章　农业地理 ……………………………………………………………… 203
　　第一节　农业发展概述 ………………………………………………… 204
　　第二节　农业用地空间分布与时空演变 ……………………………… 219
　　第三节　主要农作物生产格局特征 …………………………………… 227
　　第四节　中缅跨境罂粟替代种植项目 ………………………………… 248

第八章　工业地理 ……………………………………………………………… 253
　　第一节　工业发展历程 ………………………………………………… 254
　　第二节　工业发展特征 ………………………………………………… 257
　　第三节　工业空间分布格局及产业发展特征 ………………………… 260

第九章　交通地理 ……………………………………………………………… 280
　　第一节　交通运输网络发展概况 ……………………………………… 281
　　第二节　交通运输网络发展现状 ……………………………………… 290
　　第三节　全域交通优势度评价 ………………………………………… 300

第十章　旅游地理 ……………………………………………………………… 307
　　第一节　旅游业发展历程 ……………………………………………… 308
　　第二节　旅游业发展现状 ……………………………………………… 311
　　第三节　旅游市场规模与结构 ………………………………………… 319
　　第四节　中缅跨境旅游 ………………………………………………… 329

第十一章　对外经济发展 ……………………………………………………… 334
　　第一节　缅甸对外贸易的发展历史 …………………………………… 335

第二节　缅甸对外贸易的发展特征·················· 341
　　第三节　缅甸的外部投资与经济特区················ 347
后　　记····································· 356

第一章 绪 论

缅甸,全称缅甸联邦共和国(The Republic of the Union of Myanmar),位于中南半岛西部(图1-1),2022年人口总数约5 580万[①],国土面积676 578 km²,大致相当于中国山东、山西、河南、河北四省面积的总和,是东南亚仅次于印度尼西亚的第二领土大国。缅甸东北部与中国毗邻,西北部与印度、孟加拉国相接,东南部与老挝、泰国交界,西南濒临孟加拉湾和安达曼海,是沟通南亚和东南亚的唯一陆上通道,战略位置极其重要。从中国的角度来看,中缅两国一衣带水,边界线长达2 186 km。加之缅甸是"一带一路"倡议的关键节点,伴随中缅印度洋新通道建设的积极推进,缅甸的地缘价值将愈发突出。作为缓冲区,缅甸地缘政治的稳定与否直接影响着中国的边境安全形势以及对外发展成效。然而,基于对缅甸战略地位的认知,大国在缅甸的博弈持续上演,这使得缅甸成为典型的地缘战略交汇区,地缘政治风险形势愈发严峻。加之,缅甸国家内部长期存在着政治动荡、民族宗教冲突、难民危机等问题,尤其在与中国接壤的克钦邦和掸邦地区,中央政府与少数民族武装之间以及少数民族武装内部的冲突持续不断,中缅边境的安全局势承受着巨大压力。此外,缅北混乱的社会秩序是犯罪滋生的温床,如今"缅北诈骗"已经成为地区安全的热点问题,对中国人民的生命和财产安全构成严重威胁。面对不稳定的发展情势,全面了解缅甸的地理环境状况以明确合作需求与风险,成为中国深化推进在缅甸"一带一路"建设的迫切需要。

本书将围绕缅甸的自然环境、资源、灾害、人口、民族、宗教、城市、农

---

① 资料来源:Myanmar Information Management Unit(MIMU)。

业、工业、交通、旅游、经贸地理，从时空角度研究缅甸国内不同要素的分布特征与变化，从而刻画缅甸的地理全貌，为中国相关的对外发展决策提供价值参考。

图 1-1　缅甸在中南半岛的位置

第一节　缅甸发展简史

缅甸是一个历史悠久的文明古国，早在公元初年前后，今日缅甸境内就出现了早期国家，其中以骠国最为强盛。1044 年缅甸形成统一国家后，经历了蒲甘、东吁和贡榜三个封建王朝。值得注意的是，1287 年蒲甘王朝灭亡后，缅甸经历了长达两个半世纪的分裂，直到 1531 年才重新建立统一政权。

一、古代与近代缅甸

（一）骠国

骠国建立的时间没有明确的史料记载，比较统一的观点是其建立于3世纪。骠国的疆域"东邻真腊，西接东天竺，西南堕和罗，南属海，北南诏，地长三千里，广五千里"，是一个富庶繁荣的国家。《旧唐书·骠国传》载"往来通聘迦罗婆提等二十国"，《新唐书·骠国传》则说"属国十八"，可见骠国不仅自身疆域辽阔，还联系着周边广大的区域。中国最早记载骠国的史籍可以追溯到晋人魏完的《南中八郡志》，其中就明确提到骠国，"传闻永昌西南三千里有骠国"。到7—9世纪，骠国与当时的唐朝建立了联系，并于801—802年派遣使团赴长安朝觐，献骠国乐。白居易的诗作《骠国乐》赞颂了当时的胜景："玉螺一吹椎髻耸，铜鼓一击文身踊。珠缨炫转星宿摇，花鬘斗薮龙蛇动。"同时，中国云南地区的地方政权南诏在唐王朝与骠国之间起到了纽带作用，与骠国关系密切。

（二）封建王朝时期

蒲甘王朝（1044—1287年）是缅甸历史上第一个具有中央集权性质的封建王朝，也是第一个由缅族建立的国家。蒲甘王朝建立后，早先已经在缅甸生活近10个世纪的骠族逐步与缅族融合，而更早到达缅甸的孟族逐步被缅族征服。蒲甘王朝开国之君阿奴律陀，积极发动民众兴修水利，发展农业，促进了国家的繁荣，同时他大力推动佛教的发展，确立上座部佛教为国教。以上座部佛教为核心的蒲甘文化对佛教的发展做出了贡献，也对东南亚佛教文化圈的形成起到了关键作用（赵瑾，2021）。

分裂时期（1287—1531年）。1287年蒙古入侵以后，蒲甘王朝名存实亡，缅甸内部为各地势力所割据。在上缅甸，掸族成为实际意义上的统治者，建立了掸、缅族共同掌权的阿瓦王国；在下缅甸，孟族建立了勃固王国；西部有一直保持独立的阿拉干王国。这一时期阿瓦、勃固、阿拉干维持了三国鼎立的局面，直到16世纪30年代缅族势力建立东吁王朝，缅甸才重新实现了统一。

东吁王朝（1531—1752 年）在缅甸封建历史中起着承前启后的作用，其统治时期是缅甸封建社会历史中的一个重要时期，它开创了第二个缅甸帝国，使缅甸各项封建制度进一步完备。东吁建于 1280 年，在分裂时期是阿瓦王国的属地，为了躲避战争，很多缅人进入曾经被认为贫瘠之地的东吁，加上东吁统治者对移居的缅人友好相待，为后来东吁王朝的兴起奠定了基础。1486 年，东吁脱离了阿瓦统治；1531 年，东吁王朝建立，发动了统一缅甸的战争，经过数十年的征战，1562 年莽应龙实现了自蒲甘王朝之后缅甸的再次大一统。

贡榜王朝（1753—1885 年）是缅甸最后一个封建王朝。1752 年，孟族军队占领东吁王朝的首都阿瓦，东吁王朝灭亡。此时，缅人领袖雍籍牙号召所有缅人反抗孟族，得到了缅族各阶层的支持。1753 年，雍籍牙建王宫于瑞冒，建立起缅甸历史上最后一个封建王朝——雍籍牙王朝，亦称"贡榜王朝"。1757 年雍籍牙攻占勃固，基本上完成了缅甸的统一。雍籍牙统治时期，推行法治、重视生产，经济发展迅速，中央集权极大增强。贡榜王朝历代君主都采取积极对外扩张的政策，使得缅甸成为东南亚首屈一指的强国。

二、现代缅甸

（一）英缅战争与缅甸独立

18 世纪中叶，英国控制印度后开始觊觎缅甸，为了吞并缅甸，1824 年至 1885 年间英国先后发动了三次侵缅战争。1824 年 3 月 5 日，英国挑起第一次侵略缅甸的殖民战争，侵占了丹那沙林和阿拉干；1852 年 4 月 1 日，英国不满第一次战争中攫取的利益，发动了第二次英缅战争，占领了缅甸南部及其所有的出海口；1885 年 11 月至 1886 年 1 月，英国通过第三次侵缅战争占领了缅甸北部剩下的领土，缅甸最后一个封建王朝贡榜王朝灭亡。

1886 年，英国将缅甸划为英属印度的一个省，英国的殖民入侵使得缅甸从封建社会沦为英国的殖民地，社会进程发生了巨大的变化。1937 年，缅甸脱离英属印度，实行印缅分治，接受英国总督统治。1942 年 5 月，缅甸被日本占领，1945 年 3 月通过全国总起义，缅甸光复，但随后被英国重新控制。在缅甸人民持续的斗争下，1947 年 10 月 7 日，《英缅条约》签订，英国被迫承认缅甸独立。1948年1月4日，以吴努（U Nu）为总理的缅甸联邦正式宣布成立，此后每年的1月4日也成为缅甸的"独立日"。

（二）缅甸独立后的发展之路

缅甸独立以来，国内阶级矛盾和民族矛盾不断。1948年至1951年集中表现为缅政府与国内共产党、少数民族武装等反政府势力之间的内战对抗。在英国、印度等部分英联邦国家军事支持下，政府军获得胜利，反政府武装被迫向农村地区转移。

1951年至1958年，执政的反法西斯人民自由同盟内部一直存在政见分歧，国内经济发展未得到充分精力投入，人民生活水平未得到根本提高，国内局势起伏多变。1958年，吴奈温（U Ne Win）将军受邀组织处理内阁事务，在他的领导下，缅甸在经济建设、少数民族问题、社会治安等方面呈现短期向好态势。

1961年吴努再次执政，提出将佛教定为国教，引起国内大量其他宗教信徒的抗议，内部矛盾升温。面对国内再次动乱，奈温在1962年发动政变推翻吴努政府夺取政权，缅甸从此开启军人统治的时代，军政府统治下缅甸实施对外封闭的政策。1974年1月，国家改称缅甸联邦社会主义共和国。1988年8月8日起，缅甸国内爆发大规模反政府游行示威活动，著名的"8888民主运动"登上缅甸历史舞台。虽然"8888民主运动"最终被残酷镇压，但却为缅甸的民主化进程奠定了基础。

1988年9月，苏貌（Saw Maung）再度发动政变［1992年丹瑞（Than Shwe）取代苏貌］，自此军政府执政一直到2011年3月才解散。昂山素季（Aung San Suu Kyi）领导的全国民主联盟（民盟）与军政府持续斗争，并于1990年赢得大选，但选举结果被军政府否认。综观缅甸国内外局势，相当长时间内，军人将继续直接执政或在幕后主导缅甸政局（李晨阳、陈茵，2016）。缅甸军政府被西方世界孤立和制裁多年，加上国内动乱不断，社会政治经济秩序难以为继。在此背景下，军方支持的退役将领吴登盛（Thein Sein）领导联邦巩固与发展党（巩发党）赢得新一轮大选，并于2011年3月开始取代军政府开启国家转型与对外开放进程。

2015年11月缅甸再度举行大选，昂山素季领导的民盟赢得大选，这一次军方承认大选结果并与其展开合作。2016年3月新政府宣布就职，缅甸结束了长达半个世纪的军人政府时代。执政后民盟政府一直尝试通过深化各领域改革进行民主巩固以削弱军方实力，但均被军方一次次化解。2020年民盟虽依然赢得选举，但军方于2021年2月再度发动政变，接管了国家政权，历史又一次重演。据军方控制的联邦选举委员会2021年7月26日发布的公告，2020年11月大选不合法、不公正，将被废除并拟于2023年年底前举行自由、公正的多党制民主大选①。

第二节　缅甸基本国情

一、行政制度

缅甸实行中央政府领导下的行政制度。中央以下的地方政府，分别为省或邦，下设县、镇区、村组（街道）四级。全国共有7个省、7个邦和1个联邦区。省、邦为同一级别，省是居民以缅族为主体的行政区，邦是居民以少数民族为主体的行政区（图1-2）。7个省分别是仰光（Rangoon）、曼德勒（Mandalay）、勃固（Pegu）、马圭（Magwe）、实皆（Sagaing）、伊洛瓦底（Irrawaddy）、德林达依（Tanintharyi）；7个邦分别是掸邦（Shan State）、克钦邦（Kachin State）、克耶邦（Kayah State）、孟邦（Mon State）、克伦邦（Karen State）、钦邦（Chin State）、若开邦（Rakhine State）；联邦区为首都内比都（Naypyidaw）。各级政权均设人民委员会，省、邦人民委员会下设执行委员会、法官委员会和监察处；各村组人民委员会下设执行委员会和法官委员会。

---

① 资料来源："缅甸联邦选举委员会宣布废除去年大选结果"，新华网，https://baijiahao.baidu.com/s?id=1706365808093324073&wfr=spider&for=pc，2021年7月27日。

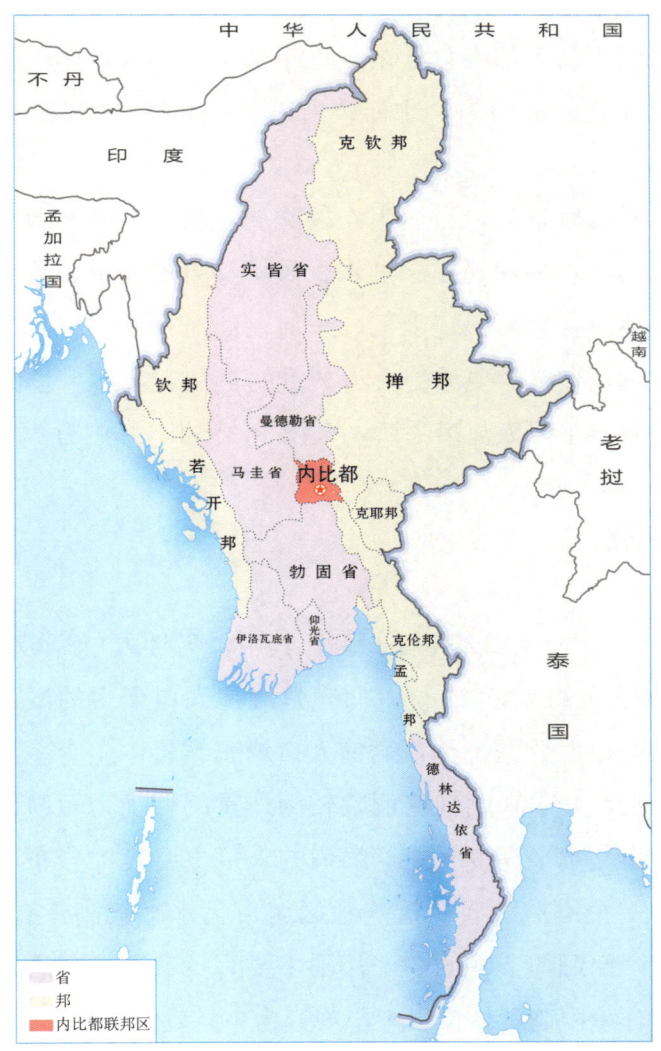

图 1-2 缅甸行政区划

二、自然资源与脆弱性

缅甸主要的地貌特点是北、东、西三面环山,中部及南部为伊洛瓦底江谷地及三角洲平原。缅甸国土面积约 67.7 万 km^2,是中南半岛最大的国家。宽广的国土面积奠定了缅甸作为"自然资源宝库"的地位。缅甸的自然资源十分丰富,特别是在能源矿产方面,缅甸是东南亚五大能源出口国之一,资源出口占缅甸出口收入的一半以上，成为政府财政收入的重要来源。尽管缅甸矿产资源丰富，但其资源利用效率却十分低下。近年来，为了满足国内社会经济的发展需要，并提升对外资的吸引力，缅甸政府逐步优化矿产资源的国内投资环境，这一情况才得到好转。

缅甸的灾害暴露度较大，自然生态的脆弱性较高。受季风、地质条件以及全球气候变化的影响，缅甸地震、洪水、风暴等自然灾害多发。然而受制于经济落后、政局动荡等社会不稳定因素，缅甸在面对自然灾害时表现出较低的社会韧性，这导致缅甸通常需要承受较为严重的自然灾害后果。例如，2015 年夏季的大洪水就导致数十万人流离失所，全国 14 个省、邦中有 12 个受到影响。

三、人口与城市化

缅甸 2022 年全国总人口约 5 580 万，其中，男性人口 2 670 万、女性人口 2 910 万，在世界排名约为第 26 位。仰光是缅甸人口最多的城市，居住的人口超过 440 万。然而根据数据统计，缅甸人口增长缓慢，生育率持续走低，加上国内社会的长期动乱，未来缅甸将面临较为严重的劳动力短缺问题。缅甸人口的集聚程度与城市化水平高度相关。缅甸的人口主要集中分布于中南部伊洛瓦底江冲积平原的 7 个缅族大省，这些地区城市化水平较高，有仰光、内比都、曼德勒等大城市。而缅甸下辖的 7 个邦则主要为少数民族聚居地，这些地区多为山地，受自然环境限制，城市以中小规模为主且发展速度缓慢，人口总量少。

和其他东南亚国家一样，缅甸的城市化受殖民的历史影响很大。伴随 19 世纪殖民贸易的扩张，缅甸沿海的港口城市迅速发展，其中以仰光最具代表性。为了更好地服务殖民贸易，英国特地将缅甸的首都由曼德勒迁往仰光。缅甸的城市化发展迅速，并以每年 2.5% 左右的速度增长，远远超过人口整体 0.85% 的增长率。但整体上城市化程度不高，2022 年缅甸的城市化率仅为 33.5%。而且缅甸的城市化存在诸多问题。首先是城市发展极不平衡，2014 年人口普查显示，有近 40% 的城市人口居住在缅甸的 3 个主要城市：仰光、内比都和曼德勒；其次是城乡发展严重失衡，缅甸的城乡之间存在权利与资源分配不均的现象；最后是缅甸城市化进程逐渐陷入经济发展困境，落后的工业化水平导致城市无法提供足够的就业机会，城市居民陷于整体贫困境地。

四、民族与宗教

缅甸是一个典型的多民族国家，拥有包括缅族、克伦族、掸族、克钦族、钦族、克耶族、孟族和若开族等 135 个民族，缅族占全国总人口的 68%。省邦制度加上自然环境的阻隔导致了国家主体民族与少数民族的相对割裂，缅族在征服境内其他少数民族的过程中以军事手段为主，虽然形成了形式上相对统一的民族国家，但未对国内各少数民族实现有效整合。利奇（Leach，1960）将缅甸称为"没有内在统一的国家"，这为后来复杂少数民族问题的出现埋下了伏笔。根据缅甸官方统计，缅甸超过 99% 的民众有宗教信仰；约 87.7% 的民众信仰佛教，其中缅族几乎全部信仰佛教。主体民族与主体信仰的重合使得佛教在缅甸有着极高的地位，甚至出现了民族和宗教相结合的"佛教民族主义"，那些不认同缅族和佛教的其他族群受到严重排挤。因此，缅甸在宗教地理上呈现出"缅族和佛教中心化，少数民族及宗教边缘化"的格局。

自"二战"结束以来，为追求更大自治权力和社会权益保护，多个少数民族与缅甸中央政府存在严重冲突。与中国接壤的克钦邦和掸邦地区长期处于武装割据状态，仅该地区就分布着佤联军、克钦独立军、果敢同盟军、德昂民族解放军等十余支少数民族地方武装力量。缅北武装冲突的持续发展给中国西南边疆地区的传统安全及非传统安全带来了极大的威胁，受此影响，毒品犯罪、非法移民、人口贩卖、跨境赌博、宗教渗透、电信诈骗等社会问题滋生并将长期存在。更为严重的是，这些社会问题若处理不当则易转变为政治或外交问题，给中缅两国关系增添变数。

五、产业发展

缅甸以热带季风气候为主，降水充沛，境内湖泊及河流众多，丰富的水资源促进了缅甸农业的蓬勃发展。在有"稻米之国"美誉的缅甸，农业是该国经济的主要支柱之一。2001 年，农业占缅甸国内生产总值的比重超过 50%，从事农业的劳动人口超过 60%。尽管在缅甸对外开放市场后，农业的相对重要性有所降低，但农产品出口依然是国家创汇和财政收入的重要来源，在未来的许多年里，农业将继续在缅甸经济中占有重要地位。

近 20 年来，缅甸在继续发展农业的同时加快了工业的发展步伐。缅甸的工业区呈现出沿江和沿海分布的特征，形成了以伊洛瓦底江与锡当河为核心的两大工业集群。从 1992 年开始，缅甸政府通过宏观层面的政策与规划设计引导缅甸工业区的集聚发展。迄今为止，缅甸建成的工业园区和经济特区有 60 余个。其中，缅甸的国家级经济特区主要有 3 个，分别为仰光省以南的迪拉瓦特区（Thilawa SEZ）、德林达依省南部的土瓦特区（Dawei SEZ）以及若开邦西部的皎漂特区（Kyaukpyu SEZ）。2020 年，缅甸政府宣布将建设孟邦经济特区，然而截至 2022 年 10 月尚未启动实质性工作。

表 1-1　缅甸国家级经济特区基本信息

	迪拉瓦特区	土瓦特区	皎漂特区
选址	仰光省南部	德林达依省南部	若开邦西部
占地	25 km²	196 km²	17.4 km²
开发商	日本、缅甸	泰国、日本和缅甸	中国、缅甸
阶段	截至 2022 年 9 月，已有来自 21 个国家的 114 家公司投资 122 个项目，批准投资总额 21.729 亿美元	2017 年由日本国际协力机构重新制定土瓦经济特区项目的总体规划，目前该项目进展缓慢	2020 年中缅双方签订《特许经营协议》，转入规划建设阶段。2022 年 4 月已启动深水港地质勘查及环境和社会评估工作
目标行业	轻工业及消耗品	重工业、化工工业、汽车工业、橡胶工业和电子加工业等劳动密集型轻工业	区域物流、油气加工、加工制造业（成衣、制鞋类）
优势	靠近主要市场，利用仰光地区的劳动力	毗邻泰国，深水港规划	毗邻油气源，深水港规划
劣势	仰光内河航运运力有限	远离经济中心，周边区域缺乏人口及基础设施	远离经济中心，周边区域缺乏人口及基础设施

资料来源：Business Setup. Special Economic Zone Myanmar, https://www.businesssetup.com/mm/special-economic-zone-sez-myanmar.

在交通运输业方面，缅甸的交通运输主要由公路运输、铁路运输、内河航运、海运和航空运输五个方面组成。经过独立以来数十年的发展，缅甸的交通基础设施有了一定的基础。然而，由于经济落后和政局动荡等原因，缅甸的交通运输整体水平不高，只有仰光-内比都-曼德勒一线的交通状况稍好，该线拥有缅甸国内唯一一条高速公路，即仰光-内比都-曼德勒高速路。

在旅游业方面，缅甸凭借以佛教建筑为典型标志的人文景观和以海滨风光、热带风光、高山雪景等为代表的自然景观而成为东南亚著名的旅游胜地。但建国几十年来，受政策限制、民族冲突、基础设施滞后等方面的影响，缅甸旅游业的发展远远落后于邻国，这与其得天独厚的旅游资源并不匹配。2011年自缅甸开启民主化改革后，国家制定了首个旅游发展规划，使旅游业迎来了发展的"短暂春天"。然而近年来，新冠疫情及恶化的缅北形势对本就脆弱的旅游业造成了冲击，使得缅甸旅游业的发展跌入低谷。

在对外经贸方面，多年来受国内军政府封闭式发展政策和国际上西方经济制裁的双重影响，缅甸对外经贸长期处于低迷状态。直到21世纪以后，随着对外政策的调整和民主化改革的推进，缅甸的对外经贸才取得了较快的发展。世界银行数据显示，缅甸的进出口贸易总额由2006年的45.39亿美元增长至2020年的167.95亿美元，年均增长达9.8%。然而受近年来新冠疫情和缅甸政局动荡的影响，对外经贸再度陷入困境。综合来看，尽管缅甸的资源禀赋、经济发展潜力巨大，但受制于国内社会秩序与区域安全问题，缅甸属于经济脆弱国家的现状在短期内还难以改变，在世界产业与贸易结构中仍将长期处于边缘位置。

第三节 缅甸战略区位演化

"二战"前，缅甸作为英国的殖民地一直服从英国的对外战略，处于世界政治经济体系的边缘地带。

"二战"期间，为了遏制迅速崛起的日本势力，珍珠港事件后美国对日宣战，加入太平洋战场，中国和英、美等国组成盟军共同抵御日本。由于当时中国沿海地区相继被日本控制，盟军无法通过海路直接打破日本的封锁运送军需物资，所以只能选择从未被日军完全控制的缅甸绕道进入中国。为此，盟军修筑了为抗日战争运送物资的滇缅公路，从而使抗日战争物资的输送得到了保障，缓解了日本对中国的封锁。因此，在中国战场，缅甸是盟军最重要的大后方，

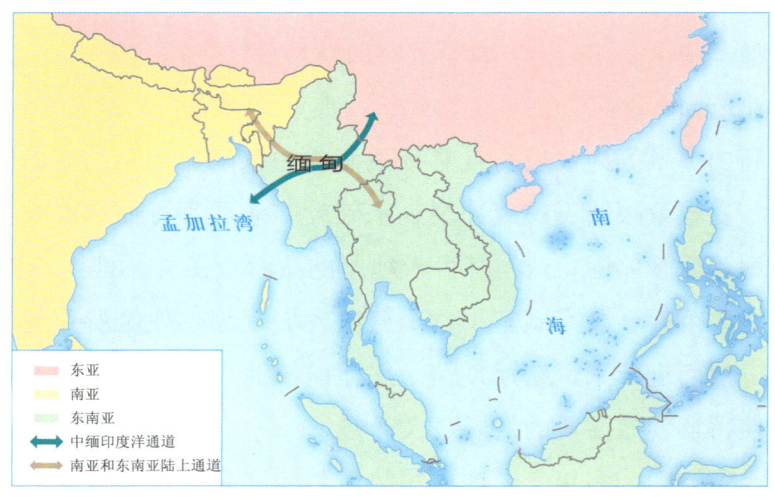

图 1-3 缅甸战略区位

其地缘战略区位价值在中、英、美等国的抗战需求下发生了较大改变,成为影响反法西斯亚洲战场重要的地缘战略区。

而"二战"后,伴随大国地缘政治博弈的加剧,缅甸因地处南亚、东南亚与东亚交汇处的优越区位条件成功吸引了大国的注意,其地缘战略区位价值也随着博弈主体地缘战略的改变而发生相应变化。

"冷战"时期,以美国和苏联为首的东西方阵营重新在东南亚地区展开激烈博弈,包括缅甸在内的东南亚国家成为美苏双方在东南亚地区博弈的地缘战略楔子。然而随着越南战争的爆发,苏联认为越南是其打破美国围堵的重要突破口,而美国同样认为越南是其围堵苏联的重要环节。所以,这一时期美苏的争夺重心是越南而不是缅甸,缅甸的地缘战略区位价值相对来说有所下降。

崛起后的中国与缅甸开展了全方位的友好合作,投资建设了中缅输油管道、密松水电站、莱比塘铜矿等众多项目。伴随"一带一路"倡议深化发展,中国在缅的经济利益越来越多,缅甸对中国的地缘战略区位价值显得愈发重要。而美国将崛起的中国视为新世纪对其既得利益的最大挑战者。为维护自身在世界政治经济体系中的利益与权力地位,美国采取多种手段遏制中国发展,减缓中国的崛起速度,为其全球战略的重新部署赢得时间。因此,破坏中缅关系、干扰中缅合作就成为美国在东南亚的首选地缘政治策略。2009 年奥巴马上台后开始频频出访缅甸,积极开展与缅甸的各项合作。2010年缅甸实行改革开放后,美国更加大了插手缅甸内政的力度,多次干预中缅合作。毫无疑问,基于缅甸的地缘战略位置,其已成为中美博弈的主战场,缅甸在世界范围内的地缘战略区位价值也随之提高。

综上所述,缅甸地缘战略区位的变化是主体间性的结果,而变化的内在缘由是中美、中苏这些行为主体之间对缅甸地缘战略区位价值的认知,以及付诸的地缘政治行动的改变。虽然缅甸的绝对地理位置没有改变,但是自"二战"以来缅甸的地缘战略区位价值却经历了上升-下降-上升的变化轨迹。如今,全球秩序正在经历百年未有之大变局,美国、日本、印度、中国等国家新一轮的战略博弈还将不断重塑缅甸的地缘环境。但是可以预见,在欧亚大陆这一地缘战略"大棋盘"中,缅甸的区位价值将继续提升,并可能成为东亚的"地缘政治支轴国家"。

表1-2 缅甸地缘战略区位演变

时间	博弈双方	对缅甸的战略认识	区位价值变化
"二战"时期 (1939—1945年)	中美英与日	缅甸是中国抗日战场物资运输的重要通道,是双方争夺的重点	上升
"冷战"时期 (1947—1991年)	美与苏	缅甸并非双方争夺的重点地区	下降
中国崛起后 (1992年至今)	中与美	中:缅甸是中国对外交往的重要通道; 美:缅甸是遏制中国的重要战略楔子	上升

第四节 本书架构

本书共分为12个章节,第一章是绪论,主要介绍缅甸发展简史、缅甸基本国情、缅甸战略区位演化及本书架构。

第二章和第三章分别为地理环境与资源禀赋、自然灾害与防灾体系。第二章主要从地形地貌、气候、水系、矿产资源等方面介绍缅甸的自然地理与资源环境状况。考虑到缅甸的高自然灾害暴露度,第三章主要从缅甸的自然环境脆弱性和社会环境脆弱性两个角度对缅甸的自然灾害类型与防灾体系进行介绍。

第四章是人口地理。本章主要从时空角度出发，通过研究缅甸的人口发展概况、自然变动、结构特征、空间分布与流动等内容，展现缅甸人口地理的全貌及动态发展规律。

第五章是民族与宗教地理。少数民族问题是影响缅甸政局稳定的关键因素，而缅甸的少数民族问题又与宗教信仰息息相关。本章主要对缅甸民族和宗教的概况、分布、类型、发展以及存在的问题进行介绍。

第六章是城市地理。受到人口、工业化和国家地形条件的共同影响，缅甸的城市化水平仍处于初级阶段。本章将通过介绍缅甸城市体系层次结构、城市空间分布结构、城市经济与产业结构、城乡关系、城市化发展问题等内容，向读者展现较为完整的缅甸城市化进程与发展现状。

第七章、第八章、第九章、第十章分别是缅甸的农业地理、工业地理、交通地理、旅游地理。这四章主要通过数据分析以及可视化向读者展现缅甸不同部门的空间分布及其发展过程。

第十一章是关于对外经济与贸易地理。缅甸在对外经济方面拥有巨大的发展潜力，但由于国内秩序混乱以及国际制裁的双重掣肘，缅甸长期处于世界经济体系的边缘地位。本章主要介绍了缅甸对外贸易的历史、结构、分布、困境以及外部投资交互的现状与发展，以展现缅甸对外经济与贸易的基本状况。

参 考 文 献

[1] 杜德斌、马亚华："中国崛起的国际地缘战略研究"，《世界地理研究》，2012 年第 1 期。
[2] 方国瑜："古代中国与缅甸的友好关系"，《东南亚》，1984 年第 4 期。
[3] 贺圣达：《缅甸史》，云南人民出版社，2015 年。
[4] 胡平平、武友德、李灿松等："缅北武装冲突的时空演变及对中国西南边疆地区的影响"，《世界地理研究》，2023 年第 7 期。
[5] 李晨阳、陈茵："影响缅甸民主化进程的主要政治势力"，《当代亚太》，2006 年第 4 期。
[6] 廖亚辉等：《缅甸经济社会地理》，世界图书出版公司，2014 年。
[7] 司扬："缅甸经济特区、工业园区、产业新城发展现状及市场前景分析"，《国际工程与劳务》，2020 年第 5 期。
[8] 宋清润、张伟玉：《缅甸史话》，中国书籍出版社，2020 年，第 184 页。
[9] 王子昌："进步还是倒退？——政治发展视野下的缅甸 2010 年选举"，《东南亚研究》，2011 年第 2 期。
[10] 温尧："机会窗口、知识流动与缅甸选举制度的演变"，《东南亚研究》，2022 年第 6 期。

[11] 杨在月、胡志丁、惠凯等："论地缘战略区位的主体间性——以缅甸为例",《世界地理研究》,2017 年第 2 期。
[12] 张喆、胡志丁:"基于国别地缘环境视角解析缅甸民主化改革进程",《地理研究》,2022 年第 11 期。
[13] 赵瑾:"缅甸蒲甘文化的源与流",《南亚东南亚研究》,2021 年第 4 期。
[14] Han, Z., T. V. Paul, 2020. China's rise and balance of power politics. *The Chinese Journal of International Politics*, Vol. 13, No. 1.
[15] Jones, E., 2014. The political economy of Myanmar's transition. *Journal of Contemporary Asia*. Vol. 44, Iss. 1.
[16] Leach, E., 1960. The frontiers of "Burma". *Comparative Studies in Society and History*, Vol. 3.
[17] Mahadevan, P., 2013. The changing politics and geopolitics of Burma. *Strategic Analysis*. Vol. 37, Iss. 5.
[18] McKinnon, J., 1993. The political future of Burma revisited: An historical geography and review of the current situation. *Global Change, Peace & Security*. Vol. 5, Iss. 2.
[19] Paribatra, M. L., 2022. Myanmar's struggle for survival: Vying for autonomy and agency. *The Pacific Review*. Vol. 35, Iss. 2.

第二章　地理环境与资源禀赋

本章将从地形地貌与气候、水系与港口、自然资源（矿产资源、森林资源和海洋资源）三大方面概述缅甸的自然地理环境条件。地处南亚、东南亚交汇处的缅甸地形地貌复杂，水系众多，将缅甸划分为四大自然区域，形成了各具特色的山水画卷。河流与海洋的交织孕育了古老和现代的缅甸文明，众多优良的港口成为缅甸对外交流的重要纽带。特殊的自然环境和丰富的自然资源使得缅甸成为东南亚一颗璀璨的"明珠"，拥有着巨大的发展潜力。缅甸是全球闻名的资源宝库，境内矿产资源、森林资源和海洋资源等十分丰富，宝石和翡翠更是闻名世界。但长期以来缅甸的国民经济发展严重依赖这些资源，成为受"资源诅咒"影响的典型国家。不合理的开发与利用，导致缅甸的自然资源和环境普遍退化。

本章安排如下：第一节主要介绍缅甸在山脉与河流分隔下形成的四大地理单元，展示缅甸复杂多样的地形地貌。在此地形条件下，结合缅甸所处经纬度与海陆位置，从气候与降水及所形成的气候类型的空间分布，分析缅甸干湿分明的气候特征。第二节分析缅甸主要水系以及湖泊沼泽，介绍缅甸发达的水系网络空间分布及其水文特征。港口作为内外联系的重要节点，从缅甸的班轮运输连通性和主要港口分析缅甸的港口发展情况。第三节主要从能源矿产、金属与非金属矿关注缅甸潜力巨大的矿产资源；从森林类型与分布面积、森林损失时空分布情况关注缅甸的森林资源；从生物多样性角度关注缅甸海洋资源的发展现状。

第一节　地形地貌与气候

缅甸地形的主要特征为北、东、西三面被高原山地包围，中南部面向印度洋，主要为平原三角洲。境内主要山脉有勃固山脉（Pegu Mountains）、若开山脉（Arakan Mountains）、德林达依山脉（Tanintharyi Mountains）等；主要河流有伊洛瓦底江（Irrawaddy River）、萨尔温江（Salween River）、锡当河（Sittang River）等，主要山脉与河流大体呈北南走向。这些山脉与河流将缅甸分为四个地理单元。由于国土大部分位于北回归线以南，常年受西南季风调节，加之地形的影响，缅甸的气候具有干湿分明的特征。缅甸独特的地形与气候条件对其国内人文环境和对外关系产生深刻的影响，这也是缅甸成为世界范围内地缘破碎区之一的重要原因。

一、复杂多样的地形地貌

缅甸的国土轮廓南北狭长，东西突兀，从南到北长约 2 052 km，东西最宽处约 930 km，最窄处为 80—90 km，国土面积为 676 578 km^2，是中南半岛面积最大的国家。缅甸地形复杂，差异显著，以山地和高原为主，北、东、西三面环山，中部及南部为伊洛瓦底江谷地及三角洲平原（图 2-1），地势北高南低。缅甸地形大致可分为四个地理单元：东部高原与西部、北部山区，中部平原，若开沿海区，德林达依沿海区。

（一）山脉环绕的缅北、缅东与缅西

缅甸的北、东、西三面环山，南面临海。缅甸的山脉属于帕米尔高原的喜马拉雅山系，是青藏高原的延伸，自缅甸北部起，分为东、西两支向南部倾斜入海。东部一支为掸邦高原（Shan Plateau），其向南延伸为德林达依山脉，形成东部高原；西部一支北起钦岭，南至纳格雷斯角（Negrais Cape），形成西部山地。在东部高原与西部山地之间是伊洛瓦底江中下游平原。

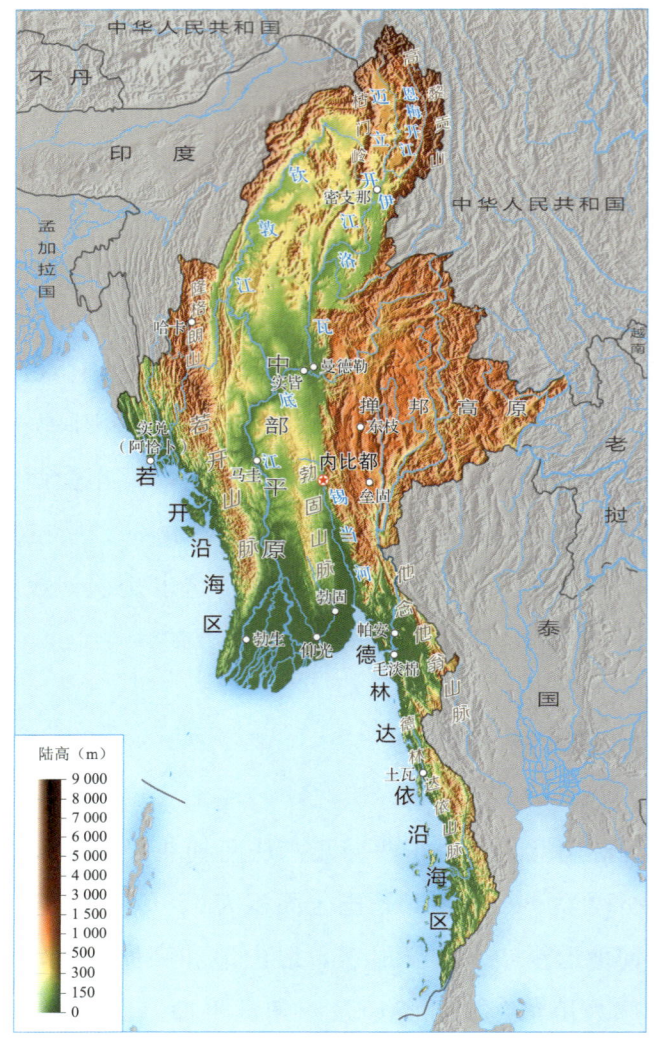

图 2-1 缅甸地形示意

北部山区为伊洛瓦底江的上游地区。该区域北部为山脉高地，南部为低地，包括伊洛瓦底江河谷、钦敦江河谷和模河谷地。地势自北向南倾斜，河流也由北向南流入大海。东部为恩梅开江（Nmai Hka River）和迈立开江（Mali Hka River）汇合处，也是伊洛瓦底江的上游支流流域区，西部有钦敦江谷地。钦敦江和模河的分水岭为济飘山；模河与伊洛瓦底江之间有低矮山地相隔，这些低矮山地向南延伸成为实皆山脉（Sagaing Mountains）。

东部高原与中国、老挝、泰国毗连，以掸邦高原为主体，北起缅北克钦邦中缅边境上的高黎贡山,向南依次包括伊洛瓦底江与萨尔温江之间的山脉、掸邦高原和克耶高原（Karenni Plateau）等。萨尔温江干流及其支流纵贯其间,河流侵蚀作用下形成的河谷地貌成为掸邦高原的主要农业区。高原高山地带有茂密的树林,盛产柚木,其河谷低地亦可栽种稻米及热带水果,其余大片土地则是适合畜牧的大草原（贺圣达等,2018）。掸邦和克耶邦处东部高原地形区内,面积约 17 万 km²,平均海拔 1 000—1 300 m,地势自西北向东南倾斜,地形轮廓近似三角形,南北狭长,中间宽阔。

西部山地是由那加山、雷塔山、钦山和若开山脉等组成的一条长弓形山脉,又称印缅山脉,将若开邦与缅甸其他行政区隔开。西部山地呈北南走向,从北向南延伸逾 1 100 km,海拔大多在 2 000 m 以上,它们阻挡了西南季风向内地输送水汽,使缅甸中部形成干燥地带。西部山地北段是那加山,地势较高,海拔在 4 000—5 000 m,其中缅印边境的开卡博峰（Hkakabo Razi）,海拔高度 5 881 m,是缅甸也是整个东南亚的最高峰。中段是雷塔山和钦山,海拔在 2 000—3 000 m。到南段的若开山脉山幅逐渐变窄,海拔降低,除最高点维多利亚山海拔为 3 094 m 外,其他山脉海拔高度均在 1 000 m 以下,尤其是若开山脉南端海拔低于 500 m。西部山地山路崎岖,交通非常不便,阻隔了沿海与内地以及印缅之间的联系（钟智翔等,2012）。

山地与高原成为分隔缅甸的天然屏障,导致缅甸的民族、宗教和文化内部差异显著。许多少数民族地区有各自的制度、习俗、文化甚至独立的民族武装,加上殖民遗留因素,自独立以来缅甸中央政府/军政府与少数民族地区的冲突不断,民族国家建构任重道远。尤其缅北地区高原山地的地形地貌不仅使少数民族武装有了"剿而不灭"的发展空间,也为该地区发展毒品经济提供了"温床"。

（二）地势低平的中部平原

缅甸中部平原位于西部山地和东部高原之间,包括伊洛瓦底江和锡当河流域,以及两河下游入海口的三角洲地带。中部平原土壤肥沃,交通发达,地势平坦,是缅甸现代工业和农业的中心区域,是缅甸的心脏地区,亦通称缅甸本部。

伊洛瓦底江中游谷地与下游谷地以及三角洲地带地形差异较大。伊洛瓦底江中游谷地由河漫滩、阶地以及山地错综组合而成，为缅甸境内的干燥地带，地表植被覆盖度不佳，而地层大部为疏松的砂岩及黏土，风蚀和流水侵蚀作用剧烈。伊洛瓦底江下游谷地位于若开山脉与勃固山脉之间，较为狭窄，但到三角洲附近渐宽，地势略有起伏，海拔多在 60 m 以下。伊洛瓦底江三角洲地区为冲积平原，总面积超过 3.2 万 km^2，每年仍不断向外延展。其自北向南呈扇形展开，河网密布，地表支离破碎。

锡当河流域位于掸邦高原和勃固山脉之间，面积小于伊洛瓦底江流域地区。伊洛瓦底江东边的锡当河也有广阔的冲积平原，亦是缅甸稻米的主要产区之一，其下游平原与伊洛瓦底江三角洲连成一片。区内交通主要依靠铁路，仰光—曼德勒铁路纵贯此区。

（三）依山傍海的西南若开沿海区

若开沿海区位于若开山脉以西的狭窄地带，多狭小的河流冲积平原和海积平原，受山地阻隔，这里形成相对独立的地理单元。本区域内平地甚少，多为大面积的山地丘陵，仅滨海处形成狭长的平原地貌，海岸带中部地表形态非常破碎。实兑附近的冲积平原大部分作为稻田，零散分布着海拔在 300—700 m 的山地，该冲积平原是区域内经济较为发达、人口较为集中的地区。本区域陆路交通不发达，主要依靠水路交通。若开沿海区因海岸下沉作用使山脊沉溺而成为岛屿和半岛，其间三角港和小海湾交织成网状，因此形成适合船只停泊的避风港较多，较为有名的有实兑港、皎漂港等。

（四）地形破碎的东南沿海区

德林达依沿海地区位于缅甸东南部，其地貌基本与若开沿海区相似。本区域背靠德林达依山脉，是一块北宽南狭的平原。德林达依山脉由一排排长条状北南走向的山脉构成，主要有登劳山脉（Tenasserim Mountains）、他念他翁山脉（Tanen Taunggyi Mountains）、比劳克东山脉（Bilauktaung East Mountains）等，其海拔自北向南由 1 200—1 500 m 逐渐降至 600 m 以下，成为缅泰两国的天然屏障。本区在地形上比较破碎，其中以毛淡棉（Moulmein）附近的冲积平原最为广阔,地势低平,小湖泊和沼泽分布广泛,也是缅甸稻米的重要产地之一。德林达依沿岸岛屿港湾众多,但大部分岛屿集中在南部的丹老群岛(Mergui Archipelago),如土瓦岛(Tavoy)、金岛(Kadan Kyun)、甘茂岛(Kanmaw)等。区内岩层由许多古老的沉积岩和石英岩构成,大量的钨、锡矿贮藏其中。森林占据了德林达依沿海区一半以上的面积,湿热的气候为橡胶的种植提供了良好的条件(钟智翔等,2012)。

二、干湿分明的气候

缅甸的大部分国土位于北回归线以南,大部分属热带季风气候,只有缅北小部分地区受地形影响形成近似北温带的气候,并受地势高度影响,温差较大,气候较为特殊。缅甸东、北、西三面有高山和高原,阻挡了冬季亚洲大陆的寒冷空气深入缅甸境内,只有南部敞开面向印度洋,较长时间受暖湿的西南季风影响,形成干湿分明的气候。缅甸全年积温较高,大部分农作物可实现一年三熟,为缅甸发展成为农业大国提供良好的条件。然而,深受季风影响的气候特征也易导致旱涝灾害频发。

(一)气温与降水

缅甸全国除海拔在 1 000 m 以上的高原山地外,大部分地区全年高温(图 2-2)。近 30 年缅甸年均气温呈现波动上升态势;近 10 年平均气温波动较小,但气候变暖特征较为明显(图 2-3)。缅甸气温年较差小,最高与最低月均温差额在 15℃以下,德林达依沿海区的气温年较差更是在 5℃以下。缅甸全年气温以 1 月最低(德林达依沿海区 12 月气温最低),平均气温为 18—20℃,4、5 月气温达到最高,平均气温为 26—27℃(图 2-4)。缅甸大部分国土虽位于北回归线以南,但下垫面的不同导致全国气温呈现空间差异。北部高山区海拔最高、气温最低,年均气温在 23℃以下;气温次低的地形区为西部钦邦山区和东部掸邦高原,年均气温在 25℃以下;中部和南部则较为炎热,年均气温在 28—30℃(图 2-2),究其原因,中部为河谷地貌,地势低矮,盛行干热的下沉气流,而沿海地区多为平原地形,地势对热量的再分配作用小,外加海洋热力性质对气温的调节作用，沿海地区终年气温较高且年较差小。

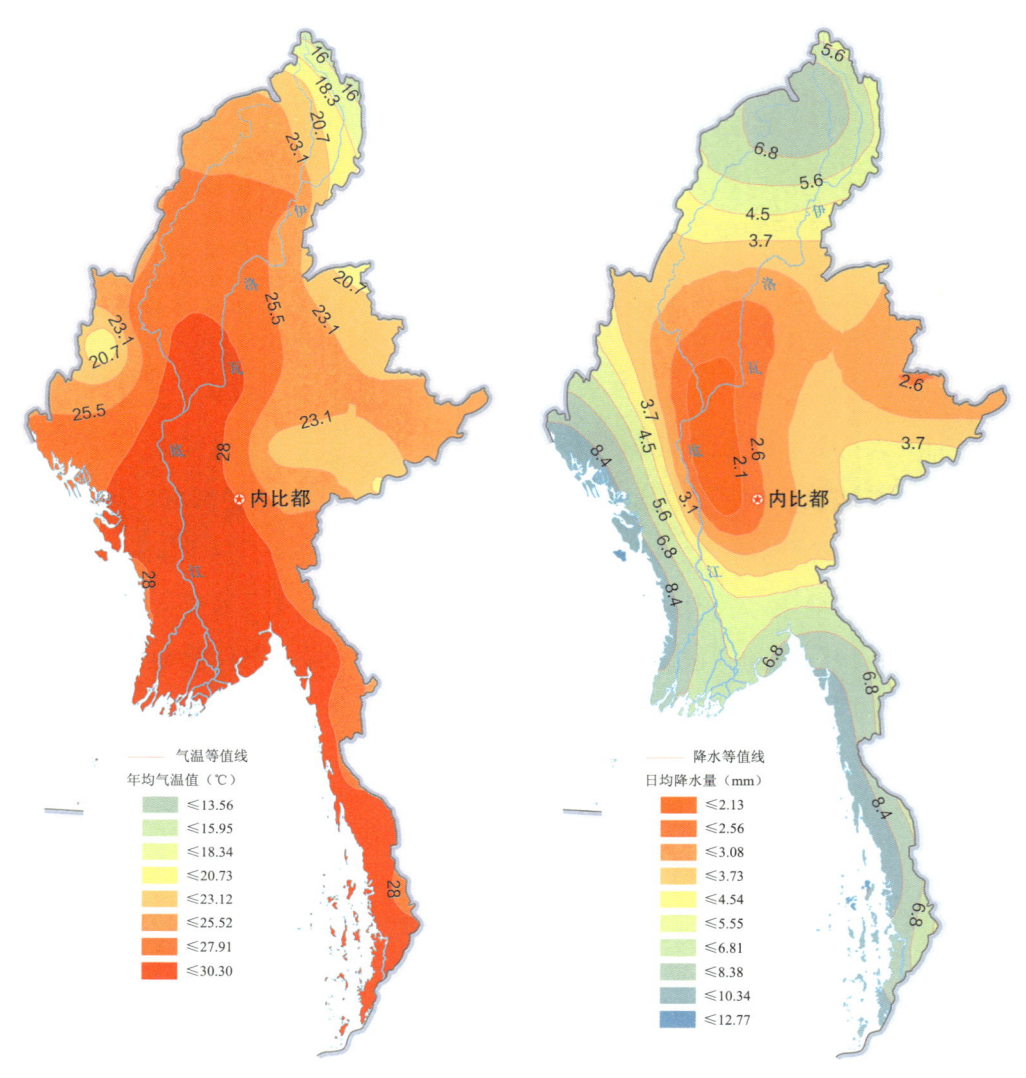

图 2-2　近五年缅甸年均气温、日均降水等值线

资料来源：数据来自美国国家海洋和大气管理局国家环境信息中心（www.ngdc.noaa.gov）。

缅甸全境降水量较为丰富，1991—2020 年缅甸年均降水量在 2 280—2 380 mm，但 30 年间降水量呈逐年下降态势，2020 年较 1991 年年均降水量减少 88 mm（图 2-3）。缅甸长期性或季节性降水逐年减少的部分原因是受全球气候变暖的影响，易加剧旱涝灾害的发生，或使地表水、地下水补给减少，进而影响生态系统和生产生活活动。缅甸全境深受湿润的西南季风和干燥的东北季风影响，造成降水量的季节性差异。缅甸每年 5—10 月降水量较多，其中 7、8 月降水量可达 400 mm 以上；4 月和 11 月降水量在 50—100 mm，其余月份降水量远低于 50 mm（图 2-4）。缅甸境内降水量的空间差异较大，狭长的德林达依沿海区南部和若开沿海地带降水量最为丰富，日均降水量可达 6.8 mm，年均降水量在 2 500 mm 以上；伊洛瓦底江三角洲和北部山区次之，日均降水量在 4.6—6.8 mm，年均降水量在 1 500—2 500 mm，属于多雨地带；而处于高原山地之间的伊洛瓦底江中游河谷一带则降水量最少，日均降水量低于 3.7 mm，年均降水量低于 1 350 mm，属于缅甸的干旱地带（图 2-2）。

图 2-3　1991—2020 年缅甸年均气温、降水变化

资料来源：世界银行气候变化知识门户网站（climateknowledgeportal.worldbank.org）。

根据气温和降水这两大气候要素的特征，缅甸全年可分为热季（3 月至 5 月中旬）、雨季（5 月中旬至 10 月）、凉季（11 月至次年 2 月）三个季节，季节划分基本符合东南亚地区的一般季节特征（贺圣达等，2018）。

1. 热季

热季又称旱季，通常从 3 月开始持续到 5 月，是历时最短的一季。彼时缅甸炎热干燥，除沿海一带偶有暴雨外，大部分地区降水较少而蒸发旺盛，全国平均温度在 23—27℃，月均降水量随西南季风的进入由 22 mm 向 200 mm 渐次增加。从 3 月初开始，缅甸境内温度迅速上升，最高温度可达 33℃，在第悦茂和曼德勒可达 39℃ 以上；异常年份时，5 月初曼德勒的温度可达 47℃。

2. 雨季

雨季一般为 5—10 月，其间缅甸气候湿热，降雨类型多为短而强的对流雨，

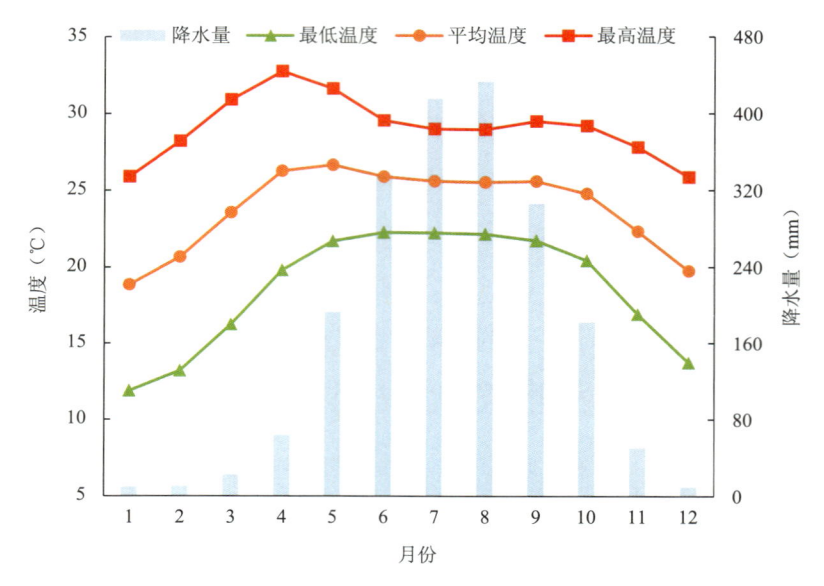

图 2-4　1991—2020 年缅甸月均气温、降水变化

资料来源：世界银行气候变化知识门户网站（climateknowledgeportal.worldbank.org）。

易引发洪涝灾害和造成经济损失。5 月中旬以后，雨季逐渐来临。6 月中旬以后，西南季风可席卷缅甸全境，全国进入雨季，直至 9 月中旬，雨季才开始逐渐转为凉季。这一时期全国普遍多雨，降水量可占据全年的 90%。受云层削弱太阳辐射和水汽调节作用的影响，雨季气温较热季略低。雨季对流雨常以暴雨的形式出现，原因是该时期缅甸全境受赤道低气压带和东北信风带交替控制，信风在赤道周围辐合上升，加上地面汇聚大量热量与高空形成气压差，强烈的上升气流运输大量水汽形成积雨云，遇冷凝结急剧降水。

3. 凉季

凉季通常为 11 月中旬至次年 2 月。雨季过后，缅甸境内温度先升后降，大约到 11 月中旬正式进入凉季，凉季以 12 月到次年 1 月最为典型。每年冬季，欧亚大陆南下的冬季风受地转偏向力和高大的喜马拉雅山系影响，至缅甸时多为微弱且干燥的东北风和西北风，受高压系统控制，缅甸天气晴朗，平均温度为 18—22℃，月均降水量在 20 mm 左右，气候相对凉爽宜人。该时期仰光省以南地区月均温在 25℃ 左右，中部曼德勒附近约为 20℃，北部密支那附近约为 17℃。北部山区和掸邦高原气温会显著偏低，12 月和 1 月的平均气温不到 10℃。

(二) 气候类型

根据缅甸的地理位置和气候特征，缅甸全境基本上属于亚热带季风气候和热带季风气候，根据柯本气候分类法，缅甸气候可划分为八种类型（图2-5）。其中依据下垫面特征又归纳为海岸型、内陆型和平原型三种气候类型。海岸型气候对应热带季风气候；内陆型气候对应亚热带季风性湿润气候、亚热带高地气候、季风性温夏型气候、季风性亚寒带气候和苔原气候；平原型气候对应冬干型热带草原气候和热带半干旱气候。以下分析以海岸型、内陆型和平原型三大气候类型及分布区展开。

典型的海岸型气候区分布在德林达依沿海区和若开沿海区。缅甸沿海区呈狭长条带状向孟加拉湾和安达曼海延伸，东北部背靠钦山、若开山脉和德林达依山脉，背山面海的空间格局使该区域深受西南季风带来的印度洋暖湿气流影响，形成热带季风气候，全年高温，旱雨季分明，年均气温大于28℃，年均降水量在2 500 mm以上。优良的水热条件孕育了种类丰富且复杂的植物群落，植被以高大茂密的乔木为主，形成广阔的热带雨林和季雨林带。本区域位于河流下游地带，并拥有漫长而曲折的海岸线，在河流分割、堆积作用和海水侵蚀作用下形成支离破碎的海滨地表形态，分布有以红树林为主的沼泽林。

缅甸中部平原属于平原型气候。这一区域主要由伊洛瓦底江中下游平原及三角洲、勃固山区、锡当河流域区三部分组成，气候类型分区处于冬干型热带草原气候区和热带半干旱气候区。由于地形的影响，该区域的降水空间分布差异异常明显，伊洛瓦底江三角洲的潮湿多雨和伊洛瓦底江中游谷地的暑热干燥对比鲜明。伊洛瓦底江三角洲和河口一带为三角洲冲积平原，降雨量与海岸型气候区相似，年温差较小。伊洛瓦底江中下游平原位于勃固山脉和若开山脉之间，为低地平原区，年降雨量在1 000—2 000 mm。该地区盛产柚木、铁木等贵重木材。勃固山区平均海拔在1 000 m以下，降雨量在2 000—2 500 mm。该地区适宜热带乔木生长。锡当河流域位于掸邦高原和勃固山脉之间，年降水量在1 500—2 000 mm。该地区内沙土较多，因此烟草种植较为普遍。中部以曼德勒为中心的中央河谷地带，属热带半干旱气候区，该地区年均气温为28—30℃，年降水量小于1 000 mm。

内陆型气候区分布在东部掸邦高原和北部、西部山区。该区一定程度上受到季风和山地垂直变化的影响，因纬度位置、海拔高度和坡向等的不同，形成较为多样的气候类型。内陆型气候区年均降水量为 1 000—2 000 mm，气温随海拔升高由炎热向寒冷转变。自然植被类型遵循山地垂直分异规律发生带谱演替，基带与当地水平自然带相一致，多为亚热带常绿阔叶林带。掸邦高原处于亚热带季风性湿润气候区和冬干型热带草原气候区，植被多为由乔木、灌丛与

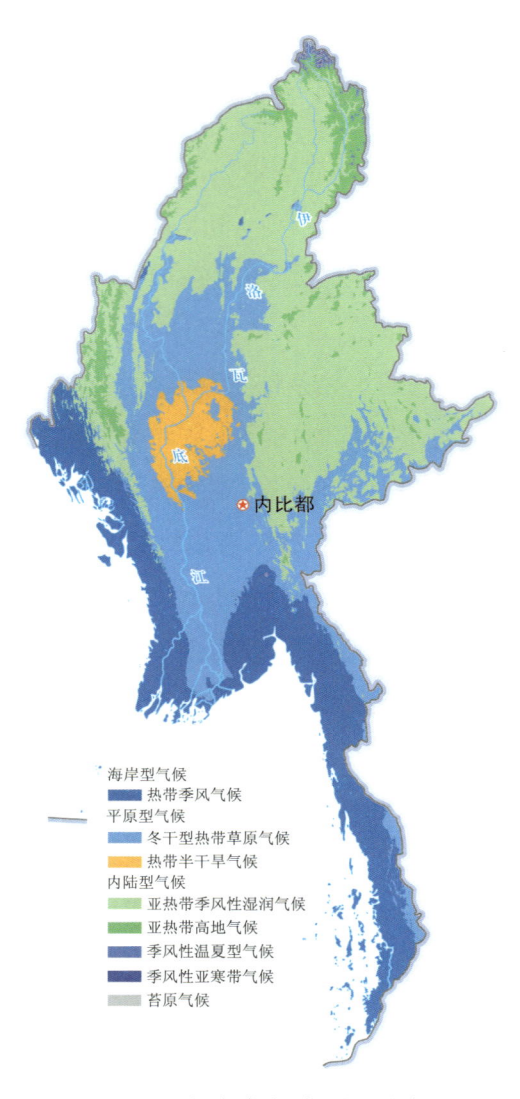

图 2-5　缅甸气候类型及分布

草原形成的混交林。北部山区以常绿林和季风林为主,是缅甸最大的柚林木产区;最北部高山区分布小范围的季风性亚寒带气候和苔原气候,植被以亚寒带针叶林和苔原为主。而若开沿海地区以北的西部山区气候湿润多雨,西坡迎风坡年降水量在 2 500 mm 以上,东坡背风坡则在 2 000 mm 以下,导致山地东西两侧植被类型存在差异。东西两侧山麓植被分别以低矮的柚木林和高密的热带乔木林为主,随着海拔升高,植被类型演替为亚热带及温带森林。

第二节 水系与港口

缅甸境内的水系十分发达,河流大多发源于中国青藏高原或缅甸北部山地。两大水系为伊洛瓦底江和萨尔温江。由于缅甸地势北高南低,山脉多呈北南走向,因而大江大河都自北向南奔流,注入印度洋。缅甸漫长的海岸线上孕育出了众多优良的港口,成为推动缅甸经济发展和对外贸易的重要枢纽,主要港口包括仰光港、皎漂港等。

一、发达的水系

缅甸的主要水系有伊洛瓦底江和萨尔温江,其次还有锡当河以及一些沿海水系等(图 2-6)。这些河流水系联系着南北交通,灌溉着千百万亩良田,同时蕴藏着丰富的水资源。1991—2020 年缅甸人均可再生内陆淡水资源一直是世界人均水平的 3 倍左右(图 2-7),位居世界前列。

(一)纵贯缅甸的"母亲河":伊洛瓦底江

伊洛瓦底江,简称伊江,是缅甸最长、最阔、流域面积最大的河流。伊江犹如一条大动脉,其流域位于北纬 15°30′—28°50′、东经 93°16′—98°42′,几乎从北到南、由西向东纵贯缅甸全境(图 2-8)。伊洛瓦底江沿岸风景秀丽,物产富饶,被称为缅甸的"母亲河",是缅甸各民族的摇篮、缅甸灿烂文化的发祥地,也是连通缅甸的交通要道,历来是缅甸经济文化发展的重心。沿江主要城

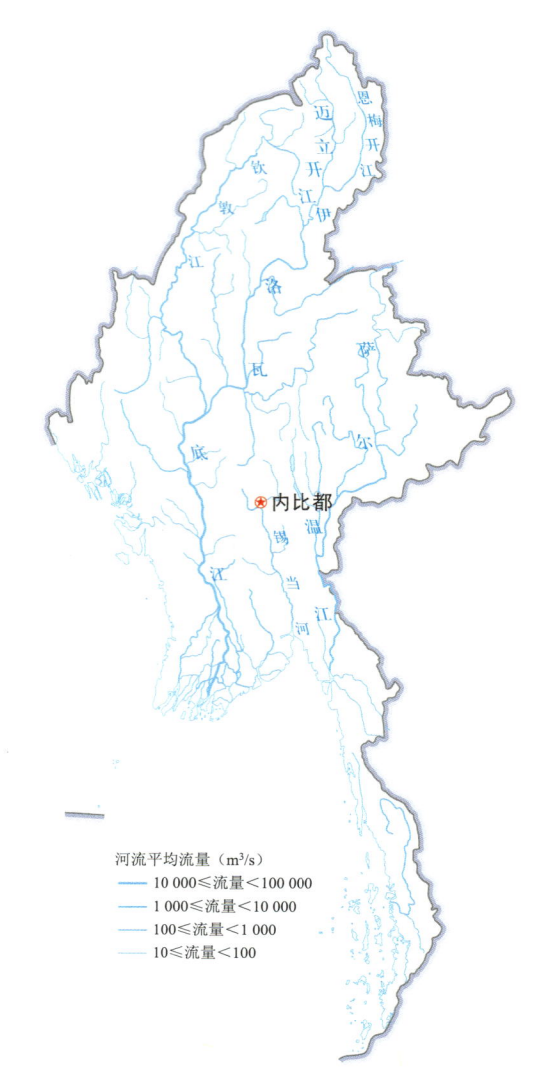

图 2-6 缅甸主要水系网络

市有缅甸古都曼德勒、经济中心仰光、"万塔之城"蒲甘（Pugan）、石油名城仁安羌（Yenangyaung）、第二大海港城市勃生（Pathein）等（贺圣达、李晨阳，2012）。

伊洛瓦底江上游有恩梅开江和迈立开江两大支流。其中，东源恩梅开江发源于中国西藏自治区察隅县境内伯舒拉山南麓（云南境内称该江为独龙江），在云南省贡山县中缅边境 41 号界碑附近出境后，在康兰普镇区汇入恩梅开江。西源迈立开江发源于缅甸北部山区。这两条河流在密支那市以北约 45 km 处的密

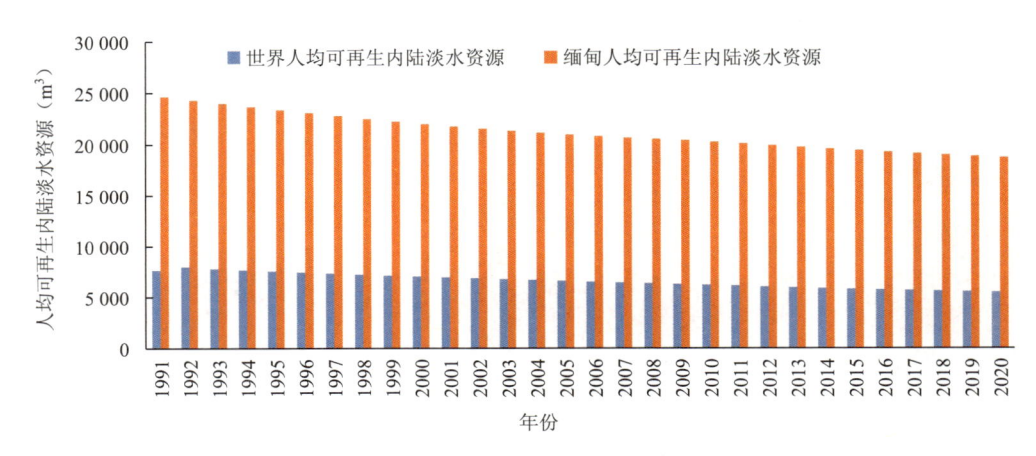

图 2-7　1991—2020 年缅甸与世界人均可再生内陆淡水资源对比

资料来源：世界银行（www.worldbank.org）。

松汇合后始称伊洛瓦底江。伊洛瓦底江在缅甸境内，自北而南流经北部高山区、中部平原地区和南部三角洲平原，途经克钦邦、钦邦、曼德勒省、实皆省、马圭省、勃固省、伊洛瓦底省和仰光省 8 个省（邦）、32 个县、90 个镇区的广大地区，在河网交织的三角洲地带从 9 个入海口流入安达曼海，全长 2 714 km。

伊洛瓦底江可分为上游、中游和下游三角洲地区。其中，从恩梅开江与迈立开江汇合的密松到钦敦江注入处为伊洛瓦底江上游，全长 549 km。伊洛瓦底江在上游属于山地河流，江面狭窄，滩多水急，著名的伊洛瓦底江三峡就在这一段河道里，江中礁石密布，水流湍急，船只航行困难，但水利资源十分丰富。从钦敦江注入处至第悦茂是中游地带，此段河面宽阔，水流平缓。该段河流流经干旱地带，故水量增加不多。中游河谷平原约 9 万 km²。伊洛瓦底江在缅昂镇区以南进入三角洲地带，三角洲平原约 5 万 km²。因受西南季风影响，水量丰富，便于船只航行和农田灌溉，伊洛瓦底江三角洲地区因此成为缅甸人口密集、农业发达的富饶之地。伊洛瓦底江支流众多，汇合了太平江、瑞丽江、南姆渡河、模河、钦敦江等 30 多条支流，其中最大支流是发源于克钦邦的钦敦江，长 1 207 km。

伊洛瓦底江除提供诸如生产生活用水、航运发电等便利以外，也会带来风险和灾难。每年雨季，伊江的水量骤增，江水凶猛泛滥，汛期由几天到十几天不等。江水一旦决堤，伊江中下游地势平坦，洪水将毫无阻隔地冲击两岸，伊江沿岸的城市都有被淹没的风险。而在非雨季时段，特别是 3、4 月的热季，伊江的径流量一落千丈，往往有大片沙滩裸露在河谷，只有江水最深处才可以勉强通航。

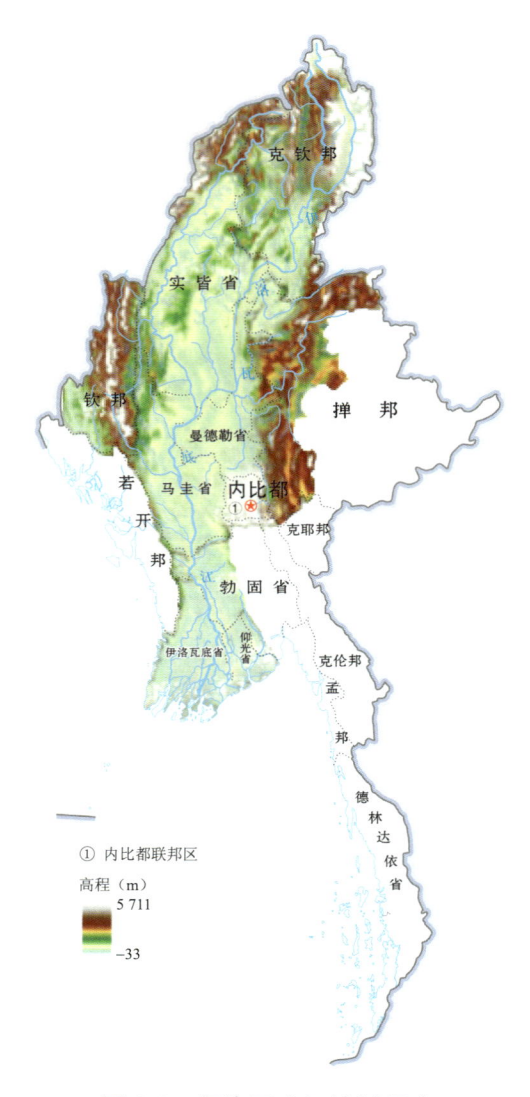

图 2-8 伊洛瓦底江流域示意

（二）奔腾于万山丛中的跨境河流：怒江-萨尔温江

萨尔温江水系是缅甸的第二大水系。萨尔温江发源于青藏高原唐古拉山脉，在西藏境内称那曲，在云南省内叫怒江，流入缅甸后称萨尔温江。它纵贯掸邦高原，流经掸邦、克耶邦、克伦邦、孟邦，最终在毛淡棉附近注入马达班湾（Martaban Gulf）。萨尔温江在中国境内沟壑纵深，支流稀少；进入缅甸掸邦后奔腾在高山丛中，水流湍急，落差大。在流入克伦邦后，水流渐平稳，可部分通行船只。怒江-萨尔温江全长 3 200 km，在缅甸境内长约 1 660 km，为中南半岛上仅次于湄公河的第二大河流。萨尔温江的支流从北至南依次有南定河、南卡江、南腾河、南邦河等。由于萨尔温江奔腾在万山丛中，江水落差很大，水流湍急，某些河段甚至形成瀑布，故景色壮观，水能资源丰富，但航运价值有限（陈红坤，2006）。

（三）肥沃河谷的重要补给：锡当河

锡当河在萨尔温江和伊洛瓦底江之间，位于勃固山脉以东，发源于掸邦高原西缘的克伦山，全长 420 km，流域面积 5.6 万 km^2，大部分流经河谷平原，自北向南最终注入马达班湾。缅甸古代东吁王朝的都城东吁就在锡当河的中游。如今这条河的水源已被伊洛瓦底江袭夺，表现出"无源河"的特点，致使其宽阔的河床与过少的水量形成鲜明的对比。东吁附近，枯水时水深仅 0.5—1 m，涨水时则又常致泛滥。它的河口处常有来自印度洋、高为 3 m 左右的海浪，对航行不利（廖亚辉等，2014）。

（四）生物多样的灌溉水源：湖泊与沼泽

缅甸较大的湖泊不多，但每年到雨季，泛滥的河水会流入河流两岸的低地，形成许多沼泽。这些沼泽对缅甸人民的生活具有相当重要的意义。沼泽里的水可以用来灌溉田地，还能给鱼类和水禽提供栖息地，农民可以在这里捕鱼掠禽，作为其收入来源之一。

缅甸最大的湖泊为密支那以西的茵道枝湖（Indawgyi Lake）。该湖在一次大地震后形成，湖面积约 210 km^2。湖的三面为森林茂密的丘陵所环绕，湖中有小岛，且水面如镜，风景优美。位于掸邦高原南部东枝附近的茵莱湖（Inle Lake），历史上曾是一个大湖，现在其面积和茵道枝湖差不多。缅甸中部的密铁拉湖（Meiktila Lake），是蒲甘王朝时期人工修建水利工程而形成的人工湖，位于缅甸干旱地带密铁拉市近郊。湖长 11 km，宽约 6 km，该湖除了供给市区的用水之外，还用于灌溉耕地。

二、优良的港口

河流联系起缅甸的内部交通，海洋则是缅甸对外交流的重要通道。缅甸的西南部和南部地区均濒临海洋。西南方向邻近孟加拉湾，南部地区邻近安达曼

图 2-9　缅甸的港口分布

海，也称缅甸海。缅甸西南部的孟加拉湾，是世界上最大的海湾，可以依托孟加拉湾直接进入印度洋，而缅甸的主要河流也均流入孟加拉湾，这就为缅甸的海上贸易提供条件。孟加拉湾向东通过马六甲海峡可以进入太平洋；向西绕过好望角可达大西洋；向西北通过红海、苏伊士运河，可入地中海。而缅甸南部的安达曼海是连接缅甸和其他国家的最重要的海上通道，也是印度和中国之间经马六甲海峡的水上航线的一部分。通过安达曼海的马六甲海峡与暹罗湾和中国南海相连，因此缅甸在"一带一路"倡议的推进过程中占据十分重要的地理区位。缅甸的主要港口有仰光港、皎漂港等（图2-9）。近年来，缅甸逐渐放开了许多进出口限制，港口集装箱的吞吐量明显增加（表2-1）。发展港口和航运业对于提升缅甸整体基础设施水平、促进经济发展与深化对外经贸合作具有重要意义。

表2-1　2007—2021年缅甸港口集装箱吞吐量

年份	2007	2008	2009	2010	2011	2012	2013	2014
吞吐量（标准箱）	170 000	180 000	163 692	335 346	380 675	474 300	567 156	716 926
年份	2015	2016	2017	2018	2019	2020	2021	
吞吐量（标准箱）	827 249	1 026 216	1 200 000	1 043 500	1 121 750	1 020 793	1 090 000	

资料来源：世界银行（www.worldbank.org）。

（一）缅甸的班轮运输连通性

班轮运输连通性指数（Liner Shipping Connectivity Index，以下简写作LSCI）反映了一个国家在全球班轮运输网络中的地位，它是由所有通过常规集装箱班轮提供服务的国家生成的。各国能否进入世界市场在很大程度上取决于其运输连通性，特别是制成品进出口的定期运输服务。LSCI值越高，代表连通性越好。

测算方法：2019年LSCI的测算扩大了国家覆盖范围，并将"无需转运（直航）的国家的数量"也纳入衡量指标中。从2020年开始，该指数按季度发布，并将2006年第一季度（Q01）平均指数最高的国家的指数定为100。当前版本的 LSCI 由英国 MDS Transmodal 咨询公司提供的 6 个方面的数据计算生成，包括：① 该国每周计划的船舶停靠数量；② 该国年度作业能力［以标准箱（Twenty feet Equivalent Unit，以下简写作 TEU）计］；③ 往返该国的定期班轮数量；④ 提供往返该国的班轮运输公司的数量；⑤ 计划停靠班轮船舶的平均尺寸（以 TEU 计）；⑥ 通过直航班轮连通到该国的其他国家的数量。

LSCI 计算过程如下：

（1）确定指数基数。

对于 6 个方面的每一项，我们将某一国家 2006 年该项数据除以该项数据在 2006 年的最大值得出一个数值，然后将 6 个方面计算出来的数值进行平均，从每个国家的平均值中选出最高值作为指数计算的基数。

（2）计算某一国家某一时期的 LSCI。

同确定基数时一样，将某一国家某一时期 6 个方面的数据分别除以 6 个方面数据在 2006 年的最大值得出 6 个数值，然后将 6 个方面计算出来的数值进行平均，将该平均值除以（1）中得到的基数再乘 100，即得出该国家某一时期的 LSCI。

缅甸 2006—2022 年的 LSCI 测算结果如表 2-2 和图 2-10。从中可以看出 2006—2022 年第二季度缅甸的 LSCI 值虽然在全球范围内不算高，但基本处于波动上升态势。尤其是 2006—2016 年这十年间，LSCI 值从 2006 年第一季度的 3.578 62 升至 2016 年第三季度的 11.634 08，并达到最高值。2016—2022 年 LSCI 值有所下降，但基本维持在 7.4 以上。缅甸的 LSCI 值反映出缅甸的对外联系程度并不是很高，受贸易量小和地理位置的影响，缅甸的贸易很多时候是通过陆路与本地区的其他国家进行的。当然缅甸的 LSCI 值还受到本国政治局势与国际环境的影响，如 2010 年以后缅甸民选政府上台调整经济结构，实行促进经济增长的一系列措施，缅甸的国内经济状况持续好转，加之美国逐步解除对缅甸的制裁，国际压力陡然下降，其与东南亚和世界其他地区的贸易量开始上升，LSCI 值也随之快速增长。

表 2-2　2006—2022 年缅甸的 LSCI 值

年份与季度	LSCI 值	年份与季度	LSCI 值	年份与季度	LSCI 值
2006Q01	3.578 62	2011Q03	5.641 05	2017Q01	8.713 21
2006Q02	4.068 81	2011Q04	5.777 99	2017Q02	8.615 81
2006Q03	3.804 16	2012Q01	5.778 75	2017Q03	8.714 44
2006Q04	3.804 16	2012Q02	6.265 06	2017Q04	9.964 80
2007Q01	3.119 57	2012Q03	7.185 65	2018Q01	9.861 50
2007Q02	3.119 57	2012Q04	7.500 83	2018Q02	9.646 21
2007Q03	3.119 57	2013Q01	7.502 94	2018Q03	9.807 77
2007Q04	3.409 88	2013Q02	6.930 77	2018Q04	8.276 10
2008Q01	3.409 66	2013Q03	6.866 91	2019Q01	7.534 91
2008Q02	4.548 37	2013Q04	6.792 04	2019Q02	8.286 32
2008Q03	4.506 17	2014Q01	7.040 51	2019Q03	8.756 57
2008Q04	4.582 47	2014Q02	7.330 63	2019Q04	8.639 18
2009Q01	4.918 46	2014Q03	6.934 21	2020Q01	8.920 43
2009Q02	4.398 48	2014Q04	7.242 42	2020Q02	8.770 48
2009Q03	4.753 45	2015Q01	8.145 56	2020Q03	8.401 26
2009Q04	4.911 43	2015Q02	8.762 13	2020Q04	8.608 79
2010Q01	4.838 64	2015Q03	8.505 34	2021Q01	8.914 66
2010Q02	5.308 07	2015Q04	9.497 17	2021Q02	7.440 86
2010Q03	5.314 46	2016Q01	9.365 54	2021Q03	7.428 59
2010Q04	4.895 94	2016Q02	10.881 64	2021Q04	8.542 41
2011Q01	3.826 21	2016Q03	11.634 08	2022Q01	8.194 20
2011Q02	5.195 71	2016Q04	9.164 42	2022Q02	8.873 00

注：表中 2006Q01 表示 2006 年第一季度，后以此类推。2022 年统计至第二季度。
资料来源：数据来自联合国贸发会（www.unctad.org）。

（二）仰光港

仰光港是缅甸的首要港口，也是其最大的国际港口，19 世纪后期在英国殖民统治下发展起来，是世界主要的稻米输出港之一。仰光港位于该国中南部，伊洛瓦底江三角洲东侧、仰光河左岸，南距安达曼海马达班湾 24 海里，吞吐缅甸 90% 以上的进出口货物。仰光港有两个独立的区域，即仰光内港（主要港口）和迪拉瓦港区。仰光港距离马达班湾的大象点约 32 km，那里是仰光河口，迪拉瓦港就在仰光港和仰光河口的中间。目前，仰光内港区有 27 个码头，迪拉瓦前滨区有 19 个码头；主要出口货物包括矿产、农产品、木材等，主要进口纺织品、机电产品、汽车和摩托车配件等。仰光港是缅甸最重要的国际贸易和物流的枢纽，推动缅甸的出口产品进入更广大的国际市场，有利于加强缅甸的对外合作，惠及当地民生。然而，仰光港深受慢性堵塞的困扰，船舶进港卸货前基本需要较长时间等候入港，有时甚至达一个月。

以 LSCI 值同样的测算方法计算仰光港口 2006—2023 年（2023 年计算至第二季度）LSCI 的年平均值（不包括迪拉瓦港区），见图 2-11。2006—2023 年第二季度仰光港的 LSCI 年平均值呈现不断上升态势，2016 年为最高，达到 10.4，与缅甸全国 LSCI 值发展态势相似。而 2010 年后仰光港的 LSCI 年平均值普遍比缅甸全国的 LSCI 值要高，表明仰光港在缅甸港口中的重要地位，对缅甸全国 LSCI 值的提升具有重要意义。

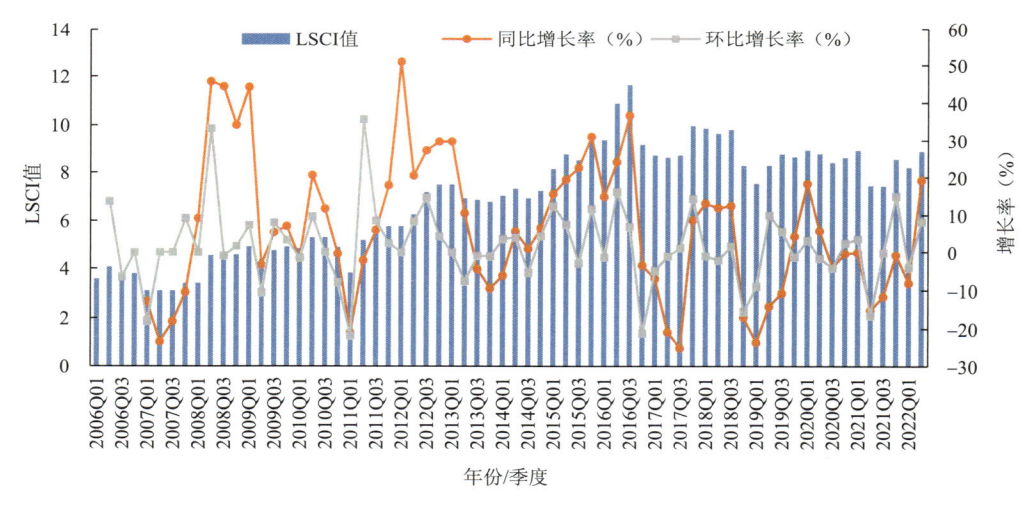

图 2-10　2006—2022 年缅甸 LSCI 值及其同比、环比增长率变化

资料来源：数据来自联合国贸发会（www.unctad.org）。

（三）皎漂港

皎漂港在中缅两国共建"一带一路"倡议和中缅经济走廊框架下发挥出重要作用。皎漂港位于孟加拉湾东北部，缅甸若开邦的兰里岛北端城镇皎漂经济

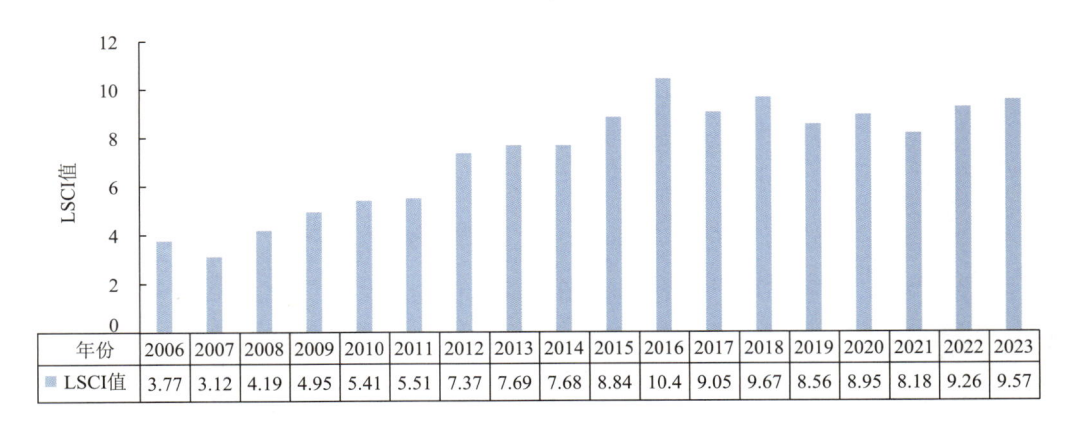

图 2-11 仰光港 2006—2023 年 LSCI 年平均值变化

年份	2006	2007	2008	2009	2010	2011	2012	2013	2014	2015	2016	2017	2018	2019	2020	2021	2022	2023
LSCI值	3.77	3.12	4.19	4.95	5.41	5.51	7.37	7.69	7.68	8.84	10.4	9.05	9.67	8.56	8.95	8.18	9.26	9.57

资料来源：数据来自联合国贸发会（www.unctad.org）。

特区，是兰里岛和大陆构成的一个南北向的狭长海港。其坐东面西，朝向印度洋。港外航道很深，港内风浪小，是天然良港，而且兰里岛地势平坦，只有一片小山，非常适合进一步开发。皎漂港所在的经济特区处于亚洲两个最大发展中国家中国与印度之间，具备极为优良的市场环境，同时皎漂还富含丰富的油气等自然资源。

皎漂建设深海港口对中国内陆省份的发展具有重要的经济和战略意义。人们将货物从欧洲、中东、非洲和印度运到皎漂，然后通过陆路运到中国云南省，比海路航行通过马六甲海峡和南海到中国南部和东部沿海的港口，然后通过陆路到达中国西部省份，可以节省数千英里，效率要高得多。缅甸对这个港口的建设寄予厚望。鉴于近年来缅甸中部、北部和西北部的资源开发进程，今后几年包括木材、矿产品、石油、天然气等大宗物资的出口量将急剧增长，缅甸国内最大的仰光港已经不能满足对外经济贸易的需要，且不具备扩容扩建的条件，所以缅甸急需建设 30 万 t 深水码头，改善海运设施不足的情况，促进外贸发展和经济对外开放。同时，皎漂港还可以加强孟加拉国的吉大港、缅甸的仰光港和印度的加尔各答港水路交通的中转。

第三节　自然资源

缅甸拥有丰富的自然资源，其中矿产资源、森林资源以及海洋资源在世界范围内都有举足轻重的地位。缅甸是东南亚五大能源出口国之一，其三分之一的外国直接投资流向石油和天然气行业。资源出口占缅甸出口收入的一半以上、占外国直接投资的八成以上，也是政府财政收入的重要来源。缅甸的自然资源对推动缅甸的经济社会发展和缩小地区间经济差异至关重要，可现状是缅甸丰富的自然资源却没有给这个国家的发展和人民摆脱贫困带来应有的作用，而且在某种程度上成为缅甸内部冲突和社会矛盾的推动力量。因此，未来缅甸在资源开发与利用方面需结合本国实际情况，加强与其他国家的合作力度，在保护生态环境的基础上做到有序开发，避免盲目无序地追求出口创汇与经济增长，做好远景战略规划，提高利用率，规避整治开发乱象，做到人与自然的协调发展。

一、潜力巨大的矿产资源

缅甸位于印度洋岛弧带和阿尔卑斯-喜马拉雅造山带交汇点，区域大地构造背景复杂，具有优越的成矿地质条件（张海坤，2019）。缅甸的矿产资源种类较多，主要可以分为三类：能源矿产、金属矿产和非金属矿产。能源矿产主要包括石油、天然气和煤炭，金属矿产主要包括铜、铅、锌、银等，非金属矿产中产量较高的是翡翠和宝石。缅甸较为重要的矿床（山）及其行政分布见表2-3。尽管缅甸的矿产资源丰富、类型多样，但其勘探程度和利用率都非常低。近年来，缅甸政府为了国内经济社会发展和吸引外国投资，逐步优化了矿产资源的外国投资环境，以进一步提升缅甸矿产资源的开发与利用效率。图2-12可以看出，2010—2022年缅甸燃料出口一直占缅甸商品出口的20%—40%。尽管2015—2016年由于民盟政府上台加速民主化进程，与军方和少数民族武装等行为体之间的博弈使得缅甸国内一度出现混乱，导致燃料出口比重下滑，但总体仍保持在高位，可见缅甸能源矿产的丰富和能源矿产在国家出口创汇方面的重要性。矿石和金属出口也一直占据着重要的地位，2010—2020 年它们的出口比重逐年攀升，而 2020 年以后由于全球新冠疫情的影响，其出口比重有所下降。

表 2-3　缅甸主要的矿产资源及其行政分布

矿种	主要矿床（山）	主要分布
铜矿	蒙育瓦矿 礼勃东矿	掸邦、实皆省、伊洛瓦底省、克钦邦密支那、钦邦维多利亚山
铅-锌-银矿	包德温矿 包塞矿 南木都矿	掸邦
	亚德那基矿	德林达依省东南部
钨-锡矿	茂奇矿	克耶邦西部、北部和掸邦南部的宾朗矿集区
	赫米英吉矿 海因达矿	德林达依省中部的土瓦矿集区
	巴达吉亚矿	德林达依省南部的丹老矿集区
金矿	皎帕托矿 培昂塘矿	掸邦南部、实皆省、曼德勒省
铁矿	和榜矿	掸邦东部、曼德勒-眉谬一带
锑矿	里平矿 孟山矿	掸邦
	德漂矿 拉蒙巴矿	孟邦毛淡棉
铬-镍矿	姆韦当矿 太公当矿	西部若开山脉一带，包括实皆省、马圭省、伊洛瓦底省以及曼德勒省北部和密支那西北部
宝石与玉石矿	抹谷宝石矿	曼德勒省
	孟休镇区红宝石矿 彬龙那瓦宝石矿	掸邦
	雾露河上游玉石矿 茂罕地区玉石矿	克钦邦
	南思崩地区玉石矿	实皆省

续表

矿种	主要矿床（山）	主要分布
煤矿	帕敢褐铁矿	克钦邦
	平朗镇煤矿	掸邦
	加力瓦煤矿	实皆省
石油与天然气	仁安羌陆上油气田 稍埠陆上油气田	马圭省
	卑谬陆上油气田	勃固省
	耶德那近海油气田 耶德贡近海油气田	德林达依省

图 2-12　2010—2022 年缅甸燃料、矿石和金属出口占商品出口的百分比

资料来源：世界银行（www.worldbank.org）。

（一）能源矿产

缅甸的能源矿产主要为石油、天然气和煤炭。石油与天然气主要分布在缅甸中央盆地伊洛瓦底江两岸和沿海大陆架地区。煤炭主要分布在北部克钦邦、东部掸邦和南部缅泰边境带。由于缺乏技术、财政能力和人力资本，并受西方的制裁，缅甸的能源部门一直不发达，对矿产的开发和利用程度都不高。而作为缅甸的近邻，印度、中国和泰国都是缅甸能源出口的主要对象国。随着缅甸能源外国投资环境的开放，以及周边国家能源需求量的增加，缅甸越来越成为多方进行能源地缘政治博弈的场所。

1. 石油与天然气

缅甸的石油与天然气在其内陆及沿海均储量丰富，主要分布在若开山脉与掸邦高原之间的盆地和沿海大陆架，已探明的原油储量 32 亿桶、天然气储量 2.54 万亿 m³，天然气储量位居世界第 10 位。按照亚洲开发银行能源评估报告，缅甸共有 104 个油气开采区块，其中内陆开采区块 53 个，近海开采区块 51 个（冯保国，2020）。陆上主要油气田有仁安羌、稍埠、卑谬、苗旺、阿耶道等。1988 年以后，缅甸加紧了对沿海大陆架的石油与天然气的勘探，已经发现和开发了耶德那、耶德贡、若迪卡和瑞四大海上天然气田。

缅甸石油开采已经有百余年历史。1853 年从第一个陆上油田仁安羌油田开采的石油就已出口到欧洲。之后，缅甸陆续发现了 30 多个油气田，但是目前仍在生产的油气田大多是从 20 世纪六七十年代开始进行开发的，国家对新油气田的投入开发比较少。根据图 2-13，缅甸在 1954—2016 年间石油和天然气的产量基本呈线性增长，尤其是自 21 世纪以来油气开采技术的提升以及西方国家技术与资金的支持，缅甸天然气产量更是急剧上升。缅甸的私人矿和公共矿参差不齐，目前产量不高，需要国外先进的技术和资本帮助其提升开采量与有效利用率。而露天矿的环境问题和由此引发的社会问题也愈发突出。在 2020 年初缅甸计划和财政部宣布，由于资源明显减少，其南部德林达依省马达班湾的耶德贡气田产量逐年减少。

缅甸的油气资源出口是其外汇收入的重要来源，缅甸也急需外国资本、技术投入该国的油气勘探与开发中以改善国内经济、民生状况。21 世纪以来，随着缅甸民主化进程的不断推进，西方的制裁不断解除以及中缅油气管道的投产，缅甸油气资源的开发和出口表现出了强劲的动力。图 2-14 所示 1999—2020 年缅甸原油出口波动较大，这主要受原油储量的日益减少、缅甸国内的政治局势和政策以及国际环境的影响，而随着海洋气田的不断勘探和开发，缅甸天然气出口一直保持着增长的态势。然而，受缅甸国内外地缘环境不稳定的影响，尤其是美国等西方国家的政治、经济渗透持续加强，以及国内军方、民盟、民地武等行为体的博弈日趋激烈，中缅油气合作也面临着诸多风险和挑战（张喆、胡志丁，2022）。

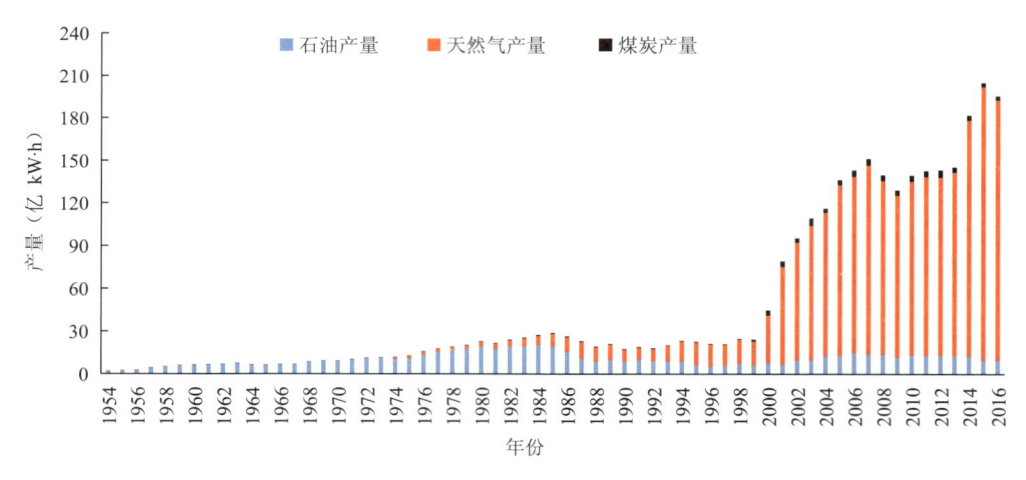

图 2-13 1954—2016 年缅甸石油、天然气和煤炭产量变化

资料来源：能源研究所（www.energyinst.org）。

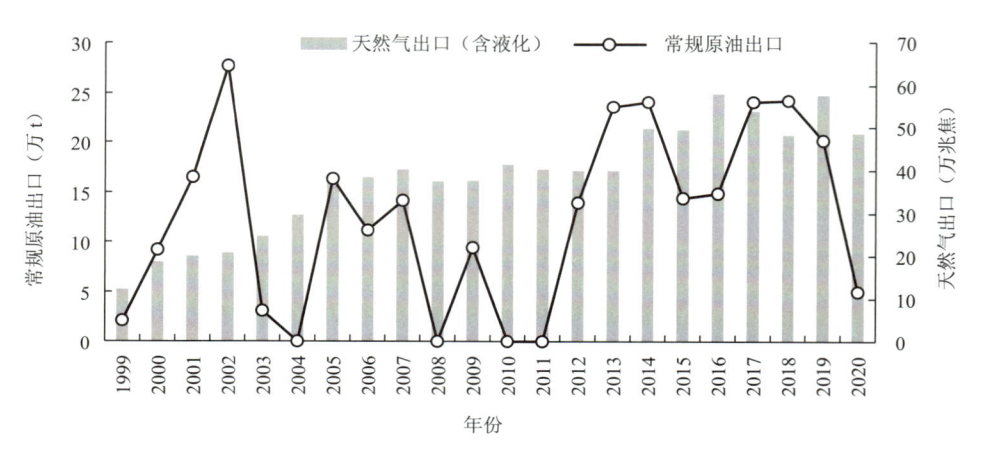

图 2-14 1999—2020 年缅甸常规原油和天然气（含液化）出口变化

资料来源：联合国统计司（www.unstats.un.org）。

2. 煤炭资源

缅甸的煤炭资源分布比较广，但资源条件一般。缅甸的煤主要是褐煤，多分布在北部克钦邦、东部掸邦和南部缅泰边境地区，中部马圭省也有少量硬煤储藏，而西部地区目前只在若开地区及兰里岛见有很薄的煤层或煤线，而且很多并无高的经济价值（吴良士，2011a）。近年来，在掸邦发现了一些较大的煤矿，如在掸邦平朗镇区发现的一个煤矿，估计储量约 200 万 t，掸邦卡西地区发现的煤矿储量也在 1 500 万 t 左右。位于缅甸实皆省的加力瓦也是缅甸规模较大的煤矿床，储存有总厚度为 7—15 m 的煤层。总体而言，缅甸的煤炭资源勘查程度较低，但潜力较大。

（二）金属矿产

金属矿产是缅甸优势矿产资源，主要有铜矿、铅-锌-银矿、钨-锡矿、金矿、锑矿、铬矿、镍矿等。较为著名的矿床有蒙育瓦铜矿、包德温铅-锌-银矿、茂奇钨-锡矿、皎帕托金矿等（王腾、杨永峰，2022）。

1. 铜矿

缅甸中央构造成矿带的铜矿以成矿时代新、矿床规模大、矿体埋深浅、矿石品位高为主要特点（王珍等，2014），多分布于实皆省、勃固省、曼德勒省和掸邦西部部分地区。主要矿床位如蒙育瓦，其探明矿石的总储量为 1.33 亿 t，平均品位为 0.72%。缅甸蒙育瓦铜矿是东南亚地区最大的铜矿之一，位于曼德勒省西北约 115 km 处，地貌上处于钦敦江冲积平原的西部，构造上位于缅甸中央火山弧带（施美凤等，2017）。蒙育瓦以东 11 km 的礼勃东矿也是一个较大的矿床，估计储量为 1.6 亿—1.8 亿 t，品位为 0.66%（廖亚辉等，2014）。此外，在缅甸北部密支那西南和西部钦邦地区，也曾发现岩浆型铜矿，但矿化规模不大（吴良士，2011b）。其他大多数铜矿点集中在东部高原区，主要与沉积岩有关，少数为火山颈中的硫化铜矿点。

2. 铅-锌-银矿

缅甸的铅-锌-银矿主要分布在东部掸邦高原西侧的近南北走向的铅-锌-银矿带中。该矿带向北延伸至中国云南省，向南延伸至泰国，全长逾 2 000 km。其中以掸邦北部腊戍和掸邦南部东枝一带的铅-锌-银矿产出最为集中（吴良士，2011b），最大的矿床是掸邦北部的包德温矿，储量为 1 000 万 t，铅含量为 5.1%，锌含量为 4%，银含量为 93 g/t。其他的大矿床还有位于德林达依省东南部的亚德那基矿，位于掸邦的包塞矿、南木都矿等。

3. 钨-锡矿

缅甸的钨矿、锡矿储量十分可观，主要分布在克耶邦、克伦邦、孟邦、德林达依省及掸邦南部一带。此矿带长 140 km、宽 50 km，已知的矿点超 120 处，是东南亚钨-锡成矿带的重要组成部分。缅甸钨-锡矿自北向南有宾朗、土瓦和丹老等三个矿集区,宾朗矿集区在成矿组分上以钨为主,伴有锡,后两者常以锡为主,伴有钨。土瓦矿集区规模最大,而丹老矿集区的钨、锡产量最高(吴良士,2011b)。主要的钨-锡矿床有茂奇、赫米英吉、海因达、巴达吉亚等。

4. 金矿

金矿是缅甸重点勘查开发的矿种之一,分布较广,原生金和沙金在缅甸各地均有发现。缅甸金矿化区可分为三个主要的成矿区:文多断块,掸邦-德林达伊褶皱带的西缘和北缘,以及缅甸北部和西部的蛇绿岩带(张海坤,2019)。已经被发现的主要金矿产区有:掸邦南部高老镇区(该矿点原生矿估计储量为 105 727 t,含金量为 2.59 g/t),曼德勒省德贝金镇区的滚东赛地区(该矿点储量为 24 万 t,含金量为 2.64 g/t),曼德勒省巴定基镇区蜡烛山地区(该矿区二级矿储量为 264 万 t,含金量为 4.8 g/t;三级矿储量为 59 万 t),曼德勒省彬文那德耶孔地区(含金水晶矿,含金量为 1.36 g/t;3 级矿储量为 5 150 t),和曼德勒省以北培昂塘大型金矿,已探明储量为 318 万 t,平均含金量为 4.8 g/t(廖亚辉等,2014)。

5. 铁矿

铁矿在缅甸储藏量不丰,已知有 22 个铁矿点,以风化残余型铁矿为主,主要是赤铁矿和褐铁矿,分布在掸邦东部以及曼德勒-眉谬一带,其中孟东镇的孟万卡地区、南木-罗缅撒地区以及南卜金加地区均发现较为丰富的铁矿。但总的来说,缅甸铁矿资源比较缺乏,尚无可利用的大型矿床。

6. 锑矿

缅甸已发现 31 个锑矿床点,主要成矿区有北部的掸邦成矿区和南部的毛淡棉成矿区。主要矿床有掸邦的里平、孟山,毛淡棉的德漂和拉蒙巴。缅甸最著名的锑矿床位于缅泰边界附近的德漂地区,已发现 7 条具有经济价值的矿脉。其中最大的一条宽超过 6 m,长约 200 m,矿石品位较高(吴良士,2011a)。

7. 铬-镍矿、铂矿

缅甸的铬-镍矿主要分布在缅甸西部若开山脉东侧,即缅甸中部第三纪盆地与新生代褶皱带结合部位的大断裂带中,涉及实皆省、马圭省、伊洛瓦底省等。在葛礼瓦附近也发现了镍矿点(吴良士,2011a;廖亚辉等,2014)。作为与铬、镍矿伴生的铂矿，也主要分布在缅甸西部若开山脉一带。在缅甸北部克钦邦的莫达乌伊也发现了铂矿。

总之，缅甸的成矿地质环境较好，矿产资源十分丰富，但由于历史、经济等诸多原因，以往缅甸政府仅对个别矿种如钨-锡矿、铅矿和石油给予了一定的重视，而对其他矿种的关注力度明显不够，如西部地区的铜矿、中部地区的铬-镍矿以及东部掸邦高原的锑矿等。近年来缅甸政府施行较为开放的经济政策，吸引外资，加速建设，这为缅甸丰富的矿产资源的进一步勘查与开发创造了良好的外部环境。鉴于缅甸的矿产资源潜力、日趋向好的矿业投资环境以及毗邻中国的区位优势，在中国共建"一带一路"倡议引导下，未来会有更多矿企选择在缅甸开展矿产勘查及矿业投资活动，不断加强中缅之间的矿产资源合作。

（三）非金属矿

缅甸的非金属矿以宝石和玉石矿为主。缅甸素有"宝石之国""玉石之国"称誉，可见其宝石和玉石的储量、产量之丰富。缅甸也是翡翠的王国，世界上95％以上的翡翠产自缅甸。缅甸的玉石和宝石的出口构成了缅甸资源出口的重要部分。但矿物走私在该国也是一个非常严重的问题。

缅甸的宝石和玉石品种多，品质好，储量极为丰富。宝石有红宝石、蓝宝石、水晶石、金刚石（含钻石）等近40个品种。缅甸的红宝石及蓝宝石矿主要产于密支那西南部、曼德勒省北部与东部，尤其以抹谷地区盛产的优质红宝石享誉国际。抹谷矿区面积约400 km^2，其在大理石岩带附近形成的残积-坡积型和冲积型红宝石矿床，是世界上最优质红宝石品种"鸽血红"的最重要来源。除抹谷矿区外，主要产红宝石的地区还有掸邦孟休镇区和彬龙那瓦宝石矿区。

玉石主要分布在克钦邦雾露河上游一带，如帕敢、隆钦、孟拱、陶茂、杭巴、坎锦茂、玛仰甘茂、敏茂、山克茂、瑞克茂、帕甘基茂、叫尼茂，以及摩宁镇区的茂罕地区和实皆省坎底镇区的南思崩地区等（廖亚辉等，2014）。而优质玉石主要分布在缅甸西北部，如分布在缅甸北部克钦邦的隆肯、甘马因、密支那以及八莫地区一带的翡翠矿区。不过，虽然缅甸的宝石、玉石资源储量丰厚，但受技术、资金等影响，其产量受到一定限制。

二、连年走低的森林覆盖率

缅甸复杂多样的地形和气候适宜森林生长，使得缅甸拥有类型丰富的森林资源。缅甸还生长着大量珍贵树种，有柚木、缅甸铁木、大果紫檀、心叶水团花、硬筋、长圆叶要罗双、榆绿木和白格等珍贵林木（董康，1992）。缅甸森林以郁闭阔叶林为主，其次是红树林、竹林和针叶林。具体而言，主要的森林类型有红树林、热带常绿林、落叶混交林、干旱地林、落叶龙脑香林、山地温带常绿林、灌丛。其中落叶混交林和山地温带常绿林面积最大，占森林总面积的38.26%和26.88%，见表2-4。

表2-4 2017年缅甸的森林类型及面积

森林类型	面积（km^2）	占森林总面积比例
海岸沼泽林（红树林）	4 673.3	1.47%
热带常绿林	54 706.0	17.22%
落叶混交林	121 573.0	38.26%
干旱地林	31 147.1	9.80%
落叶龙脑香林	13 218.7	4.16%
山地温带常绿林	85 411.9	26.88%
灌丛	7 000.0	2.21%
总计	317 730.0	100.00%

资料来源：潘瑶等（2017）。

缅甸近五成的国土被森林覆盖，森林资源在国民经济中发挥重要作用。但森林覆盖率自20世纪60年代以来便呈逐年下降的态势，在数十年内森林覆盖率下降了20%左右，森林可持续发展受到了多方面的威胁。根据图2-15，1991—2020年缅甸森林覆盖面积由1991年的38.78万km^{2}下降至2020年的28.54万km^2，森林覆盖率由1991年的59.34%降至2020年的43.73%，30年间森林面积减少约10.24万km^2，减少的面积比缅甸实皆省的面积还多，森林覆盖率下降约15.61%，形势不容乐观。

从2001—2022年缅甸森林损失演化情况图（图2-16）中可知，近十年间缅

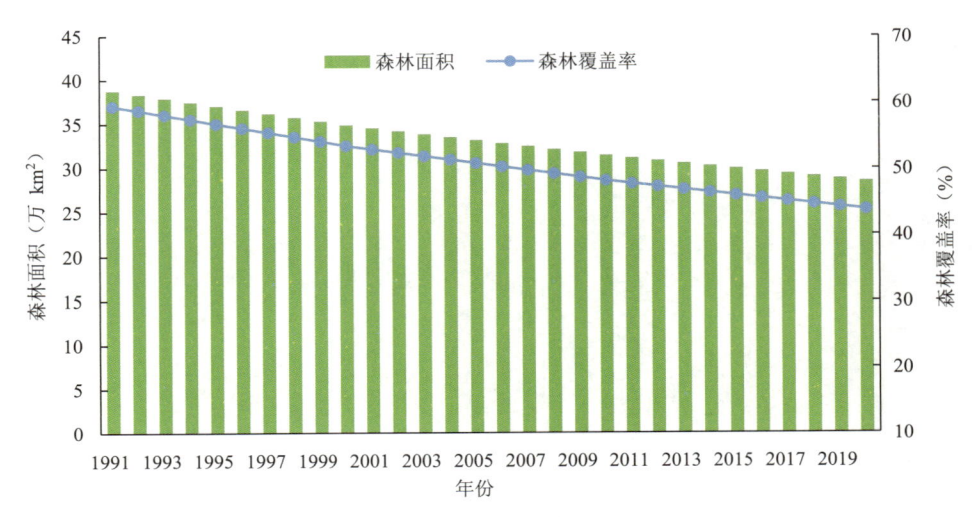

图 2-15　1991—2020 年缅甸森林面积及覆盖率变化

资料来源：世界银行（www.worldbank.org）。

甸境内森林损失面积大幅度增加。其中缅甸东部、西部和德林达依地区的森林损失尤为明显，而从目前看来森林损失也在向北部山区和若开地区蔓延。据统计，缅甸是世界上年度毁林率第三高的国家，仅次于巴西和印度尼西亚。缅甸的森林损耗情况不容忽视。

与缅甸森林覆盖率持续下降这一事实相对应的是缅甸 70% 以上的农村人口严重依赖天然林来满足生活、生产的需求。而缅甸也是世界上最大的木材生产国和出口国之一，仅木材出口就占该国总出口收入的 10%。缅甸所有的森林地区都归国家所有，大部分木材由私营部门与国有的缅甸木材企业合作采伐和出口。然而，非法采伐在边境地区尤为普遍，人们还将这种木材走私的收入用于资助边境地区少数民族武装。缅甸森林损失的原因还包括迁移农业、使用野火等。对此，缅甸也通过改革相关机构、出台《森林法》、设置原木出口禁令以及建立森林保护区等方式试图遏制森林的持续损失情况。

三、丰富的海洋资源

缅甸拥有漫长的海岸线和丰富的海洋资源。主要海岸线长约 2 400 km，被认为是东南亚地区最完整的海岸线。缅甸亦拥有多种类属的藻类、红树林和丰

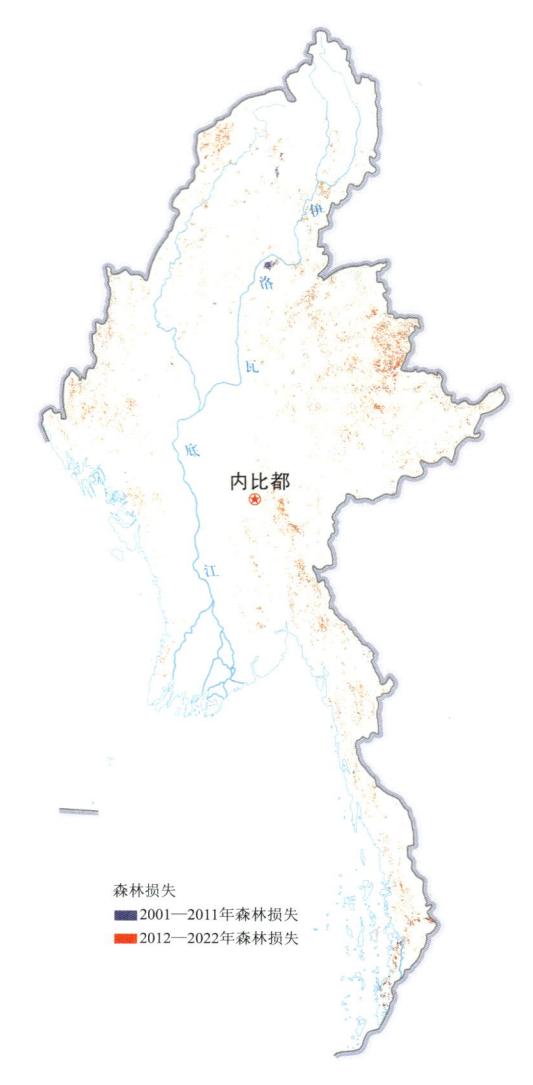

图 2-16　2001—2022 年缅甸森林损失演化

资料来源：数据来自马里兰大学全球森林变化数据库（https://glad.earthengine.app/view/global-forest-change）。

富的渔业资源，海洋生物多样性丰富。缅甸主要沿海地区包括若开邦海岸带、伊洛瓦底江三角洲海岸带和德林达依海岸带，近岸和近海地区栖息着全球濒危的海龟和哺乳动物，广阔的海草床和红树林为这些物种提供了重要的栖息地。尽管海洋生物多样性丰富，但由于陆地和海洋污染日益严重，缅甸的海洋资源正经受着前所未有的压力。

（一）藻类

在德林达依海岸带、伊洛瓦底江三角洲海岸带和若开邦海岸带记录的海洋藻类共有261种，包括绿藻72种、褐藻45种和红藻144种。上述三个海岸带的海藻多样性比约为3∶1∶4，其中德林达依海岸带146种、伊洛瓦底江三角洲海岸带53种和若开邦海岸224种。缅甸海新记录的藻类有89种，其中绿藻25种、褐藻9种、红藻55种（Soe-Htun et al.，2021）。这些藻类资源不仅为海洋生物提供栖息条件，也是缅甸人民的食物和加工产品的原料来源，如海洋蔬菜、海藻酸盐、琼脂、卡拉胶等，对缅甸的经济社会发展有重要意义。然而，近半个世纪以来，随着缅甸城市化、工业化的快速发展，生产、生活污染物等不断排放，缅甸三个沿海区的海藻床正在枯竭。

（二）红树林

红树林具有防御风浪、护岸护堤、调节气候等功能，被称为"海岸卫士""海水淡化器""全球气候变化调节器"等。缅甸曾是世界第八大、东南亚第三大红树林分布地区，所有沿海地区几乎都有红树林分布，其中伊洛瓦底江三角洲沿海岸是红树林最主要的分布地区，在若开沿海区和德林达依沿海区也分布广泛，是缅甸沿海栖息地的主要组成部分。缅甸红树林树种丰富，其中有多个树种属于世界自然保护联盟（International Union for Conservation of Nature，IUCN）受威胁物种红色名录所列的受威胁物种（表2-5）。但由于农业和水产养殖的侵占，20世纪缅甸红树林的流失速度曾是所有国家中最快的，当时伊洛瓦底江三角洲沿岸和若开沿海区红树林面积的损失程度比德林达依沿海区的更为严重。1981年以来，缅甸在东、西海岸和伊洛瓦底江河口共营建了250 km²的人工红树林，红树林覆盖面积开始逐步恢复（Zöckler and Aung，2019）。图2-17显示，进入21世纪后，缅甸的红树林面积在部分年份虽有小幅度下降，但总体来说红树林的受损趋势得到了遏制。然而，未来因港口、油气管道等基础设施的建设，以及外国投资的不断增加，人为因素对若开沿海区红树林造成的破坏将会越来越大，需要注意的是这些破坏可能不仅使红树林的面积减少，也会使红树林质量退化。

表 2-5 缅甸红树林的物种分布及世界自然保护联盟保护等级

序号	物种名称	伊洛瓦底江三角洲	若开沿海区	德林达依沿海区	IUCN 保护等级
1	小花老鼠簕	√	√	—	LC
2	老鼠簕	√	√	√	LC
3	长春花	√	√	√	LC
4	卤蕨	√	√	√	LC
5	尖叶卤蕨	√	—	√	CR
6	鹅掌楸	√	√	√	NT
7	蜡烛果	√	√	√	LC
8	海榄雌	√	√	√	LC
9	柱果木榄	√	√	√	LC
10	木榄	√	√	√	LC
11	小花木榄	√	√	√	LC
12	海莲	√	○	○	LC
13	十蕊角果木	√	√	√	NT
14	角果木	√	√	√	NT
15	海漆	√	√	√	LC
16	苏达班银叶树	√	√	○	EN
17	银叶树	√	√	√	VU
18	秋茄树	√	√	○	LC
19	红榄李	√	√	√	VU
20	榄李	√	√	○	LC
21	水椰	√	√	√	LC
22	红树	√	√	√	LC
23	红茄苳	√	√	√	VU
24	杯萼海桑	√	√	√	VU
25	无瓣海桑	√	√	○	LC
26	海桑	√	√	○	NT
27	木果楝	√	√	√	LC

注：√：出现；○：未现；—：不详。
LC：无危；NT：近危；VU：易危；EN：濒危；CR：极危。
资料来源：联合国粮农组织（www.fao.org）。

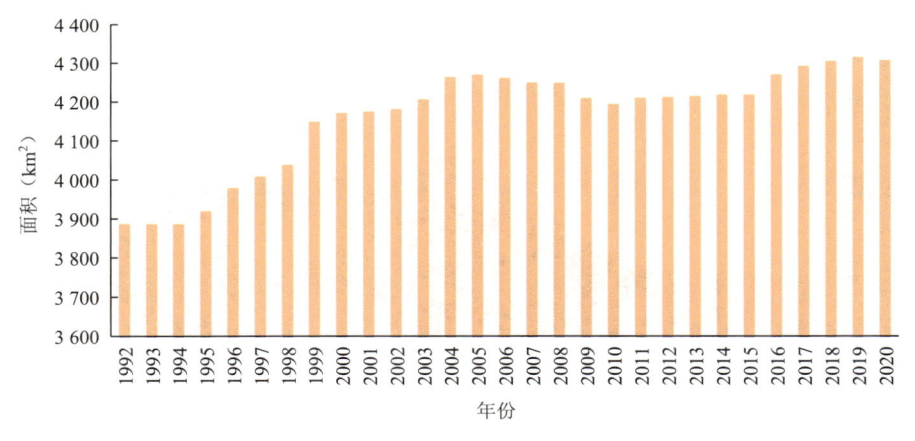

图 2-17　1992—2020 年缅甸红树林的面积变化

资料来源：联合国粮农组织（www.fao.org）。

（三）海洋渔业

漫长的海岸线也提供了当地人民赖以生存的渔业资源。缅甸是全球十大鱼类生产国之一，鱼类占缅甸人民消费的动物源食品的一半，海洋渔业在此贡献率超过50%。图 2-18 显示，1991 年缅甸捕捞渔业产量和水产养殖产量为 726 672 t 和 8 822 t，而到 2020 年则分别达 1 853 564 t 和 1 145 018 t。随着养殖技术的提高和居民对渔业食品需求的上升，水产养殖发展迅猛，但海洋捕捞渔业仍然占据缅甸渔业的大部分比重。缅甸拥有 48.6 万 km^2 的渔业专属经济区，沿岸生态系统复杂，其中的红树林、珊瑚礁、海草、沙滩和海滨泥地是重要的海洋生物产卵场和栖息地，孕育了几百种鱼类。缅甸的海洋渔业分为近岸渔业和近海渔业，近海渔业的参与率比近岸渔业高，在近海渔业中，渔船可以在距离海岸线 10 海里（18.52 km）的水域内作业，而近岸渔船要求长度不超过 30 英尺（约 9 m），大多属无动力船只。缅甸海洋渔业的发展对整个国家的社会和经济发展具有重要的推动作用，但目前缅甸海洋渔业发展仍然缓慢，其生产力与丰富的资源不相称，开发潜力巨大。近年来随着缅甸海洋渔业的私有化进程迅速发展，海洋养殖的启动可能是未来渔业生产力发展的良好动力。

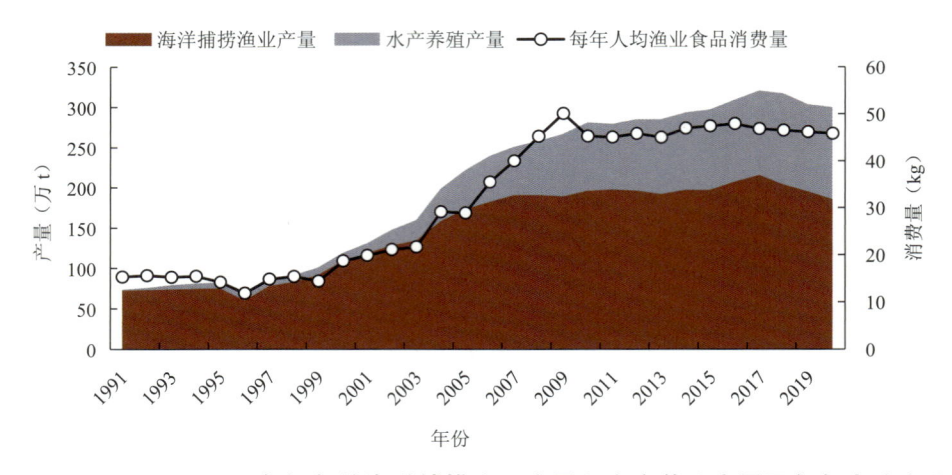

图 2-18　1991—2020 年缅甸的海洋捕捞渔业产量和水产养殖产量及每年人均渔业食品消费量变化

资料来源：联合国粮农组织（www.fao.org）。

参 考 文 献

[1] 陈红坤："缅甸水能资源开发及投资模式研究"，《云南电业》，2006 年第 9 期。
[2] 董康："缅甸林业概况"，《云南林业》，1992 年第 3 期。
[3] 冯保国："关于深化中缅油气合作的思考"，《北京石油管理干部学院学报》，2020 年第 4 期。
[4] 贺圣达、孔鹏、李堂英：《列国志·缅甸》，社会科学文献出版社，2018 年。
[5] 贺圣达、李晨阳：《列国志·缅甸》，社会科学文献出版社，2009 年。
[6] 廖亚辉等：《缅甸经济社会地理》，世界图书出版公司，2014 年。
[7] 潘瑶、苏凯文、王俊等："缅甸森林资源管理与木材利用"，《西南林业大学学报》（社会科学），2017 年第 1 期。
[8] 施美凤、林方成、朱华平等："中新经济走廊地质矿产特征及找矿潜力"，《地质通报》，2017 年第 1 期。
[9] 吴良士："缅甸区域成矿地质特征及其矿产资源（一）"，《矿床地质》，2011a 年第 1 期。
[10] 吴良士："缅甸区域成矿地质特征及其矿产资源（二）"，《矿床地质》，2011b 年第 2 期。
[11] 王腾、杨永峰："缅甸矿产资源管理制度浅析"，《自然资源情报》，2022 年第 9 期。
[12] 王珍、林刚、李增等："基于层次分析法的缅甸矿业投资风险分析"，《国土资源情报》，2014 年第 8 期。
[13] 张海坤："缅甸主要金属矿床的分布及地质特征"，《华南地质与矿产》，2019 年第 1 期。
[14] 张喆、胡志丁："基于国别地缘环境视角解析缅甸民主化改革进程"，《地理研究》，2022 年第 11 期。
[15] 钟智翔、尹湘玲、扈琼瑶等：《缅甸概论》，世界图书出版公司，2012 年。
[16] Soe-Htun, U., S. P. P. Kyaw, M. K. Wai, *et al.*, 2021. A review on the seaweed resources of Myanmar. *Journal of Aquaculture and Marine Biology*, Vol. 10, Iss. 4.
[17] Zöckler, C., C. Aung, 2019. The mangroves of myanmar. In B. Gul, *et al.* (eds.) *Sabkha Ecosystems*, Vol. VI: Asia/Pacific, pp. 253-268.

第三章 自然灾害

本章主要介绍缅甸自然灾害的类型和地理环境脆弱性，以及防灾减灾体系。缅甸是全球自然灾害频发多发的国家之一，其自然灾害主要受气候因素影响。缅甸的主要自然灾害类型为气候灾害、洪水灾害、地震灾害、地质灾害等，风暴是其中最突出的灾害。2008 年发生的纳尔吉斯（Nargis）风暴是缅甸历史上最严重的一场自然灾害，导致 8 万余人死亡，约 250 万人受灾，对缅甸的经济、社会造成空前巨大的破坏。缅甸因季风气候极不稳定、地质条件不佳和全球气候变化等自然因素，自然灾害多发；受经济落后、政局动荡等深刻的社会因素影响，防灾救灾能力较弱，自然灾害造成的破坏极其严重。2008 年以后，缅甸高度重视自然灾害问题，推出了一系列相关制度、法律，成立多个政府管理机构、社会协助机构，并加强与东盟、周边国家的救灾合作，逐渐建立起防灾减灾体系。

本章首先概述缅甸自然灾害的总体情况，再详细分析缅甸的主要自然灾害类型；其次根据缅甸的自然地理环境和人文地理环境论述缅甸自然灾害的环境脆弱性；最后从国内措施和国际合作方面介绍缅甸建立的防灾减灾体系。

第一节 自然灾害频发多发

一、自然灾害总体情况

自然灾害可分为气候灾害、洪水灾害、地震灾害、地质灾害、海洋灾害、生物灾害等类型。缅甸的自然灾害主要有风暴、干旱、高温、洪水、地震、滑坡、泥石流、风暴潮、野火等，其中风暴、洪水、地震频繁发生，给缅甸造成了重大的人员伤亡和经济损失。

风暴和洪水是缅甸发生次数最多的自然灾害，分别占缅甸自然灾害总次数的38%和34%，其他灾害包括地震、滑坡等，占自然灾害总次数的28%（Union of Myanmar，2009）。缅甸的主要自然灾害与气候因素密切相关，其中以风暴灾害最为突出。德国观察组织（Germanwatch）长期关注并发布《全球气候风险指数》，分析全球各个国家和地区在多大程度上受到与天气有关的损失事件（风暴、洪水、热浪等）的影响，对极端天气事件的影响人数和直接经济损失进行了统计。该组织认为在全球最容易受与气候相关灾害影响的国家中，缅甸位列前三（朴光姬、李芳，2017）。《2021年全球气候风险指数》指出，2000—2019年，缅甸是全球受与气候相关的极端天气事件影响第二大的国家，20年间共发生57起极端天气事件，造成7 056人死亡（Kreft et al.，2021）。

干旱属于气候灾害，缅甸的干旱灾害主要发生在中部地区。马圭省、曼德勒省和实皆省是主要的旱区，约占该国总面积的10%。旱区三面被山脉包围，向南开放。2016年厄尔尼诺事件又导致缅甸国内的酷暑和大面积干旱，严重影响了民众生活和农业生产。缅甸还有一些局部灾害，如闪电、河岸侵蚀和强风。2014—2017年，雷电导致了175人丧生，河岸侵蚀导致261人丧生，强风导致782人丧生。

缅甸的自然灾害造成的流离失所人数众多。如图3-1，根据缅甸国内流离失所监测中心（Internal Displacement Monitoring Center，IDMC）统计，2008—2022年缅甸遭受自然灾害事件共249起，造成600多万人流离失所。缅甸国内由洪水和风暴造成的流离失所人数分别为337万和261万，占自然灾害造成的流离失所人数的56%和43%，其余自然灾害类型造成的流离失所人数占比均不到1%。由此可见，洪水和风暴造成的灾情最为严重。除2008年纳尔吉斯风暴灾害导致了220多万的巨量流离失所人数外，其余年份的风暴灾害引起的流离失所人数均较少。洪水总计导致的流离失所人数最多，2011年以来成为每年造成缅甸人民流离失所的主要灾害。洪水灾害在2015年最为严重，此后逐年减少，但总体造成的流离失所人数较高。

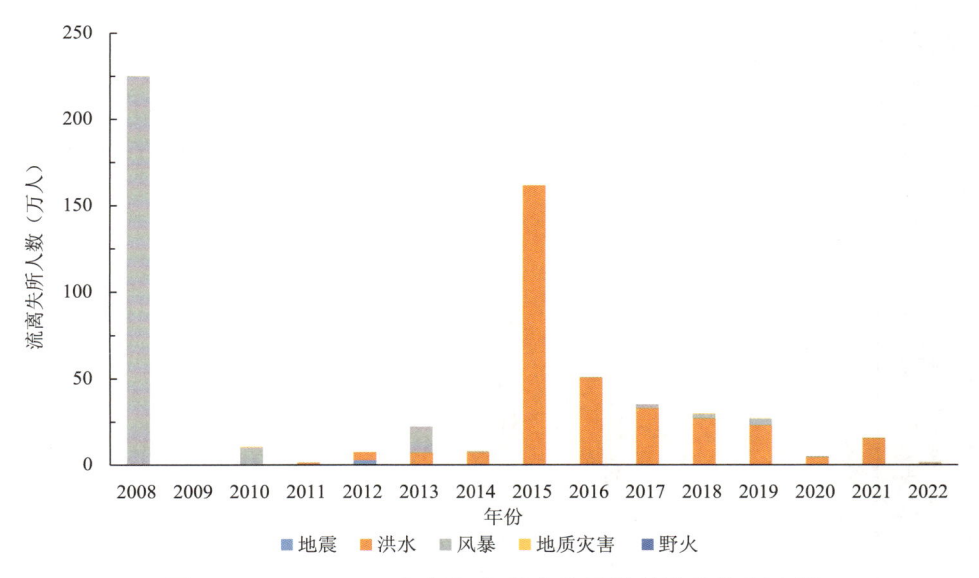

图 3-1　2008—2022 年缅甸自然灾害导致的流离失所人数

资料来源：IDMC，https://www.internal-displacement.org/countries/myanmar。

如表 3-1，根据国际灾难数据库的记录，最近 120 年以来，缅甸发生最多的自然灾害是洪水灾害，高达 36 次；其次为风暴和野火灾害，均为 22 次；地震和滑坡灾害发生次数较少，均为 10 次；发生最少的为流行病灾害，仅发生 4 次。风暴灾害导致的死亡人数和经济损失均为最高，且大大超过其他灾害类型，影响人数最多的灾害为洪水灾害。综合来看，对缅甸影响较大的自然灾害为风暴、洪水、地震三种。洪水和风暴灾害关系密切，均由极端天气引发。

表 3-1　1902—2022 年缅甸自然灾害及灾情统计

灾害类型	发生次数（次）	死亡人数（人）	影响人数（人）	经济损失（万美元）
地震	10	788	39 775	79 306.6
流行病	4	74	800	—
洪水	36	902	5 572 467	43 810.1
滑坡	10	407	149 181	—
风暴	22	141 400	4 104 600	564 227.1
野火	22	8	78 588	4 435.7

资料来源：国际灾难数据库，https://www.emdat.be/。

缅甸的自然灾害在一年中发生的时间不均衡（图 3-2），风暴、洪水、滑坡灾害的发生有明显时段性，发生时间集中在每年 4—10 月。风暴主要于 4、5、10 月发生，洪水主要于 6—10 月发生，滑坡主要于 5、6、7、9、10 月发生。

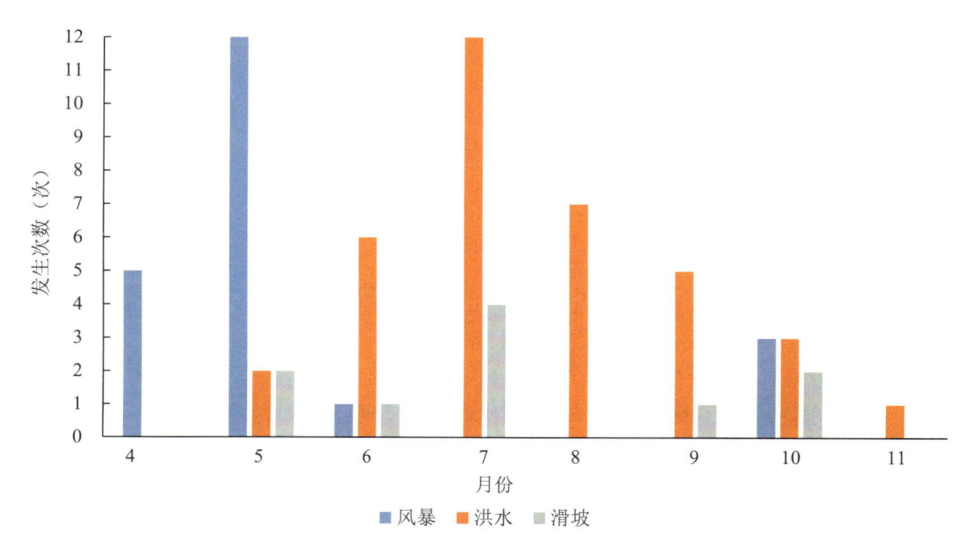

图 3-2　1902—2021 年缅甸发生风暴、洪水与滑坡灾害的月度统计

资料来源：国际灾难数据库，https://www.emdat.be/。

在全球灾害数据平台的记录中，1981—2014 年缅甸综合自然灾害（地震、地质灾害、洪涝、热带风暴、森林和草原火灾）的发生频次较低，每年只发生 1 次或 2 次，只有 2007 年达到了 5 次（表 3-2）。2015 年及之后，综合自然灾害发生的频次显著上升。2016 年达到最高，为 7 次。其后灾害发生的频次波动下降。2009 年之前，缅甸全年发生综合自然灾害之直接经济损失的 GDP 占比较大，2009 年之后占比较小，表明缅甸的经济得到一定发展，经济韧性提高，全国经济防灾抗风险能力提高。

表 3-2　缅甸综合自然灾害受灾情况

年份	总频次（次）	影响人数（万人）	失踪死亡人数（人）	直接经济损失（万美元）	直接经济损失的 GDP 占比（%）
1981	1	4.9	8		
1982	1	3.6	11		
1983	1	0.1	10		

续表

年份	总频次（次）	影响人数（万人）	失踪死亡人数（人）	直接经济损失（万美元）	直接经济损失的GDP占比（%）
1991	2	36	23	15 885.1	9.98
1992	1	0.5	5	10 643.4	12.19
1994	1	6.5	17	1 828.1	1.84
1995	2	3.2	51		
1997	1	13.8	68		
1999	1	5	22		
2001	1	0.4	51		
2002	1	5	21		
2004	2	4.1	307	71 828.1	13.93
2005	1	0	17		
2006	2	7	59		
2007	5	16.7	35		
2008	1	242	138 366	503 421.3	123.16
2009	1	0.1	24		
2010	2	40.5	113	7 083.2	0.71
2011	2	5.7	225	638.5	0.06
2012	2	8.6	40	138.1	0.01
2013	2	7.3	23		
2014	2	4	0		
2015	6	163.7	213	13 604.7	0.32
2016	7	95.3	131	1 874.1	0.04
2017	2	20	3		
2018	5	17.3	67		
2019	3	0.8	128		
2020	2	2.7	174		
2021	1	12.5	0		

资料来源：全球灾害数据平台，https://www.gddat.cn/。

二、自然灾害的主要类型

(一) 风暴

缅甸气候属于典型的热带季风气候，缅甸南部沿海毗邻全球最易发生风暴和风暴潮的孟加拉湾，海岸线长达 2 400 km。伴随风暴而来的还有三种破坏力较强的灾害，即强风、暴雨和风暴潮。缅甸的风暴主要来自孟加拉湾，孟加拉湾在 1945—2006 年形成的 506 个热带气旋（Tropical cyclone）中，向东北方向登陆的概率是 15.6%；1971—2006 年形成的 110 个热带风暴（Tropical storm）中，向东北方向登陆的概率是 30.9%（段旭等，2009）。2002—2012 年，受风暴灾害影响的人数超过 260 万。

缅甸的风暴灾害主要发生在西部地区（图 3-3）。国际灾难数据库将风暴灾害分为热带气旋和对流风暴，根据其记录，1902—2021 年缅甸遭受风暴袭击的次数以若开邦为最多，累计 13 次；其次为实皆省，发生过 4 次；其余省、邦风暴次数较少，除德林达依省和内比都联邦区没有发生过外，各省、邦均发生 1—3 次风暴袭击事件。根据《缅甸灾害概况》（Hazard Profile of Myanmar），1947—2008 年有 35 个气旋在缅甸海岸登陆，2000 年之前气旋登陆缅甸的频率是 3 年一次，但自 2000 年以来，风暴每年都会穿越缅甸海岸，登陆概率从北向南递减。登陆实兑（Sittwe）的概率最高，为 20.8%；其次是孟都（Maundaw），概率为 9.6%；伊洛瓦底三角洲的概率为 3.2%；孟邦和德林达依省南部海岸受气旋影响的概率十分微小（Union of Myanmar，2009）。

每年 4 月到 12 月，孟加拉湾大约形成 10 个热带风暴。其中，气旋主要发生在 4 月至 5 月和 10 月至 12 月，6 月至 9 月形成的热带风暴较弱，寿命较短。孟加拉湾每年有 2 个风暴季节，大约在西南季风之前的 3 个月和之后的 3 个月（Union of Myanmar，2009）。1887—2005 年，孟加拉湾形成了 1 248 个热带风暴，其中有 80 个风暴（约占 6.4%）登陆缅甸沿海，每年 4 月和 5 月袭击缅甸海岸的风暴占总登陆风暴数的 18% 和 30%，10 月和 11 月登陆的风暴则各占 18%（表 3-3）。

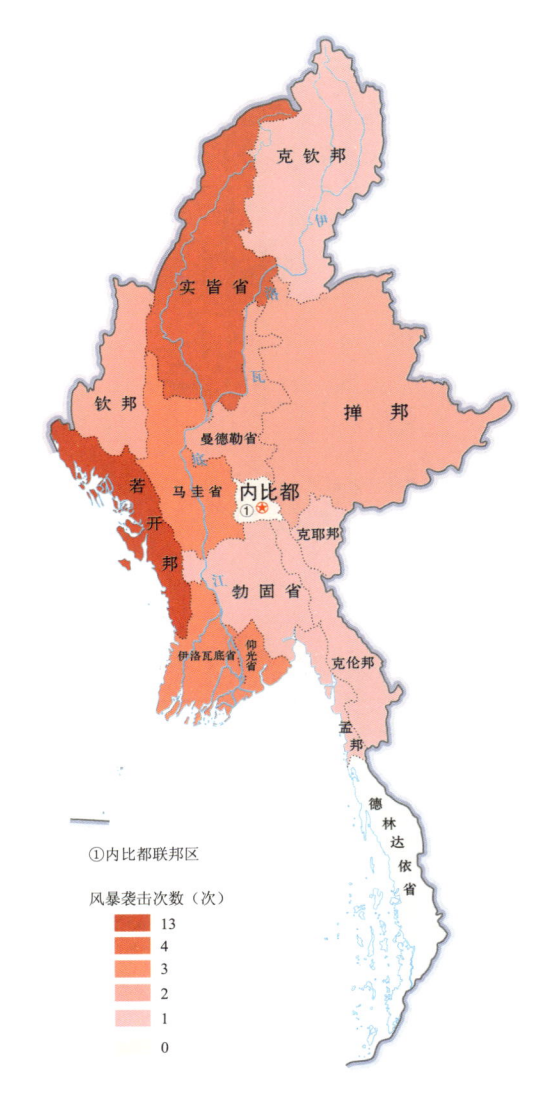

图 3-3　1902—2021 年缅甸风暴灾害空间分布情况

资料来源：国际灾难数据库，https://www.emdat.be/。

表 3-3　1887—2005 年登陆缅甸的 80 个风暴的月度统计

月份	1	2	4	5	6	10	11	12
次数	2	1	15	24	1	14	14	9

资料来源：Union of Myanmar（2009）。

根据全球灾害数据平台记录，1982—2006 年热带风暴的影响人数较少，均在 10 万以下。2008 年热带风暴的影响最大，影响人数、失踪死亡人数、直接经济损失都是历次中最大的。2015 年热带风暴的影响最小。2010 年、2016 年、2017 年的热带风暴影响较大，影响人数均超过 10 万。

表 3-4　1982—2017 年缅甸热带风暴灾害受灾情况

年份	总频次（次）	影响人数（万人）	失踪死亡人数（人）	直接经济损失（万美元）	直接经济损失的GDP 占比（%）
1982	1	3.6	11		
1994	1	6.5	17	1 828.1	1.84
2004	1	2.5	236	98.7	0.04
2006	1	6	34		
2008	1	242	138 366	503 421.3	123.16
2010	1	26	45	7 083.2	1.43
2015	1	0	3		
2016	2	10	32	519.3	0.03
2017	1	10.8	0		

资料来源：全球灾害数据平台，https://www.gddat.cn/。

2008 年发生的纳尔吉斯风暴不仅是影响缅甸最严重的一次风暴灾害，还是缅甸历史上最严重的一场自然灾害。2008 年 5 月 2 日，纳尔吉斯风暴以每小时约 200 km 的速度，猛烈袭击了缅甸南部的仰光省、伊洛瓦底省、勃固省、孟邦和克伦邦。缅甸官方承认强热带风暴造成的死亡人数达到 84 537 人，有 53 836 人失踪，19 359 人受伤，受灾人数达 250 万，财产损失共达 106.7 亿美元，占缅甸国内生产总值的 2.7%（贺圣达，2009）。纳尔吉斯风暴对缅甸生产部门的破坏最大，其次为基础设施（表 3-5）。它造成了 37 座城镇所在地、23 500 km² 成为受灾区；约 45 万所房屋被摧毁，35 万所房屋受损；受灾地区 75% 的卫生设施遭到破坏，损坏了约 4 000 所学校；约 6 000 km² 农业用地被淹没，约 50% 的牲畜死亡，渔船等生计工具亦遭到摧毁（贾鑫鑫，2020）。

纳尔吉斯风暴发生后，缅甸政府进行了积极的救灾活动（贺圣达，2009；贾鑫鑫，2020）。缅甸政府成立了国家自然灾害防治中央委员会，为进行救灾而投入了 50 亿缅元，并派遣军队前往灾区进行救灾。此外，在 5 月下旬缅甸政府又投入 550 亿缅元以进行救灾和支持灾后重建。

表 3-5　2008 年纳尔吉斯风暴造成的损害和损失

领域	损害（亿缅元）	损失（亿缅元）	总计（亿缅元）	总计（百万美元）
基础设施（房屋、交通和通信、供水系统、供电系统）	8 315	893	9 208	837.1
社会领域（教育、卫生）	1 280	72	1 352	122.9
生产部门（农业、工业、商业）	7 360	23 520—24 750	30 880—32 110	2 806—2 918
交叉领域（生态环境、公共设施）	2 342	461	2 803	254.8
总计（亿缅元）	19 300	23 950—26 180	44 240—45 470	
总计（百万美元）	1 754	2 268—2 380		4 022—4 134

资料来源：贾鑫鑫（2020）；Post-Naergis Joint Assessment Report。

纳尔吉斯是 1991 年以来袭击亚洲的最具破坏性的风暴，缅甸之所以遭受重创，有社会与自然的原因（田东霖，2008）。纳尔吉斯风暴的能量巨大、摧毁力极强，袭击的地区人口密度大、经济基础弱。此外，缅甸缺乏一套完整的风暴潮预警预案和风暴潮预警系统，尽管缅甸气象部门在风暴登陆前 6 天已发布预警，但没有发布风暴潮袭击的信息，民众也没有撤离风暴潮影响区域。被袭击地区特殊的地理地貌加剧了灾害影响。缅甸河流的喇叭状河口使风暴潮容易侵袭内地，扩大影响范围。缅甸平原地区地势低平、河流众多、落差较小，使风暴带来的降水容易形成洪涝，难以排泄，内涝严重。

（二）洪水

每年与季风有关的洪水一直是缅甸的主要灾害之一。1910—2000 年，缅甸共发生大洪水 12 次（Union of Myanmar，2009）。根据国际灾害数据库统计，2001—2021 年缅甸发生各类重大自然灾害 51 次，其中洪涝灾害发生的频次最多，共 25 次，造成 606 人死亡，至少 337.5 万人受影响。如图 3-4，伊洛瓦底省为洪水暴发次数最多的省份，21 年间共发生 10 次洪水灾害；其次为孟邦、克伦邦、勃固省、若开邦、马圭省、曼德勒省、实皆省和克伦邦，均暴发过 9 次洪水灾害；掸邦、仰光省和德林达依省再次之；钦邦、内比都联邦区和克耶邦较少或没有发生过洪水灾害。缅甸的伊洛瓦底省洪水风险最高，中部平原地区省份的洪水风险次之，东、西、北部的山地区域风险较小（刘媛媛等，2020）。

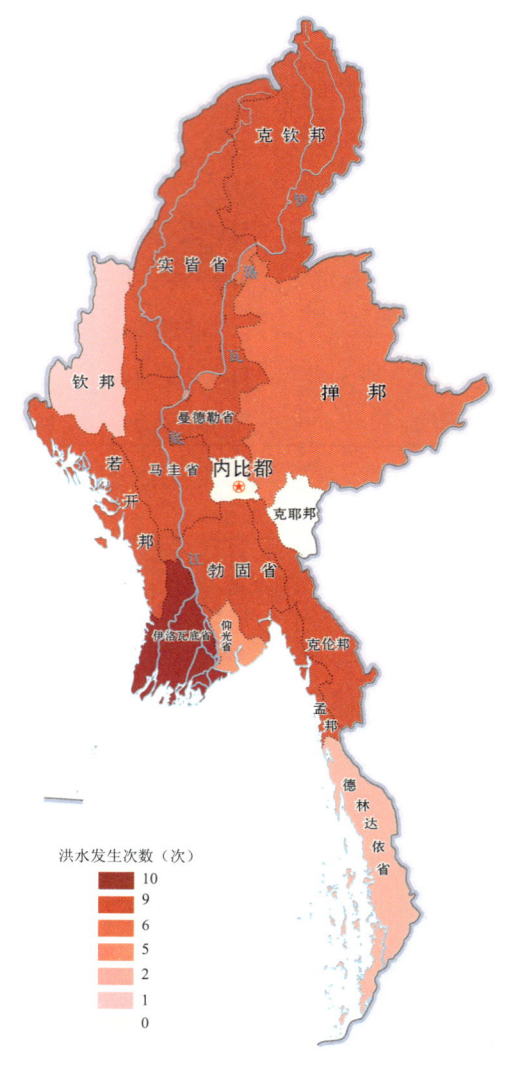

图 3-4　2001—2021 年缅甸洪水灾害空间分布情况

资料来源：数据来自国际灾难数据库，https://www.emdat.be/。

近年来缅甸季风的持续时间越来越短，降雨量却越来越大。缅甸大部分降雨发生在 5 月中旬到 10 月的雨季，缅甸的洪灾通常每年分三波发生，即 6 月、8 月和 9 月下旬至 10 月。风险最大的是 8 月，因为季风降雨的高峰期是 8 月。缅甸每年有 200 多万人为洪水所害。

缅甸的洪水可分为四种类型：① 河流三角洲的河水泛滥；② 河流上游山区的山洪，由强降雨造成，持续时间为 1—3 天；③ 城乡地区的局部洪水，城市地区是由土壤饱和、渗透率低、基础设施不足或不完善等因素综合导致，在农村地区则是因水坝、堤坝等抗水结构的破坏；④ 沿海地区由气旋和风暴潮造成的洪水。具体而言，缅甸北部和中部地区主要河流的集水区容易发生河流性洪水。南部三角洲在同一时期出现洪水潮和高河水流量时会发生河流洪水。克伦邦、克钦邦、掸邦、孟邦和钦邦的山区和丘陵地区主要受山洪威胁。克钦邦的伊洛瓦底江汇合处，在夏季开始时受高海拔地区积雪融化影响，山洪暴发的情况相当频繁。若开邦的沿海地区，洪水是由风暴产生的次要危害。此外，伊洛瓦底江流域面积为40.42万 km^2，流域和集水区占全国面积的60%，是该国最大的河流流域，横跨钦邦、克钦邦、掸邦以及曼德勒省、马圭省、勃固省、仰光市和伊洛瓦底省。因此，洪水可能发生在一个广泛的区域内（Union of Myanmar，2009）。

根据缅甸气象水文局（Department of Meteorology and Hydrology，DMH）统计的洪涝灾害数量，1966—2004年，伊洛瓦底江暴发了11次洪涝，萨尔温江发生了5次；每次灾害持续的天数最短为4天，最长达23天。2015年的特大洪灾波及缅甸12个省、邦，在一些地区还伴有泥石流灾害（朴光姬、李芳，2017）。2020年8月，由于伊洛瓦底江和丹林河（Thanlyin Rivers）的泛滥，大范围的洪水影响了缅甸的多个地区，至少有21 500人受到影响。

如表3-6，根据全球灾害数据平台记录，近31年内，1991年是缅甸洪涝灾害引起直接经济损失最多的一年，超1.5亿美元，直接经济损失的GDP占比也是最大，将近20%。2007年洪涝灾害发生频次最高，为4次；2015年灾害的影响人数最多，逾163万人。2011年以后缅甸洪涝发生频次增加，每年至少发生1次。

表3-6　1991—2021年缅甸的洪涝灾害受灾情况

年份	总频次（次）	影响人数（万人）	失踪死亡人数（人）	直接经济损失（万美元）	直接经济损失的GDP占比（%）
1991	1	36	23	15 885.1	19.96
1992	1	0.5	5	10 643.4	12.19
1995	1	3.2	51		
1997	1	13.7	68		

续表

年份	总频次（次）	影响人数（万人）	失踪死亡人数（人）	直接经济损失（万美元）	直接经济损失的GDP占比（%）
1999	1	5	22		
2001	1	0.4	51		
2002	1	5	21		
2006	1	1	25		
2007	4	16.7	5		
2011	1	3.6	151	204.8	0.04
2012	1	8.5	2		
2013	1	7.3	7		
2014	2	4	0		
2015	3	163.6	172	13 604.7	0.64
2016	2	85.2	19	225.8	0.02
2017	1	9.2	3		
2018	3	17.3	35		
2019	2	0.8	115		
2020	1	2.5	0		
2021	1	12.5	0		

资料来源：全球灾害数据平台，https://www.gddat.cn/。

2015年7—8月，受持续强降雨和科门（Komen）风暴的双重影响，缅甸发生大范围洪涝灾害和多处地质灾害。根据缅甸社会福利救助与安置部统计，截至2015年8月底，洪涝灾害造成至少117人死亡，超163万人受灾，3 900 km² 农田被损毁，多地出现山体滑坡等地质灾害，大量电力、交通和通信等设施被毁坏（李素菊等，2017）。缅甸经历了严重的洪水和与之相关的山体滑坡等地质灾害后，经济受到重创，社会治安出现危机，并面临持续不断的人道主义危机（Alice，2016）。

（三）地震

缅甸是世界上地震发生最频繁的国家之一。缅甸大部分地区位于喜马拉雅山脉的南部和印度洋的东缘，处于世界两大地震带之一的阿尔卑斯-喜马拉雅-

苏门答腊造山带，因此受地震影响较大（王宏等，2012）。缅甸的地震主要来自两个方面，一是印度板块以平均每年 3.5 cm 的速度向北移动，俯冲至缅甸板块（欧亚板块的一部分）下部（仅在北部发生碰撞）；二是缅甸板块从安达曼海的一个扩张中心向北移动，平均速度为每年 2.5—3.0 cm。缅甸境内的缅甸弧是巽他弧（Sunda Arc）的一个局部，巽他弧有两个重要的构造特征，一个是在缅甸境内的实皆断层（Sagaing Fault），另一个是其西部邻近地区的巽他俯冲地震区（Sunda Subduction Megathrust Zone），贯穿缅甸海岸西南、西部的近海，以及西部和西北部的陆地。实皆断层是缅甸最突出的断层，大致呈北南走向。缅甸的五个主要震源区里有三个位于实皆断层周围，许多大型城市分布于该断层附近，故有必要确定工程结构和建筑物的防震设计规范（Union of Myanmar，2009）。

缅甸的大部分地震主要集中在三个区域（图 3-5）。一是缅甸西部褶皱带的区域，主要是中源地震，其北部的地震频率较高。二是实皆断层沿线，包括近海部分的浅源地震。三是缅甸东北部区域，主要地震带与中国云南省相连。如图 3-6，缅甸发生的地震在空间上具有明显的集聚特征，高度集中在实皆省和克钦邦，其核密度值最大；其他省、邦如曼德勒省、勃固省、马圭省、钦邦是地震较为集聚的地区，但核密度值较小。

缅甸境内里氏规模 5—5.9 级地震发生的频次最多，为 549 次；6 级及以上地震发生的频次较低，为 41 次；7 级及以上地震发生过 16 次；8 级以上地震仅有 1 次（表 3-7）。

根据全球灾害数据平台，近年来缅甸发生的地震灾害中，2011 年发生的一次地震影响人数和造成失踪、死亡的人数最多；2004 年是地震灾害直接经济损失和直接经济损失占 GDP 比重最大的一年，其余年份地震灾害的影响较小（表 3-8）。

缅甸及其周边地区地震活动的一个后果是破坏原有的油气圈闭并使油气泄露，任何依赖于仍在活动的断层密封的勘探都可能因此面临额外的风险。另一个后果是对包括建筑物、公路、铁路、大坝和管道在内的经济运行造成结构性损坏。而近海发生的海啸会导致低地沿海地区洪水泛滥，如 2004 年节礼日时苏门答腊地震引发的海啸摧毁了缅甸沿海的大部分地区。陆上和近海地震也可能

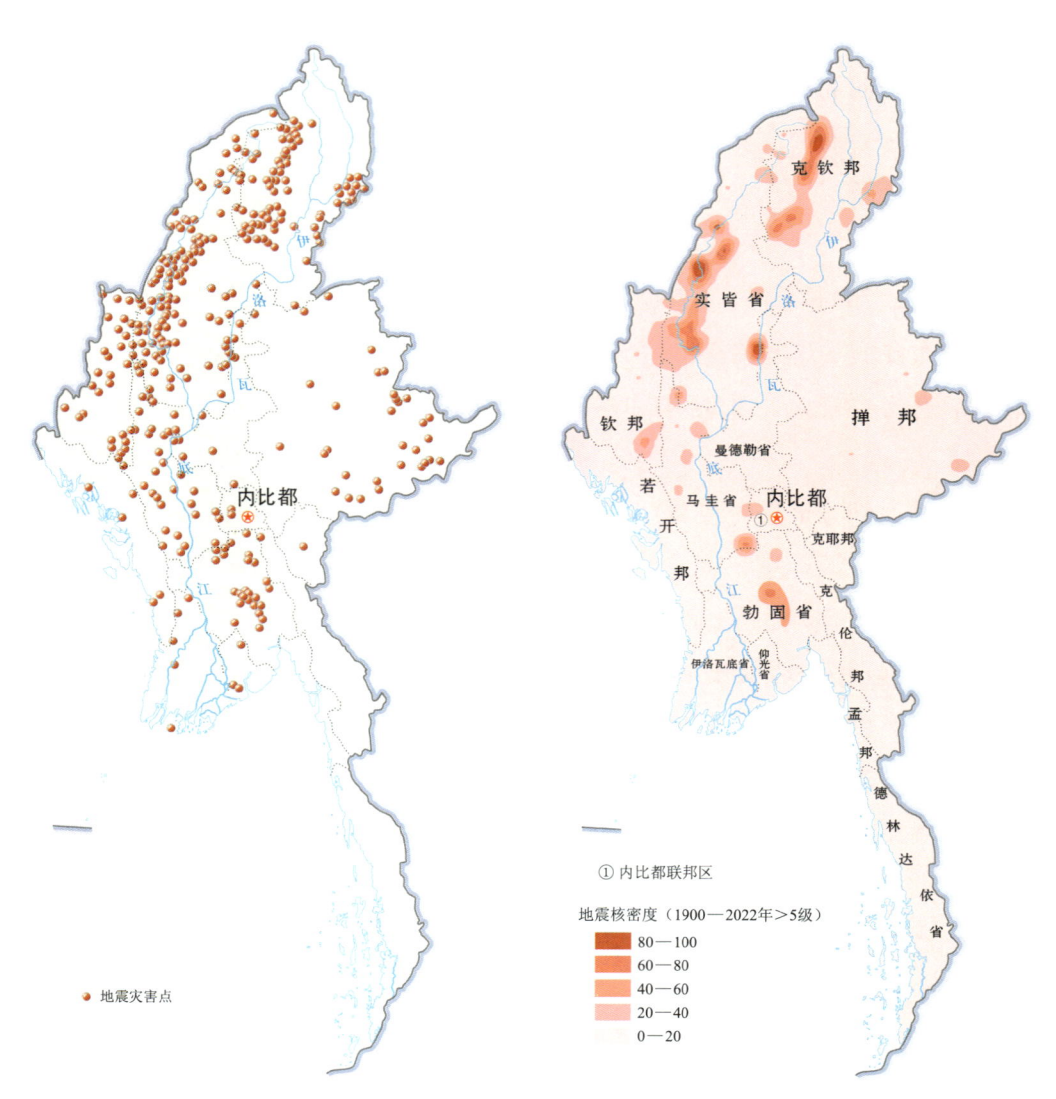

图 3-5　1900—2022 年缅甸 5 级及以上地震灾害点

资料来源：数据来自美国地质勘探局，https://www.usgs.gov/。

图 3-6　1900—2022 年缅甸 5 级及以上地震灾害点的核密度

资料来源：数据来自美国地质勘探局，https://www.usgs.gov/。

引发山体滑坡，若开邦海岸附近的大型海底滑坡是由此类地震冲击引发（Ridd and Racey，2015）。由于薄弱的经济基础以及尚不完善的防灾抗灾工程体系，缅甸独立应对重大灾害的能力十分有限，加上政治因素导致一些国际救援未能顺利展开，造成缅甸的灾害数量与灾害损失不成正比，生态环境良好、素有"福（佛）国"之称的缅甸屡遭严重的灾害后果。

表 3-7　1839—2008 年缅甸的地震情况

级别	频次	时段
>8	1	1839—2008 年
7—7.9	15	1839—2008 年
6—6.9	25	1950—2008 年
5—5.9	549	1950—2008 年

资料来源：Union of Myanmar（2009）。

表 3-8　1991—2016 年缅甸地震灾害的受灾情况

年份	总频次（次）	影响人数（万人）	失踪死亡人数（人）	直接经济损失（万美元）	直接经济损失的 GDP 占比（%）
1991	1				
1995	1				
2004	1	1.6	71	71 729.4	27.83
2011	1	2.1	74	433.7	0.08
2012	1	0.1	38	138.1	0.02
2016	1	0.1	4	1 129	0.15

资料来源：全球灾害数据平台，https://www.gddat.cn/。

（四）地质灾害

缅甸经历了许多类型的地质灾害，主要有滑坡、崩塌、泥石流等。其中，山体滑坡是影响该国的主要地质灾害。大量的季风降雨是缅甸地质灾害的主要诱发因素，不合理的人类工程活动也时常诱发地质灾害；起伏较大的地形地貌、岩土地质条件、构造运动是诱发灾害的内在因素；地表水和地下水加剧了地质灾害的发生（郭守德等，2019）。1922—2015 年，缅甸地质灾害发生频次为

1 125次，在共建"一带一路"国家中地质灾害的发生频次位居第二，属地质灾害高发区域（杨冬冬等，2020）。

从地形上看，缅甸的山区主要有西部山地和东部高原，是该国固有的不稳定地区。陡峭的山坡，不稳定的地质条件，以及大量的季风降雨，使山区成为缅甸最容易发生灾害的地区之一。例如塔宁达里山脉的西侧，经常发生各种规模的地质灾害。

根据全球灾害数据平台，缅甸发生的地质灾害中，2010年的一次影响人数最多，有14.5万人；2020年的地质灾害引起失踪死亡人数最多，有174人；其余年份受灾程度较小（表3-9）。

表3-9 2005—2020年缅甸地质灾害的受灾情况

年份	总频次（次）	影响人数（万人）	失踪死亡人数（人）
2005	1		17
2009	1	0.1	24
2010	1	14.5	68
2013	1		16
2015	2	0.1	38
2016	1		52
2018	2		32
2019	1		13
2020	1	0.2	174

资料来源：全球灾害数据平台，https://www.gddat.cn/。

如图3-7和图3-8，缅甸的滑坡灾害主要发生在西部、南部地区，高度集中在钦邦、克伦邦、孟邦、德林达依省、若开邦，其核密度值较大；克钦邦、掸邦、伊洛瓦底省、勃固省地区滑坡灾害较为集聚，但核密度值较小；其余省、邦滑坡灾害集聚的情况较少。

2019年8月，孟邦发生了严重的山体滑坡事件。暴雨和当地人非法挖掘软土的行为共同导致了山体滑坡，榜镇（Paung）的太漂科恩村（Thae Phyu Kone）人遭受重大伤亡。此次滑坡灾害有175人受影响，约75人死亡，40多人失踪。

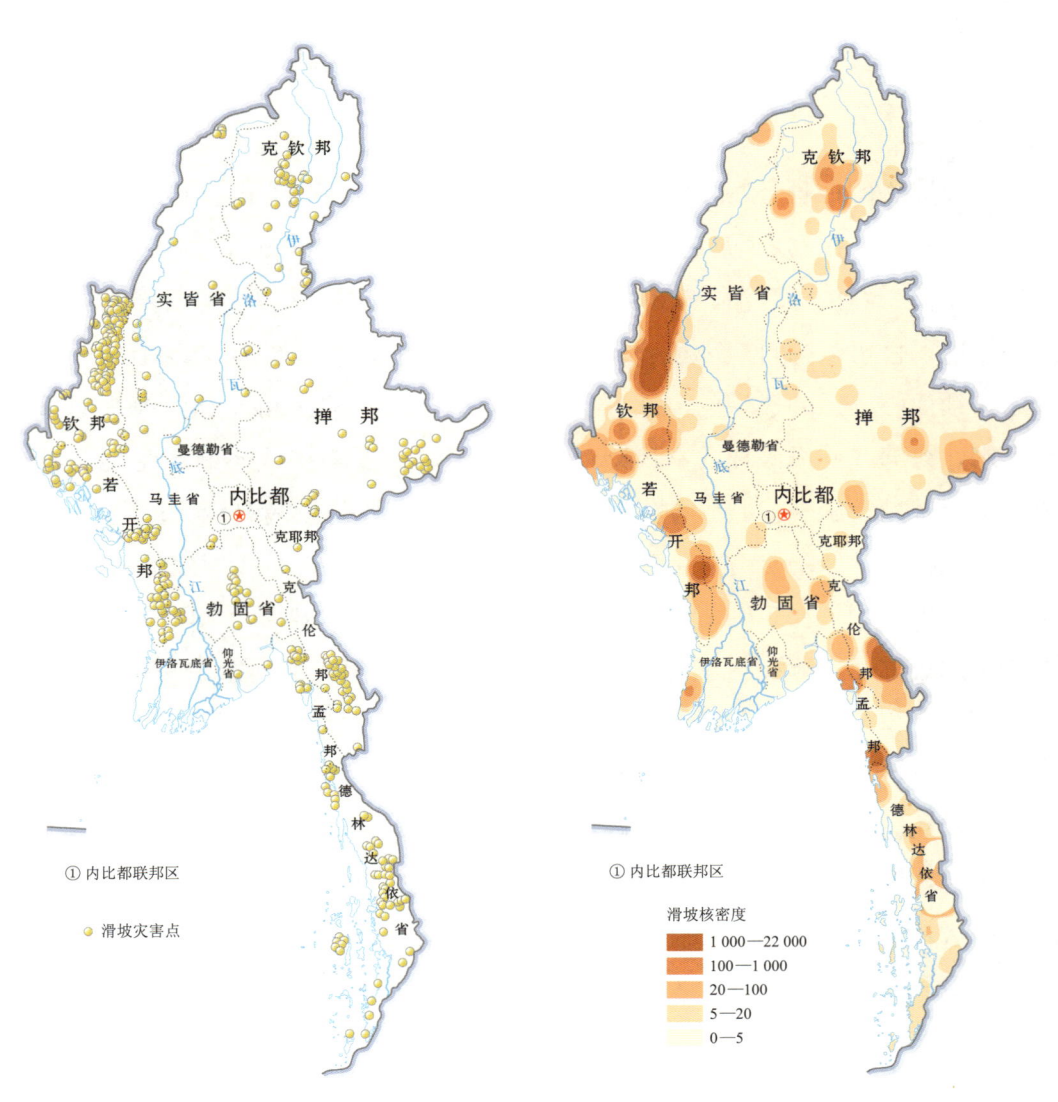

图 3-7　2005—2020 年缅甸滑坡灾害点

资料来源：美国航空航天局全球滑坡目录，https://gpm.nasa.gov/landslides/index.html。

图 3-8　2005—2020 年缅甸滑坡灾害点的核密度

资料来源：美国航空航天局全球滑坡目录，https://gpm.nasa.gov/landslides/index.html。

第二节　自然灾害的地理环境脆弱性

自然灾害的地理环境是指不同类型灾害形成与扩大的综合环境。岩土圈、大气圈、水圈、生物圈等自然地理圈层之间的相互作用共同导致灾害的发生；人口和聚落、经济、政治、文化等人文因素综合影响减灾救灾。自然灾害的地理环境脆弱性可分为自然环境脆弱性和社会环境脆弱性。缅甸的地形和气候使其人口须面临一系列极端的自然灾害事件。地势低洼的三角洲和沿海平原面临被洪水、海啸或旋风破坏的高风险，贯穿该国的主要断层线不断产生地震的威胁；加上基础设施和公共服务欠发达，缅甸的灾害风险较高（Smith and Chan，2018）。在2017年基于对危害和暴露程度、潜在脆弱性与应对能力的风险管理指数分析中，缅甸在191个国家中排名第12位。而在提高韧性和适应气候变化等全球挑战方面，缅甸在圣母大学全球适应指数的181个国家中只排名第163位（Alice，2016）。上述情况说明，缅甸具有灾害类型多、风险大、防灾减灾能力低等特点。缅甸灾害的形成和造成的后果与该国的地理环境状况、经济发展水平和社会文化特点有着密切的联系。自然灾害是环境脆弱性和人类群体脆弱性相结合导致的打破社会平衡系统、给社会带来重大的人员伤亡和财产损失的事件（李永祥，2018）。缅甸平均每年约有57万人因自然灾害流离失所，其中由洪水导致的受灾人数约为55万，由风暴潮和旋风导致的约为1.4万，由地震和海啸导致的约为0.6万[①]。

一、自然环境脆弱性

缅甸自然环境的脆弱性，不仅受到该国特殊的地理区位、地形地貌、降水的时空间特征影响，还与全球气候变化、全球气候事件等全球环境息息相关。全球层面的研究发现，全球气候变化正在重新配置危害，增加灾害的风险，诸

---

① 资料来源：缅甸国内流离失所监测中心（IDMC），https://www.internal-displacement.org/countries/myanmar。

如造成海平面上升、最强风暴的强度和发生频率的变化、极端温度的增加、降水模式的改变等。气候变化和全球变暖的影响会使缅甸中部干旱地区的水位下降，导致水资源短缺，而三角洲地区的水位会因海平面的变化而上升。缅甸近年来已经发生了一些极端事件，例如，哈卡（Hakha）气象站 2015 年 7 月记录的月降雨量达到了千年一遇的级别；2011 年 7 月 21 日，若开邦刀够（Taunggoke）镇区 24 小时内的降雨量为 739 mm，是缅甸全国最高的降雨量记录；2010 年 5 月 14 日，缅甸记录的最高气温达到了 47.2℃（Tun，2022）。

缅甸位于东南亚的西部，其西南方向邻近孟加拉湾，南部毗邻安达曼海，这既为缅甸提供了丰富的海洋资源和对外联系的通道，也带来了海浪、飓风和相关的气象灾害。缅甸地势北高南低，缅甸北部为伊洛瓦底江上游高山区；西部是由那加丘陵和若开山脉组成的一条长弓形山脉；东部则为掸邦高原；西部山地和东部高原之间为伊洛瓦底江冲积平原。中部伊洛瓦底三角洲地域广阔，地势低平，一旦伊洛瓦底江或其他大河决堤发生洪水，将毫不受地理阻挡地一泻而下，淹没大片平原；而沿海地区多为养虾场和稻田，近 10 年海边预防强风暴最好的自然屏障红树林破坏严重，使得海上风暴潮上岸之后势不可当，可轻易席卷缅甸南部沿海。

缅甸的气候以典型的热带季风气候为主，雨季从 5 月持续到 10 月末，6 月中旬以后，西南季风可吹袭缅甸全境，其余时间受干冷的东北季风影响，缅甸各地几乎不会降水。雨季时，缅甸境内雨量丰沛，但在各地分布极不均匀。季风气候的特点是不稳定，每年的降水时节可能会提前或推迟，降水量可能会增加或减少。降水集中会导致洪涝灾害，降水稀少会导致干旱灾害。热带气候下，气温较高导致蒸发量大，进一步加剧了缺水情况，使中部平原地区的干旱灾情加重。缅甸地处低纬沿海地区，热带海域容易产生风暴、台风等热带气旋。

缅甸的降雨分布受地形影响较大，降雨多的地区集中在西部、北部、南部的山地。山地的起伏使水汽受到抬升，在迎风坡形成丰富的降水。而山地本身地形复杂，为滑坡、泥石流、崩塌等灾害提供地质条件，降水提供了气候条件，加剧了这些灾害的发生。这些因素叠加，使地质灾害主要发生于缅甸的山地区域。

伊洛瓦底江流域面积较大，西部、北部、东部的山地都分布有其支流，在雨季，众多的支流补充和汇集水量，容易造成河水泛滥。伊洛瓦底江中部地区地势低平，众多城市、道路沿伊洛瓦底江而建，大量农田亦分布于河流两岸，这使伊洛瓦底江附近有大量人口聚集，一旦发生洪水，河流周边的生产、生活区将泛滥成灾。缅甸的耕地集中在中部平原地区，容易受干旱灾害和洪涝灾害的影响。

二、社会环境脆弱性

缅甸也有较为严重的社会环境脆弱性问题，这些问题与经济发展水平、城乡人口分布、基础设施、文化与宗教、政治势力斗争和国内外地缘环境等因素息息相关。缅甸是一个热带农业国家。20世纪末，缅甸的农业产值占国家GDP的60%，从事农业的劳动力占全国人口的65%，约70%的人口生活在农村。2020年，农业产值占国家GDP的比例下降至20%，从事农业的劳动力占全国人口的比重下降至60%。但由于经济基础薄弱，农业发展水平依然落后，农业种植仍主要采用传统的畜力和人力耕种方式，农业机械化及其自动化水平低。缅甸的农业尚属于粗放型农业生产经营模式（廖亚辉等，2014），受自然灾害的影响非常大，因此以农业为支柱产业的缅甸抵御风险的能力弱。缅甸城市化水平低，而且城市人口中的60%居住在贫民窟。缅甸贫富差距较大，农村、贫民窟地区的房屋、基础设施抗灾能力弱；民众的财产和储蓄少，如在纳尔吉斯风暴中，超过一半的受灾家庭只有一天的存粮，居民抗灾能力较弱。因此当灾害发生在人口集聚地区，易造成重大的破坏。

缅甸的交通基础设施建设水平较低，交通运输部门不发达，公路质量差、密度低、通行能力不足、交通事故率高。全国仅有4个省、邦拥有高速公路，与周边国家无任何铁路或高速公路连通。有大约40%的村庄和25%的农村人口没有任何公路连接；有30%的村庄和30%的农村人口仅靠一条非四季公路连接附近的城镇，但在雨季，这些公路就难以通行。一方面，这些质量较差的道路容易为自然灾害所破坏，另一方面，道路数量不足给救灾带来了较大难度，国内其他地区和邻国的救援难以第一时间到达。

缅甸多数大城市、城镇和经济战略要地集聚在河流附近，大多数人口生活在肥沃的河流冲积平原上。伊洛瓦底江、萨尔温江等河流在雨季经常出现洪涝，缅甸平原地区亦是洪水灾害频发的地区，这种城市布局和人口分布模式导致一旦发生洪涝灾害，就会造成大量群体受灾。缅甸排水设施的不足，亦使洪涝灾害风险因排水不畅而加剧。

缅甸的建筑抗灾能力也较弱。缅甸沿海地区的许多房屋，包括季节性小屋和建筑物，都没有任何针对海啸的保护措施，灾后恢复和资源供给能力匮乏。在近代，缅甸发生大地震时人员伤亡较少，主要是因大部分地震发生在人烟稀少的地区，并且多数民居为木结构房屋，较为抗震；而现代的缅甸建筑逐渐采用砖石结构，较易为地震所破坏（徐元春，1982）。

缅甸传播灾害预警信息的基础设施相当贫乏，应对灾害的能力低。灾害发生时，技术、经济和信息等因素的限制造成了人员撤离上的困难和混乱。缅甸全国范围内电信基础设施不发达，手机覆盖率低，这一方面不利于缅甸对自然环境监测站点的数据进行收集，对自然灾害发生作出预判；另一方面，尽管缅甸对一些自然灾害发布了预警，但灾害信息难以有效传播，民众接收灾害信息的效率低，政府也难以收集受灾情况，作出应急指挥，指导救灾。很多偏远地区的民众对灾害的预警一无所知，没有进行充分准备，导致灾害发生后易产生大量伤亡。

缅甸区域发展空间差异悬殊，部分区域具有较大独立性，社会资源分配不均衡，民族、文化的地域关系错综复杂，社会凝聚力弱，加剧了缅甸社会环境的脆弱性和不稳定性特征。缅甸7个邦位于北部高山区、西部那加丘陵和若开山脉、东部掸邦高原区，为各少数民族聚居地；中部则是伊洛瓦底江冲积平原，为缅族主要聚居区。全国2/3的人口和主要城市化地区集中于平原省区。弱的社会凝聚力可能导致一旦中部平原地区发生灾害，周边少数民族武装趁乱发生冲突，会加剧缅甸国家的不稳定性。文化信仰也是社会环境脆弱性的一方面因素。缅甸信仰佛教的人数较多，当灾害发生时，一些人认为这是天意，因而选择消极等待，没有进行积极转移与防灾。

缅甸国家政体不稳，政治格局动荡。缅甸独立后国体、执政党团体经历了众多变更。自20世纪60年代后期，缅甸进入军人执掌政权的军政府时期，政权更迭较为频繁且多通过军事政变实现交接，直到2011年缅甸通过民主化改革转变为总统制的多党制国家，但仍由军人出身的吴登盛担任总统，代表军人团体执政。2015年昂山素季领导民盟在大选中获胜，意味着缅甸正式开启向民选政府的权力交接。然而，2021年缅甸再度爆发政变，国家权力被移交给国防军总司令敏昂莱，并由副总统吴敏瑞代行总统职务。国内派系林立及复杂的地方势力加大了缅甸的政治风险性，削弱了国家治理能力和防灾减灾能力。

缅甸作为大湄公河次区域和南亚次大陆地缘板块的战略支点国家，域外大国地缘政治竞争的加剧，深刻影响着缅甸周边地缘环境的复杂性及自身的地缘脆弱性。目前中南半岛和南亚次大陆地缘政治格局发生重大变化，大国相继加入该次区域的地缘政治争夺，缅甸日益成为世界上最重要的地缘政治力量博弈争夺的焦点之一，这扩大了缅甸地缘政治的不确定性和脆弱性（李飞等，2016），也让缅甸国家政府在进行救灾时十分担心外部国家可能乘机干涉与渗透，威胁统治并影响国内安全（李垣莹，2021）。这种政治的考量对缅甸的救灾产生了消极影响，国外的救援、评估人员和物资无法第一时间抵达灾区，拖延了救灾和灾后重建的速度，造成了本可避免的人员伤亡和经济损失。

第三节 防灾减灾体系

缅甸的自然灾害多发且地理环境脆弱，使得缅甸亟须建立完善的防灾减灾体系，以减少灾害的损失，保障人民生命与财产安全，维护社会稳定，确保社会经济稳定发展。但由于长期的国内政治斗争、武装冲突，以及受大国博弈、经济制裁的影响，缅甸是世界上最不发达的国家之一，缅甸中央政府难以将精力投入防灾减灾体系建设中。此外，缅甸人口在农村集聚度高，并且由于地形地貌复杂，基础设施不足和卫生环境恶劣，灾后救援和恢复工作难以展开，缅甸的防灾体系建设总体上条件不利。缅甸由于民族分异和政局动荡，自然灾害还可能导致武装叛乱，进一步扩大灾害影响范围，所有国民都有可能成为受害方。2008年纳尔吉斯风暴灾害带来的空前破坏，使缅甸防灾减灾体系建设的紧迫性变得极其突出；而后缅甸民主化改革不断取得进展，为防灾减灾体系的建立提供了良好的契机。近年来，缅甸在制度、法律、官方与社会机构、对外合作等方面的防灾减灾体系建设上取得巨大进展。但 2021 年以来缅甸局势再度不稳，防灾减灾体系的完善依然任重道远。

一、国内防灾减灾体系

近年来，全球气候变化引发的天气异常事件频率提高，极端天气事件的复发率和严重程度有所增加（MOECAF，2015）。改进缅甸灾害预警系统将使人们在遭受极端天气事件的严重危害之前能够转移到避难所，从而减少与事件有关的伤亡。在缅甸社会进行灾害防治软硬件设施建设能力严重不足的背景下，防灾体系的建设和防灾技术的革新有助于政府树立起威信和民族凝聚的旗帜（Young and Bin，2017）。缅甸设立了一系列机构、条例，采取了一些措施以构建防灾减灾体系。

缅甸两个最高的防灾减灾机构，一是国家备灾中心委员会（National Disaster Preparedness Central Committee），二是国家备灾管理工作委员会（National Disaster Preparedness Management Working Committee）。由社会福利、救济和安置部的联邦部长主持的国家灾害管理工作委员会（National Disaster Management Work Committee，NDMWC）已经成立，以监督减少灾害风险活动的实施。社会福利、救济和安置部下属的灾害管理部门（Department of Disaster Management）负责减少灾害风险的工作。但缅甸进行跨部门（如卫生部门和环境部门之间的合作）、跨尺度（如乡镇地方和国家中央之间的相互作用）协作是非常具有挑战性的。尽管在宪法中提及不同层级政府机构的协作，缅甸长期的军事统治使得国家、地方各级议会难以承担权力下放改革所附带的基本责任。此外，缅甸普遍存在跨部门协调不力的情况。例如，在水电、能源获取、土地所有权和粮食安全方面的协调能力上需要加强（Gilfillan，2018）。

缅甸由缅甸人道主义国家工作队（Myanmar Humanitarian Country Team）、非政府组织和减少灾害风险工作小组（Disaster Risk Reduction Working Group）组成了减少灾害风险网络，其中发挥最重要作用的是减少灾害风险工作小组。缅甸人道主义国家工作队是一个战略性的人道主义协调和决策机构，旨在优化联合国、其他国际和国家组织、非政府组织和红十字会的集体努力。非政府组织包括一些国际和地方的非政府组织、社区组织、专业协会，如缅甸工程协会（Myanmar Engineering Society）、缅甸地球科学协会（Myanmar Geosciences Society），它们都致力于灾害风险管理，包括社区层面的备灾。

2008 年，纳尔吉斯风暴带来的空前破坏引发了对缅甸政府灾害准备举措和应对能力的批评，但也带来了发展稳健的减少灾害风险战略的动力。缅甸减少灾害风险工作小组成立于 2008 年，以支持纳尔吉斯风暴后的恢复和重建工作。2012 年发布的《缅甸减少灾害风险行动计划》（Myanmar Action Plan on Disaster Risk Reduction，MAPDRR）提出了 65 个项目，指定了"高"或"中"优先级，将缅甸防灾减灾的工作目标归纳为 7 个主要组成部分：① 政策和制度安排；② 致灾因子、脆弱性及风险评估；③ 多种致灾因子的早期预警系统；④ 从国家到地方乡镇政府的灾害防治和响应计划；⑤ 将减少灾害风险纳入国家发展计划；⑥ 以社区为基础进行备灾和减少灾害风险活动；⑦ 提高公共意识，进行教育和培训。该计划指出需要外部协作，以确保项目得到充分执行；强调了减少灾害风险与实现其他健康卫生目标之间的关系，并建议与侧重于实现《关于气候变化的国家适应行动计划》以及国家可持续发展战略的国家方案合作（Smith and Chan，2018）。

行动计划在 2017 年得到了更新，《缅甸减少灾害风险行动计划（2017）》是一项全面而统一的减少灾害风险的行动计划。该计划的愿景是通过包容性的措施保护生命、经济财产、自然文化遗产和生态环境，实现缅甸的可持续发展。该计划具有长期愿景，并考虑到灾害风险的深层次驱动因素，设定了 2030 年总体目标。自然灾害是对缅甸可持续发展的严重威胁。如果发展计划中没有灾害风险管理，缅甸的可持续发展目标就无法实现。缅甸需要在每个发展计划中更多地考虑气候变化和灾害风险，并加强对未来灾害的防备。早期灾害预警系统需要升级，以便发布更为准确和针对具体地区的警告。为了保障缅甸人民的生命安全，保护投资和确保发展成果的可持续性，在缅甸建设抗灾能力比以往任何时候都更加重要。

缅甸政府批准建立灾害管理培训中心（Disaster Management Training Center，DMTC），以提高实施灾害管理人员的能力。培训中心将设在伊洛瓦底省的兴实达（Hinthada，又译欣塔达）。灾害管理培训中心将建立在社会福利、救济和安置部现有的专家库与现有的灾害管理课程之上（该课程自1977年以来一直用以支持政府部门和社会组织管理人员的能力发展）。社会福利、救济和安置部正在与国际和地方伙伴合作，为相关工作调动技术和财政资源。

在灾害风险管理的立法方面，缅甸在2013年颁布了《灾害管理法》（Disaster Management Law），并在2015年制定了《灾害管理规则》（Disaster Management Rules），其制定符合《兵库行动框架》（Hyogo Framework for Action）。《灾害管理法》侧重于风险信息、准备、意识和预警，以及预警系统的数据管理。缅甸从2008年纳尔吉斯风暴中吸取经验，发布了2009年自然灾害管理的常设命令（Standing Order）。近年来根据管理制度和技术发展，对该命令进行了修订，并在2022年起草自然灾害管理的新常设命令（Tun，2022）。

缅甸还进行了一定的学校防灾减灾教育。缅甸曾有超过90%的教师没有接受过防灾减灾的教育和培训，而短期的教育和培训能够有效提高师生的防范与应对灾害能力。缅甸在2011年对20所学校进行了灾害风险教育，让2万名学生学会对灾害的识别与防备。勃固省和马圭省进行了学校和社会共同减灾的创新性活动，让学校老师作为减少灾害风险的协调员和红十字会的防灾人员，这种做法极大地带动了学生和家长共同参加防灾减灾活动。

虽然缅甸的防灾治理困难重重，需要长期的努力，但可以先聚焦到缅甸行政治理的最小单位社区上。缅甸70%的人口居住在农村地区，30%的人口生活在绝对贫困线以下；2008年的纳尔吉斯风暴使37个乡镇受影响，损坏了其近75%的医疗卫生设施；极端天气使农村人口失去获得医疗服务的机会（Gilfillan，2018）。因此，建立社区防灾准备是缅甸防灾体系的基础环节，包括成立和资助社区救灾小组以及时治疗受伤人员并帮助尽快有序恢复工作；开发具有气候弹性的卫生系统以避免极端气候破坏系统提供卫生服务能力的反馈循环。此外，应对灾害的有效策略还包括进行土地利用规划和优化经济结构等。

二、防灾减灾国际合作

缅甸作为世界上最不发达的国家之一，单靠国内力量建设防灾体系在短期内难以获得成效，缅甸的防灾减灾工作任重道远，艰苦而又复杂，需要国际社会的积极援助。若缅甸不积极合作，只会让2008年纳尔吉斯风暴灾害的悲剧重演。此外，一些灾害属于跨国、跨境灾害，缅甸与周边国家共同合作进行灾害的预防、应急管理与救灾和灾后重建十分必要。

2004年印度洋海啸之后，《兵库行动框架》在全世界得到执行。东南亚逐步建立起以东盟为中心的区域灾害管理合作机制，以及成员国之间或成员国与区域外行为体的双边合作。通过东盟的合作努力，支持在缅甸和东南亚实施全球减灾建议，包括《东盟灾害管理和紧急反应协定》（ASEAN Agreement on Disaster Management and Emergency Response，AADMER）。不干涉是东南亚地区国家对外交往最重要的规范，东盟秉持这个共同的规范，在尊重成员国意愿的基础上进行国际救灾合作（李垣萤，2021）。缅甸最初担心外部援助会对本国政治产生不利影响而拒绝国际援助，国际人道主义救援则强调人道因素是最重要的原则，在缅甸政府救灾职能不强的情况下，可能会干涉其行政措施，并且外部势力也可能趁此进行渗透，进一步威胁缅甸的统治。这不仅仅是缅甸一国面临的问题，也是东南亚国家的普遍担忧。当缅甸受灾民众对救济的需要、国家对政治安全的担忧和国际社会对人道主义的关切之间存在矛盾时，东盟起到了十分关键的沟通协调作用。东盟首先强调受灾国家自身是否需要和能否接受外部援助，同时对国际救援与合作持积极鼓励态度，东盟促进其成员国与国际社会的沟通和达成协作，使国际救灾人员和物资进入灾区，帮助灾区进行救灾、重建等任务，最终让受灾民众得到实际的帮助，提高东南亚地区整体的防灾减灾能力，达到救灾和合作的根本目的。

东盟不仅作为缅甸与国际社会沟通的有效桥梁，其本身也组织力量为缅甸的防灾减灾做出贡献。在纳尔吉斯风暴灾害中，东盟秘书长素林·比素万（Surin Pitsuwan）在灾后3天表示，期望东盟成员国向缅甸提供救援。随后缅甸政府与东盟合作成立紧急评估小组，其人员由东盟成员国政府人员、灾害专业人员和非政府组织构成，投入缅甸进行工作。而后，东盟组织成员国外长会议，讨论如何共同援助缅甸，并成立了由东盟、缅甸政府和联合国组成的小组。该三方核心小组进行了纳尔吉斯灾后联合需求评估以及恢复和准备计划。该小组还协调双边和多边救援工作，向国际社会传达了通过东盟的援助的非政治化要求，使缅甸愿意接受国际的外部援助。东盟还与联合国合作举办纳尔吉斯的国际认捐会。比素万担任主席的东盟人道主义工作组，向联合国开发计划署、世界银行和亚洲灾害管理中心借调人员以支持工作，还与非政府组织进行合作，有效支援了缅甸纳尔吉斯的救灾活动。

除了接受东盟的援助，缅甸与中国近年来在防灾减灾方面进行了卓有成效的合作。例如，2015年7月缅甸发生洪涝灾害事件（李素菊等，2017），灾害发生后，缅甸灾害管理部门向中国提出请求，中国对此积极回应，由国家减灾中心紧急启动空间信息应急服务机制，使用中国的4颗卫星对缅甸洪涝灾区进行观测，在近半个月的时间里，中国制成了20多幅卫星应急图形产品，对洪涝灾害的淹没范围与影响区域进行评估，为缅甸救灾决策提供技术支持。

参 考 文 献

[1] 段旭、陶云、寸灿琼等："孟加拉湾风暴时空分布和活动规律统计特征"，《高原气象》，2009年第3期。
[2] 郭守德、王强、林影等："中缅油气管道沿线地质灾害分析与防治"，《油气储运》，2019年第9期。
[3] 贺圣达："2008年的缅甸：纳尔吉斯风暴、新宪法公投和政治发展走向"，《东南亚纵横》，2009年第2期。
[4] 贾鑫鑫："社会文化共同体建设背景下的东盟灾害治理合作研究"，暨南大学硕士论文，2020年。
[5] 李飞、成升魁、于会录等："国家地缘脆弱性探索——缅甸案例及对中国地缘战略启示"，《地理科学进展》，2016年第6期。
[6] 李素菊、和海霞、刘明等："中国对地观测卫星在缅甸洪涝灾害应急监测中的应用"，《航天器工程》，2017年第2期。
[7] 李永祥："脆弱性视野下的缅甸防灾减灾研究"，《贵州社会科学》，2018年第12期。
[8] 李垣萤："东盟协调性主导与东南亚灾害管理合作实践"，《东南亚研究》，2021年第1期。
[9] 廖亚辉等：《缅甸经济社会地理》，世界图书出版公司，2014年。
[10] 刘媛媛、王绍强、王小博等："基于AHP熵权法的孟印缅地区洪水灾害风险评估"，《地理研究》，2020年第8期。
[11] 朴光姬、李芳："'一带一路'对接缅甸水资源开发新思路研究"，《南亚研究》，2017年第4期。
[12] 孙亚勇、黄诗峰、李纪人等："Sentinel-1A SAR数据在缅甸伊洛瓦底江下游区洪水监测中的应

用",《遥感技术与应用》,2017 年第 2 期。
[13] 田东霖:"专家解析缅甸大灾缘由 强调应重视风暴潮预警",《中国海洋报》,2008 年 5 月 13 日。
[14] 王宏、林方成、李兴振等:"缅甸中北部及邻区构造单元划分及新特提斯构造演化",《中国地质》,2012 年第 4 期。
[15] 徐元春:"缅甸地震研究的现状",《国际地震动态》,1982 年第 6 期。
[16] 杨冬冬、邱海军、胡胜等:"'一带一路'地区地质灾害时空分布特征及防治对策",《科技导报》,2020 年第 16 期。
[17] Alice, T., 2016. Accelerating Threats from Climate Change: Disasters and Displacement in Myanmar. Refugees International Report.
[18] Eckstein, D., V. Künzel, L. Schäfer, 2021. Global Climate Risk Index 2021. Germanwatch Report.
[19] Gilfillan, D., 2018. The health sector's role in governance of climate change adaptation in Myanmar. *Climate & Development*, Vol. 11, Iss. 7.
[20] MOECAF, 2015. Myanmar's Intended Nationally Determined Contribution-INDC.
[21] National Disaster Management Committee, Republic of the Union of Myanmar, 2017. Myanmar Action Plan on Disaster Risk Reduction, 2017.
[22] Ridd, M. F., A. Racey, 2015. Introduction to the Petroleum Geology of Myanmar. *Geological Society, London, Memoirs*, Vol. 45.
[23] Smith, A. D., E. Y. Y. Chan, 2018. Disaster risk reduction in Myanmar: a need for focus on community preparedness and improved evaluation of initiatives. *Disaster Medicine and Public Health Preparedness*, Vol. 12, Iss. 4.
[24] Tun, M. M., 2022. Country Report of Myanmar 2022. Asian Disaster Reduction Center Visiting Researcher Program FY 2022.
[25] Union of Myanmar, 2009. Hazard Profile of Myanmar.
[26] Young, J. J., L. S. Bin, 2017. Some problems of the disaster prevention system and need for its reform in Myanmar. 동남아연구 (*Southeast Asian Studies*), Vol. 3.

第四章 缅甸人口

人口是经济社会发展的基本要素，人口的自然变动、社会变动和迁移变动直接或间接地影响着区域或国家的经济发展。据数据统计，缅甸人口规模呈缓慢递增态势，且生育率持续较低。此外，缅甸居住在贫民窟的人口在城市人口中的比重持续上升，再加之国内战乱的影响，缅甸将面临劳动力人口不足的问题。缅甸国土狭长，人口主要集中在中部和南部，并以仰光省、曼德勒省、内比都联邦区为核心形成聚集区，人口稀疏或几近无人区主要集中在缅甸最北端克钦邦、最西端钦邦以及东部克耶邦。

本章将从人口概况、空间分布和流动情况三个方面，分析缅甸的人口发展情况和特征，为进一步描述缅甸的社会经济发展情况奠定基础。自1948年独立以来，缅甸仅进行过三次全国范围内的人口普查，2014年进行的全国人口普查使得缅甸规划和发展所需的关键社会经济数据得以更新。当前距离上一次全国人口普查已过去十年，且受当时其国内战乱局势的影响，普查数据并不全面，因此为帮助各政府部门制定国家政策和规划，缅甸移民与人口部每年以2014年缅甸全国人口普查结果为基础估算年度人口数量。截至2022年10月1日，缅甸人口估计数达5 580万，其中，男性人口2 670万、女性人口2 910万。人口数在世界排名约为第26位，占全世界人口的0.69%；在东南亚国家中约排在第5位。

本章第一节主要概述缅甸人口的整体情况，包括人口总量、人口自然变动、人口结构及劳动力人口与受教育程度情况；第二节聚焦缅甸人口的空间分布，其中包括人口规模与增长率分布、人口密度空间分布、人口性别与年龄构成空间分布；第三节则从国内人口流动和国际人口与难民两个部分，重点关注缅甸人口流动情况。

第一节　人口发展概况

东南亚是全球净增人口最多的地区之一，截至 2021 年，该地区约有 6.76 亿人，其中缅甸是东南亚第二大国，2022 年全国人口总数约为 5 580 万，约占东南亚人口的 8.26%。然而近年来，缅甸人口规模呈缓慢递增态势，人口增长率低于 1%，缅甸开始面临人口老龄化问题。缅甸劳工、移民和人口部（Ministry of Labour, Immigration and Population）人口司以 2014 年缅甸全国人口普查数据为基础，计算公布了缅甸 2022 年全国人口数据。2022 年缅甸人口总数比 2021 年的 5 530 万增加了 50 万。其中，仰光省人口最多，数量达 890 万，其次是曼德勒省和掸邦，均为 670 万人；克耶邦人口最少，数量仅有 30 万。根据目前的预测，缅甸的人口总数将在 2054 年达到最高值，约 6 232 万，人口增长预计将在 2054 年前后停止，此后人口将开始萎缩。从年龄结构看，缅甸的女性人口一直多于男性，受其国内战乱的影响，人口性别结构趋于失衡。此外，缅甸的劳动力人口呈波动上升趋势，但其整体水平仍低于其他东南亚国家。总体而言，受缅甸内部局势动荡及人口普查数据有限的影响，缅甸不清晰的人口情况仍制约着国家经济社会的进一步发展。为满足缅甸发展对最新数据的需求，缅甸劳工、移民和人口部决定在 2024 年开展全国人口普查，并制订了从 2021 年 10 月至 2025 年 12 月，为期 51 个月的普查计划。

一、人口总量

基于缅甸 2014 年全国人口普查结果，世界银行统计了来自联合国人口司的数据报告、缅甸国家统计局的人口普查报告和其他统计数据，对缅甸的国家总人口、人口增长率、性别比、劳动力人口等关键人口数据进行了估算。据世界银行的数据统计，缅甸全国总人口数在 2021 年达到 5 380 万。回溯历史，在英国殖民统治时期，缅甸被分为"上缅甸"与"下缅甸"。自 1872 年在"下缅甸"

区域以及自 1891 年在缅甸全境，英国殖民者每十年做一次人口普查[①]。1931 年的人口普查数据显示，当时的缅甸人口总数约为 1 467 万。1948 年缅甸正式独立，之后缅甸经历了快速的人口增长，已从 1948 年的大约 1 800 万增长至 2014 年的接近 5 149 万，增长了将近 200%（表 4-1）。自独立以来，缅甸仅进行过三次全国范围的人口普查，其中，1973 年的全国人口普查数据显示缅甸全国共有 2 892.1 万人，1983 年为 3 530.8 万人，2014 年为 5 148.6 万人（图 4-1）。然而需认识到，自 20 世纪 30 年代以来，缅甸的人口普查结果并不可靠。1942 年日本的入侵破坏了该国 20 世纪 40 年代的人口普查工作。此后，缅甸陷入持续复杂化的内部武装冲突中，由于众多地区被反政府及其他武装控制，缅甸的人口统计结果不准确且不全面。尽管如此，《2014 年缅甸人口普查报告》仍是缅甸目前最权威的人口统计数据。之后，缅甸劳工、移民和人口部在 2014 年人口普查的基础上，在 2019 年进行了一次普查间调查，其公布的数据同样可作为研究的重要参考。

表 4-1 缅甸历史上的人口普查情况

年份	普查区域面积（平方英里[**]）	人口（万人）
1872[*]	88 566	272.7
1881[*]	87 220	373.7
1891	171 430	772.2
1901	226 209	1 049.1
1911	230 839	1 211.5
1921	233 707	1 321.2
1931	233 492	1 466.7
1941	261 057	1 682.4
1973	261 228	2 892.1
1983	261 228	3 530.8
2014	261 228	5 148.6

注：[*]在英国殖民统治的下缅甸进行的人口普查。

[**]1 平方英里≈2.59 km^2。

资料来源：Myanmar Ministry of Health. Myanmar: Facts and Figures 2002; CIA. Burma The World Factbook; Department of Population, Ministry of Labour, Immigration and Population. The 2014 Myanmar Population and Housing Census -The Union Report.

---

① 资料来源：Central Intelligence Agency (CIA). Burma The World Factbook. https://www.cia.gov/the-world-factbook/countries/burma/。

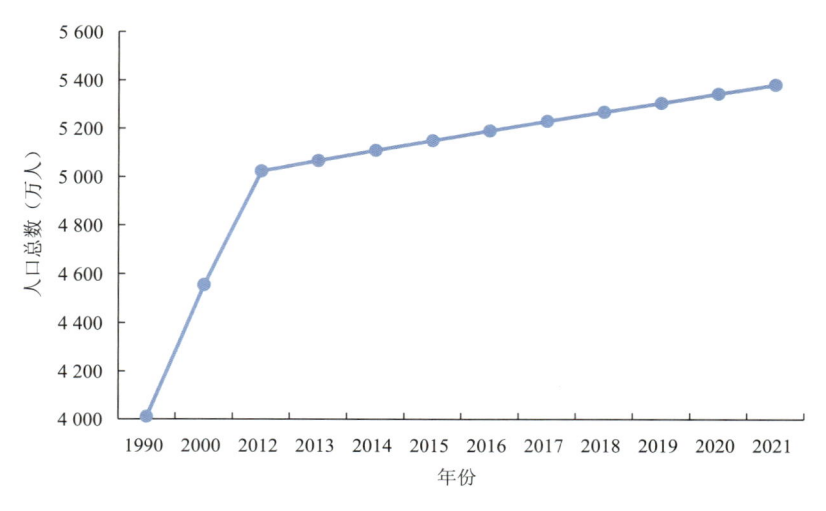

图 4-1　缅甸人口总数变化情况

资料来源：World Bank. World Development Indicators database。

（一）各省份人口

从行政区划上看，缅甸共有 7 个省、7 个邦和 1 个联邦区。省为缅族主要聚居地，空间上主要在伊洛瓦底江冲积平原，人口相对集中；而缅甸的 7 个邦为少数民族聚居地，地多处山区，受自然环境限制人口总量少[①]。图 4-2 显示，缅甸人口数量最多的省份位于缅甸中部、东部及南部地区，长期以来人口主要集中于仰光省、伊洛瓦底省和曼德勒省，人口数占全国人口的比例始终超过 10%。截至 2014 年，仰光省、伊洛瓦底省和曼德勒省的人口数分别约为 736 万、618 万、617 万，三省人口占了全国近 40%（表 4-2）。在所有邦中，掸邦的人口数自 1973 年以来一直最多，是唯一一个人口数占全国人口总数超过 10% 的邦。2014 年掸邦的人口数约为 582 万，占全国人口总数的 11.3%。而属于少数民族聚集地的钦邦和克耶邦，自然环境相对恶劣，且武装冲突频繁，社会经济发展水平较低，两邦人口数合计不及 100 万，仅占全国人口总数的 1.5%。由于缅甸一直受武装冲突困扰，缅甸各省份的经济发展水平和人口情况差异较大，且人口分布的数据存在相对较大的误差。

---

① 资料来源：CIA. Burma The World Factbook. https://www.cia.gov/the-world-factbook/countries/burma/。

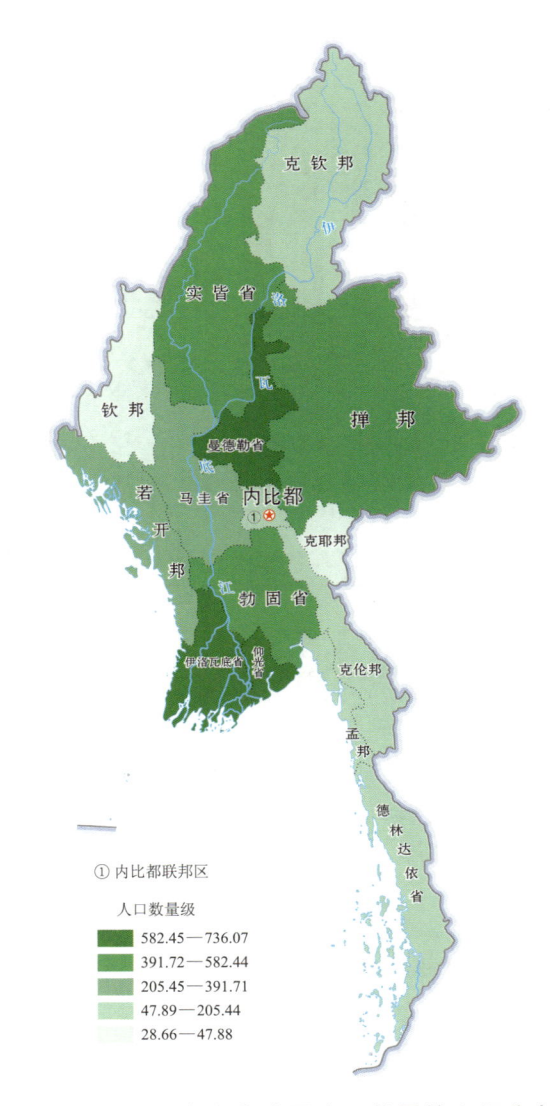

图 4-2　2014 年缅甸全国人口数量的空间分布

资料来源：数据来自 Department of Population, Ministry of Labour, Immigration and Population. The 2014 Myanmar Population and Housing Census-The Union Report。

（二）城市人口与农村人口

由于缅甸最近一次开展的全国人口普查为 2014 年，且普查工作受战乱影响，数据收集具有局限性，以下分析缅甸的城市与农村人口数据主要依据联合国与世界银行的统计数据。联合国经济和社会事务部统计司根据世界银行的人口

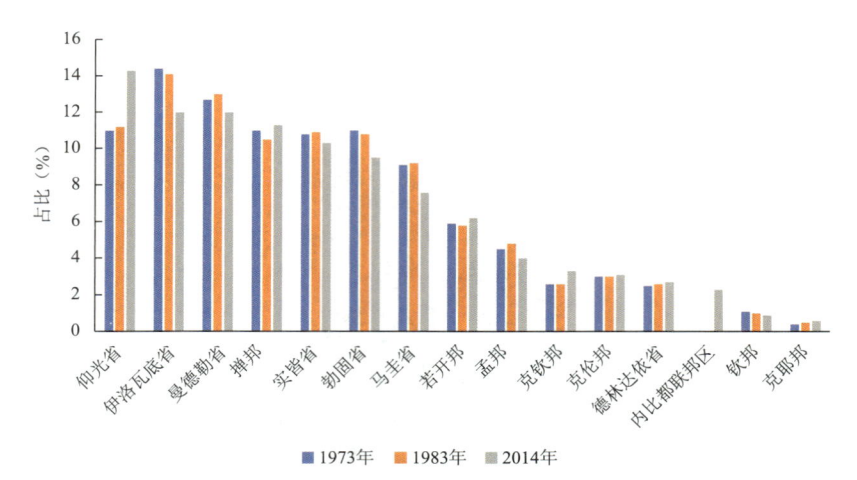

图 4-3　1973 年、1983 年和 2014 年缅甸各省份人口数占全国人口总数比例

表 4-2　缅甸人口规模与各省份在全国人口中的比例

	人口（万人）			占人口总数的比例（%）		
	1973 年**	1983 年**	2014 年	1973 年	1983 年	2014 年
全国*	2 892.122 6	3 530.791 3	5 148.625 3	100	100	100***
仰光省	318.878 3	396.591 6	736.070 3	11.0	11.2	14.3
伊洛瓦底省	415.667 3	499.406 1	618.482 9	14.4	14.1	12.0
曼德勒省	366.849 3	457.776 2	616.572 3	12.7	13.0	12.0
掸邦	317.954 6	371.684 1	582.443 2	11.0	10.5	11.3
实皆省	311.905 4	386.217 2	532.534 7	10.8	10.9	10.3
勃固省	317.960 4	379.979 1	486.737 3	11.0	10.8	9.5
马圭省	263.475 7	324.316 6	391.705 5	9.1	9.2	7.6
若开邦*	171.283 8	204.555 9	318.880 7	5.9	5.8	6.2
孟邦	131.422 4	168.015 7	205.439 3	4.5	4.8	4.0
克钦邦*	73.793 9	90.479 4	168.944 1	2.6	2.6	3.3
克伦邦*	85.842 9	105.535 9	157.407 9	3.0	3.0	3.1
德林达依省	71.944 1	91.724 7	140.840 1	2.5	2.6	2.7
内比都联邦区	—	—	116.024 2	—	—	2.3
钦邦	32.329 5	36.894 9	47.880 1	1.1	1.0	0.9
克耶邦	12.657 4	16.842 9	28.662 7	0.4	0.5	0.6

注：＊包括对那些在人口普查中没被计算的人口的估计。

＊＊来自《1983 年缅甸人口普查报告》；1973 年和 1983 年的人口数量包括海外的缅甸国民，分别为 1 576 人和 7 710 人。

＊＊＊在《2014 年缅甸人口普查报告》中，2014 年各省份人口占总人口比例的源数据之和为 100.1%，是由小数点四舍五入造成。

资料来源：Department of Population，Ministry of Labour，Immigration and Population. 2014 Myanmar Population and Housing Census-The Union Report。

估计值和联合国《世界城市化前景报告》（World Cities Report）中的城市化率计算城市人口比例，即每100人中居住在被定义为"城市"地区的人数。农村人口的计算方法为总人口与城市人口之差，农村人口近似于当年的非城市人口。数据显示，缅甸城市人口与农村人口占全国总人口的比重在近30年来变化不大，说明缅甸人口城市化程度依然有限且速度较缓。在20世纪90年代，缅甸的城市化水平迅速提高，城市人口较明显增加，农村人口相对减少，但城市人口与农村人口的增长率都同时减缓。自2012年起，缅甸的城市人口与农村人口占比相对稳定，增长速度缓慢，其中城市人口年增长率维持在1.5%—1.75%，农村人口的年增长率明显降低，从约0.6%降低至约0.3%（表4-3）。近年来，缅甸的城市人口占全国人口总数的30%左右，农村人口占比略低于70%，说明缅甸整体城市化水平仍较低（图4-4）。缅甸仍然是一个以农村为主的国家，这也反映在农业劳动力的高比例上。

表4-3　1990—2021年缅甸城市与农村人口规模

年份	总人口（万人）	城市人口			农村人口		
		城市人口（万人）	城市人口年增长率（%）	城市人口占总人口百分比（%）	农村人口（万人）	农村人口年增长率（%）	农村人口占总人口百分比（%）
1990	4 009.955 3	1 012.233 0	2.22	25.243	2 997.722 3	1.30	74.757
2000	4 553.833 2	1 230.673 4	1.77	27.025	3 323.159 8	0.85	72.975
2012	5 021.818 5	1 469.685 4	1.50	29.266	3 552.133 1	0.58	70.734
2013	5 064.833 4	1 491.948 0	1.50	29.457	3 572.885 4	0.58	70.543
2014	5 107.243 6	1 514.297 7	1.49	29.650	3 592.945 9	0.56	70.350
2015	5 148.394 9	1 537.207 7	1.50	29.858	3 611.187 2	0.51	70.142
2016	5 189.234 9	1 561.025 6	1.54	30.082	3 628.209 3	0.47	69.918
2017	5 228.834 1	1 585.487 1	1.56	30.322	3 643.347 0	0.42	69.678
2018	5 266.601 4	1 610.474 0	1.56	30.579	3 656.127 4	0.35	69.421
2019	5 304.021 2	1 636.396 6	1.60	30.852	3 667.624 6	0.31	69.148
2020	5 342.319 8	1 663.651 8	1.65	31.141	3 678.668 0	0.30	68.859
2021	5 379.808 4	1 691.842 1	1.68	31.448	3 687.966 3	0.25	68.552

资料来源：World Bank. World Development Indicators database.

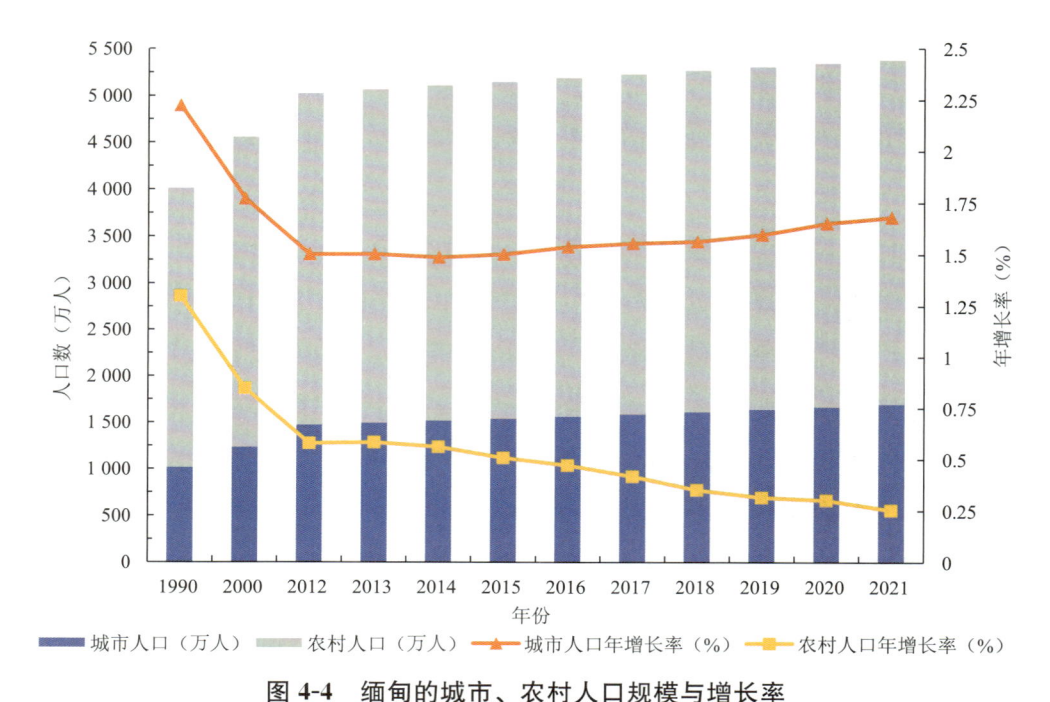

图 4-4　缅甸的城市、农村人口规模与增长率

资料来源：World Bank. World Development Indicators database。

此外，联合国人居署（United Nations Human Settlements Programme，UN-Habitat）统计居住在贫民窟家庭的城市人口的比例，贫民窟[①]家庭被定义为生活在同一屋檐下的一群人，他们缺乏以下一个或多个条件：经过净化的水、获得改善的卫生设施、足够的居住面积、具有耐用性的住房以及具有保障的住房使用权。表 4-5 显示，缅甸居住在贫民窟家庭的人口数在城市人口中的比重持续上升，从 2000 年的 29.4% 上升至 2018 年的 58.3%，说明城市化的进程并没有改善人们的居住环境。换言之，缅甸的城市发展水平仍有较大的局限性。

仰光是缅甸最大的城市，位于缅甸南部的伊洛瓦底江三角洲，在 2006 年之前一直是缅甸的首都，是缅甸的政治、军事、经济、文化、教育和交通中心，拥有约 448 万人口，几乎占缅甸总人口的 10%[②]。曼德勒拥有约 121 万人口，是该国人口第二大的城市，也是除仰光以外唯一一个人口超过 100 万的城市。

---

① 注：贫民窟在联合国可持续发展目标中也被称为非正规定居点。
② 资料来源：United Nations Fund for Population Activities (UNFPA). Myanmar-Census. https://myanmar.unfpa.org/en/census。

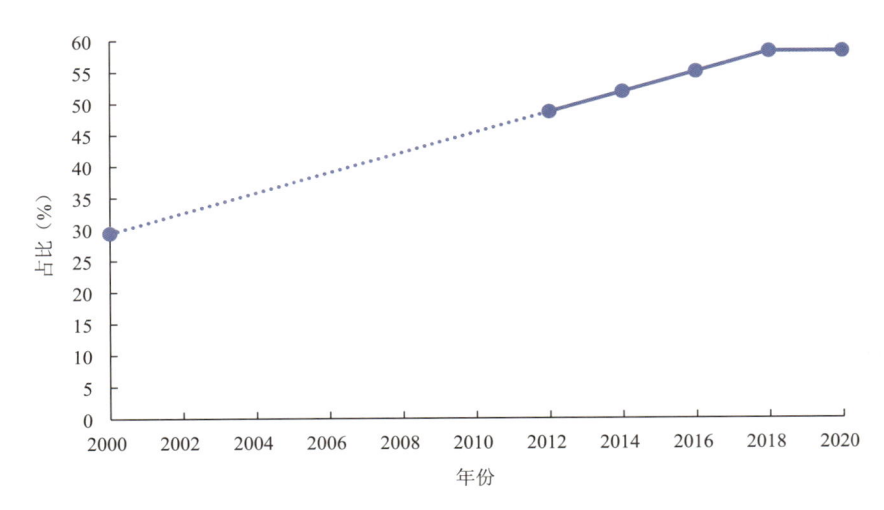

图 4-5 缅甸居住在贫民窟家庭的人口占城市人口的百分比

资料来源：联合国人居署。

2005 年 11 月 6 日，缅甸将首都迁至位于缅甸中部山区的内比都，其为缅甸第三大城市，面积比仰光大 9 倍多，是仰光与北方大城市曼德勒之间的一个山区贸易城镇，战略地位重要，人口数约 93 万。除了这三个城市的人口数一直居全国前三位外，其他城市的人口排名变动较大。根据表 4-4，缅甸人口最多的十个城市分别为仰光、曼德勒、内比都、东枝（Taunggyi）、勃固（Bago）、毛淡棉、密支那（Myitkyina）、蒙育瓦（Monywa）、腊戍（Lashio）、勃生（Pathein）。2021 年数据显示，人口数量居前十位的城市中绝大多数的人口规模有所缩减，其中东枝、密支那、腊戍的人口缩减最多，而首都内比都的人口规模增长速度最快。在缅甸主要城市中，众多边境城市在近 30 年里人口大量增长，例如，密支那、高当（Kawthaung）、木姐（Muse）、大其力（Tachileik）等城市在过去的 30 年里人口增长了两倍多，其中渺瓦底（Myawadi）人口更是增加了 15 倍之多。但同为边境城市的达穆、景栋人口却增加不多，主要原因可能是缅印边境贸易不如缅中、缅泰繁荣，影响了人口集聚和增长。然而，随着新冠疫情的影响以及缅北冲突的持续，近几年边境城市人口增长有限，从人口预测数据中可以看出主要城市的人口大多呈下降趋势[①]。

---

① 资料来源：Population Reference Bureau (PRB). Deciphering the Demography of Myanmar，https://www.prb.org/resources/deciphering-the-demography-of-myanmar/。

表 4-4　缅甸主要城市的人口数量

城市名	所在省份	1983 年人口普查数据（人）	2014 年人口普查数据（人）	2023 年人口预测数据（人）*
仰光	仰光省	2 513 023	4 728 524	4 477 638↓
曼德勒	曼德勒省	532 949	1 225 546	1 208 099↓
内比都	内比都联邦区	52 962	333 506	925 000↑
东枝	掸邦	108 231	264 804	160 115↓
勃固	勃固省	150 528	254 424	244 376↓
毛淡棉	孟邦	219 961	253 734	438 861↑
密支那	克钦邦	56 427	243 031	90 894↓
蒙育瓦	实皆省	106 843	207 489	182 011↓
腊戌	掸邦	88 590	174 335	131 016↓
勃生	伊洛瓦底省	144 096	169 773	237 089↑

注：表中"↓"表示 2023 年人口预测数据与 2014 年普查数据比有减少；"↑"表示 2023 年人口预测数据与 2014 年普查数据比有增长。

* 预测数据来源于 Geonames，https://www.worlddata.info/asia/burma/index.php。

资料来源：Department of Population, Ministry of Labour, Immigration and Population. The 2014 Myanmar Population and Housing Census-The Union Report。

二、人口自然变动

（一）人口增长率

缅甸人口规模增长速度持续减缓，低于世界平均水平。2000 年及之前，缅甸的人口增长率高于 1%，自 2012 年起，缅甸的人口增长率不断降低，到 2021 年仅约为 0.7%（图 4-6）。据 2010 年联合国报告，至 2050 年缅甸都将保持较低的人口增长率；2015—2035 年，缅甸将是东盟国家中人口增长第二缓慢的国家。

（二）出生率和死亡率

人口的自然增长是出生和死亡共同作用的结果。人口出生率也称为人口粗出生率（Crude Birth Rate，CBR），指某一时期内某一地区出生人口数与平均人口数之比。通常认为，每千人中有 10—20 人出生时被认为是低出生率，每千

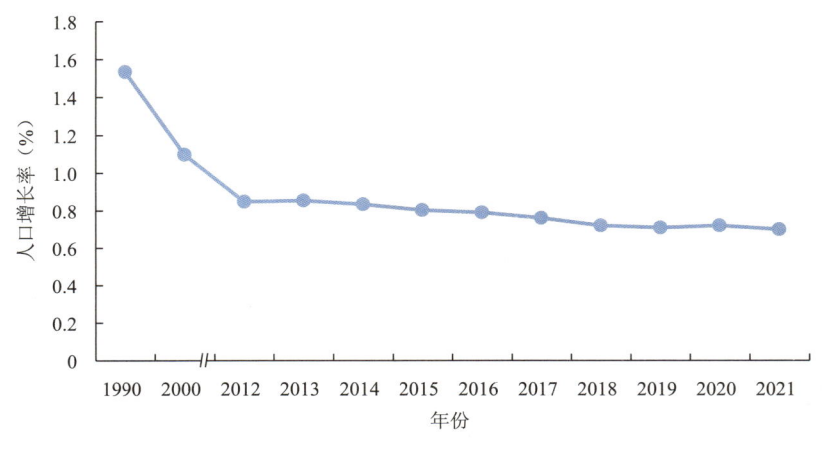

图 4-6 缅甸人口增长率变化

资料来源：World Bank. World Development Indicators database。

人有 40—50 人出生时被认为是高出生率。人口死亡率是研究人口自然增长的另一重要指标，指一定时期某一地区死亡人口数与该时期平均人口数之比。死亡率可以判断一个地区的卫生习惯和医疗水平，一般来说越先进的国家死亡率越低，越落后的国家死亡率越高。粗死亡率（Crude Death Rate，CDR）指的是给定人口在给定时间间隔内由所有原因造成的死亡率。在此基础上，人口的自然增长率可以通过人口出生率减人口死亡率数值得到。

缅甸自独立后人口出生率持续下降，从 1960 年的 42.2‰下降到 2020 年的 17.4‰，进入了低出生率水平。相比出生率的下降幅度，缅甸的死亡率下降幅度更为缓慢，从 1960 年的 21.5‰降低到 2020 年的 8.8‰。缅甸人口的自然增长率呈波动下降态势，从 1960 年的 21.5‰下降到 8.5‰（图 4-7）。2010 年以来，缅甸的出生率与死亡率均在小幅度下降，自然增长率更是长期处于低位。缅甸也面临少子化，可能导致未来出现人力稀缺等问题，影响社会经济的进一步发展。根据世界人口统计组织的人口报告，缅甸境内的新生人口数持续下跌，截至 2023 年 2 月底，缅甸的新生人口增长率仅为 6.7‰。该报告指出，未来 30 年缅甸主要城市的人口数量将急剧减少，且 2050 年新生人口的增长率可能降至 0。

除了粗出生率，总和生育率（Total Fertility Rate，TFR）是判断国家生育率指标的另一个重要数值，指的是女性在其一生中生育的平均子女数，是衡量一个国家想象中的女性生育能力的指标，其往往与国家的经济发展水平相关。

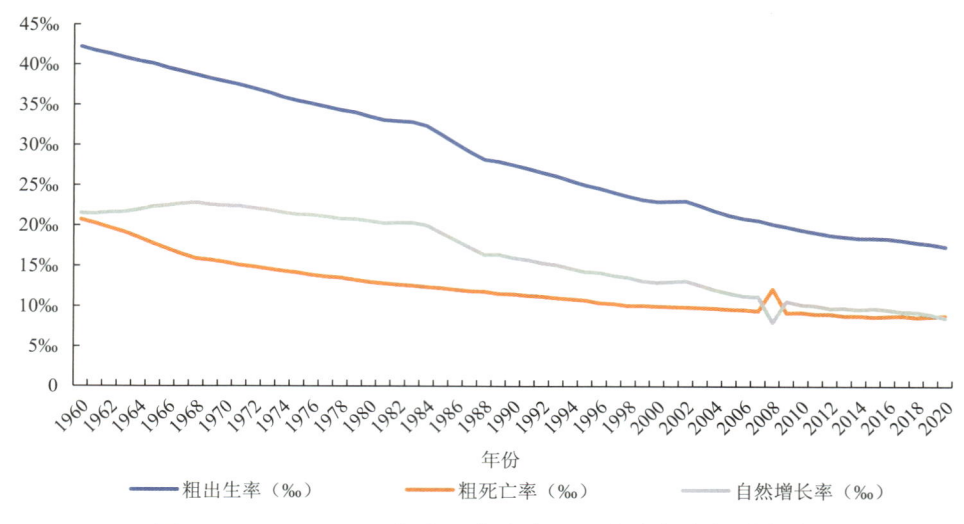

图 4-7　1960—2020 年人口出生率、死亡率与自然增长率

资料来源：World Bank. World Development Indicators database。

粗再生育率（Gross Reproductive Rate，GRR）是指女性在所有育龄期（大致到 45 岁）生育并存活下来的平均女儿数，通常被认为是女儿一代取代上一代女性的程度，在一些特定情形中是可以替代总和生育率的衡量指标。总体而言，与其他经济状况相似的东南亚国家相比，缅甸的总和生育率较低，根据人口普查数据，2014 年仅为 2.51，而在 1983 年人口普查时，缅甸的总和生育率为 4.73，可以看出缅甸在没有推行特别的人口政策的情况下，生育率大幅降低。此外，从 1990—2013 年城市与农村的数值比较来看，缅甸城市地区的总和生育率和粗再生育率都明显低于农村地区（表 4-5）。缅甸 2014 年全国人口普查报告显示，钦邦的总和生育率最高，其值为 5，最低的是仰光省，仅为 1.85；低于全国水平的有仰光省、曼德勒省、马圭省、勃固省、内比都联邦区、实皆省（图 4-8）。

缅甸生育率较低可能主要归因于婚姻的极度延迟，这在非发达国家较为少见。一方面是由于经济困难导致缅甸人民结婚成家的时间推迟，另一方面是由于缅甸人对佛教的信仰，独身生活为社会的接受度较高，人们将独身生活视为精神发展的一种方式。此外，缅甸非法堕胎仍普遍存在，单身未婚育龄妇女的比例很高[1]。

---

[1] 资料来源：Department of Population, Ministry of Labour, Immigration and Population. The 2014 Myanmar Population and Housing Census -The Union Report。

表 4-5　1990—2013 年缅甸城市与农村地区的总和生育率和粗再生育率

年份	总和生育率		粗再生育率	
	城市地区	农村地区	城市地区	农村地区
1990	3.56	4.19	1.74	2.04
1995	3.49	4.29	1.70	2.09
2000	2.96	3.49	1.44	1.70
2005	2.11	2.83	1.03	1.38
2006	2.09	2.74	1.02	1.34
2007	2.06	2.70	1.01	1.33
2008	2.05	2.62	1.00	1.28
2009	2.04	2.58	1.00	1.26
2010	2.03	2.54	0.99	1.25
2011	1.80	2.51	0.88	1.23
2012	1.77	2.48	0.85	1.19
2013	1.74	2.45	0.83	1.18

资料来源：Myanmar Statistical Information Service（MMSIS）。

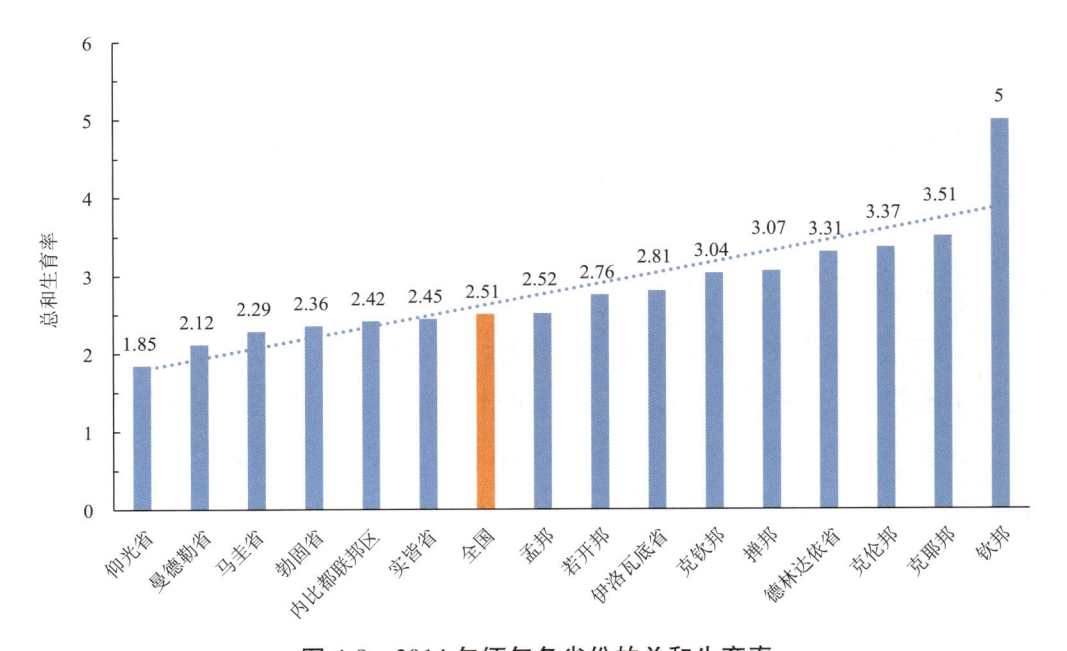

图 4-8　2014 年缅甸各省份的总和生育率

资料来源：Department of Population，Ministry of Labour，Immigration and Population.

The 2014 Myanmar Population and Housing Census-The Union Report。

三、人口结构

（一）性别结构

人口性别结构是指社会中男性人口和女性人口的比例关系，一个国家的男女性别比通常以每100位女性所对应的男性人数进行计算。性别比反映了一个国家战争等历史事件以及人口的社会和民族文化特征。自2000年以来，缅甸的女性人口一直高于男性，人口性别结构趋于失衡。世界银行通过总人口数据和联合国人口司《世界人口前景报告》中的年龄/性别分布进行计算，结果显示缅甸2021年的女性人口数约有2 702万，约占总人口的50.2%，男性人口数约有2 678万，约占总人口的49.8%。2000年以前，缅甸估算的人口数据中男性略多于女性，此后女性比例持续略高于男性，男性人口占比持续降低，男性与女性人口数的差距逐渐拉大（图4-9）。根据2021年的人口金字塔图，可以看出缅甸各年龄段男女性人口的比例差异。图4-10显示，0—44岁中间的所有年龄段，男性人口占比均高于女性人口占比，然而自45岁至80岁及以上的年龄段则正好相反，中老年女性人口多于男性人口。缅甸男女比例失衡主要是由于缅甸频繁的战争使男性人口持续减少，且人口统计工作难以涉及缅甸的宗教社区和战乱区域，进而影响了男性人口数量统计的准确性。

（二）年龄结构

国家的人口出生率、死亡率及自然增长率发生变动，人口的年龄结构也会随之发生改变。从年龄结构来看，缅甸人口结构较为年轻，2021年缅甸0—14岁人口占总人口的比例为24.88%，15—64岁人口占比68.49%，65岁及以上人口占比6.63%。近10年来，缅甸0—14岁少儿人口数量从2000年的1 448.5万减少到2021年的1 338.6万，减少了近110万；15—64岁劳动年龄人口数量从2 880.6万增加到3 684.6万，增加了804万；65岁及以上老年人口数量从224.8万增加到356.6万，增加了约132万。近10年内，缅甸0—14岁少儿人口减少了7.6%，15—64岁劳动年龄人口增加了27.9%，65岁及以上老年人口增加了58.6%（图4-11）。因此相比较而言，老年人口增加的比例远高于劳动

第四章 缅甸人口

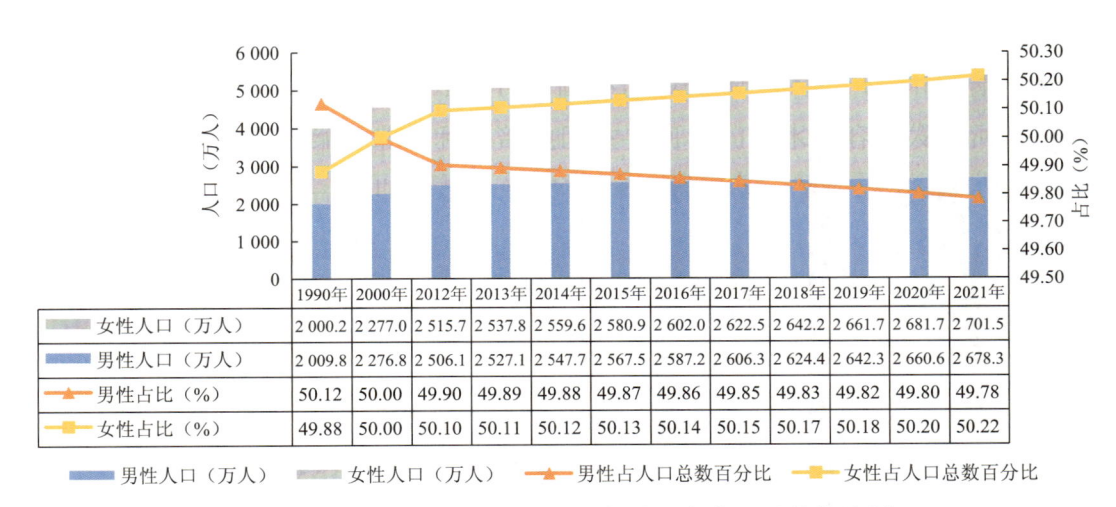

	1990年	2000年	2012年	2013年	2014年	2015年	2016年	2017年	2018年	2019年	2020年	2021年
女性人口（万人）	2 000.2	2 277.0	2 515.7	2 537.8	2 559.6	2 580.9	2 602.0	2 622.5	2 642.2	2 661.7	2 681.7	2 701.5
男性人口（万人）	2 009.8	2 276.8	2 506.1	2 527.1	2 547.7	2 567.5	2 587.2	2 606.3	2 624.4	2 642.3	2 660.6	2 678.3
男性占比（%）	50.12	50.00	49.90	49.89	49.88	49.87	49.86	49.85	49.83	49.82	49.80	49.78
女性占比（%）	49.88	50.00	50.10	50.11	50.12	50.13	50.14	50.15	50.17	50.18	50.20	50.22

图 4-9　缅甸男性、女性的人口数量及占人口总数的比例

资料来源：World Bank. World Development Indicators database。

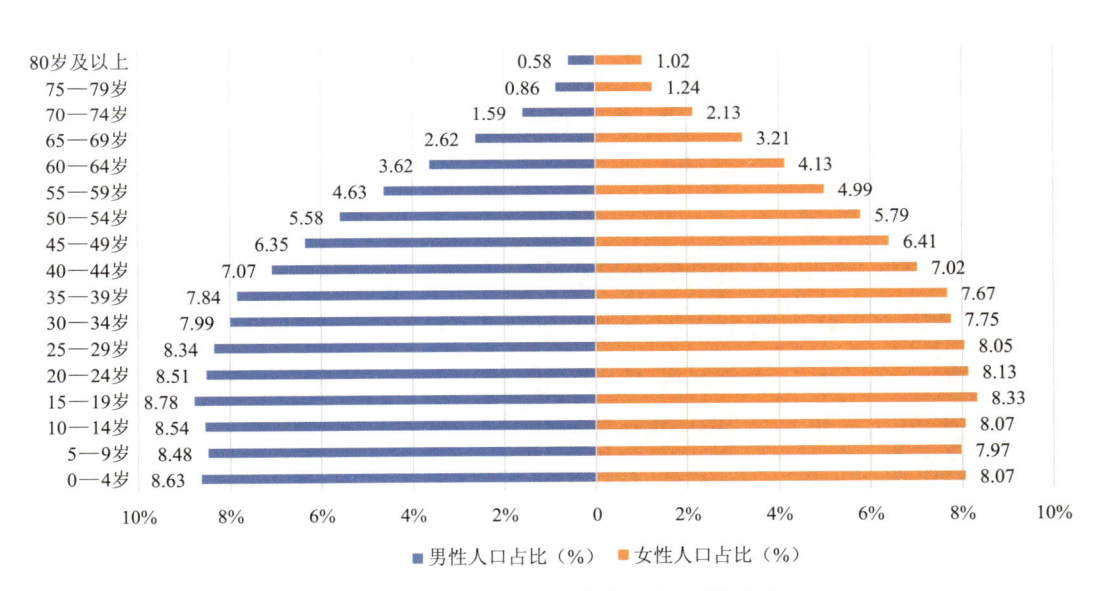

年龄组	男性人口占比（%）	女性人口占比（%）
80岁及以上	0.58	1.02
75—79岁	0.86	1.24
70—74岁	1.59	2.13
65—69岁	2.62	3.21
60—64岁	3.62	4.13
55—59岁	4.63	4.99
50—54岁	5.58	5.79
45—49岁	6.35	6.41
40—44岁	7.07	7.02
35—39岁	7.84	7.67
30—34岁	7.99	7.75
25—29岁	8.34	8.05
20—24岁	8.51	8.13
15—19岁	8.78	8.33
10—14岁	8.54	8.07
5—9岁	8.48	7.97
0—4岁	8.63	8.07

图 4-10　2021年缅甸的人口金字塔分布

资料来源：World Bank. World Development Indicators database。

年龄人口增加的比例，而少儿人口占比减少。

缅甸统计信息服务（MMSIS）计算了缅甸的人口抚养比和老龄化指数。人口抚养比是指非劳动力人口（年龄在0—14岁和65岁及以上）和劳动力人口（通常年龄在15—64岁）的比例，常被用于衡量国家劳动力人口的压力。较低

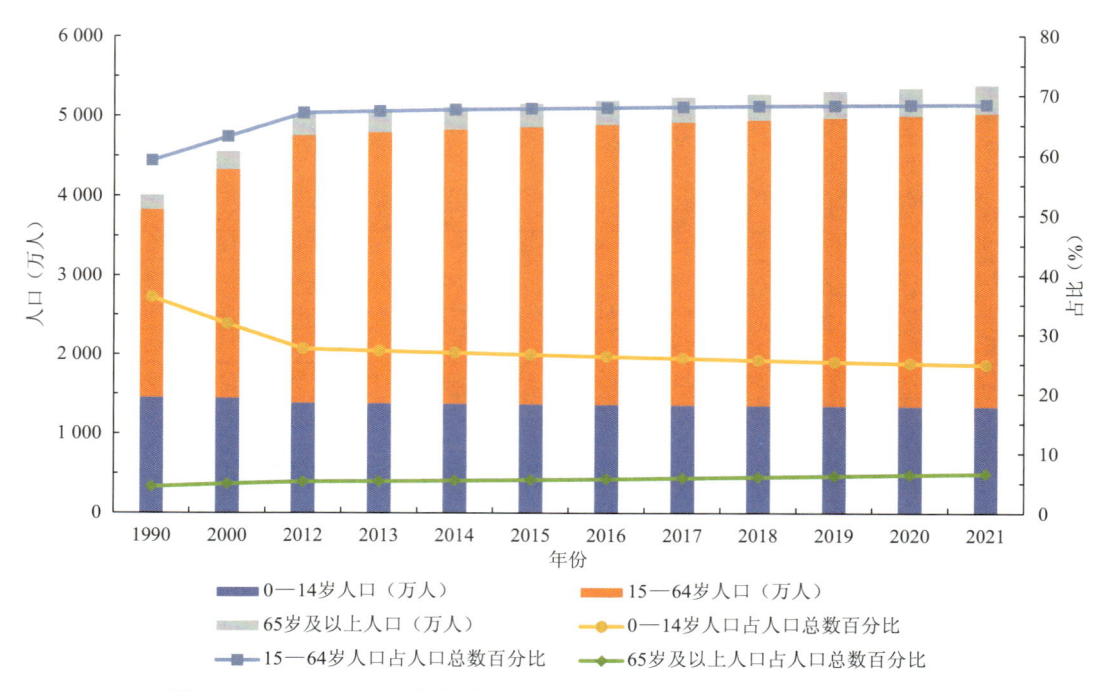

图 4-11　1990—2021 年缅甸不同年龄段人口数与占人口总数百分比

资料来源：World Bank. World Development Indicators database。

的抚养比可以使公民拥有更高的养老金和更好的医疗保健，随着抚养比数值的增加，劳动力人口将面临更大的压力，以维持经济上依赖其的人的抚养和养老金，这可能会直接影响社会保障等方面的财政支出，造成政治不稳定等间接后果。根据《2021 年缅甸统计年报》数据，2019—2020 年缅甸的（总）抚养比为 50.58%，其中少儿抚养比为 41%，老年抚养比为 9.77%，老龄化指数为 24。从各省份抚养比的差异来看，仰光省（总）抚养比（39.91%）为全国最低；钦邦（总）抚养比最高，为 84.45%（表 4-6）。根据联合国《世界人口展望报告》数据，缅甸 2023 年人口出生时预期寿命约为 67 岁，相比 1948 年缅甸独立时的 54 岁增加了 10 余岁，但缅甸国民整体预期寿命较短，在东盟国家里国民平均寿命最短。除了受国家内部战乱问题的影响外，缅甸民众长期不健康的生活习惯而易发高血压、高血糖、高血脂、肝病、肺病、心脏病等疾病，加之毒品问题等，综合影响民众的寿命。缅甸和其他亚洲经济体一样面临着人口老龄化的挑战，且在健康和老年护理养老金等社会保障方面的财政压力越来越大[①]。

表 4-6 2019—2020 年缅甸各省份的抚养比与老龄化指数

省份	（总）抚养比（%）	少年抚养比（%）	老年抚养比（%）	老龄化指数
全国	50.58	41	9.77	24
克钦邦	49.73	43	6.41	15
克耶邦	60.00	53	6.83	13
克伦邦	63.20	53	10.01	19
钦邦	84.45	75	9.18	12
实皆省	51.14	41	10.25	25
德林达依省	59.68	51	8.98	18
勃固省	49.95	39	10.98	28
马圭省	51.31	39	12.19	31
曼德勒省	45.72	36	9.96	28
孟邦	55.56	44	11.91	27
若开邦	57.37	46	11.02	24
仰光省	39.91	31	8.68	28
掸邦	55.18	48	7.68	16
伊洛瓦底省	54.22	44	10.70	25
内比都联邦区	47.94	40	7.92	20

资料来源：Ministry of Planning and Finance. 2021 Myanmar Statistical Yearbook。

四、劳动力人口发展与受教育程度

世界银行基于国际劳工组织和联合国人口司获得的数据，估算了缅甸近年来的劳动力人口数。数据显示缅甸的劳动力人口呈波动上升态势，但其整体水平仍低于其他东南亚国家，并在 2015 年之后出现波动下降。2015 年缅甸劳动力人口数达到峰值，为 2 445 万。与东南亚的平均水平相比，缅甸的女性就业

---

① 资料来源：Department of Population, Ministry of Labour, Immigration and Population. The 2014 Myanmar Population and Housing Census -The Union Report。

人口比例明显低于男性。尽管缅甸国家统计部门与国际劳工组织的统计结果有所不同，但总体而言，2019年缅甸的总劳动力参与率（劳动力人口占15岁以上总人口的比例）约为60%，其中男性的劳动参与率约为75%，远高于女性的46%。如果劳动力人口按照15—64岁来估算，缅甸的总劳动力参与率约为64.5%，男性及女性的劳动力参与率数值均略高于劳动力人口年龄为15岁以上的计算值（表4-7）。

根据国际劳工组织的报告《2021年缅甸就业形势》（Employment in Myanmar in 2021），自2021年来，由于持续的政治动荡和军事冲突，以及新冠疫情的影响，缅甸的社会经济和公共卫生情况更加复杂，加之相对较高的通货膨胀率、食品价格上涨和严重的现金短缺使民众陷入经济绝望，劳动力市场被削弱，劳动力工作时长及岗位持续减少。据估算，2021年缅甸的年度失业人口占劳动力人口的比例估计为8%，即损失160万个工作岗位，与2020年相比，岗位数大幅度减少，这一数据包括了正式和非正式经济的就业[1]。此外，2021年缅甸国民的总工作时长相比2020年的水平下降了18%，这相当于至少310万全职工人的工作时长，这一损失主要是由就业岗位减少和就业不足造成的。从行业上看，农民受到收入减少、出口减少、投入价格上涨以及季风洪水的影响；而建筑业、服装业、旅游业和酒店服务业也是2021年受影响最严重的行业，同比就业损失估计分别达到31%、27%和30%[2]。从人口性别角度看，总体上女性受到失业的影响比男性大得多，在服装业、旅游和酒店业，女性失业者占了绝大多数。

丹麦国际开发署（Danish Trade Union Development Agency，DTDA）发布的《缅甸人口市场报告：2021—2022年》（Labour Market Profile，Myanmar-2021/2022）显示，从劳动力人口的行业分布来看，2019年，缅甸大约每两名劳动力中就有一名在农业部门，但农业部门的劳动力人口经历了一个下降的趋

---

[1] 资料来源：International Labour Organization. Employment in Myanmar in 2021: A Rapid Assessment, https://www.ilo.org/wcmsp5/groups/public/---asia/---ro-bangkok/---ilo-yangon/documents/publication/wcms_835900.pdf.

[2] 资料来源：Department of Population, Ministry of Labour, Immigration and Population. The 2014 Myanmar Population and Housing Census Report, Volume 2-C, pp.12-15.

表 4-7 缅甸的劳动力参与率

	1990 年	2000 年	2012 年	2013 年	2014 年	2015 年	2016 年	2017 年	2018 年	2019 年	2020 年
总劳动力参与率（%，占 15—64 岁总人口的比例）*	78.89	76.55	70.45	70.02	69.62	69.28	67.69	66.16	66.47	64.51	—
男性劳动力参与率（%，占 15—64 岁男性人口的比例）*	91.81	90.09	85.43	85.02	84.61	84.25	82.97	81.69	81.39	80.01	—
女性劳动力参与率（%，占 15—64 岁女性人口的比例）*	66.78	63.99	56.72	56.27	55.86	55.5	53.62	51.83	52.68	50.17	—
总劳动力参与率（%，占 15 岁以上总人口的比例）*	76.16	72.33	65.65	65.31	64.98	64.71	63.375	62.02	62.36	60.5	60.15
男性劳动力参与率（%，占 15 岁以上男性人口的比例）*	83.83	82.95	79.72	79.45	79.20	78.97	77.89	76.76	76.65	75.09	76.00
女性劳动力参与率（%，占 15 岁以上女性人口的比例）*	68.63	61.94	51.93	51.51	51.12	50.81	49.24	47.67	48.45	46.30	44.75
总劳动力参与率（%，占 15 岁以上总人口的比例）**	41.60	—	—	—	—	64.71	—	62.02	62.36	60.50	60.15
男性劳动力参与率（%，占 15 岁以上男性人口的比例）**	60.00	—	—	—	—	80.20	—	78.11	77.96	76.45	77.50
女性劳动力参与率（%，占 15 岁以上女性人口的比例）**	24.90	—	—	—	—	51.60	—	48.51	49.28	47.14	45.63

注：* 数据估算来自国际劳工组织。
＊＊ 数据估算来自缅甸国家统计部门。
资料来源：World Bank. World Development Indicators database.

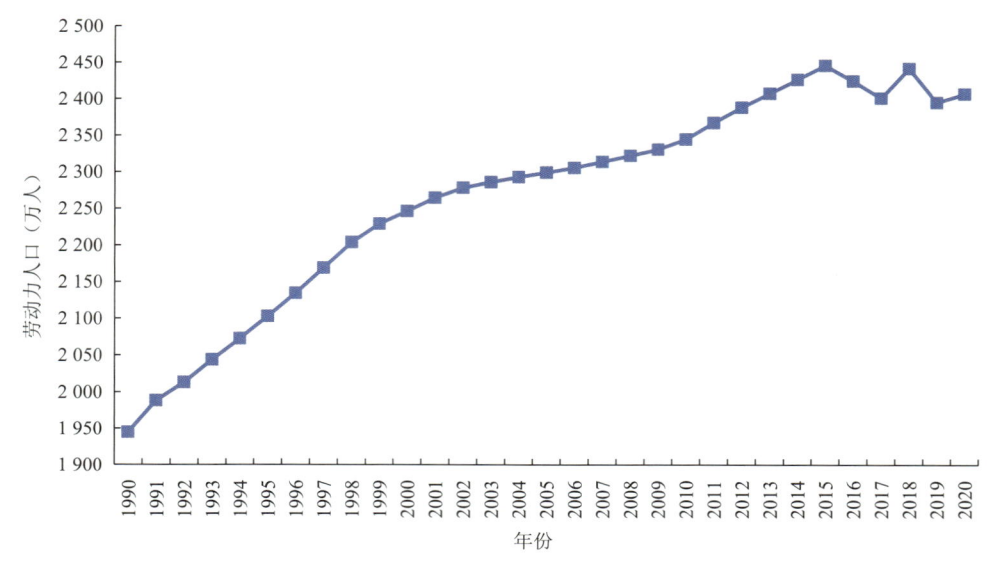

图 4-12　缅甸的劳动力人口变化

资料来源：World Bank. World Development Indicators database。

势；工业部门的份额没有变化，在过去 10 年中保持在 17% 左右；服务业部门的就业率在上升[①]。结合 2017 年的生活条件调查，缅甸工业部门的就业主要在城市地区（25%），在农村地区也有（13%），主要是制造业和建筑业。公共管理部门就业者仅占总就业人数的 1%，教育、卫生和社会工作部门的就业者占 3.3%。女性在制造业（11%）、批发和零售业（20%）以及教育、卫生、社会工作部门（5.2%）的就业比重相对较高。

1886 年以前，缅甸寺院承担了基础教育的职能，这使缅甸的识字率一度达到了 85%。1973 年，缅甸政府发起"3R"运动，即读、写和算（Read，Write，Arithmetic），缅甸的识字率逐渐上升。尽管联合国教科文组织曾于 1983 年授予缅甸"野间扫盲奖"，但根据该组织驻缅办公室的报告，缅甸实际取得的成绩很有限。由于一般缅甸家庭经济压力较大且对于子女的教育不够重视，再加上学校教育质量较低，缅甸国民的实际识字率应该更低[②]。从劳动力人口的受教育程

---

① 资料来源：DTDA. Labour Market Profile，Myanmar-2021/2022，https://www.ulandssekretariat.dk/wp-content/uploads/2021/12/LMP-Myanmar-2021-Final1.pdf。

② 资料来源：UNESCO Institute of Statistics. Myanmar: Literacy Rates and Illiterate Population by Region and Gender。

度上看，缅甸人口整体的受教育水平较低，25岁以上人口中，逾63%完成了小学教育（图4-13）；大学教育水平低下，高素质人才缺乏。高辍学率继续考验着缅甸劳动力的发展，更不用说只有少数公司提供正式的培训帮助。2020年以来的国内动乱更减缓了教育改革的步伐，大量的学生难以完成他们的学业[①]。虽然近30年来缅甸在社会保护的立法和政策框架方面有所改善，但劳动力人口的社会保障覆盖率仍然很低，制约着劳动力人口向高素质化发展。

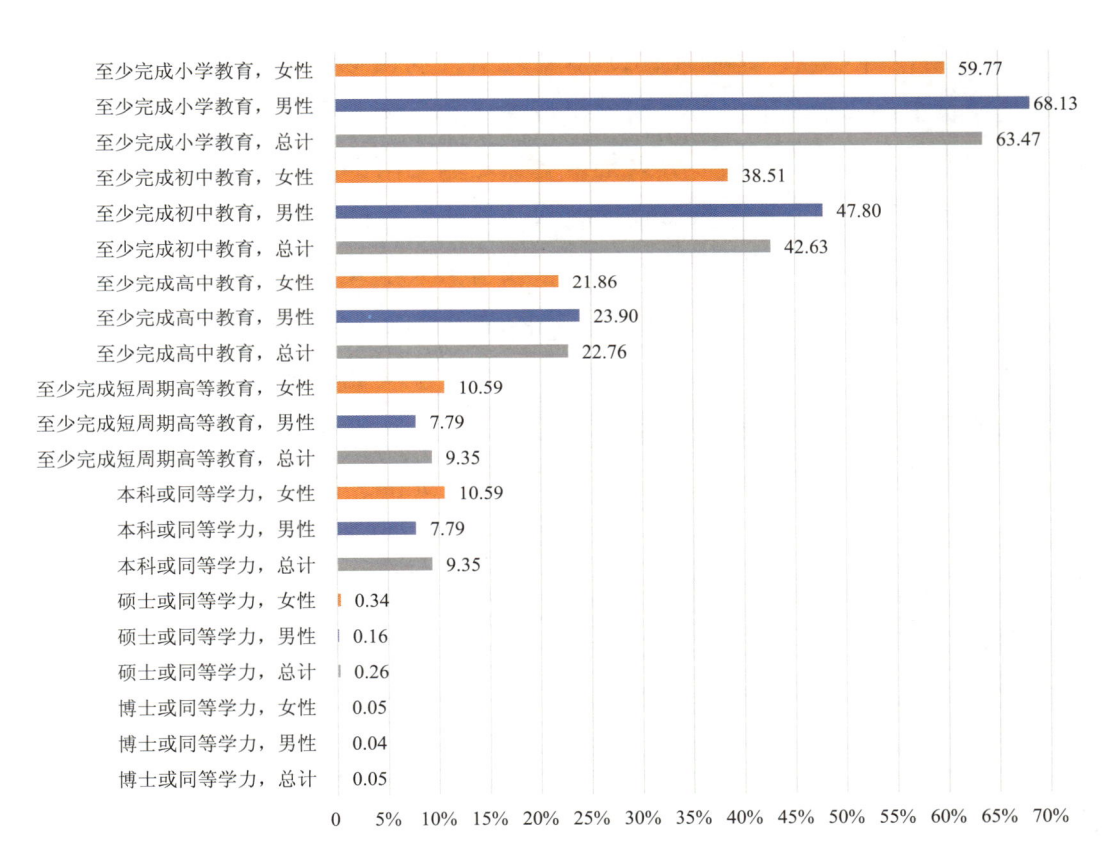

类别	百分比
至少完成小学教育，女性	59.77
至少完成小学教育，男性	68.13
至少完成小学教育，总计	63.47
至少完成初中教育，女性	38.51
至少完成初中教育，男性	47.80
至少完成初中教育，总计	42.63
至少完成高中教育，女性	21.86
至少完成高中教育，男性	23.90
至少完成高中教育，总计	22.76
至少完成短周期高等教育，女性	10.59
至少完成短周期高等教育，男性	7.79
至少完成短周期高等教育，总计	9.35
本科或同等学力，女性	10.59
本科或同等学力，男性	7.79
本科或同等学力，总计	9.35
硕士或同等学力，女性	0.34
硕士或同等学力，男性	0.16
硕士或同等学力，总计	0.26
博士或同等学力，女性	0.05
博士或同等学力，男性	0.04
博士或同等学力，总计	0.05

图4-13　2019年缅甸25岁以上人口的教育程度（累计）

资料来源：World Bank. World Development Indicators database。

[①] 资料来源：DTDA. Labour Market Profile, Myanmar-2021/2022, https://www.ulandssekretariatet.dk/wp-content/uploads/2021/12/LMP-Myanmar-2021-Final1.pdf。

第二节 人口的空间分布

一、人口规模和增长率分布

缅甸人口规模整体呈中心线状分布，人口主要集中在中部和南部（图 4-14）。从自然地理环境因素看，缅甸国土狭长，地势北高南低，北、西、东部均为山地和高原，中部为平原地区，因而人口集聚区邻近南部平原，以仰光省、曼德勒省、内比都联邦区为核心形成聚集区。加之缅甸南部、中部地区经济发展程度高于全国平均水平，社会发展水平较高，且前首都仰光作为全国的经济和交通中心，贸易发展迅速，产业高度集聚，吸引了大量人口。人口稀疏区或几近无人区主要集中在缅甸最北端克钦邦、最西端钦邦以及东部克耶邦。

此外，从人口增长率的空间分布来看（图 4-15），缅甸整体人口增长速度缓慢，大致呈现北高南低、东高西低的格局。人口增长极主要分布在仰光省，仰光作为超级城市仍有巨大的人口潜力与吸引力。克耶邦人口规模较小，但据统计数据估计，其人口增长率仅次于仰光省，是近年来增长率超过 2% 的省份，这可能主要是受战争影响，克耶邦在少数民族武装的控制下，缅政府的人口统计数据有限，人口普查数据存在一定的误差，且战乱给这一地区的人口自然增长与流动带来众多不确定性。内比都自 2005 年成为首都后，人口增长率显著增长，并在此后稳定在 1%—1.6%，仅次于两个显著的增长极。位于缅甸西南部的马圭省、伊洛瓦底省和孟邦则处于最低水平，人口增长率为负数。

二、人口密度空间分布

根据图 4-16，缅甸 40 余年来人口集聚特征明显，人口空间分布差异较显著，人口密度"中部高、东西部低"，并以中部地区主要交通干线为基础呈线状分布，仰光省、曼德勒省和内比都联邦区为主要的人口聚集区，这些地区的人口密度显著高于全国平均水平。

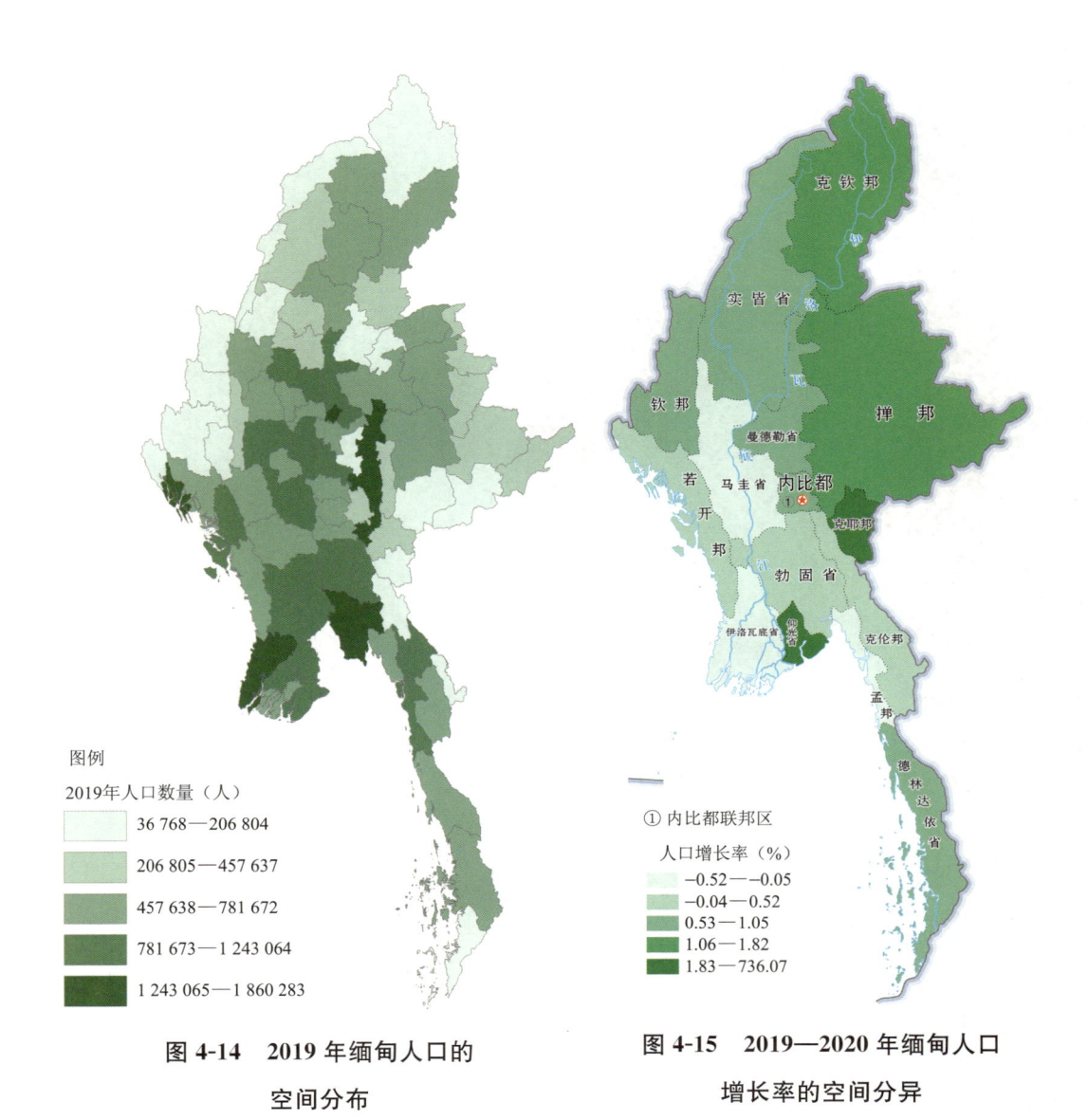

图 4-14　2019 年缅甸人口的空间分布

资料来源：Ministry of Planning and Finance. 2021 Myanmar Statistical Yearbook。

图 4-15　2019—2020 年缅甸人口增长率的空间分异

资料来源：Ministry of Planning and Finance. 2021 Myanmar Statistical Yearbook。

缅甸 40 余年来的人口重心移动并不明显，自 1960 年至今始终位于缅甸南部，且缓慢南移，这主要是因为缅甸人口最密集地区一直处于仰光省（图 4-16）。从三次人口普查的数据来看，缅甸南部整体人口密度的增长高于北部地区，且人口的流入地与扩散地主要集中于缅族聚居的省，而少数民族集聚的邦则相对变化更小。受缅北冲突的影响，缅北以克钦邦为代表的山区人口密度仍然最低。

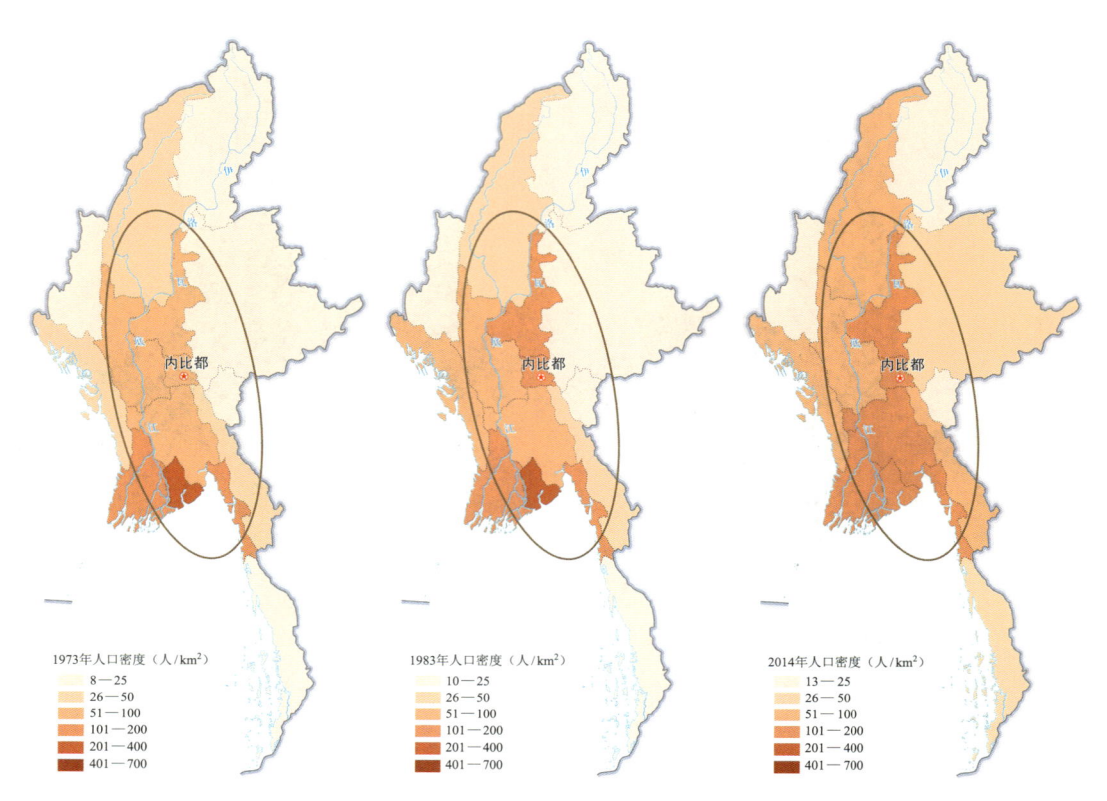

图 4-16　1973 年、1983 年、2014 年缅甸人口密度空间分布

资料来源：The 2014 Myanmar Population and Housing Census-The Union Report。

近几十年，缅甸全国各地人口都在涌向仰光、曼德勒这两大城市，仰光作为开放的港口城市，发挥着商业中心的人口聚集作用。1983 年时仰光省的人口密度为 387 人/km²，而 2014 年时人口密度已达到 716 人/km²。曼德勒作为缅甸内陆的中心商业城市，与中国经济往来交流繁多，城市化与社会经济发展水平较高，同样吸引着大量人口流入与汇聚。曼德勒省的人口密度位居第二，从 1983 年的 124 人/km² 增长到 2014 年的 200 人/km²。伊洛瓦底省位于缅甸的三角洲地区，土地肥沃，农业发达，因而人口密集程度仅次于仰光省和曼德勒省，2014 年人口密度达到 177 人/km²。2006 年，缅甸将首都从仰光迁至中部内比都，培育起缅甸经济发展的第三极，使得内比都在短时间内人口快速增加，成为缅甸重要的人口核心区之一，产业也在内比都地区实现了快速的集聚，2014 年人口密度为 164 人/km²。而仰光省的人口密集程度有一定程度的缓解，这使得缅甸人口密度在中部地区相对平衡[①]。人口分布通常受自然地理环境、社会经济发展水平、交通情况、社会公共服务等因素的影响，缅甸人口多集中在地理环境优越的地区，城市发展、工业发达与就业质量的提高同样吸引了人口的集聚，而政治冲突事件通常具有显著的负向空间溢出效应。

三、人口性别与年龄构成空间分布

缅甸总体人口男女比例失衡。缅甸统计年鉴报告显示，2019—2020年预计全国女性人口约为2 843万人，男性人口约为2 615万人，全国性别比约为91.99。从全国范围看，仅有克钦邦性别比108.34处于正常范围内，其余地区均低于国际公认的正常性别比范围。马圭省性别比例严重失衡，仅为84.54，实皆省、曼德勒省、孟邦、仰光省、勃固省的性别比均低于90，若开邦、钦邦、内比都联邦区、伊洛瓦底省比例较为失衡，性别比不足95。掸邦、克耶邦、德林达依省、克伦邦则处于轻度失衡，性别比在95至100之间。从整体分布情况上看，缅甸大致呈现"东部男性多，西部女性多"的特征（图4-17）。

根据年龄统计数据，将人口的0—14岁、15—64岁、65岁及以上划分为少儿人口、成年人口和老年人口。从缅甸全国整体看，缅甸的人口结构较为年轻，少儿与成年人口占绝大多数。少儿人口、成年人口主要分布在仰光省、曼德勒省、伊洛瓦底省等省份，与缅甸人口聚集区重合，主要还是因为这些地区依靠发达的农业和工业吸引青壮年人口到这些地区就业。在克钦邦、克耶邦、钦邦等地区，老年人口分布更少，这主要和少数民族武装分布地区军事动乱较多有关，因此相对而言，城市化水平高的人口密集地区老年人口相对更多（图4-18）。老龄化指数是指在一个指定人口中，每100名小于14岁的人中有多少对应的老年人口（65岁及以上），通常老龄化指数在30%以上属于老年型人口。缅甸人口老龄化指数的分布规律与人口规模及年龄结构的分布规律一致，呈现中部高东西低、南高北低的特点，随着人口增长率的减缓，尤其是出生率的下降，缅甸人口集聚的主要地区与城市同样面临着人口老龄化问题。其中，马圭省

---

① 资料来源：Department of Population, Ministry of Labour, Immigration and Population. The 2014 Myanmar Population and Housing Census -The Union Report. myanmar. unfpa. org。

老龄化指数最高，为 31%，其次为曼德勒省、仰光省和勃固省，老龄化指数均为 28%（图 4-19）。

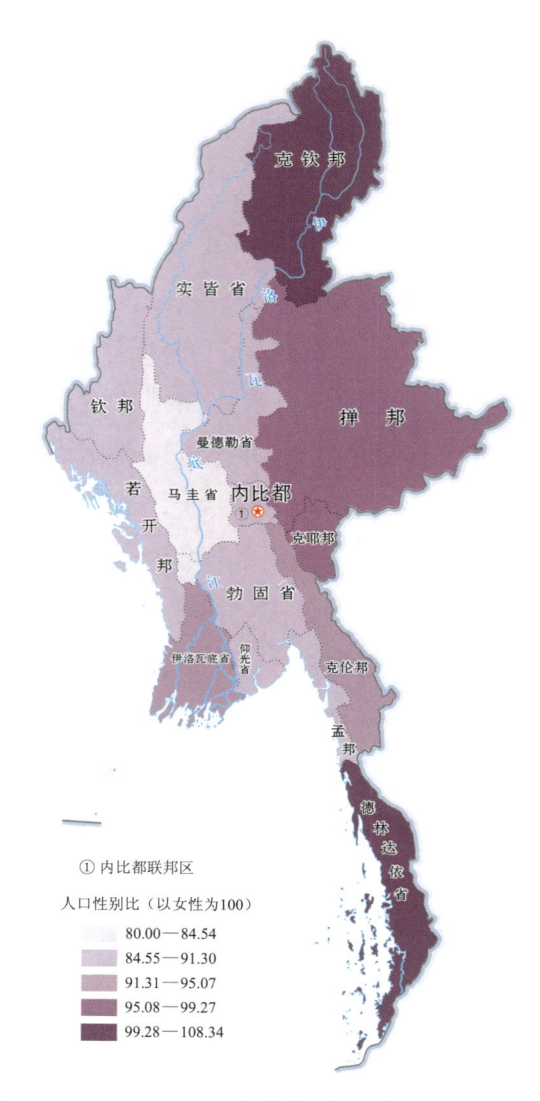

图 4-17　2019—2020 年缅甸人口性别比空间分布

资料来源：Ministry of Planning and Finance. 2021 Myanmar Statistical Yearbook。

第四章 缅甸人口 107

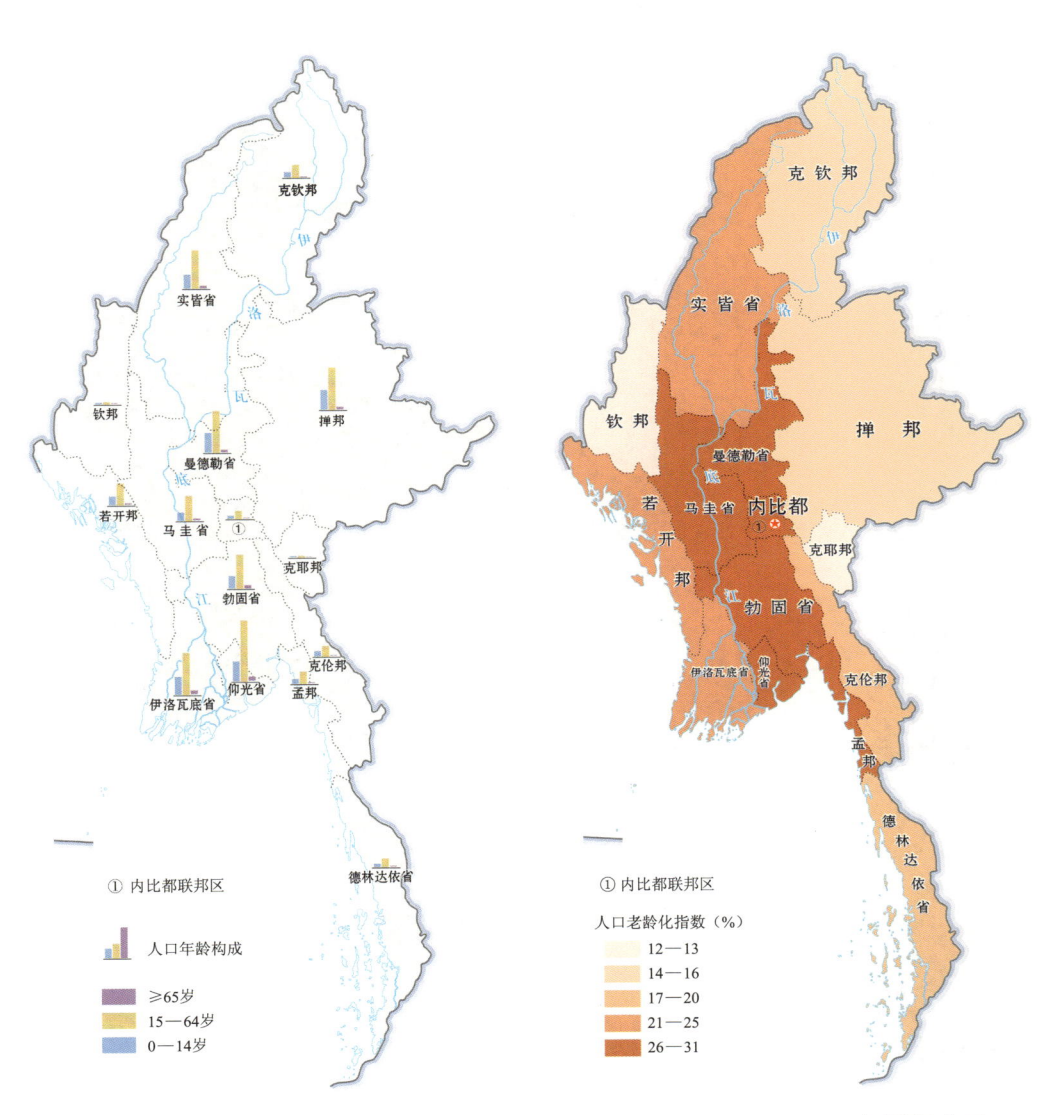

图 4-18 2019—2020 年缅甸人口年龄构成的空间分布

资料来源：Ministry of Planning and Finance. 2021 Myanmar Statistical Yearbook。

图 4-19 2019—2020 年缅甸人口老龄化指数的空间分布

资料来源：Ministry of Planning and Finance. 2021 Myanmar Statistical Yearbook。

表 4-8　2019—2020 年缅甸各省份人口数（按年龄构成统计）（单位：万人）

	0—14 岁	15—64 岁	65 岁及以上
全国	1 479.4	3 624.7	353.8
克钦邦	55.4	127.9	8.2
克耶邦	10.9	20.5	1.4
克伦邦	52.6	98.9	9.9
钦邦	21.3	28.3	2.6
实皆省	151.2	369.8	37.9
德林达依省	47.4	93.5	8.4
勃固省	128.5	329.7	36.2
马圭省	101.7	260.0	31.7
曼德勒省	160.4	448.6	44.7
孟邦	55.7	127.6	15.2
若开邦	98.4	212.3	23.4
仰光省	187.2	599.4	52.0
掸邦	196.8	414.3	31.8
伊洛瓦底省	177.0	406.7	43.5
内比都联邦区	34.9	87.2	6.9

资料来源：Ministry of Planning and Finance. 2021 Myanmar Statistical Yearbook。

第三节　人口流动情况

一、国内人口流动

缅甸 2014 年全国人口普查工作中囊括了移民和城市化专题，虽然缅甸国内人口迁移问题相对简单，但其普查工作的有限性使得很难对内部移民数据进行精确评估，尽管如此，2014 年的人口普查数据仍可以为刻画缅甸人口流动情况提供一些重要的参考。总体而言，缅甸的国内移民水平与其邻国相近，19.3% 的人口在一生中至少迁移过一次，而 7% 的人口在人口普查前五年内进行过迁移。最近的人口流动方向表明，最多的移民是从城市到城市地区或从农村到农村地区，几乎有一半的迁移发生在城市地区之间；从农村到城市的移民率仍然相对较低，仅有大约10%。无论是终身迁移还是近期的人口流动，仰光省在过去和现在都是离开出生地到缅甸其他地方生活的人最喜欢的目的地。缅甸境内的大部分人口迁移都是围绕着仰光省进行的，要么是进入仰光省的迁移，要么是在仰光省各区之间的迁移。此外，内比都联邦区和曼德勒省的城市中心也吸引了相对大量的移民；克钦邦、克耶邦和克伦邦同样是较大的移民净接收地，然而，这些地区吸引人口迁移的不是大型城市中心，而是在第一产业、采矿业和参与国际贸易相关活动中的工作机会。在人口普查的前五年，超过一半的国内移民是女性。大量男性移民因被经济机会吸引或受国内战争的影响而移居到偏远地区和边境地区，而女性更有可能移居到城市，以追求学术兴趣，或在制造业、政府机构、私人服务行业、公共服务部门（如学校、医院和诊所）寻找就业机会[①]。

（一）2014年国内人口终身迁移情况

缅甸2014年的人口普查将终身移民定义为那些在一生中的某个时期居住在不同于其出生地的人，即人口的现住地不是其出生地所在乡镇，其中也包括那些搬到不同乡镇居住了一段时间，但后来又返回并在人口普查时居住在其出生地乡镇的人，即"落叶归根"的人。在缅甸全国47 918 525个常规家庭中，有9 231 619人是终身移民，占19.3%，其中4 561 588人（占9.5%）迁移到了不同省、邦的乡镇。在国家层面上，最重要的流动是那些绝对数量庞大的人口。而对于人口较少的省、邦来说，即使是绝对数量较少的移民也会对来源地区或接收地区的人口产生很大影响。根据表4-9，缅甸最主要的人口终身迁移发生在从伊洛瓦底省到仰光省，有784 919人，占终身移民人口总数（9 231 619人）的8.5%。数据显示，也有大量的人口在一生中从勃固省迁往仰光省（372 068人）、从实皆省迁往曼德勒省（209 217人）和从马圭省迁往仰光省（199 483人）（图4-20（a））。显然，缅甸最主要的人口终身迁移都是围绕仰光省。其他省份

---

① 资料来源：Department of Population, Ministry of Labour, Immigration and Population, with technical assistance from UNFPA. 2016. The 2014 Myanmar Population and Housing Census, Census Report Volume 4-D: Thematic Report on Migration and Urbanization.

表4-9 缅甸国内的人口终身迁移

(单位：人)

目前常住地	人口出生时所在地														
	克钦邦	克耶邦	克伦邦	钦邦	实皆省	德林达依省	勃固省	马圭省	曼德勒省	孟邦	若开邦	仰光省	掸邦	伊洛瓦底省	内比都联邦区
克钦邦	**1 140 581**	551	1 212	2 930	91 406	837	10 794	19 795	37 582	3 529	10 933	12 020	33 037	10 173	2 463
克耶邦	381	**232 126**	1 275	144	1 043	134	3 318	3 175	9 590	559	514	2 213	13 645	1 862	834
克伦邦	1 212	779	**1 240 407**	400	2 292	2 676	55 587	6 111	6 376	73 635	3 586	21 780	3 358	20 423	1 570
钦邦	477	60	143	**456 788**	3 271	58	419	2 076	758	176	3 451	615	549	518	95
实皆省	20 409	622	1 230	56 532	**4 848 349**	1 038	10 020	47 968	57 283	2 716	2 981	12 709	11 023	8 323	2 359
德林达依省	825	143	2 541	235	1 703	**1 232 236**	18 361	5 243	4 477	24 076	5 638	21 246	1 745	23 599	812
勃固省	3 370	1 354	8 910	990	7 573	2 681	**4 514 511**	38 874	32 474	16 337	8 695	53 977	9 204	45 543	10 093
马圭省	3 158	474	681	6 485	12 778	937	18 851	**3 690 132**	23 945	2 222	3 266	13 718	5 139	9 690	2 936
曼德勒省	26 801	2 215	2 755	3 588	209 217	2 730	38 873	128 487	**5 249 298**	9 952	7 030	50 054	81 253	26 175	15 285
孟邦	1 341	320	19 926	331	2 363	6 723	52 142	5 847	7 578	**1 778 201**	3 335	27 041	3 155	33 149	1 288
若开邦	1 179	206	552	2 038	1 341	830	5 140	3 896	2 699	1 576	**1 993 649**	7 729	1 632	10 619	453
仰光省	21 557	3 965	19 456	13 566	70 879	36 516	372 068	199 483	176 615	133 376	128 623	**4 868 845**	65 883	784 919	21 737
掸邦	13 906	9 852	2 572	2 974	36 897	1 497	33 270	55 375	159 757	6 940	7 775	31 369	**5 066 811**	23 496	13 069
伊洛瓦底省	3 025	402	1 790	645	4 403	2 127	25 190	13 273	8 632	4 725	10 851	43 957	6 003	**5 939 688**	1 318
内比都联邦区	2 598	946	1 416	908	9 297	1 393	36 337	34 457	50 080	4 780	4 098	50 631	8 839	19 972	**841 677**

资料来源：Department of Population, Ministry of Labour, Immigration and Population, with technical assistance from UNFPA. 2016. The 2014 Myanmar Population and Housing Census, Census Report Volume 4-D: Thematic Report on Migration and Urbanization.

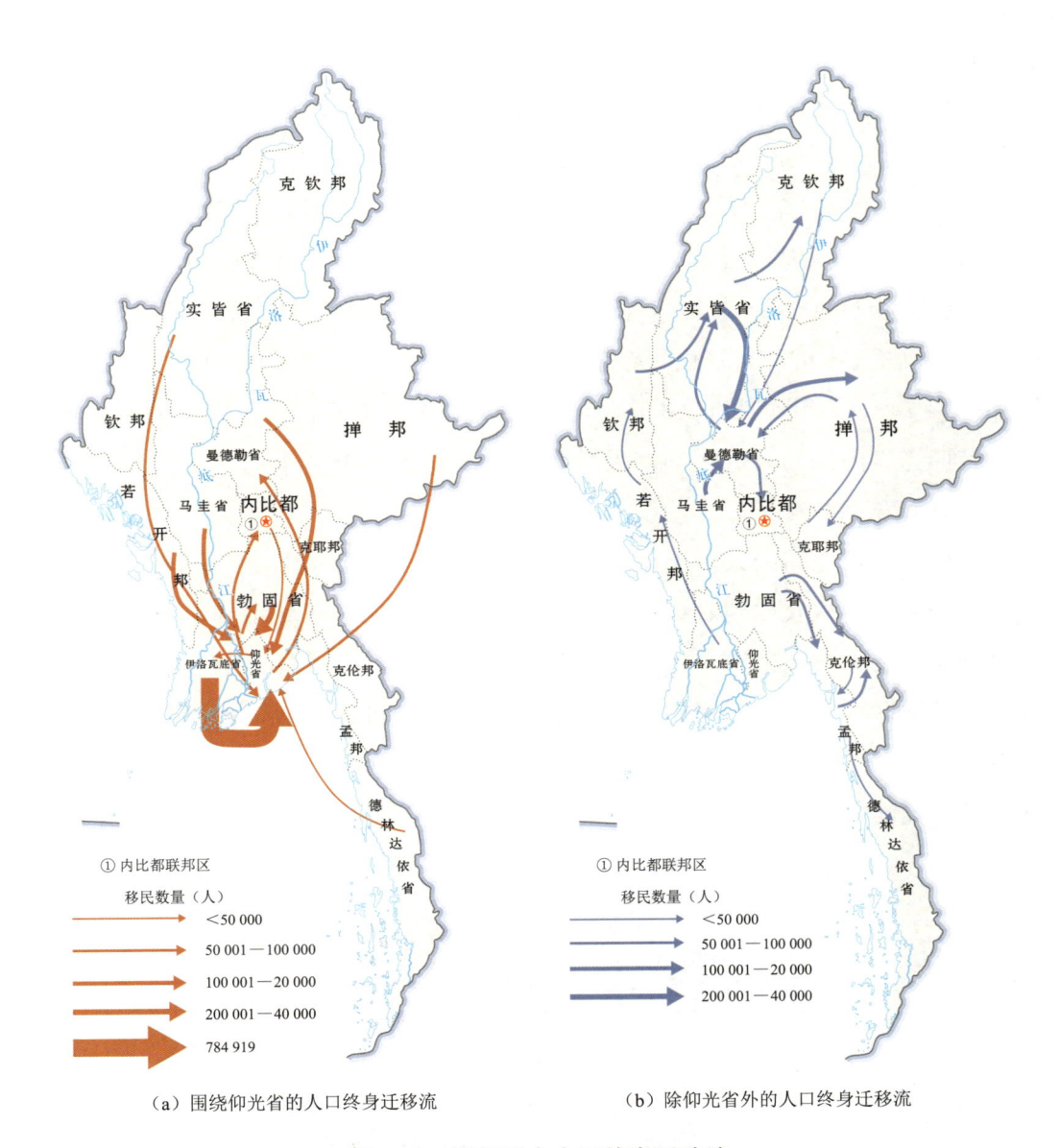

(a) 围绕仰光省的人口终身迁移流　　　　　　(b) 除仰光省外的人口终身迁移流

图 4-20　缅甸国内人口终身迁移流

资料来源：Department of Population, Ministry of Labour, Immigration and Population, with technical assistance from UNFPA. 2016. The 2014 Myanmar Population and Housing Census, Census Report Volume 4-D: Thematic Report on Migration and Urbanization.

的一些县为仰光省提供了大量的终身移民,其中有超过 10 万人从伊洛瓦底省的马乌宾(Maubin)、兴实达、勃生和壁磅(Pyapon),以及从勃固省的勃固县和沙耶瓦底(Tharrawaddy)迁入。此外,往返曼德勒省的迁移也呈现出类似的趋势,但流动人口数量要少得多。除此之外,缅甸较大的人口终身迁移流是从实皆省到曼德勒省、从曼德勒省到掸邦,以及从马圭省到曼德勒省(图 4-20(b))。从总量看,终身移民总数最多的省份是伊洛瓦底省(1 018 461人)、勃固省(680 370 人)、曼德勒省(577 846 人)和马圭省(564 060 人),而接收移民最多的省份包括仰光省(2 048 643 人)、曼德勒省(604 415 人)、掸邦(398 749 人)和勃固省(240 075 人)。从省份内部迁移看,缅甸最大的人口流动是仰光省内部的人口流动,大量人口从仰光省四个区中的一个迁移到另一个,共有 773 414 人。

农村与城市之间的人口流动有四种类型,即从城市到城市、从城市到农村、从农村到城市和从农村到农村。缅甸人口终身迁移中,从城市到城市的迁移率相对较高,几乎占一半(图 4-21),即前往缅甸两个最大城市的终身移民多来自其他城市地区。农村地区间的人口迁移是第二大人口迁移流,占终身迁移人口总数的近 30%。而农村到城市的迁移率低最低,不到 10%。这可能是受人口普查统计情况的限制,如按人口普查的定义,移民仅包括数据收集时居住在传统

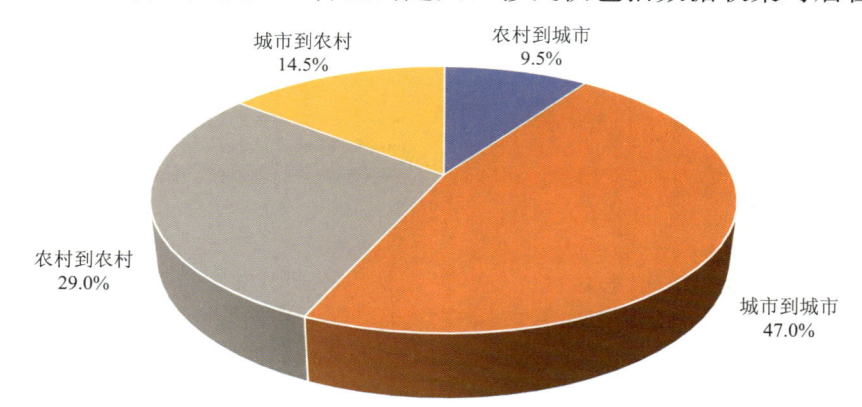

图 4-21 按迁移类型划分的缅甸国内人口终身迁移比例

资料来源:Department of Population,Ministry of Labour,Immigration and Population,with technical assistance from UNFPA. 2016. The 2014 Myanmar Population and Housing Census,Census Report Volume 4-D:Thematic Report on Migration and Urbanization。

（私人）家庭的人员，因而许多居住在仰光或其附近工人宿舍的移民，在本报告中并没有被囊括。

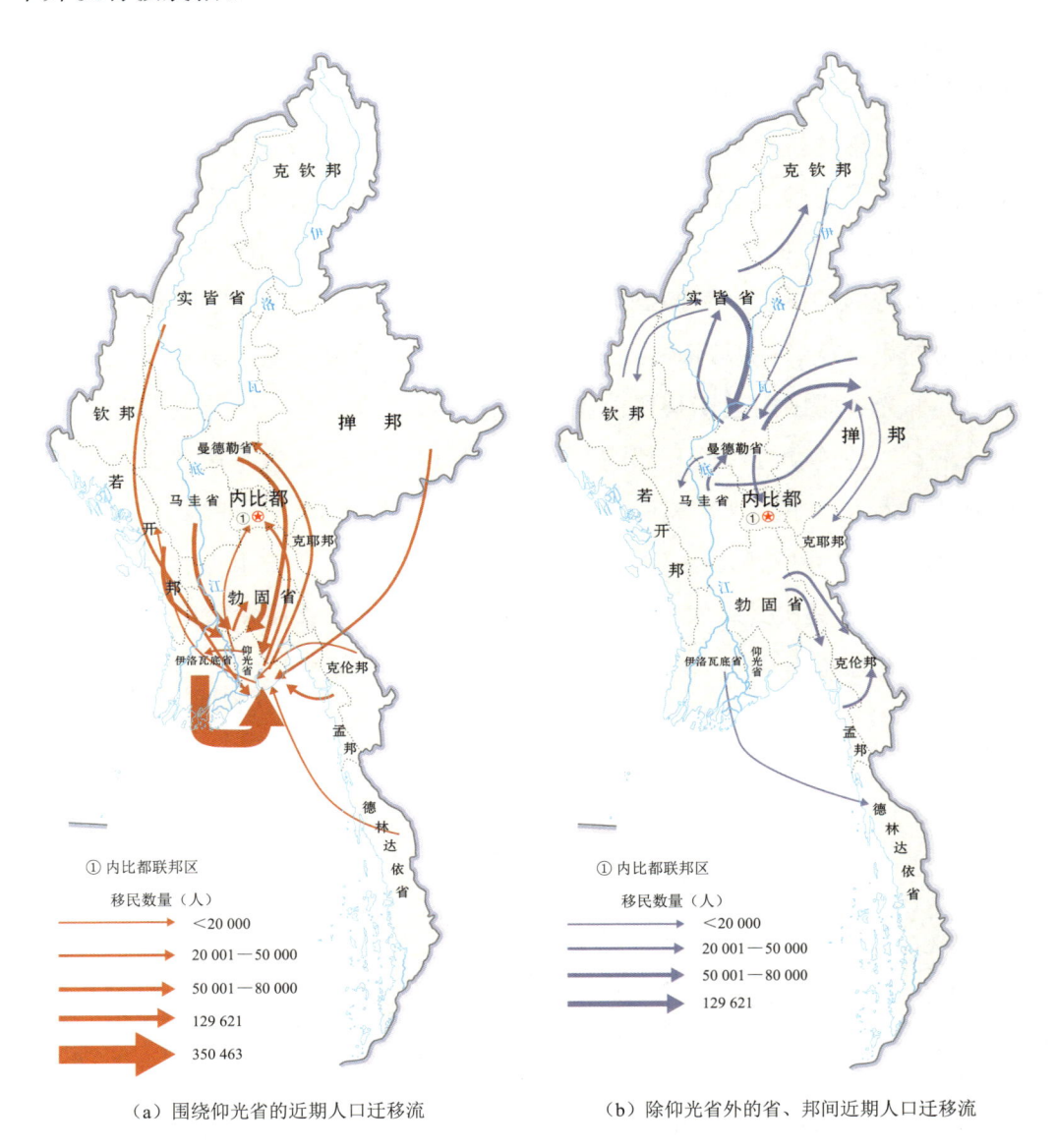

图 4-22　2010—2014 年缅甸国内近期人口迁移流

资料来源：Department of Population，Ministry of Labour，Immigration and Population，with technical assistance from UNFPA. 2016. The 2014 Myanmar Population and Housing Census，Census Report Volume 4-D：Thematic Report on Migration and Urbanization。

（二）2010—2014年国内移民情况

缅甸2014年的人口普查将近期的人口流动定义为在人口普查前五年内从一个乡镇搬到另一个乡镇居住的人，根据其以前常住地（与现常住地不同）收集的信息以及迁移的持续时间来确定。普查数据显示，3 359 342名近期移民占常规家庭总统计人口的7.0%，与9 231 619名终身移民相比，可以看出超过1/3的缅甸国内人口流动发生在2010年至2014年。这一数字指所有的移动人口，包括同一省份内的一个乡镇搬到另一个乡镇的人，以及从一个乡镇搬到另一个不同省份的人。从省一级行政区层面来看，由于仰光省工业区就业机会的巨大吸引力，仰光省是国内近期移民的主要接收地，接收了来自伊洛瓦底省、勃固省、马圭省、曼德勒省和若开邦的大量国内移民。曼德勒省是第二大近期移民接收地，流入人口主要来自邻近的实皆省、马圭省和掸邦（图4-22）。从人口迁移类型来看，2010—2014年，缅甸大多数移民也是从一个城市迁移到另一个城市，占47.6%，其次是从农村到农村的移民，占总国内移民总数的25.9%，而农村向城市的迁移占近期国内迁移总数的比例较小，仅为10.4%（图4-23）。

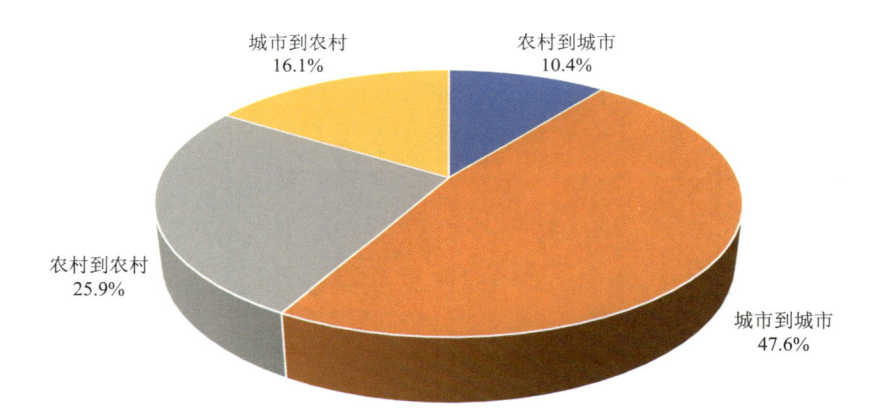

图4-23 2010—2014年按迁移类型划分的缅甸国内移民占比

资料来源：Department of Population, Ministry of Labour, Immigration and Population, with technical assistance from UNFPA. 2016. The 2014 Myanmar Population and Housing Census, Census Report Volume 4-D: Thematic Report on Migration and Urbanization。

具体而言，仰光省北部是人口流动的主要目的地。仰光省在过去10年扩大了其工业基础，自1988年以来的20年里，缅甸工业就业人数几乎增加了2倍，其中大部分人口增长发生在仰光省。2011 年，仰光省的 23 个工业区中大多位于该省北部，这一区域的就业机会在该省的制造业就业机会中所占比例最高。对于就业的女性移民来说，近 50% 选择在仰光省北部从事制造业领域的工作；其次是选择在东仰光区，近 1/4 的女性在该区的制造业领域就业[①]。中央商务区（CBD）位于仰光省西部，由于近年来租金迅速上涨，许多人被迫离开该地区；而仰光省东部的人口较少，租金较低，因此也吸引了一部分人口[②]。从伊洛瓦底省迁往仰光省的移民流在 2010—2014 年更为突出，在这两个地区之间迁移的人口数（350 463 人）占近期移民总数（3 359 342 人）的 10.4%，占从伊洛瓦底省至仰光省终身移民人口数（784 919 人）的 44.6%，近乎一半（图 4-24）。这一数据反映了受 2008 年 5 月纳尔吉斯飓风的影响，越来越多的人离开环境逐渐脆弱的伊洛瓦底江谷地和三角洲地区，试图恢复或重建他们的生活。除此以外，作为相对贫困的农业地区，伊洛瓦底省由于农产品价格低廉等，同样在不断失去人口[③]。

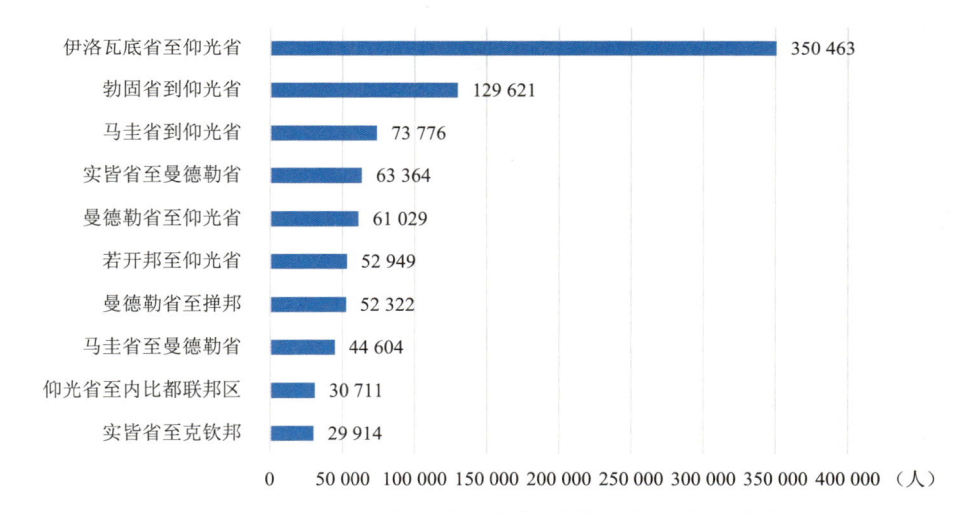

移民流	人数
伊洛瓦底省至仰光省	350 463
勃固省到仰光省	129 621
马圭省到仰光省	73 776
实皆省至曼德勒省	63 364
曼德勒省至仰光省	61 029
若开邦至仰光省	52 949
曼德勒省至掸邦	52 322
马圭省至曼德勒省	44 604
仰光省至内比都联邦区	30 711
实皆省至克钦邦	29 914

图 4-24　2010—2014 年按省、邦划分的缅甸十大国内移民流

资料来源：Department of Population，Ministry of Labour，Immigration and Population，with technical assistance from UNFPA. 2016. The 2014 Myanmar Population and Housing Census，Census Report Volume 4-D：Thematic Report on Migration and Urbanization。

---

① 资料来源：Department of Population，Ministry of Labour，Immigration and Population，with technical assistance from UNFPA. 2016. The 2014 Myanmar Population and Housing Census，Census Report Volume 4-D：Thematic Report on Migration and Urbanization。
② 资料来源：同上。
③ 资料来源：同上。

表 4-10 2010—2014 年缅甸国内的移民人口

(单位：人)

目前常住地	人口出生时所在地														
	克钦邦	克耶邦	克伦邦	钦邦	实皆省	德林达依省	勃固省	马圭省	曼德勒省	孟邦	若开邦	仰光省	掸邦	伊洛瓦底省	内比都联邦区
克钦邦	**1 303 269**	164	369	900	29 914	307	3 121	6 184	12 514	853	5 289	4 606	7 113	3 077	1 024
克耶邦	163	**257 406**	320	44	400	46	1 301	1 102	3 231	106	155	1 118	4 246	721	438
克伦邦	516	284	**1 359 883**	108	936	965	25 182	2 345	2 522	22 820	1 531	10 451	1 396	10 304	915
钦邦	287	22	66	**463 621**	1 829	35	171	944	385	59	1 090	401	331	149	110
实皆省	8 574	255	502	11 043	**5 013 023**	475	2 996	10 770	20 591	755	1 195	5 510	4 252	2 600	1 460
德林达依省	388	73	684	76	599	**1 299 386**	9 153	1 777	1 607	5 457	2 217	8 385	742	11 109	607
勃固省	1 521	528	3 073	360	2 969	1 733	**4 669 769**	10 227	9 064	4 474	2 917	22 845	4 251	15 558	5 030
马圭省	1 630	188	332	1 868	4 816	621	7 082	**3 752 513**	8 209	716	1 322	6 558	2 969	3 299	2 227
曼德勒省	12 145	974	1 181	1 184	63 364	1 504	13 950	44 604	**5 640 518**	2 699	2 930	22 895	26 870	9 914	9 050
孟邦	601	129	5 604	69	884	2 467	20 442	2 144	2 788	**1 877 447**	1 213	11 707	1 331	15 422	854
若开邦	588	111	300	744	680	931	1 780	1 361	1 208	563	**2 017 605**	3 777	849	2 947	425
仰光省	9 127	1 481	6 655	4 746	26 335	13 249	129 621	73 776	61 029	29 541	52 949	**6 117 208**	24 774	350 463	17 492
掸邦	5 744	3 092	976	783	14 050	841	12 893	21 058	52 322	1 985	2 955	13 351	**5 329 395**	8 442	6 286
伊洛瓦底省	1 160	207	923	195	1 467	1 623	7 350	3 461	2 858	1 623	2 918	20 221	2 635	**6 018 176**	1 188
内比都联邦区	1 891	450	1 011	375	4 808	1 057	16 758	14 940	20 352	1 647	2 257	30 711	5 810	8 601	**956 674**

资料来源：Department of Population, Ministry of Labour, Immigration and Population, with technical assistance from UNFPA. 2016. The 2014 Myanmar Population and Housing Census, Census Report Volume 4-D: Thematic Report on Migration and Urbanization。

在 2014 年人口普查前的五年间,与泰国和中国接壤的各省、邦也接收了大量的国内移民。国家间的贸易往来为这些社区提供了经济活力,吸引了来自缅甸其他地区的移民,同时产生了一定的国际移民。此外,还有大量人口从曼德勒省和马圭省流入掸邦,从勃固省和孟邦流入克伦邦,从实皆省流入克钦邦。这些流出的人口主要被采矿和林业部门的工作吸引,并可以从国际贸易提供的经济机会中获益。同时,在仰光省以外也建立了多个工业区,其中曼德勒省有 4 个,伊洛瓦底省有 3 个,勃固省和马圭省各有 2 个,孟邦、实皆省、掸邦和德林达依省各有 1 个。这些工业区的建设不仅吸引了本地与外国投资,同样吸引了工人移民的流入。

(三) 2010—2014 年国内净迁移率与迁移模式

通过计算缅甸国内在 2010—2014 年的人口净迁移率,判断不同地区通过内部迁移获得或失去人口的程度。迁入人口数量高于迁出人口数量的地区,其净迁移率为正;而迁出人口数量高于迁入人口数量的地区,其净移民率则为负数。普查数据显示,缅甸西部地区的人口普遍因移民而减少,东部地区的人口普遍增加,大量人口继续从全国大部分地区向仰光省流动(图 4-25)。除了仰光外,曼德勒和内比都等大城市也是移民的主要净接收地。不过这些大城市并非吸引移民的唯一地方,边境地区提供的经济机会同样吸引了大量的移民,例如人口流入克伦邦的渺瓦底、掸邦的大其力、克耶邦的包拉克(Bawlake)等地。仰光省的近期净移民率最高(93.0%),而内比都联邦区(59.9%)和克伦邦(43.1%)的近期移民人数也大大多于移出者。伊洛瓦底省(-65.0%)、马圭省(-40.2%)和勃固省(-34.9%)近年来因移民而流失的人口最多(图 4-26)。

从性别结构看,在 2014 年人口普查报告的 3 359 342 名新移民中,53% 为女性,47% 为男性。男女移民的年龄特征相似,其中 20—24 岁年龄段的移民人数最多,随着年龄的增长移民人数也逐渐减少。在近期人口迁移中,男性移民的主要原因是接受或寻找新的就业机会,这一部分移民占男性移民的 55.8%,第二大移民原因是与他们的其他家庭成员团聚,占 27.8%。对女性移民而言,跟随家人是近五年移民的最主要原因,选择该原因者占女性移民总数的 44.5%,其次是寻找工作机会,占 32.4%。与婚姻有关的原因在男性和女性移民迁移因素中都排在第三位,分别有 5.7% 的近期男性移民和 11.1% 的近期女性移民将其作为迁移到另一个省份的主要原因。从男性和女性移民的就业特点来看,男性移民主要选择在建筑、采矿、运输和农业、林业、渔业领域从事或寻求半技术性的工作;女性移民则更有可能在制造业、公共管理部门、酒店业

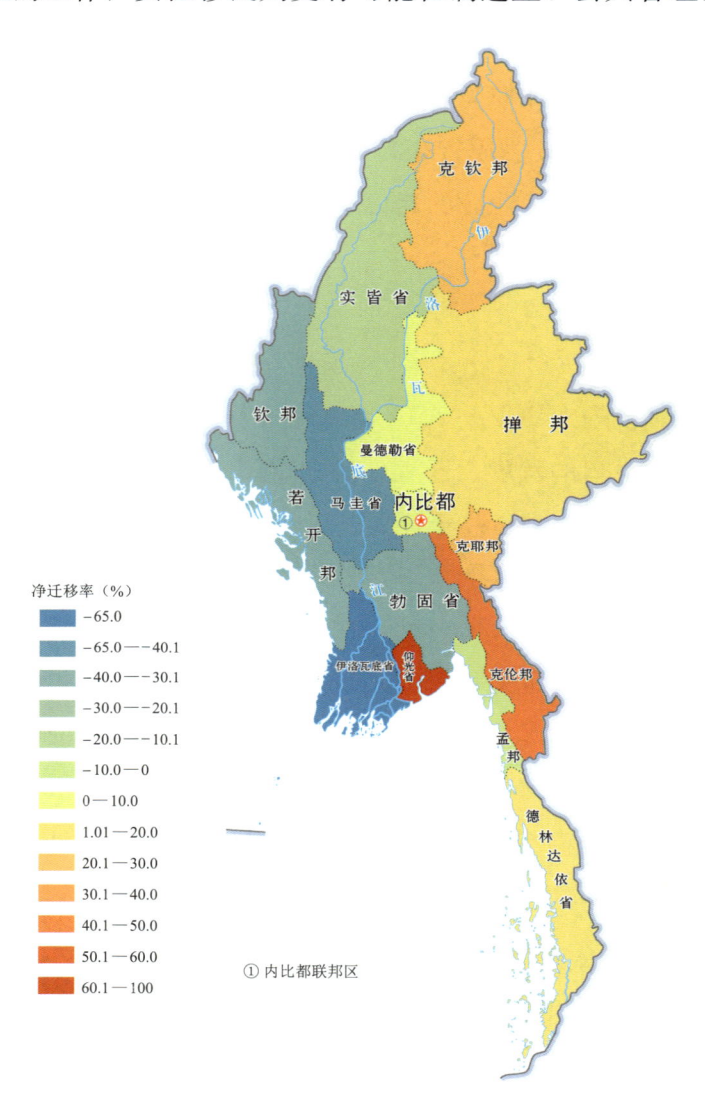

图 4-25 2010—2014 年缅甸国内人口净迁移率的空间分布

资料来源:Department of Population,Ministry of Labour,Immigration and Population,with technical assistance from UNFPA. 2016. The 2014 Myanmar Population and Housing Census, Census Report Volume 4-D:Thematic Report on Migration and Urbanization。

或批发和零售业的文秘、行政或生产线岗位上寻求机会①。

从地区分布看,大多数地区的男性和女性近期净迁移率相似,但仍有一些细微的差别。在克钦邦与德林达依省,男性和女性的净迁移率分别相差约 16 和 10 个百分点,这表明这些地区的男性人口和女性人口的数量可能越来越不平衡。2014 年人口普查报告的数据显示,缅甸的 80 个县区中有 10 个区的男女净迁移率相差超过 10 个百分点。例如,在西仰光,尽管该地区男性和女性的数量都在增加,但女性的增加速率远远高于男性;位于曼德勒省的敏建(Myingyan)和良乌(Nyaungu),因为男性人口的净移出率远高于女性而使这些地区有更多的女性②。不过也有一些地区正在拥有更多的男性人口,例如,在克钦邦的莫宁（Mohnyin）、德林达依省的土瓦和克耶邦的包拉克,男性移民的净

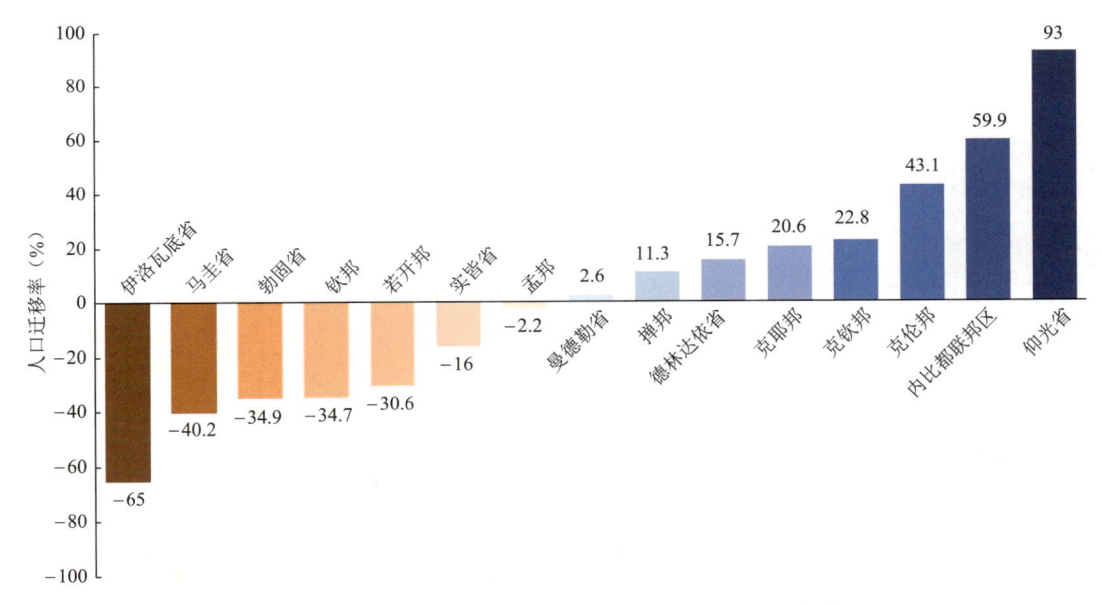

图 4-26　2010—2014 年缅甸国内的人口净迁移率

资料来源：Department of Population, Ministry of Labour, Immigration and Population, with technical assistance from UNFPA. 2016. The 2014 Myanmar Population and Housing Census, Census Report Volume 4-D: Thematic Report on Migration and Urbanization。

---

① 资料来源：Department of Population, Ministry of Labour, Immigration and Population, with technical assistance from UNFPA. 2016. The 2014 Myanmar Population and Housing Census, Census Report Volume 4-D: Thematic Report on Migration and Urbanization。

② 资料来源：同上。

增长率远远超过了女性的净增长率；而在钦邦的葡萄县（Putao）则是因为男性人口的流失速度比女性的慢，使得男性人口的比例提高[①]。从国家层面看，人口的男女性别比例问题与地区的教育、就业、计划生育和住房等领域的政策制定密切相关。

二、国际人口流动与难民

（一）居住在缅甸境外的人口情况

缅甸2014年的人口普查显示，缅甸约有4%的人口，即202万人被统计为居住在国外。这个数字很可能低于实际居住在缅甸境外的人数，部分原因是人口普查数据收集的方法会导致误差，也因为一些户主可能不愿意提供无证移民的详细信息。在200余万移民人口中，约有140万人居住在泰国，30.4万人居住在马来西亚，而居住在新加坡、中国、日本、韩国、印度、美国及其他国家的移民共有约30万人（图4-27）。普查数据表明，大量处于工作年龄的人，特别是男性，正在离开缅甸到海外寻找工作，而最受欢迎的目的地是泰国和马来西亚；这些数字也代表着大量劳动力的流失，对缅甸的经济增长产生隐患。

联合国亚洲及太平洋经济社会委员会（United Nations Economic and Social Commission for Asia and the Pacific，UNESCAP）统计了其净移民估计数，即国际移民存量减去移民存量除以人口，统计显示，缅甸在2000—2010年出现了向外的净移民，净移民率为负数；在2000—2005年及2005—2010年，缅甸的净移民率分别为－5.6%及－5.1%。根据人口普查报告，超过87%的移民是在2004年之后离开缅甸的，其中近68%的移民是在2010年或之后迁出的。然而这一数据受普查工作的局限性影响，离开缅甸的时间越早，移民被遗漏统计的可能性越大，且较早出国的人之中有较高比例可能已经回国。

从人口性别结构看，向缅甸境外的移民人口以男性为主，移民在接收国选

---

① 资料来源：Department of Population, Ministry of Labour, Immigration and Population, with technical assistance from UNFPA. 2016. The 2014 Myanmar Population and Housing Census, Census Report Volume 4-D: Thematic Report on Migration and Urbanization.

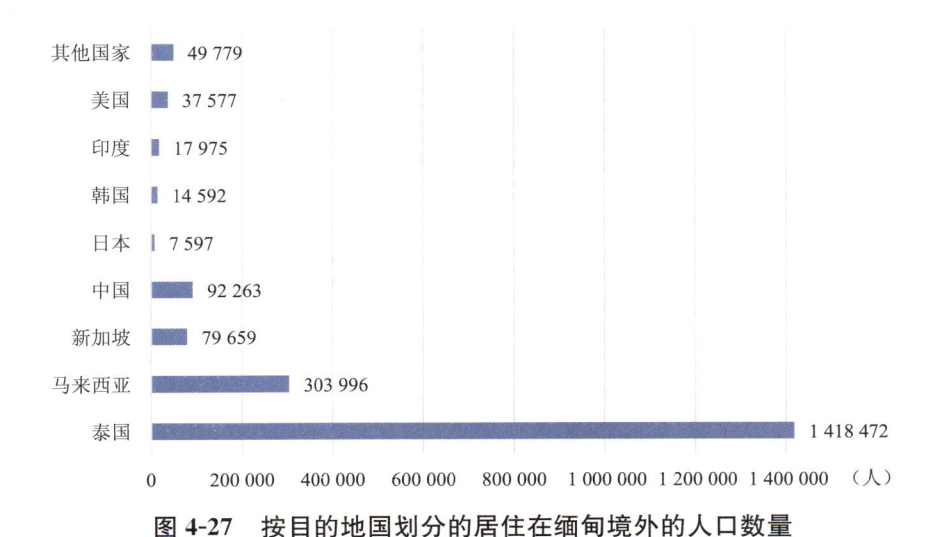

图中数据:
- 其他国家 49 779
- 美国 37 577
- 印度 17 975
- 韩国 14 592
- 日本 7 597
- 中国 92 263
- 新加坡 79 659
- 马来西亚 303 996
- 泰国 1 418 472

图 4-27　按目的地国划分的居住在缅甸境外的人口数量

资料来源:Department of Population, Ministry of Labour, Immigration and Population, with technical assistance from UNFPA. 2016. The 2014 Myanmar Population and Housing Census, Census Report Volume 4-D: Thematic Report on Migration and Urbanization。

择上存在性别差异。例如,移居韩国的总人数相对较少,但移居韩国者男性远多于女性;同样,移民到马来西亚的男性也远远多于女性,其原因主要在于当地的劳动力市场更加吸引男性,而女性移民在那里可能缺乏工作机会。尽管移民到泰国的缅甸人口仍是以男性为主,但与移居其他目的地国家相比,移居泰国的男女比例更为接近。此外,由于新加坡就业的家庭佣工领域和教育部门的发展,缅甸移居新加坡者表现为女性多于男性。从年龄结构看,男性与女性移民的年龄模式差异不大。在儿童移民人口中,移居至泰国和印度者比移居至其他目的地的人数多;相比而言,移居韩国的受抚养人口(包括儿童和老人)的比例最小。大多数移民在 30 岁之前离开缅甸;前往泰国和中国的移民主要在 15 岁至 24 岁,而前往韩国、日本、马来西亚和新加坡的移民主要在 20 岁至 29 岁。对于移居泰国与中国者,他们大多与两国边境的国民联系密切,与移民到更远的国家相比,这种形式的人口流动通常风险较小,成本也较低。

表 4-11 居住在缅甸境外的人口情况

(单位：人)

性别	移民时间	泰国	马来西亚	新加坡	中国	日本	韩国	印度	美国	其他	合计
总人口	2010—2014年	957 882 (67.5%)	212 751 (70.0%)	52 733 (66.2%)	75 857 (82.2%)	3 959 (52.1%)	12 881 (88.3%)	10 474 (58.3%)	9 991 (26.6%)	29 765 (59.8%)	1 366 293 (67.6%)
	2005—2009年	271 386 (19.1%)	67 460 (22.2%)	18 170 (22.8%)	8 358 (9.1%)	1 830 (24.1%)	1 005 (6.9%)	3 540 (19.7%)	15 002 (39.9%)	9 718 (19.5%)	396 469 (19.6%)
	2000—2004年	128 664 (9.1%)	15 627 (5.1%)	4 955 (6.2%)	3 975 (4.3%)	707 (9.3%)	336 (2.3%)	1 972 (11.0%)	7 306 (19.4%)	5 205 (10.5%)	168 747 (8.3%)
	2000年之前	43 542 (3.1%)	4 422 (1.5%)	2 851 (3.6%)	2 661 (2.9%)	968 (12.7%)	182 (1.2%)	1 619 (9.0%)	4 393 (11.7%)	4 163 (8.4%)	64 801 (3.2%)
	未说明	16 998 (1.2%)	3 736 (1.2%)	950 (1.2%)	1 412 (1.5%)	133 (1.8%)	188 (1.3%)	370 (2.1%)	885 (2.4%)	928 (1.9%)	25 600 (1.3%)
	总计	1 418 472	303 996	79 659	92 263	7 597	14 592	17 975	37 577	49 779	2 021 910
男性	2010—2014年	556 306 (68.4%)	169 759 (69.1%)	23 551 (60.3%)	46 581 (87.7%)	2 281 (52.9%)	12 561 (89.0%)	6 558 (60.1%)	5 298 (24.2%)	19 789 (63.6%)	842 684 (68.3%)
	2005—2009年	150 508 (18.5%)	56 091 (22.8%)	9 985 (25.6%)	3 203 (6.0%)	943 (21.9%)	914 (6.5%)	2 025 (18.5%)	8 499 (38.7%)	5 135 (16.5%)	237 303 (19.2%)
	2000—2004年	70 975 (8.7%)	13 393 (5.4%)	3 049 (7.8%)	1 545 (2.9%)	402 (9.3%)	307 (2.2%)	1 147 (10.5%)	4 913 (22.4%)	3 069 (9.9%)	98 800 (8.0%)
	2000年之前	25 633 (3.2%)	3 765 (1.5%)	1 993 (5.1%)	995 (1.9%)	610 (14.1%)	160 (1.1%)	962 (8.8%)	2 765 (12.6%)	2 560 (8.2%)	39 443 (3.2%)
	未说明	9 376 (1.2%)	2 764 (1.1%)	500 (1.3%)	802 (1.5%)	78 (1.8%)	176 (1.2%)	225 (2.1%)	462 (2.1%)	555 (1.8%)	14 938 (1.2%)
	总计	812 798	245 772	39 078	53 126	4 314	14 118	10 917	21 937	31 108	1 233 168

续表

性别	移民时间	泰国	马来西亚	新加坡	中国	日本	韩国	印度	美国	其他	合计
	2010—2014年	401 576 (66.3%)	42 992 (73.8%)	29 182 (71.9%)	29 276 (74.8%)	1 678 (51.1%)	320 (67.5%)	3 916 (55.5%)	4 693 (30.0%)	9 976 (53.4%)	523 609 (66.4%)
	2005—2009年	120 878 (20.0%)	11 369 (19.5%)	8 185 (20.2%)	5 155 (13.2%)	887 (27.0%)	91 (19.2%)	1 515 (21.5%)	6 503 (41.6%)	4 583 (24.5%)	159 166 (20.2%)
	2000—2004年	57 689 (9.5%)	2 234 (3.8%)	1 906 (4.7%)	2 430 (6.2%)	305 (9.3%)	29 (6.1%)	825 (11.7%)	2 393 (15.3%)	2 136 (11.4%)	69 947 (8.9%)
女性	2000年之前	17 909 (3.0%)	657 (1.1%)	858 (2.1%)	1 666 (4.3%)	358 (10.9%)	22 (4.6%)	657 (9.3%)	1 628 (10.4%)	1 603 (8.6%)	25 358 (3.2%)
	未说明	7 622 (1.3%)	972 (1.7%)	450 (1.1%)	610 (1.6%)	55 (1.7%)	12 (2.5%)	145 (2.1%)	423 (2.7%)	373 (2.0%)	10 662 (1.4%)
	总计	605 674	58 224	40 581	39 137	3 283	474	7 058	15 640	18 671	788 742

注：百分比（%）计算居住在该国的缅甸境外移民数占该时间段内缅甸境外移民总数的比例。

资料来源：Department of Population, Ministry of Labour, Immigration and Population, with technical assistance from UNFPA. 2016. The 2014 Myanmar Population and Housing Census, Census Report Volume 4-D: Thematic Report on Migration and Urbanization。

图 4-28 显示，在 2010—2014 年，移民比例较高的地区集中在缅甸南部与泰国交界的省、邦。此外，还有大量移民从勃固省、孟邦、克伦邦和德林达依省等地区前往国外。孟邦、克伦邦和德林达依省是许多移居泰国的移民的来源地，而钦邦、仰光省、实皆省及曼德勒省的绝大多数移民则是前往马来西亚，

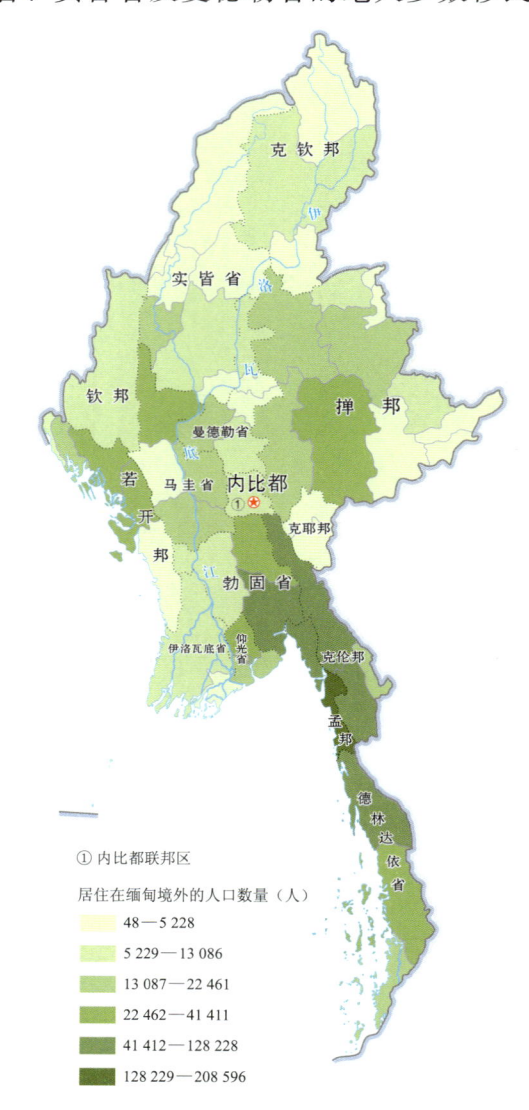

图 4-28　2010—2014 年按省份划分的居住在缅甸境外的人口数量

资料来源：Department of Population, Ministry of Labour, Immigration and Population, with technical assistance from UNFPA. 2016. The 2014 Myanmar Population and Housing Census, Census Report Volume 4-D: Thematic Report on Migration and Urbanization。

仰光省和伊洛瓦底省是移居新加坡者的主要来源地（图4-29）。在克钦邦和掸邦，人口移居泰国的比例最高，移居中国者居第二高位。

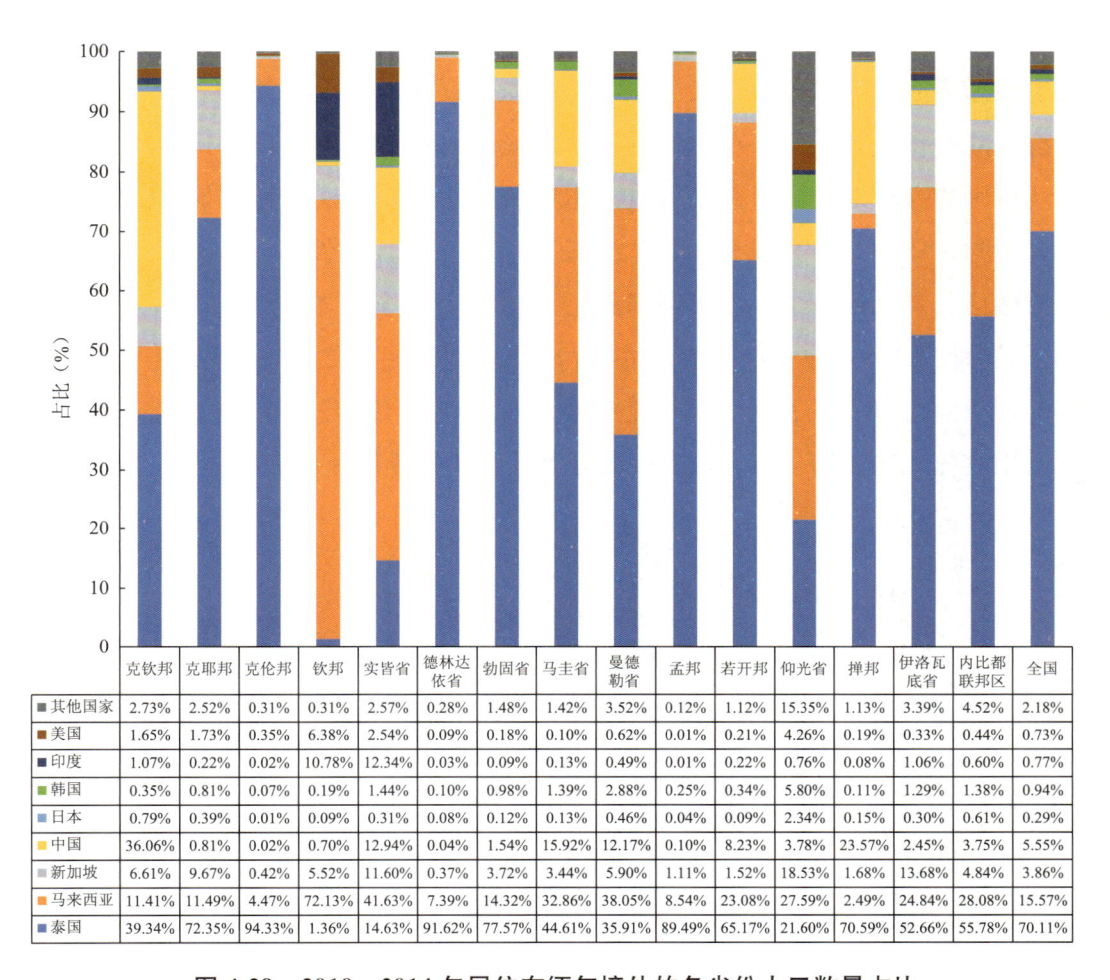

	克钦邦	克耶邦	克伦邦	钦邦	实皆省	德林达依省	勃固省	马圭省	曼德勒省	孟邦	若开邦	仰光省	掸邦	伊洛瓦底省	内比都联邦区	全国
其他国家	2.73%	2.52%	0.31%	0.31%	2.57%	0.28%	1.48%	1.42%	3.52%	0.12%	1.12%	15.35%	1.13%	3.39%	4.52%	2.18%
美国	1.65%	1.73%	0.35%	6.38%	2.54%	0.09%	0.18%	0.10%	0.62%	0.01%	0.21%	4.26%	0.19%	0.33%	0.44%	0.73%
印度	1.07%	0.22%	0.02%	10.78%	12.34%	0.03%	0.09%	0.13%	0.49%	0.01%	0.22%	0.76%	0.08%	1.06%	0.60%	0.77%
韩国	0.35%	0.81%	0.07%	0.19%	1.44%	0.10%	0.98%	1.39%	2.88%	0.25%	0.34%	5.80%	0.11%	1.29%	1.38%	0.94%
日本	0.79%	0.39%	0.01%	0.09%	0.31%	0.08%	0.12%	0.13%	0.46%	0.04%	0.09%	2.34%	0.15%	0.30%	0.61%	0.29%
中国	36.06%	0.81%	0.02%	0.70%	12.94%	0.04%	1.54%	15.92%	12.17%	0.10%	8.23%	3.78%	23.57%	2.45%	3.75%	5.55%
新加坡	6.61%	9.67%	0.42%	5.52%	11.60%	0.37%	3.72%	3.44%	5.90%	1.11%	1.52%	18.53%	1.68%	13.68%	4.84%	3.86%
马来西亚	11.41%	11.49%	4.47%	72.13%	41.63%	7.39%	14.32%	32.86%	38.05%	8.54%	23.08%	27.59%	2.49%	24.84%	28.08%	15.57%
泰国	39.34%	72.35%	94.33%	1.36%	14.63%	91.62%	77.57%	44.61%	35.91%	89.49%	65.17%	21.60%	70.59%	52.66%	55.78%	70.11%

图4-29 2010—2014年居住在缅甸境外的各省份人口数量占比

资料来源：Department of Population, Ministry of Labour, Immigration and Population, with technical assistance from UNFPA. 2016. The 2014 Myanmar Population and Housing Census, Census Report Volume 4-D: Thematic Report on Migration and Urbanization。

从图4-30可以看出，男性移民数量整体多于女性，且移民目的地国家多集中于韩国、马来西亚、泰国及印度，而只有移民新加坡的女性数量多于男性。人口普查专题报告中指出，缅甸女性移民的原籍地比男性移民的原籍地在地理上更为集中。在克伦邦、孟邦和德林达依省的南部地区（尤其是泰国边境地区），以及钦邦和若开邦的西部地区，男性移民的比例明显较高，而女性移民来自的范围则较小，大多数女性移民来自缅甸中南部的少数几个地区；在克耶邦和马圭省等地，男性与女性移民的比例较为平衡。这种空间上的聚集体现了社会网络在促进人口流动方面的重要性，随着一个地区移民数量的增加，移民网络也逐渐形成。同时，跨境社会关系的建立也促进了社会网络的发展，包括可能有共同的种族和语言。在缅甸近五年的境外移民中，十几岁和二十几岁时是男性移民的高峰期，此后移民人数以指数级稳步下降。而女性移民的年龄结构略有不同，15—24岁的女性移民人数最多，24岁以上女性移民人数的下降速度比男性移民要低得多。从接收国来看，移居泰国者主要为年轻的成年人，超过77%的男性和76%的女性在15—34岁离开缅甸；相比之下，超过15%的移居印度者和大约12%的移居美国者是在15岁之前离开缅甸的。尽管普查报告没有移民职业统计的数据，但有相当一部分女性移居国外以家庭佣工为业。

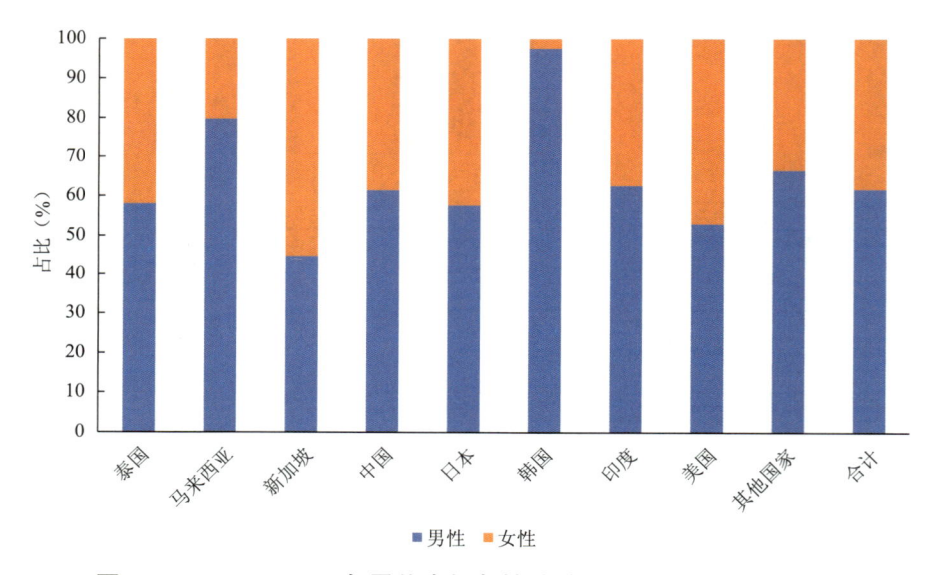

图 4-30　2010—2014年居住在缅甸境外的男、女性人口数量占比

资料来源：Department of Population, Ministry of Labour, Immigration and Population, with technical assistance from UNFPA. 2016. The 2014 Myanmar Population and Housing Census, Census Report Volume 4-D: Thematic Report on Migration and Urbanization。

（二）在缅甸居住的外国人口情况

外国人移居缅甸的历史比较久远，在英国殖民时期之前，自19世纪中叶就开始有大量中国人移居缅甸。1824年起英国开始入侵缅甸，在其殖民时期，英国当局在缅推行大米出口政策，在水稻种植的需求下，鼓励中国人和印度人移民缅甸，以满足下缅甸对劳动力的需求（Moore，2007）。自1942年日本入侵缅甸并取代了英国的统治，此后缅甸的外来移民以印度人、中国人和日本人为主，而由于日本殖民者的残酷统治，大量印度人和中国人撤离缅甸，整体国际移民数量下降（Hall，1960）。1945年日本战败后，英国殖民者卷土重来，虽然有印度和中国侨民回迁，但在缅甸人民的舆论压力下，英国殖民当局在1947年颁布了一项移民紧急条例，由此开始对外来移民进行一定的限制（Collis，2015）。之后，随着缅甸的独立，缅甸的移民政策不断细化，其中在1962年至1988年奈温军政府统治时期，由于当局实行的国有化政策，把大量外侨所有企业收归国有，一批中国人与印度人受到经济、政治地位的打击而离开，缅甸的外来移民在数量上急剧减少（Collis，2015）。1988年9月，以国防部部长苏貌为首的军队接管政权，成立"国家恢复法律与秩序委员会"，并推行了一系列吸引外资的政策，给外来人口提供了良好和充足的经济机遇，对外来移民形成了"拉力"[①]。

21世纪之后，缅甸的移民政策有所起伏，尽管在昂山素季执政时期缅甸对外开放的改革带来了海外资本的注入，对外来移民流入有一定的吸引力，但由于持续不断并复杂化的国内武装冲突，缅甸整体居住的外国人数仍持续下降[②]。根据图4-31，2001年至2002年，在缅甸居住的外国人口有显著的增长，但之后持续下降，从2002年的89 841人下降到2020年的47 648人。从外来移民的来源国看（图4-32），印度人的比例始终最高，中国人占比次之但与印度相近，两国的移民人口数远远高于其他国家，巴基斯坦人位居第三且其比例明显高于第四位的孟加拉国人。从具体数值也可看出，在缅甸居住的外国人口都呈现不同程度的下降。

（三）缅甸难民人口数

缅甸的难民问题由来已久，长期的军事动荡使得缅甸各地区持续发生针对

---

① 资料来源：State Law and Order Restoration Council. 1989. Pyithu Hluttaw Election Law。
② 资料来源：The Irrawaddy. 2020. Tens of Thousands Take to Streets in Myanmar to Protest Military Regime，https://www.irrawaddy.com/news/burma/tens-thousands-take-streets-myanmar-protest-military-regime.html。

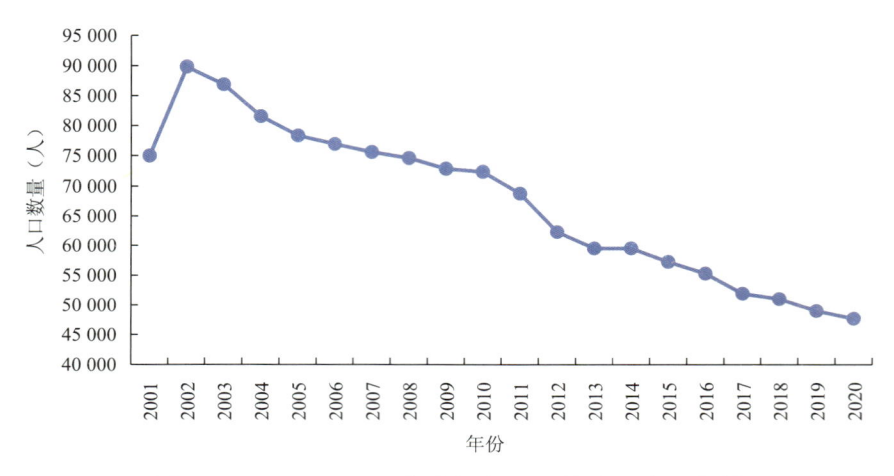

图 4-31　2001—2020 年在缅甸居住的外国人口数量

注：在缅甸居住的外国人口数指按《外国人登记法》登记的合法人口。

资料来源：Department of Immigration，MMSIS。

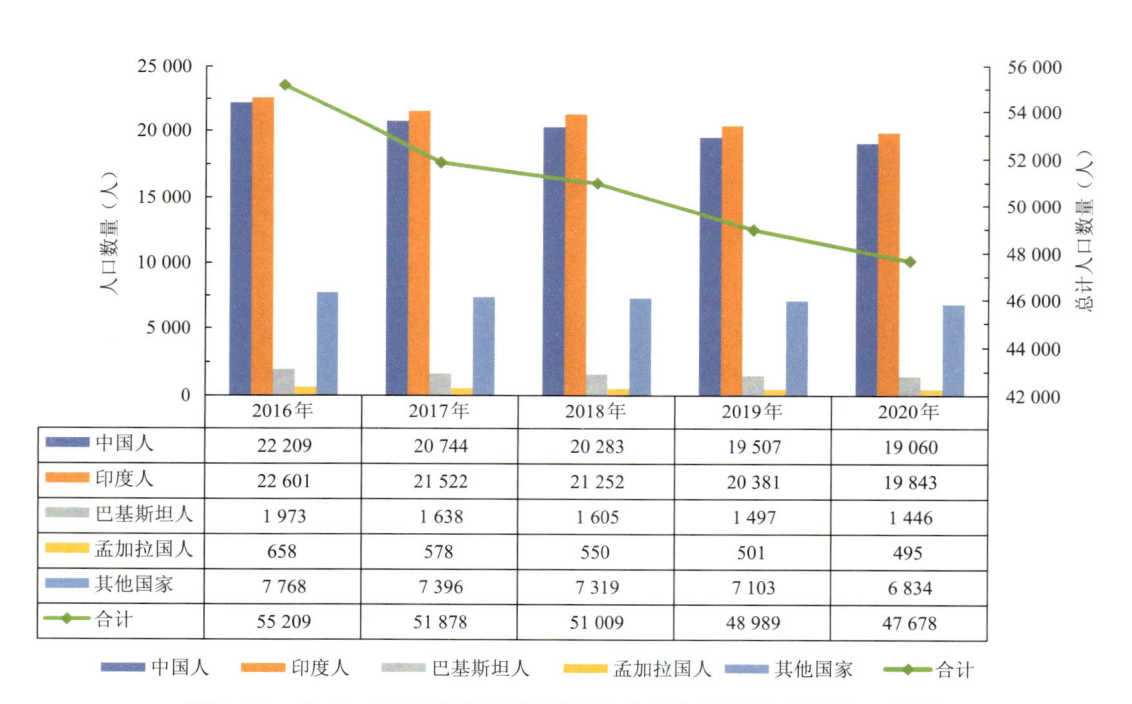

	2016年	2017年	2018年	2019年	2020年
中国人	22 209	20 744	20 283	19 507	19 060
印度人	22 601	21 522	21 252	20 381	19 843
巴基斯坦人	1 973	1 638	1 605	1 497	1 446
孟加拉国人	658	578	550	501	495
其他国家	7 768	7 396	7 319	7 103	6 834
合计	55 209	51 878	51 009	48 989	47 678

图 4-32　2016—2020 年按国别划分的在缅甸居住的外国人口数量

资料来源：Department of Immigration，Ministry of Planning and Finance。

平民的暴力事件，缅甸军方和各民族武装在边境地区持续发生军事冲突，迫使缅甸人逃离到境内其他地区或逃往国外，如中国、泰国、印度等。2021年年初，缅甸军方推翻了昂山素季政府，之后还对反对政变的抗议活动进行了血腥镇压，多个地区爆发了缅军与民族武装之间的战斗[①]。联合国多份报告显示，自2021年2月以来，缅甸邻国开始强制遣返缅甸的难民和寻求庇护者。此外，除了军事原因，罗兴亚人带来的难民问题也始终未决。罗兴亚人是缅孟边境地区的一个跨境穆斯林群体，罗兴亚人问题是因历史和现实的宗教、民族、社会矛盾综合作用而起（杨丹志，2018）。2017年8月，缅甸部队对若开邦北部的罗兴亚人发动了"清除行动"，估计有68.8万名罗兴亚人从缅甸来到孟加拉国的科克斯巴扎尔（Cox's Bāzār）地区，加入近2.5万名先前抵达的罗兴亚难民的行列[②]。直到今天，当时被驱逐或被迫流离失所的大多数罗兴亚人仍困在难民营或境内营地[③]。

根据联合国难民署的定义，难民是指根据1951年《关于难民地位的公约》或1967年《关于难民地位的议定书》、1969年《非洲统一组织关于非洲难民问题某些特定方面的公约》，被难民署法令准予拥有类难民人道主义身份的人及得到临时保护者或寻求庇护者。其中，已申请庇护或难民地位但未收到申请获批决定，或已作为寻求庇护者注册在案的人不包括在内。尽管联合国难民署的这一统计数据不足以展现缅甸全部的难民数量，但通过数据对比可以看出，缅甸的难民人数持续增多，并在2017年之后稳定在高位。根据图4-33，2000年缅甸的难民有近14万人，到2009年增至40余万人，截至2021年，缅甸约有117.7万名难民。难民问题从根本上说是缅甸内部的国家治理问题，受经济和社会发展的深刻影响，但同时对周边国家的地区安全与国际关系产生了一定程度的冲击，影响着地区安全与发展。

---

① 资料来源：Khine Lin Kyaw，P. J. Heiimans. Myanmar Military Takes Power for One Year, Suu Kyi in Detention. https://www.bloomberg.com/news/articles/2021-01-31/myanmar-s-suu-kyi-detained-in-early-morning-raid-reuters-says。
② 资料来源：Human Rights Watch. "罗兴亚危机"，https://www.hrw.org/zh-hans/tag/luoxingyaweiji。
③ 资料来源："罗兴亚人"，联合国新闻，https://news.un.org/zh/tags/luoxingyaren。

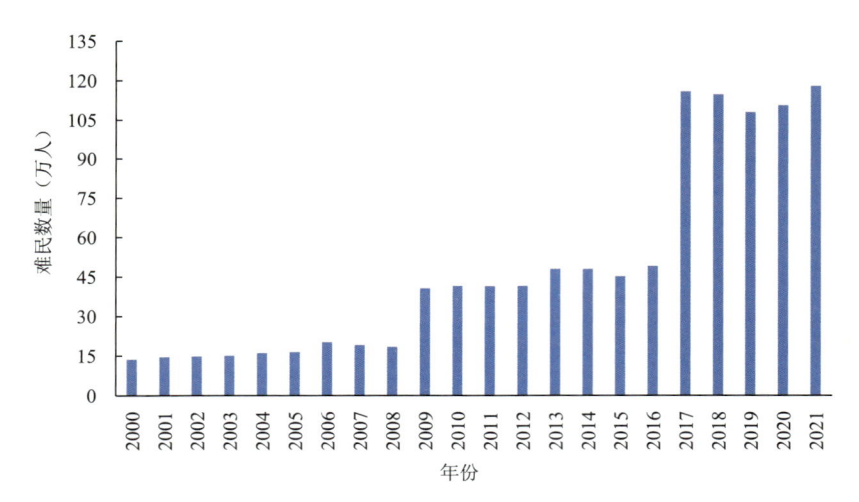

图 4-33　2000—2021 年缅甸的难民数量

资料来源：Department of Immigration, Ministry of Planning and Finance。

参 考 文 献

[1]〔缅〕波巴信著，陈炎译：《缅甸史》，商务印书馆，1965 年。
[2] 贺圣达：《缅甸史》，人民出版社，1992 年。
[3] 贺圣达：《当代缅甸》，四川人民出版社，1993 年。
[4] 李晨阳、孔鹏、杨祥章：《缅甸蓝皮书：缅甸国情报告（2020）》，社会科学文献出版社，2021 年。
[5] 廖亚辉等：《缅甸经济社会地理》，世界图书出版公司，2014 年，第 47—68 页。
[6] 乌小花、郝囡："多民族国家整合视野下的缅甸民族政策"，《黑龙江民族丛刊》，2017 年第 3 期。
[7] 杨丹志："缅甸罗兴亚人问题及中国的应对"，载李向阳：《亚太地区发展报告（2018）："印太"理念能否成为特朗普亚洲政策的基石》，社会科学文献出版社，2018 年。
[8] 钟智翔、尹湘玲、扈琼瑶等：《缅甸概论》，世界图书出版公司，2019 年。
[9] 祝湘辉、孔鹏、杨祥章：《缅甸国情报告（2019）》，社会科学文献出版社，2019 年。
[10] Cameron, E., 2020. The State of Myanmar. *History Today*, Vol. 70, Iss. 4.
[11] Charney, M. W., 1999. *History of Modern Burma*. Cambridge University Press.
[12] Chin-Burmese refugees in India air woes. 2006. http://www.burmanet.org/news/2006/08/04/keralanextcom-chinburmes-refugees-in-india-air-woes/.
[13] Collis, M., 2015. *Trials in Burma*. Faber & Faber.
[14] Danish Trade Union Development Agency（DTDA），2021. Labour Market Profile, Myanmar-2021/2022，https://www.ulandssekretariatet.dk/wp-content/uploads/2021/12/LMP-Myanmar-2021-Final1.pdf.
[15] Feinstein International Center，2011. Developing a Profiling Methodology for Displaced People in Urban Areas Case Study：Mae Sot Thailand，Tufis University，https://fic.tufts.edu/assets/Developing-a-Profiling-Methodology-MaeSol.pdf.

[16] Department of Population, Ministry of Labour, Immigration and Population, 2015. The 2014 Myanmar Population and Housing Census-The Union Report. myanmar. unfpa. org.

[17] Hall, D. G. E., 1960. *Burma* (3rd ed.). Hutchinson University Library, pp. 8-10.

[18] Maharjan, A., T. Myint, 2015. Internal Labour Migration Study in the Dry Zone, Shan State and the Southeast of Myanmar. HELVETAS Swiss Intercooperation Myanmar.

[19] Moore, E. H., 2007. *Early Landscapes of Myanmar*. River Books, p. 236.

[20] Osman, M. N. B., 2017. Understanding Islamophobia in Asia: The Cases of Myanmar and Malaysia. *Islamophobia Studies Journal*, Vol. 4, No. 1.

[21] Sassen, S., 2017. Is Rohingya Persecution Caused by Business Interests Rather Than Religion? *The Guardian*, January 4.

[22] Spoorenberg, T., 2015. Provisional Results of the 2014 Census of Myanmar: The Surprise That Wasn't. *Asian Population Studies*, Vol. 11, No. 1.

[23] United Nations Department of Economic and Social Affairs, Population Division, World Population Prospects 2022: Demographic Indicators by Region, Subregion and Country, Annually for 1950—2100, https://population.un.org/wpp.

第五章　民族与宗教地理

本章将从缅甸民族先民迁徙、民族格局、族际关系，以及缅甸宗教传播和分布格局、宗教关系、宗教政治关系等方面概述缅甸民族和宗教的历史与现状，并分析由民族宗教矛盾带来的武装冲突的历史进程与空间演变。缅甸民族构成复杂，共有135个被政府承认的民族，绝大多数民族的先民从中国迁徙而来。作为主体民族的缅族占总人口的68%，在缅甸政治、经济、文化、教育各个领域起着主导作用，其他的法定少数民族有掸族、克伦族、若开族、孟族、克钦族、钦族和克耶族。几乎所有民族的人民都有宗教信仰，大约87.9%的民众信仰佛教，还有部分人信仰基督教、伊斯兰教、印度教以及万物有灵论等原始宗教。佛教在缅甸的影响最深最广，已经渗透到政治、经济、文化、社会生活等各个方面。缅甸民族和宗教结合在一起导致了缅甸严重的民族宗教冲突，且不断激化升级，产生了数十支少数民族地方武装。这些少数民族地方武装与缅中央政府之间长期发生武装冲突，经历了四个发展阶段后，现今武装冲突在掸邦、克钦邦、实皆省等地最为集中。武装冲突对缅甸边境地区和周边地区的经济发展与边境安全极为不利，关注缅甸民族宗教的历史发展、现代分布和矛盾冲突，对中国边境安全治理有重要意义。

本章第一节主要概述缅甸民族的迁徙与分布，包括各民族先民的迁徙过程、民族崛起对其他民族分布格局的影响、现代民族的分布格局，并从地理环境角度分析了其对族际关系的影响；第二节主要关注缅甸各宗教的历史与现状，包括各宗教的传播及在历史变革中发挥的作用、各宗教群体的空间分布格局、宗教群体间的关系以及宗教冲突和政治变革的相互作用；第三节重点聚焦民族宗教矛盾导致的武装冲突，包括武装冲突的历史进程与空间演变。

第一节 民族的迁徙与分布

一、各民族先民的迁徙

历史上，各族先民发展形成了各自的文化，再经过数个世纪的角逐，民族之间同化、对立或认同，逐渐形成了现今缅甸复杂的民族构成和紧张的族际关系。缅甸各民族一般是在原始社会末期至阶级社会时期由氏族部落转化而来，或由移民集团发展而来的，都经历了漫长的历史发展过程。史学界认为，缅甸几乎所有的民族都是从中国迁入的。除了仅占缅甸人口 0.05% 的讲苗瑶语族的民族为最近一两百年迁入缅甸外，占缅甸人口 99% 以上的古马来语族、孟高棉语族、藏缅语族、壮侗语族的先民，与古代生活在中国西南地区的民族集团有着渊源。这些民族依次进入缅甸，经过融合和分化，逐渐形成当今的民族分布格局。

首先，讲古马来语的民族于公元前 17—前 15 世纪最早进入缅甸。根据缅甸史学家巴信的观点，最先进入缅甸境内的民族是息銮-马来人。他们原本居住在中国云南到越南北部一带，南迁过程中的西路部分自云南沿萨尔温江、湄公河、红河进入了中南半岛。其中沿萨尔温江抵达掸邦高原和伊洛瓦底江流域的部分人口后来被称为息銮-马来人。此后他们仅在缅甸停留三四个世纪便因濮系民族的西移和南迁而再次南下，沿马来半岛进入马来群岛。留在缅甸境内的少数人发展为如今讲古马来语的摩钦族，成为人口仅占缅甸总人口 0.05% 的少数民族之一。

随后，公元前 10 世纪左右，讲孟高棉语的民族迁入缅甸。东南亚稻作文化的先驱约在公元前 2000 年便已南迁至中南半岛，并在湄公河、湄南河流域创造了辉煌的古代文明。随着人口增加和技术进步，他们在新石器时代后期开始扩张。这些濮系孟高棉人中的一部分向西越过多纳山脉，进入了缅甸萨尔温江三角洲地区，成为缅甸古孟人的先民。而一部分云南西南地区的濮人没有大规模迁移，只在局部扩散进入缅甸，成为了佤、德昂、克木等民族的先民（钟智翔，

1998)。

接着，氐羌族群几经辗转，在 7 世纪后迁入缅甸，形成现今占缅甸总人口约 88% 的讲藏缅语的民族。尽管这一语族的民族来源在史学界一直没能达成一致观点，但英国学者戈登·卢斯（Gordon Luce）的观点已形成广泛影响，即认为其起源于中国西北，由中国古代的氐羌族群迁徙后逐渐形成（Luce，1985）。古羌族以游牧为生，各部落最初的居住活动范围大致包括今甘肃黄河至湟水一带、黄河中上游至青海大通河流域一带，以及四川岷江上游地区。"氐人"最早是由于居住在汦水河畔而得名的，大致范围在今河南中西部地区。公元前 8 世纪左右，由于战乱北方氐人已经基本上消失，部分氐人西迁至甘南地区，大致分布范围在岷江上游陇西一带，在占有原先羌人分布区后同化了部分羌人。因此，氐族与羌族有着密切联系，合称氐羌族群。公元前 5—前 3 世纪的战国时期，由于秦国不断强大的军事压迫，氐羌发生大规模南迁，部分氐羌各戎部落被秦国融合，另一部分则开始了更大规模和更远距离的迁徙，这是羌人进入中国西北、西南地区的重要时期。7 世纪时，分布在现今甘青高原和西藏自治区东南部的党项、白狼等氐羌人受到唐王朝和吐蕃势力的双重压力，一部分分化入藏族和汉族，另一部分继续向南迁徙，迁至当时属于南诏领地的云南境内。氐羌南支南部沿着澜沧江-湄公河流域进一步南迁进入缅甸，形成缅甸民族最多、组成也最复杂的藏缅语支各族，占据了缅甸绝大部分人口，包括缅族、克伦族、钦族、克钦族、克耶族、那加族、傈僳族、哈尼族、拉祜族等。

最后，讲壮侗语的民族大约在 10—13 世纪从缅北和中国西南迁向缅甸各地。先秦时期，以云南腾冲为中心，在缅甸北部和中国西南地区活跃着一支滇越民族。到公元前 2 世纪的汉武帝时期，滇越已被认为是一个国家。1 世纪左右，根据东汉史籍记载，"滇越"地域范围内的国家已被改称"掸国"。此时的掸国以缅北为中心，跨中、缅、印三国地域，但其没有军队和文字，没有统一的宗教，可能只是强大的部落联盟，且处于原始社会向阶级社会过渡时期（贺圣达，1992）。6 世纪时，掸国有了较大的发展，10 世纪末掸人已遍及伊洛瓦底江上游和掸邦高原，且建立了勐卯国。1283 年，元军在江新取得胜利，掸人从高原山地迁移并散布于伊洛瓦底江两岸，进入了平原地区。这些古掸人部落发展为掸、老、泰、傣、阿洪等现代民族（钟智翔等，2019）。

二、缅族崛起对各民族分布格局的影响

（一）缅族崛起历程

缅族崛起前，缅甸已分布着数个小国家，这些国家是缅族崛起的最大阻碍。10世纪前，先进入缅甸的藏缅语族人群为骠人。他们建立了东南亚最早的城市之一——毗湿奴城，并以其为中心建立了当时缅甸境内最强大的国家——骠国。除骠国外，还有孟高棉语族的孟人在缅甸南部建立了多个小国，壮侗语族的掸族在北部建立的掸国，藏缅语族若开人在西部阿拉干地区建立的国家，以及一些其他小国。此外，8世纪之后，地处中国云南的南诏国势力向南扩张进入缅甸。802年，吴哥王朝在柬埔寨建立，并成为当时中南半岛最强大的王朝，其政治势力自9世纪末起经历了多次扩张，在10世纪初时，西边已到达缅甸的沙鲁安河（桂光华，1986）。

缅族先民在700年左右分批沿着怒江、伊洛瓦底江进入缅甸。在骠国时期，缅人部落主要分布在以蒲甘为中心的缅甸中部地区，且隶属于骠国。缅人部落所处的伊洛瓦底江、钦敦江等河流交汇处地理环境优越，土地肥沃、物产丰富，他们由于生活环境的变化，且受到骠族和孟族的影响，自9世纪起开始转变为农耕民族。8—9世纪，在缅人逐步发展和壮大的同时，南诏国向南扩张，侵占了缅甸中部骠人建立的国家和南部孟人建立的国家，骠国实力被大大削弱。缅人趁机进入叫栖，并迅速把势力扩展到蒲甘、敏建、敏埠等缅甸中部要地。849年，以频耶为首领的缅人在蒲甘建立了缅人国家。随着10世纪初南诏国的衰落，缅人在中部地区的地位得到巩固，由此开始了缅族崛起的历程。1044年，阿奴律陀王建立了第一个缅族国家——蒲甘。蒲甘王朝建立后，缅族融合了先前的骠族，并逐步完成对缅甸各地区民族政权的整合，实现了缅甸的初步统一。

11—18世纪中期，缅甸经历了四个封建王朝时期，分别为蒲甘王朝时期、分裂时期、东吁王朝时期和贡榜王朝（又称雍籍牙王朝）时期（Aung-Thwin，2013），其中由缅族建立的三个王朝通过军事方式，整合各方民族势力，统一缅甸，逐步实现了缅族崛起。在这期间，缅甸的民族格局也随之发生了深刻的变化。

（二）缅族崛起对其他民族分布格局的影响

1. 缅族控制了南部孟族地区

自缅族出现在缅甸中部以来，缅族和孟族之间就面临着难以调和的矛盾：缅族想占领伊洛瓦底江下游地区，孟族想要据有既是水源地也是产粮区的缅甸中部地区。蒲甘王朝建立初期，领域并不辽阔，孟族仍牢牢掌握着下缅甸地区。1057 年，阿奴律陀率军南下，征服了孟人直通王国，勃固等孟人建立的国家也归附了蒲甘。但蒲甘时期对孟族的控制比较脆弱。阿奴律陀死后，孟族几次发动叛乱。至 13 世纪，蒲甘进入衰落时期，中央集权式微，无法制约地方势力的发展，而后孟人反抗起缅族的统治（贺圣达，1992）。伐丽流于 1281 年在莫塔玛称王，之后控制了勃固，并建立伐丽流王朝（吴格拉，1960）。1349 年，伐丽流王朝的都城从莫塔玛迁至勃固，之后一段时期，伐丽流王朝国势强盛，与北方的缅族阿瓦政权曾结为盟友，也曾爆发近 40 年战争（1385—1424 年）（吴格拉，1960）。此时，缅甸实际上存在一南一北两个政权中心。1740 年，东吁王朝王权削弱，孟人反叛，暴乱接踵而至（Topich and Leitich，2013）。1751 年，孟军占领皎克西，直逼阿瓦，东吁王朝随之灭亡，贡榜王朝建立。而后，针对孟族王国的军事行动迅速开展，1757 年，缅军占领并烧毁勃固城，孟族政权从此一蹶不振，从此开启了缅、孟二族融合的进程。

2. 缅族整合了北部掸族地区

缅甸东北部是掸族发展的重要地区。阿奴律陀时期，蒲甘疆域已达掸邦南部，并在杰沙、太公、曼德勒、八莫等地建筑了一些要塞，以防止掸人南下（贺圣达，1992）。但在蒲甘王朝的绝大部分时间里，掸人的主体并未被缅族控制。13 世纪中期，蒲甘王朝走向衰落，缅甸进入了约两个半世纪的分裂时期，这给了掸族崛起的机会。掸人在分裂时期于敏塞、彬牙、实皆、阿瓦等地建立了政权，并多次向缅甸本部进军，一度控制了上缅甸的大部分地区。16 世纪中期，缅族建立的东吁王朝崛起，几次战役后，逐渐控制了掸人地区，掸族势力被初步整合到缅族政权中。1763—1769 年缅甸贡榜王朝同清朝发生了大规模战争，缅属整欠、孟艮、蛮莫（新街）、孟拱等土司地曾被清军占领，木邦土司也再次内附，清军甚至深入孟养土司地，但这些土司地大部分最终被缅军夺回。

1769 年 11 月 16 日缅族和掸族在老官屯议和，并签署了《老官屯合约》，掸族势力进一步被整合到了缅族政权体系之中，掸族势力此后再难以对缅族构成大的威胁。

3. 缅族压制了西部阿拉干若开族地区

阿奴律陀征服南方孟人地区后，又向西面扩大领土，率军翻越阿拉干山脉，征服了阿拉干北部。蒲甘走向衰落时，阿拉干地区宣告独立。在 14 世纪 60 年代的分裂时期，缅甸已形成三国鼎立的局面，但和平维持不久，1371 年就爆发了长达 40 年的战争。战争使得阿拉干地区摆脱了阿瓦王国的控制，并强盛起来。在东吁王朝勃印囊时期，若开王国（或称阿拉干王国）为东吁王朝属国，但若开族和缅族政权间常有冲突。1599 年，若开军队与新兴的东吁王国军队联合攻克了勃固，若开王国进入全盛时期。此后的很长一段时间里，若开族政权都不在中央的直接控制之下。1784 年，贡榜王朝孟云时期对阿拉干发动战争，缅军兵分三路入侵阿拉干地区，兵力和武器雄厚，若开王国无力对抗。1785 年 1 月，缅军攻占了阿拉干都城末罗汉，阿拉干地区被并入缅甸，若开自此结束了作为一个独立王国的历史（贺圣达，1992）。

对缅甸各民族的整合，重塑了缅甸国内民族分布的格局。首先，缅族的崛起打破了缅甸境内原本几大族群均衡共生的局面。在 8 世纪前，缅甸境内骠族、掸族、孟族、若开族等几大族群维持着均衡的局面，缅族崛起后，其他族群或被融合，或臣服于缅族政权，缅甸境内呈现出以缅族一家独大的特点。其次，缅族崛起使北部掸族地区的多个势力得以整合。历史上缅甸北部掸族地区常常有多个掸族政权，且位于中缅之间的掸族地区有多处是中缅长期战争中争夺的区域，缅族崛起后，掸族逐渐接受了缅族的文化，多地归属于缅族政权。最后，缅族崛起限制了其他民族的发展空间。缅族崛起后，占据了广大的中部地区和伊洛瓦底江下游地区，各少数民族政权基本消失，少数民族大多只能在缅甸的边缘地区生存和发展。

缅族在这几个世纪里，基本完成了对缅甸民族格局的重绘。但缅族崛起过程中对各个民族的征服主要依靠军事手段，对各民族的整合程度也有所区别，为后来缅甸复杂的民族关系和频繁的民族冲突埋下了隐患。

三、现代民族分布格局

经历了 11—19 世纪初期以缅族为主要政权的封建统治时期后，1824—1885 年，英国先后发动了三次战争，对缅甸进行殖民侵略，逐步吞并了缅甸。在英殖民统治下，对缅族和少数民族地区实行了"人口普查，分而治之"的管理措施，其后吴努政府和奈温政府实施强硬的民族同化方式，进一步激化了民族矛盾。尽管军政府上台后出台了一系列政策、措施以实现民族和解，但缅甸民族问题历史积怨之久、利益牵扯复杂等，致使缅甸民族问题十分棘手（乌小花、郝图，2017）。缅甸现代民族格局就此形成。

现今缅甸有 135 个被政府承认的民族，主体民族缅族占全国总人口的 68%，主要的法定少数民族为掸族、克伦族、若开族、孟族、克钦族、钦族和克耶族。缅甸官方目前并不承认缅甸华人（果敢华人除外）、印度人、孟加拉国人和罗兴亚人为法定少数民族。缅甸官方语言为缅语和英语，各少数民族均有自己的语言，其中缅、克钦、克伦、掸、孟等族有文字。从语言的谱系分类来看，缅甸民族可以分为三类（表 5-1）（钟智翔等，2019）。

表 5-1　缅甸民族分类

语系分类	语族分类	民族	比例
汉藏语系民族	讲藏缅语的民族	缅族、若开族、钦族、克钦族、克伦族、克耶族、刀都族、达努族、刀尤族、土瓦族、茵莱族、阿昌族、傈僳族、拉祜族、依喔族、马努族（浪速族）、勒期族、阿济族（载瓦族）、俅俅族（彝族）、独龙族、那加族等	88%
	讲壮侗语的民族	掸族等	8.5%
	讲苗语的民族	苗族、瑶族	0.05%
南亚语系民族	讲孟高棉语的民族	孟族、佤族、布朗族、克木族等	3.1%
南岛语系民族	讲古马来语的民族	摩钦族	0.05%

图 5-1 缅甸主要民族分布

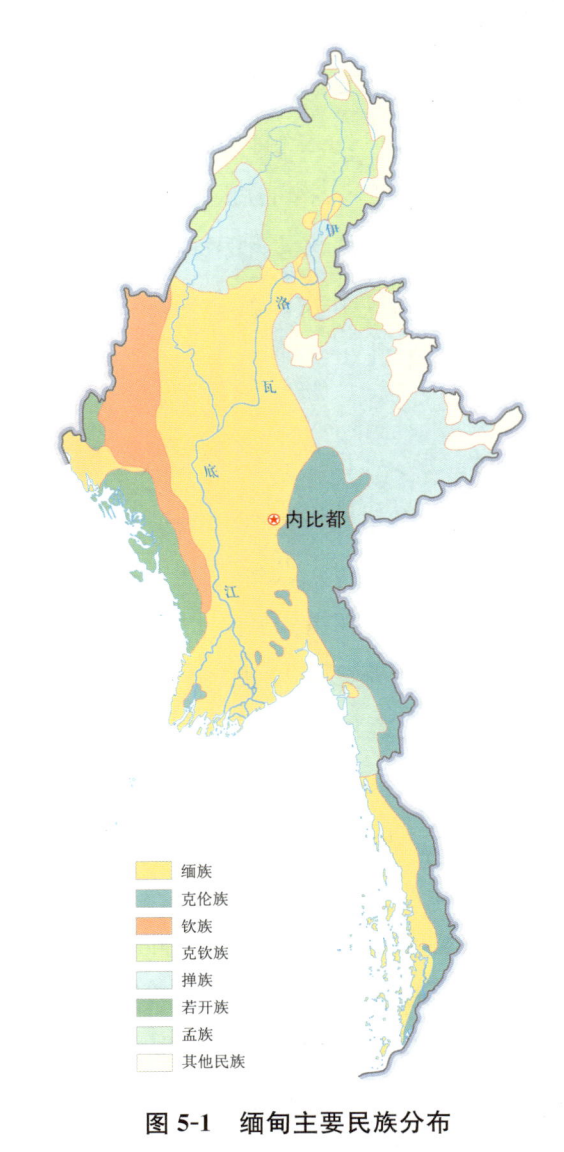

资料来源：List of ethnic groups in Myanmar，https://en.wikipedia.org/wiki/List_of_ethnic_groups_in_Myanmar。

缅族是缅甸第一大民族，人口约占全国总人口的 68%。缅甸 7 个省和内比都联邦区均以缅族人口为主，在 7 个少数民族邦中也有广泛分布。缅族人口集中分布区伊洛瓦底江中下游地区也是物产丰富的地区。缅族不仅在人口上占绝对优势，是缅甸的主体民族，也在缅甸的政治、经济、文化、教育等各个领域起着主导作用。他们使用的缅语通行缅甸全国，是缅甸的国语；在缅甸各民族中最早产生了文字，形成缅文书面文学。缅族人在骠族和孟族文化的基础上创造了缅族文化，而缅族文化是现今缅甸的主流文化。

掸族是缅甸第二大民族，人口约占缅甸总人口的 8.5%。缅甸北部的掸邦聚居着约一半的掸族人，其余掸族人散居和杂居在克钦邦、克耶邦、实皆省、克伦邦境内，大多沿河居住，主要从事水稻种植业。掸族人所讲的掸语属于汉藏语系壮侗语族的壮傣语支，包含泰泐、泰那和泰篷三种方言，其中泰篷方言是掸语的普通话，且有文字。近几十年来，掸族与缅甸政府之间长期存在武装斗争。

克伦族是缅甸第三大民族，人口约占缅甸总人口的 7%，在缅甸境内主要分布于克伦邦和伊洛瓦底江三角洲地区，在孟邦、德林达依省、仰光省、勃固省、克耶邦、安达曼群岛等也有分布；此外，泰国境内也有部分克伦人。克伦族包括了分布在东吁以南斯戈克伦和波克伦，以及分布在东吁以北布维克伦的三大支系。其中斯戈克伦的人数最多，受缅族的影响较大，常被称为缅克伦。波克伦由于受孟族的影响，孟化程度较高，又称作孟克伦。克伦族使用的语言为藏缅语族的克伦语，与主要通行在缅甸东部及泰国西部两边的克伦语略有不同。长期以来，克伦族一直与缅甸政府发生武装冲突。

若开族是缅甸第四大民族，人口约占缅甸总人口的 3.5%，主要分布在缅甸西南部的若开邦境内，共有五个支系：若开、仰别、曼昂、昌达、丹兑，分别分布于实兑地区、仰别岛、曼昂岛、加拉丹河流域、丹兑地区。若开族使用的语言属于缅语的若开方言，与标准缅语的语法基本相同，语音、语调、用词略有差别。缅甸独立以后，若开族与缅族矛盾较深，若开族不满缅甸政府的管理，自治愿望强烈。1973 年，缅甸联邦政府设若开邦为若开族自治邦。

孟族是缅甸最古老的民族之一，是缅甸第五大民族，约占缅甸总人口的 2%，多居住在平原地区。少部分孟族人居住在泰国，大部分分布在缅甸境内，包括孟邦、克伦邦、德林达依省、勃固省、仰光省等。孟族拥有自己的语言，大多从事水稻种植业和庭院种植业，其文化与缅族文化相似。

克钦族是缅甸第六大民族，约占缅族总人口的 1.5%，在缅甸主要分于克钦邦、掸邦、实皆省，在印度和中国也有分布，在中国云南地区被称为景颇族。克钦语属于汉藏语系藏缅语族景颇语支，是缅语的亲属语言，语法与缅语完全相同，基本词汇有 60% 和缅语的一致。克钦族人中操景颇语的人数最多，浪峨语者次之。景颇语是克钦族的通用语，有六种方言，其中普通景颇语为教学用语。

钦族是缅甸第七大民族，约占缅甸总人口的 1%，多居住在缅甸西部山区，主要分布在钦邦、实皆省、马圭省、勃固省、若开邦。钦族人的居住地山高林密，交通不便，因而形成了众多支系。钦族有众多语言，主要语言有 44 种，钦语属于汉藏语系藏缅语族景颇语支。他们有自己的文字，但使用范围小，行政和教学多使用缅文。钦族多以农业为生，山地地区的钦族人从事刀耕火种的轮作农业，平原地区的钦族人则从事定居农业。

克耶族是缅甸第八大民族，人口约占缅甸总人口的 0.8%，主要分布在克耶邦、克伦邦境内。克耶族有克耶、嘎巴、盖可、克洋、勃耶、马努马诺、因勃、因德莱等支系，各支系均有自己的语言，克耶语为民族通用语，它属于汉藏语系藏缅语族克伦语支。克耶族主要以种植业为生，手工业较为发达。

四、地理环境与族际关系

缅甸是民族问题最为复杂的国家之一，民族问题长期贯穿于缅甸的国家发展进程中（刘稚、沙莎，2020）。尽管在军政府的统治下，民族关系有所缓和，但民族矛盾仍然尖锐，尤以缅北地区最大的两个少数民族邦（掸邦和克钦邦）为甚。缅甸紧张的族际关系与其地理环境的特殊性有着密切的关系，地理环境是缅甸族际关系紧张的根源之一。

缅族占据缅甸中南部优越的地理条件，成为了该国最主要的民族。缅族人在早期大量迁徙到缅甸中南部，在这片土地上扎根。这里具有缅甸最优越的地理条件：广阔的平原和以伊洛瓦底江为代表的发达水系。这一区域上地形平坦、气候优良、水资源丰富，农业迅速发展，为缅族的发展壮大奠定了良好的物质基础。北部、东部、西部为崎岖的山地，受地形阻挡各区域之间交通和联络不便，地域之间相互隔绝并缺乏交流互动，民族之间的融合程度较弱。氐羌族群南下后，占据了缅甸不同的位置，并各自发展。这些自然地理因素对后来的缅族崛起、各民族之间的早期冲突起到了推动作用。

缅甸民族关系紧张，主要源于缅甸的少数民族势力与缅族势力之间的矛盾，而克钦族、克伦族、克耶族和掸族等少数民族势力分布在缅甸东部、西部、北部三侧的高原山地。这三侧高原山地犹如一道天然的屏障，一方面制约着民族间的交流融合和物质交换，使民族间易出现利益分歧；另一方面高原山地易守难攻，壮大的缅族势力不能收服少数民族武装势力。地理因素间接导致了缅甸内部的民族矛盾，使其长期处于内战之中。

第二节　宗教与宗教群体的关系

一、各宗教的传播及在历史变革中发挥的作用

（一）历史悠久、广为流传的佛教

1. 史前时期的传入和小规模发展

佛教是最早传入缅甸的宗教，至今已有两千多年的历史，广为流传于今也有一千多年。现今缅甸佛教主要是上座部佛教，即小乘佛教，但根据《善见律毗婆沙》等经籍记载，最早传入缅甸的佛教是大乘佛教。3世纪，印度阿育王派遣法师向九个地区弘扬佛法，其中苏那迦和郁陀罗两位长老被派至金地，也就是萨尔温江口附近、以现今直通为中心的下缅甸孟族地区。5世纪中叶，孟族一高僧佛育长老在斯里兰卡的锡兰大寺整理巴利文三藏经典及其注释，并带回直通，引进了小乘佛教。之后，小乘佛教又传入了缅甸室利差咀罗、掸邦、若开地区。根据考古发现，室利差咀罗一带有大量佛教经文残片，包括《分别论》《大般涅槃经》《法集论》等巴利文的经典，说明7世纪左右的骠国已经兴盛着小乘佛教。但由于当时骠国同时存在着大乘佛教、印度教以及一些原始宗教，小乘佛教并没有足够大的影响力。

2. 封建王朝时期的快速发展

1044年蒲甘王朝建立后，每一任君王都很重视佛教，佛教逐渐走向繁荣。第一位君王阿奴律陀将来自直通的小乘佛教高僧阿罗汉立为国师，并遣使到直通请赐三藏，然而遭到了直通国王的凌辱拒绝。以此为契机，阿奴律陀于1057年

率军南下，征服了南部孟族地区，并把在直通得到的许多小乘佛教的经典、珍宝及众多僧侣带回了蒲甘。阿奴律陀解散了蒲甘早期信仰的各派别的佛教而改信小乘佛教。宗教的统一使人民更加团结，缅族的力量愈加壮大。他去世后，后续的蒲甘君王继续弘扬佛教，兴建大型寺庙建筑，利用宗教巩固统治，蒲甘王朝曾盛极一时。蒲甘随之成为缅甸的佛教中心，小乘佛教也成为缅族全民族的宗教信仰。但到难坛摩耶在位期间，蒲甘王朝由于大兴土木、广建佛塔寺庙，耗费大量的人力物力，社会生产力不能充分发展，同时寺院经济过度发展，财富、土地、劳动力集中于寺院，王权被削弱，蒲甘王朝开始走向衰落。这时少数民族崛起并开始反抗缅族统治，又逢元朝领土扩张，缅甸国内发生动乱，多个地区被少数民族统治，蒲甘王朝所代表的缅族势力几乎瓦解。

1287年元军攻占蒲甘后，蒲甘王朝名存实亡，缅甸内部群雄割据，战乱四起，局势混乱，缅甸进入分裂时期。掸族势力向南发展，在伊洛瓦底江中下游建立了阿瓦王国；南方的孟人在下缅甸建立了勃固王国；西南面的阿拉干人建立了若开王国。这时蒲甘仍是该时期缅甸的宗教中心之一。14世纪60年代，阿瓦、阿拉干、勃固形成三国鼎立的局面，且佛教在各国都占统治地位。在上缅甸地区，掸人在早期继承了蒲甘时期的宗教文化传统，并利用佛教加强他们的统治，阿瓦成为了上缅甸地区的佛教中心。但在阿瓦王朝后期，来自孟养的掸人思洪发攻占阿瓦后，认为佛教太过兴盛威胁到统治，便设计杀害僧人，并拆佛塔、烧经书，上缅甸地区的佛教受到了巨大的打击。在下缅甸地区，孟族统治者大力弘扬佛教，派僧侣去锡兰寺求法，回国后复兴小乘佛教，勃固成为下缅甸的佛教中心。但下缅甸地区的佛教派别众多，戒律松弛。1472年，勃固国王实行宗教改革以整顿这种现象，此后这一地区佛教统一为大寺派小乘佛教。此时西南部的阿拉干地区已有伊斯兰教传入，但佛教仍占统治地位。

在上述国家经历战乱和斗争时，位于锡唐河流域、原本是蒲甘王朝属地的东吁地区偏安一隅。缅族领袖把在东吁地区躲避战乱的缅人联合起来，势力日渐壮大，占据了上缅甸最富庶的皎克西地区。1532年，莽瑞体趁阿瓦处于衰落时期，先征服了农业和商贸繁荣的下缅甸黄金地带，把勃固作为东吁的新都，又征服了佛教被掸人破坏的上缅甸阿瓦地区，使缅甸重新统一。东吁王朝时期佛教在缅甸得到进一步发展，尤其是莽应龙在位期间，对佛教非常重视。他征服掸邦之后，在当地广建佛塔寺院，供养僧人，禁止掸人以人、象、牛祭祀，要求掸人和穆斯林全部皈依佛教。他还将《三藏经》送往掸邦地区，促进了佛教在掸邦地区的传播，使佛教盛极一时。

1752 年，孟族军队打败东吁王朝，紧接着缅族英雄雍籍牙打败孟族军队，以阿瓦为都建立了贡榜王朝，也叫雍籍牙王朝。这一时期佛教继续发展，王权对佛教的控制得到加强。雍籍牙在位期间，派出五位高僧到钦人地区传播佛教，孟云在位期间，派出大批僧侣到全国 50 多个地方传教。佛教在钦族、克钦族等少数民族地区得到了进一步的发展。孟云格外重视对佛教势力的控制和利用。他调查登记全国的寺院土地，允许寺院占有一定的土地，规定耕种寺院土地的农奴献出收成的 1/10 给寺院，以获得佛教势力的支持。但他不允许寺院占有太多土地，防止寺院经济过度发展，对王权造成影响。在这些措施下，佛教僧侣在政治上完全听命于封建君主，受到封建国家的控制。僧侣的政治作用在这一时期有所减弱，但在文化教育方面仍是垄断者。

在缅甸整个封建王朝统治时期，佛教总体上得到了极大了发展，具体表现在佛教传入少数民族地区，佛教信徒大量增加，佛教建筑广泛分布，佛教思想深入人心，佛学研究风气日盛。与此同时，佛教在民族和各个王朝的兴衰中发挥着重要的力量，既促进着封建王朝统治者加强王权、开拓疆土，也在某些时候间接导致王朝走向衰败。

3. 殖民统治时期的暂时衰落

封建时期的缅甸佛教不仅是统治者的统治支柱，而且是缅甸人民社会行为和生活习惯的准则。佛教僧侣受到封建统治者的多方庇护和广大人民的尊崇，佛教寺院拥有土地，佛教僧侣享有司法权和免税权，并垄断着缅甸的教育（傅新球，2002）。因此，英国殖民统治者意识到，缅甸的佛教和僧侣是阻碍英国殖民统治的重要潜在因素，于是殖民者对缅甸的宗教信仰和宗教文化进行了摧毁。

在英国殖民统治时期（1886—1947 年），英国殖民统治者破坏寺院，分化佛教信徒和佛教僧侣的司法权，打击和限制佛寺对教育的传统垄断地位。佛教文化在这一时期短暂地被削弱，但对于缅甸这个有坚定佛教信仰的国家来说，殖民者不仅没能消除缅甸人民的佛教信仰，反而引起了强烈反抗。缅甸知识分子将西方自由平等的观念和缅甸传统佛教文化结合起来，成立了一系列组织，发展缅甸的宗教和教育事业，以争取在社会文化和教育方面的平等。第一个全国性的知识分子组织"佛教青年会"为唤起缅甸人民的民族意识做出了引导性的贡献，佛教和佛教僧侣在团结缅甸人民反抗英国殖民统治的斗争中发挥了重要的作用。

总之，在殖民统治时期，摧毁佛教是英国殖民统治者的统治手段之一，而坚定的佛教信仰又促进着缅甸人民对殖民统治进行反抗。佛教因殖民者的压制出现了暂时衰落，但它仍是缅甸人民的主要信仰。

4. 独立后的复兴与再发展

1948年，缅甸人民经过长期的努力，终于争取到了民族独立，成立了"缅甸联邦共和国"。在沦为殖民地的半个多世纪里，佛教为缅甸人民反抗侵略行为、争取民族独立提供了强大的思想武器。因此，独立后的缅甸强化了佛教的地位，佛教再次成为指导缅甸文化和教育的思想。1951年，吴努政府成立了全国性的佛教徒组织——佛教评议会。评议会还通过了《佛教组织法》《巴利语大学与达摩师法》《巴利语教育法》等一系列有关佛教的法令，为弘扬佛教文化提供了法律保障。1961年，缅甸政府宣布佛教为国教，公布了两个相关法案，同时赋予其他宗教一些权力，但这却引起了缅甸各宗教教徒之间的矛盾，甚至出现了流血冲突事件。

1962年，以奈温为首的国防军执政后，开始采取措施限制僧侣干预政治，控制寺庙和团体，颁布"缅甸社会主义道路"的政策，规定信仰各种宗教的自由，取消佛教的国教地位，废除了前期支持佛教发展的一些法令。奈温政府试图通过政教分离措施减少佛教对政府的威胁，但这些措施激起了僧侣的不满，僧侣多次公开反对政府，甚至还出现了僧侣上街游行示威的现象。为了缓和与僧侣的关系，缅甸政府在20世纪70年代末到80年代初对僧侣的控制稍有放松，僧侣的权力稍有扩大。

1988年国防军发动政变，一些僧侣也参与了反政府运动，僧侣们还为反政府人士提供住宿、经费和建议，成立了许多支持民主运动的僧侣组织，许多佛塔寺院成为民主运动的指挥中心。新军政府掌权后，在1990年的大选中被全国民主同盟战胜，而军队拒不交权引起了僧侣在内的民众广泛不满。僧侣发起宗教抵制活动，在宗教仪式、交通出行、商业活动各方面抵制军人及军人家属。

军政府与僧侣谈判未果，将宗教抵制活动定为政治活动，强制解散参与政治活动的僧侣团体，搜查寺院、逮捕僧侣。新军政府基本上继承了奈温时期的佛教政策，也采取了类似的一些安抚措施以巩固政权，如宣扬佛教教义、修建佛教建筑、推广寺庙教育等。但新军政府的措施仍以控制佛教界的权力为主，以加强对僧侣的管理（钟智翔等，2019）。

缅甸独立后，佛教在政治中仍然发挥着重要的作用，僧侣是各个政府执政中不得不尽力争取的力量。各个时期的政府多经历了对佛教极力推广、强制制约、控制与弘扬并存这几个阶段，但无论是倡导还是控制，均体现着浓厚的政治色彩。无论如何，两千多年来的佛教文化早已在缅甸根深蒂固，佛教在缅甸社会与文化中发挥着深刻且广泛的影响。

（二）在少数民族中蓬勃发展的基督教

1. 英缅战争前收效甚微的传播

基督教是在1511年葡萄牙殖民者攻占马六甲港口并在东南扩张势力时进入缅甸的。当时葡萄牙殖民者大多为天主教徒，他们来到缅甸沿海地区后，建立了聚居点，在聚居点内葡萄牙人形成了一个基督教社会。早期的葡萄牙人在缅甸主要为阿拉干地区的若开王国的雇佣兵。其中专门从事传教活动的天主教神父试图在缅甸传教，但因为语言不通被迫放弃。1599年，若开王国雇佣兵首领、葡萄牙人菲利普·德·勃利多（Philip de Brito）趁缅甸国内局势混乱，自立为缅甸殖民总督。他带领传教士开展了传教活动，在沙廉建立了缅甸第一所天主教教堂，还大肆毁坏佛寺。1613年，东吁王朝同意处死勃利多，捣毁被称为"天主教徒村"的据点（波巴信，1965），连同传教士在内的400多名葡萄牙人成为俘虏。到17世纪中期，若开王国已有葡萄牙籍、荷兰籍、日本籍的基督教徒担任王室的卫士，但由于他们不懂缅语，基督教的影响仅限于这些西方人及其后裔，并未传播至缅甸本土民众中。

1689年，"巴黎外国传教组织"的两名传教士来到沙廉，这是进入缅甸的第一个基督教传教团体。1721年开始，罗马天主教廷也加强了对缅甸的传教活动，并派出巴纳巴教会的两名传教士来缅甸宣传天主教。直到1829年，缅甸境内至少有一名受意大利巴纳巴教会管辖的常驻神父从事传教活动（陈真波，

2009)。由于巴纳巴教会解散，1830 年，传道总会取代了巴纳巴教会负责在缅甸传教，并派出了三名传教士来到缅甸。1840 年后，缅甸传教活动以殉道派的传教士为主。这些传教士在缅甸修建了天主教堂和学校，但他们只被缅王允许在沙廉、勃固、仰光等城市活动，不允许深入内地传教，因此其传教收效甚微。但其中一位名叫貌苏的缅甸佛教僧侣改宗皈依天主教，并于 1784 年访问了罗马，成为第一个改信天主教、第一个访问欧洲的缅甸人。

19 世纪后，随着英国对缅甸的殖民活动，英国的新教传教士也开始在缅甸活跃起来。1807 年，英国浸礼教会传教士马登（Mardon）和查特（Chater）进入缅甸，不久英国传教士威廉·卡莱（Felix Carey）前往缅甸接替了马登。此后四年里，查特和卡莱把《圣经》的一些章节翻译成了缅文。1801—1812 年，伦敦英国国教会也派出传教士到缅甸传教。1813 年起，美国的新教传教士也来到缅甸传教。美国浸礼会传教士贾德森（Adoniram Judson）夫妇来到仰光传教。贾德森用缅文翻译《圣经》，并用印刷机印出部分章节。到 1823 年，已有五名美国传教士到达缅甸，他们活动于仰光、阿瓦、毛淡棉、丹老、土瓦、实皆和丹兑等城市（钟智翔等，2019）。尽管美国传教士到达缅甸的时间比英国传教士晚，但由于其人数多、水平高、活动范围广，取得的成效也较大。

总体而言，西方传教士在缅甸进行了几百年的传教活动，但收效甚微。直到 1824 年，皈依基督教的缅甸人不超过 25 人；到 1834 年，皈依基督教的缅甸人也没有超过 600 人，其中缅族不超过 125 人（贺圣达，1992）。一方面是因为缅甸人信仰佛教的历史悠久，缅甸国王大多也信仰佛教，在政治上优待佛教僧侣，对于缅甸人来说信仰佛教既是习俗，也是符合利益的选择；另一方面是因为当时的基督教传教士配合着其母国的殖民活动，没有给当地普通百姓带来实际利益，且他们被缅甸的封建统治者视为间谍，故而他们的活动范围受到限制。因此，在殖民统治前的几百年里，基督教在缅甸没有获得大范围的传播（陈真波，2009）。

2. 英缅战争和殖民统治时期在少数民族中的发展

1824 年起，历经三次英缅战争，英国殖民者于 1886 年最终占领缅甸全境。随着英国殖民者对缅甸的侵略，缅甸国家主权一步步丧失，西方传教士得以深入内地传教。英缅战争期间，新教浸礼会在缅甸得到了极大的发展。1850 年美国传教士贾德森去世时，缅甸已建立了 100 座浸礼会教堂，信徒达 8 000 人，属于新教的浸礼会成为缅甸基督教中最大的教派组织。由于长期以来在缅人中传教并不顺利，西方传教士吸取教训，重点深入克伦族、掸族、克耶族和克钦族等山区少数民族中传教。

克伦族是当时缅甸最大的少数民族，主要分布在萨尔温江流域的丹伦、勃生、毛淡棉等地和伊洛瓦底江三角洲地区。在 19 世纪西方传教士到来之前，克伦人还处于自给自足的阶段，多数人崇拜原始宗教。克伦人被缅人和孟人交替统治，且在历史上被缅人杀戮，对缅人积怨很深。1830 年，美国传教士分别为克伦人中生活在平原的斯戈克伦人和波克伦人创造了文字。斯戈克伦人吴达漂在土瓦成为了克伦人中的第一位基督教徒。此后他在土瓦、毛淡棉、仰光、丹兑等地传教，且颇有成效。1843 年勃生县的塞雅妙觉和推坡成为了克伦人中第一批获得神职的人，在他们的努力下，两年之内就有 2 000 多名克伦人加入浸礼会。美国传教士还将《圣经》译为斯戈克伦文和波克伦文，浸礼会在克伦人中被进一步知晓。天主教传教团为与新教浸礼会竞争，也于 1840 年来到克伦人中传教，并取得了有效的发展。但在全缅甸和克伦人中，仍是新教浸礼会教徒最多。根据 1931 年的缅甸人口普查，全缅甸基督教徒共计 331 106 人，其中新教浸礼教徒占全部基督教徒的 64%，共 212 990 人。当时在全部克伦人中，基督教徒占 17%（贺圣达，1992）。

1867 年，美国传教士来到掸邦传教。尽管他们将《圣经》译成了掸文，但由于掸人早已信仰佛教，传教活动并不顺利。因此，1877 年美国传教士转而向克钦人传教。但由于语言、文化等方面的限制，对克钦人的传教也并不顺利，直到 1882 年才有克钦人皈依浸礼会。1885 年以前，在八莫东部和东南部的山区中仅有 19 人改崇基督教。1886 年英国占领上缅甸后，英国卫理公会在上缅甸传播新教。在英国殖民当局的支持下，英国卫理公会修建学校和教堂以进行宗教活动。19 世纪 90 年代，英国加紧对中缅边境地区的侵略扩张，基督教各派也加紧向这一地区渗透。1898 年，该地区的英、美籍新教传教士已有 110 人之多。传教士在密支耶、贵概、八莫、南坎等地建立了教会和学校，他们特别重视争取克钦人部落首领皈依基督教。美国传教士奥拉·汉森（Dr Ola Hanson）于 1893 年用拉丁字母为克钦创造了文字，并在克钦人中推广普及，克钦文《圣经》出版。欧美传教士亦在缅甸克钦人地区开办了许多学校，既教授克钦文，又宣讲基督教教义，通过教会和学校一体的便利条件，培养了大批本土传教士。后来这些本土传教士在基督教向克钦人传播的过程中充当了重要的角色。进入20世纪后，皈依基督教的克钦人迅速增加。在美国浸礼会向克钦人传教的同时，罗马籍、法国籍和爱尔兰籍的天主教传教士也先后到克钦人中传教。1881年开始有克钦人改信天主教，天主教传教士的传教活动取得了一定的成效。到1947年，克钦人中有基督教徒约2.5万人（其中新教浸礼宗教徒15 628人，天主教徒约1万人），约占当时克钦人总人口的10%（贺圣达，1992）。

此外，西方传教士在傈僳、钦、拉祜、佤、那加、克耶、若开、布朗等少数民族中的传教活动，也取得了不同程度的成效。1902年，密支那地区出现了第一名傈僳族的浸礼宗教徒；1905年出现了第一位钦族新教徒，到1923年，钦人中的浸礼宗教徒已有1 000多人。20世纪30年代，基督教在克伦人、克钦人和那加人中得到较广泛的传播。

基督教的传播之所以在少数民族中能取得更大成效，与当时西方统治者欲加强统治能力的目的密切相关。西方统治者为了促进在缅甸的统治，必须争取更多缅甸国民加入其阵营。由于缅人长期统治缅甸，且有坚定的佛教信仰，而少数民族比较落后，信奉原始宗教，更容易被成熟的基督教取代，因此少数民族成为他们的重点争取对象。西方传教士利用克伦、克钦等少数民族与缅族的民族矛盾进行传教，注意争取少数民族中的上层人物，在英缅战争期间，甚至有少数民族群体为英国人带路。英国殖民统治者还为基督教的传教活动以及基督教徒的升学、就业提供优惠，促进更多人入教（陈真波，2009）。因此，在殖民统治者的引导下，少数民族，尤其是边远山区、长期受缅族压迫的少数民族族人成为了主要的基督教信徒。

3. 独立后受限的发展

缅甸独立后，吴努政府大力扶持佛教，一度将佛教定为国教，基督教团体因而受到冲击。奈温政府执政期间，所有的宗教组织都被政府部门登记在册，教会的大部分管理权被缅甸人掌握，教会学校被收为国有。政府还命令独立以后入境的234位天主教教士、141位新教传教士离开缅甸。此后，缅甸基督教徒自行建立起了缅甸基督教会，中断了与外界的联系。1975年，缅甸基督教会改称为缅甸基督教协进会，包括了各个基督派别（浸礼会、圣公会、美以美会、卫理会等），并在地方设立了11个分会。在教会保证不干涉、不批评其他宗教的前提下，政府允许教会进行各种活动，但大型集会须有地方乃至中央有关部门的批准（钟智翔等，2019）。20世纪70年代起，政府一直增加对基督教会的拨款。80年代以后，政府允许教会通过举行大小型宗教集会传教和私人传教。教会创办了许多神学院校，并从1982年起开始派神学院的毕业生到边远山区传教。如今，缅甸各地有30多所属于不同教派的神学院，其中11所是有权授予神学士的学院。在缅甸基督教协进会的各级组织里，各教派之间关系一直比较融洽。当前缅甸主要的基督教团体有缅甸天主教协会、缅甸基督教协会、安息日派教会、缅甸基督教浸礼派总会等。

（三）对缅甸社会影响深刻的伊斯兰教

1. 英缅战争前在包容中发展

伊斯兰教于15世纪初由孟加拉地区传入若开地区。若开王国位于缅甸西南部的阿拉干地区，濒临孟加拉湾，是东南亚最靠近印度的地方，深受印度文化影响（李晨阳，1994）。同时，该地区与缅甸本土之间隔着若开山脉，交通不便，与缅甸本土来往较少。在1287年后，缅甸进入分裂时期，形成了阿瓦、勃固、若开三足鼎立的形势。1404年，若开王国被阿瓦进攻，国王那罗弥伽罗被迫逃往孟加拉，其子逃往勃固。1430年，那罗弥伽罗在勃固国王和孟加拉国王的支持下复国，从孟加拉回到若开，建立了末罗汉王朝。他从孟加拉带回了穆斯林军队，使伊斯兰教进入若开并向缅甸其他地区扩散。那罗弥伽罗国王还在末罗汉建立了缅甸最早的清真寺——萨迪卡清真寺。

此后16—18世纪的东吁王朝时期，除了若开地区的穆斯林之外，在下缅甸沿海地区还有不少来自西亚和印度的穆斯林商人，他们在缅甸沿海商业中起着重要作用，促进了缅甸与其他国家的经济交流和缅甸国内商品经济的发展（李晨阳，1994）。但是在当时的缅甸，上座部佛教已深入人心，且东吁王朝历代国王支持和保护佛教，所以伊斯兰教传入缅甸后没有牢固的立足点，即使在若开地区，伊斯兰教也不占统治地位。

到 1752 年贡榜王朝建立后，来到缅甸的穆斯林在商业活动中已颇具影响，包括印度和波斯穆斯林在内的移民掌握了仰光的大部分贸易。1756 年前后，属于逊尼派的若开穆斯林在实兑和丹兑建立了清真寺。当时在阿瓦和仰光等地穆斯林人数较多，有自己的清真寺。在勃固、丁茵等地的穆斯林聚居区里有穆斯林的圣墓。在缅甸定居的穆斯林商人允许与本地妇女通婚，但除了缴纳重税后能携带儿子回国外，不得携带妻子和儿女离开缅甸。1784 年，贡榜王朝孟云王以恢复佛教为由征服了若开，这对伊斯兰教在缅甸的发展有所抑制。

1824 年第一次英缅战争前，缅甸的穆斯林大多聚居在若开和缅甸南部沿海城镇，阿瓦和曼德勒等地也有不少穆斯林居住。这时穆斯林和佛教徒通常能够和睦相处，伊斯兰教有所发展。

2. 英缅战争和殖民统治期间穆斯林的涌入

第一次英缅战争后，英国占领了若开和丹那沙林，大批孟加拉穆斯林开始涌入若开。第二次英缅战争之后，由于开发下缅甸的需要，大批印度移民来到了缅甸，其中一半为穆斯林。部分印度移民在缅甸定居下来，仅仰光的穆斯林就从 1869 年的 4 425 人增加到 1874 年的 11 671 人。第一次世界大战前，在缅甸的印度移民人数超过了 80 万，其中穆斯林达 40 万。到 1931 年，全缅的穆斯林达到 584 839 人，他们当中 80% 来自印度，大多在伊洛瓦底江地区居住。另有 10 多万穆斯林聚居在若开北部地区，大多数为孟加拉移民。

大批印度穆斯林和印度教徒移居缅甸，对缅甸社会产生了复杂的影响，穆斯林和佛教徒之间矛盾激化。20 世纪 20 年代末到 30 年代初，世界性经济危机波及缅甸，经济上的差距和民族、宗教矛盾交织在一起，引发了多次印缅流血冲突。1938 年，缅甸穆斯林貌廷博创作长篇小说《神庙》，并将最为反佛教的几章翻印出来，招致佛教徒的强烈不满。该事件进一步激化了佛教徒与穆斯林教徒之间的暴力冲突，造成 113 座清真寺被毁，1 227 人死亡，其中穆斯林 662 人，佛教徒 317 人。由于 1938 年的大规模教派冲突，1941 年英国殖民当局颁布了限制印度人移居缅甸的《印度移民协定》，此后移居缅甸的穆斯林有所减少。1941 年底日本入侵缅甸时，约 40 万印度人返回印度，其中约一半为穆斯林（钟智翔等，2019）。

3. 独立后穆斯林和佛教徒之间深刻的矛盾

当缅甸遭受外族侵略时，国家的兴亡与民族的命运把各宗教信仰群体联系在一起，共同的大目标使他们团结起来，暂时掩盖了矛盾和分歧。但是，到了和平时期，这种矛盾分歧则展露无遗。1948 年缅甸独立后，缅甸政府不允许第二次世界大战期间离开缅甸的印度穆斯林再返回缅甸，并把许多穆斯林驱逐出境。由于取得缅甸公民地位比较困难，一些印巴裔穆斯林自动离开了缅甸。1954 年，缅甸境内的穆斯林仅有 10 多万人。1961 年，吴努军政府宣布佛教为国教，穆斯林教徒对此强烈不满。10 月，一些佛教徒占领了仰光的清真寺，并煽动反穆斯林运动，引发了双方的多起暴力冲突。1997 年 3 月，在曼德勒发生重大暴力冲突，1 位僧侣和 3 名穆斯林在冲突中伤亡，2 座清真寺被毁，11 条街道遭到破坏。这次冲突从曼德勒一直波及仰光、毛淡棉、勃生、实兑、卑谬、彬文那和东吁等缅甸主要的城市（姜永仁，2001）。

居住在若开邦北部的穆斯林族群被称为罗兴亚人，主要居于近孟加拉国边界的貌夺和布帝洞镇一带。他们自称是古代到孟加拉湾经商的阿拉伯人后代，早在 7 世纪就已在缅甸居住。而缅甸政府认为罗兴亚人是 1940 年后来自孟加拉国的非法移民，1982 年《公民权法》剥夺了他们的公民资格。因此，罗兴亚人数十年得不到缅甸政府的身份认同。2012 年 6 月和 10 月，若开邦的佛教徒和穆斯林之间爆发冲突，导致近 200 人死亡，约 14 万人流离失所，其中绝大多数为穆斯林。2013 年年初，暴力活动蔓延至缅甸中部。密铁拉市某个店铺里一名佛教僧侣被残害，导致局势迅速升级，再次引发了佛教徒和穆斯林之间的暴力冲突。2017 年，若开邦罗兴亚人军队与政府军开始正面冲突，罗兴亚难民危机因此爆发。在短短几个月的时间内，近 70 万罗兴亚人逃到邻国孟加拉国[①]。

二、各宗教群体的空间分布格局

缅甸现今仅有 0.1% 的人口无宗教信仰，根据 1973 年、1983 年、2014 年的人口普查，佛教信仰者占绝对优势，基督教、伊斯兰教、印度教、万物有灵论

---

① 资料来源："国际法院下达'临时措施'命令缅甸保护罗兴亚人免遭种族灭绝"，联合国新闻，https://news.un.org/zh/story/2020/01/1049741。

等原始宗教为主要少数宗教。三次人口普查的数据显示，佛教信仰者和万物有灵论等原始宗教的信仰者略有减少，基督教、伊斯兰教、印度教、其他宗教的信仰者以及无宗教者占比略有增加（表5-2）。

表5-2　1973年、1983年、2014年缅甸各宗教信仰者占比

宗教	1973年	1983年	2014年*	2014年**
佛教	88.8%	89.4%	89.8%	87.9%
基督教	4.6%	4.9%	6.3%	6.2%
伊斯兰教	3.9%	3.9%	2.3%	4.3%
印度教	0.4%	0.5%	0.5%	0.5%
万物有灵论	2.2%	1.2%	0.8%	0.8%
其他宗教	0.1%	0.1%	0.2%	0.2%
无宗教	—	—	0.1%	0.1%

注：*代表人口普查中被计算的人口（50 279 900人）。

**包括对那些在人口普查中没被计算的人口的估计（51 486 253人），假定若开邦未被计算的人口主要信仰伊斯兰教。

资料来源：The 2014 Myanmar Population and Housing Census，The Union Report：Religion，Report Volume 2-C。

在缅甸2014年人口普查中，存在部分克钦邦、克伦邦和若开邦人口未被计算在内的情况。克钦邦和克伦邦未计算的人数较少，对宗教信仰群体的计算影响不大。而若开邦有109万人口未被列入人口普查，而这些人主要是不被政府承认的伊斯兰教徒群体。根据推测，纳入未被计算的人口后，实际上缅甸的佛教徒占87.9%，基督教徒占6.2%，伊斯兰教徒占4.3%，万物有灵论信仰者占0.8%，印度教徒占0.5%，其他宗教信仰者占0.2%，无宗教者占0.1%。缅甸不同地区的各宗教信仰人群占比也有较大的差异（图5-2）。

占比最大的佛教徒广泛分布在缅甸各地，尤其在缅甸的七个省以及孟邦、掸邦、克钦邦、克伦邦、若开邦分布最多，信奉佛教的民族有缅族、若开族、掸族、孟族、克伦族，此外还有华人等。佛教作为缅甸最主要的宗教，一方面发挥着促进社会统一、民族团结，促进文化教育、加强文化素质的正面作用，另一方面又导致人们思想保守，不关注科学和社会变革，且常因与其他宗教发生矛盾甚至演变为民族冲突，带来破坏政治稳定的负面效果。基督教徒是缅

近些年增长最快的宗教群体，主要在克钦族、克伦族、克耶族、那加族等少数民族中影响较广，信徒大多分布在掸邦、克钦邦、钦邦、实皆省、伊洛瓦底省。他们主要信仰天主教和新教这两个派别，其中新教浸礼教派在缅甸影响最大。基督教徒在缅甸总人口中占比不大，但他们的文化程度较高，参政意识较强，与境外的宗教、人权组织联系密切，所以基督教势力对缅甸的政治和民族关系有重要影响（陈真波，2009）。缅甸伊斯兰教主要是逊尼派，缅甸穆斯林有若开人、印度人、缅族混血、波斯人、阿拉伯人、潘泰人和回族人。穆斯林与佛教徒之间的矛盾最深。将近50%的穆斯林住在若开邦，1/3的穆斯林住在伊洛瓦底江三角洲和南部边境地区。此外，印度教徒主要分布在仰光省和勃固省，信仰万物有灵论等原始宗教的群体大多分布在掸邦。

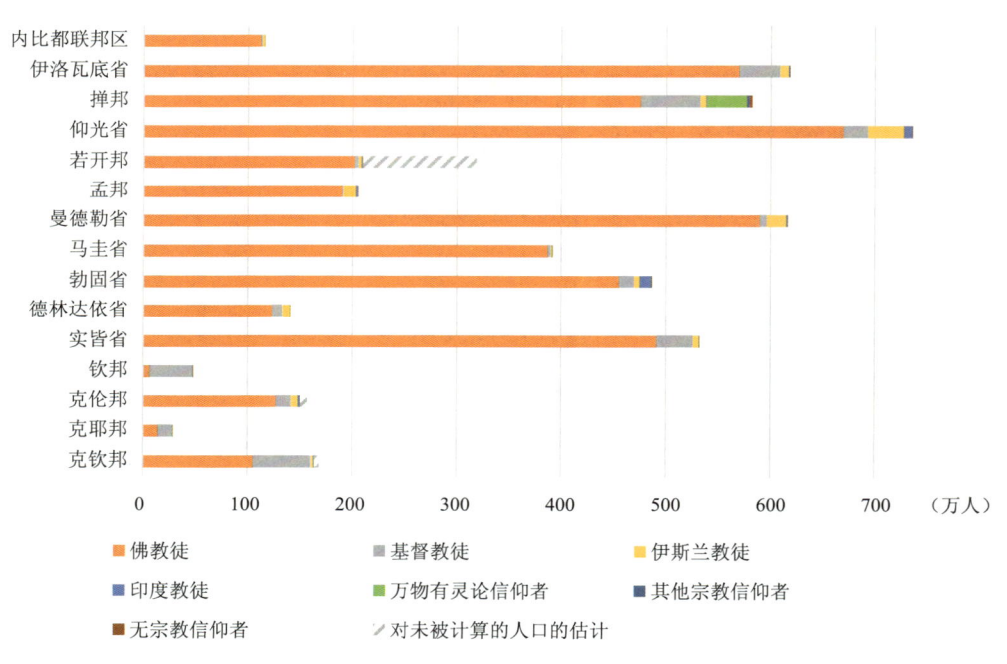

图 5-2　2014年缅甸各地区不同宗教信仰者的数量

资料来源：The 2014 Myanmar Population and Housing Census, The Union Report: Religion, Report Volume 2-C。

缅甸现今的宗教信仰格局与民族格局紧密关联。约占缅甸总人口68%的缅族几乎全部信仰佛教，主体民族与主体信仰重合，因此，缅甸的民族宗教问题在其政治生活和政府决策中居支配性地位，并影响到政府与社会、社会群体之间和国家之间的关系，以及地区政治格局的变化（李晨阳等，2021）。

三、不同宗教群体之间的关系

缅甸各宗教群体之间存在着明显的冲突，这种冲突体现在日常生活、政治地位、族群关系的各方面。根据《缅甸国情报告（2020）》，不同宗教信仰的民众对于是否要给予处于不利社会地位的少数族群帮助这一问题持不同的看法，信仰佛教的群体对于该问题的支持度明显小于信仰伊斯兰教、新教和天主教的群体。有关穆斯林和佛教徒的婚姻问题，无论性别、年龄、城乡地域，均有六成以上群体持"特别反对"的态度，信仰佛教的缅族和若开族中的绝大多数持反对态度，信仰基督教的克钦族以及同样信仰佛教的掸族则相对更能包容穆斯林和佛教徒的婚姻。此外，缅甸普通民众在政治选举下也关心候选人的宗教信仰。无论性别和地域，均有四成左右的群体会将候选人的宗教信仰作为投票时重要的考虑因素，这一比例在佛教徒中更高（李晨阳等，2021）。

孔建勋和张晓倩（2017）对缅甸不同宗教群体之间的社会距离进行了测量，利用社会距离量表的七个项目测量缅甸基督教徒、印度教徒和伊斯兰教徒在不同社会距离上的被接受程度，得出基督教徒最容易被接受，伊斯兰教徒最难被接受（图 5-3）。

宗教作为民族心理认同与认知的载体，对民族的意识形态和行为模式产生着影响，决定着族际之间的亲疏远近。在缅甸这样一个具有多种宗教信仰的国家，宗教成为了划分族群边界的准则，产生了以缅族等为代表的佛教群体，以克伦、克钦等族为代表的基督教群体和以罗兴亚人为代表的伊斯兰教群体，三大宗教群体互相抗衡使缅甸的族际冲突成为了关涉宗教身份的政治运动。信仰佛教的族群与信仰其他宗教的族群之间存在着不同程度的冲突（表 5-3）（刘稚、沙莎，2022）。

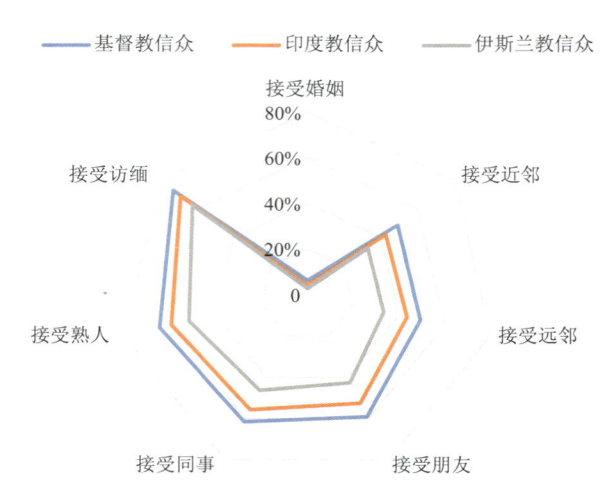

图 5-3　不同宗教信仰群体之间的社会距离

资料来源：孔建勋、张晓倩（2017）。

表 5-3　缅甸各族群（含罗兴亚人）的宗教状况以及与缅族的关系

族群	宗教信仰	宗教偏见	宗教同化程度	民族认同感	国家认同感	与缅族关系
缅族	佛教	无	高	非常强	非常强	—
掸族	佛教	无	高	强	弱	压制
孟族	佛教	无	高	强	弱	压制
若开族	佛教	无	高	强	弱	压制
克伦族	基督教	较强	低	强	弱	排斥
克钦族	基督教	较强	低	强	弱	冲突
克耶族	基督教	较强	低	强	弱	排斥
钦族	基督教	较强	低	强	弱	排斥
罗兴亚人	伊斯兰教	非常强	极低	较弱	无	冲突激烈

资料来源：刘稚、沙莎（2022）。

四、宗教冲突和政治变革的相互作用

自英国殖民统治时期以来，缅甸国内上座部佛教族裔和伊斯兰教族裔之间的冲突一直存在。不论缅甸政府执政力量如何变化，宗教族裔之间不断爆发流血冲突、宗教性攻击和小范围治安事件（章远，2016）。纵观缅甸历史，宗教在缅甸的政治舞台上发挥着突出的工具性作用，而这也为各宗教群体之间激烈的矛盾埋下了伏笔。

（一）宗教作为政治工具

宗教可以强化族群政治的身份认同，使不同身份认同的族群互相对立，并对民族认同和国家认同产生影响。因此，政治精英可以通过利用某种手段来煽动本族群的民众对其他族群的不满，已达成自己的政治诉求。自缅甸独立以来宗教一直作为一种政治工具为统治阶层所利用，缅甸的宗教政治化、政治宗教化的现象比较突出（刘稚、沙莎，2022）。

佛教精英主要通过三个途径号召佛教信仰群体。第一，利用佛教经典来影响并控制信徒的心理，并为其暴力活动提供合法论证。例如，上座部佛教经典文本认为生命有贵贱之分（Jerryson，2013），缅甸佛教民族主义信奉佛教徒至上的理念，认为非佛教徒的身份和地位低于佛教徒，甚至是佛教徒的敌人，所以佛教徒攻击非佛教徒的行为都是合理正义的。第二，利用佛教典故来命名反穆斯林运动。例如，反对伊斯兰教在缅甸传播的"969"运动，其名称中的三个数字取自佛教的典故，分别指释迦文佛的九个特质、佛法的六种特征和僧侣的九种特质，"969"就是佛教的三宝佛法僧，意在使广大佛教徒认同暴力活动的权威和神圣，凸显"圣战"的特质。第三，由于佛教在缅甸的特殊地位，佛教精英受到民众的热烈追捧和"盲目"崇拜，佛教精英利用传统权威来集结或分散的佛教势力，并宣称要保持缅甸佛教信仰的纯洁性，以此来煽动信众为正义和纯洁而战。

（二）政治因素强化宗教冲突

不同宗教族群之间的矛盾冲突本质上与宗教群体之间的利益争夺和来自其他宗教族群的安全困境有关。由于宗教能作为政治精英利用的工具，所以缅甸一些政治精英刻意引导民众将当前社会发展的矛盾迁怒于特定的宗教族裔，煽动宗教仇恨，这反过来又强化了宗教冲突。事实上，缅甸长期以来激烈的宗教冲突与政治因素密不可分。

首先，英国殖民统治政策造成了佛教徒和移民到缅甸的印度穆斯林之间长久的不信任，进而产生相互间的敌意。第二次英缅战争后，英国殖民政府鼓励印度劳工大量移入缅甸以更好地开发下缅甸。大量的印度人来到缅甸，其中一半为穆斯林。根据英国的殖民政策，印度人可以无限制地向缅甸南部移民，他们在各行业与缅甸本地佛教徒展开竞争，双方之间的关系开始变得紧张。印度人的生活水平比缅甸人低，在租耕土地的竞争中排挤缅甸人；雇佣印度苦力的大型蒸汽碾米厂取代了缅甸的小型碾米商；在码头搬运中廉价的印度劳工取代了缅甸劳工。一些富有的印度穆斯林还成为了地主和高利贷者，在经济危机时获得缅甸农民的土地。另外，在政治上，一些受过教育的印度人和英印混血儿则成为英国殖民政府民事部门的工作人员，最终英国人、印度人和华人支配着经济，其中包括银行、土地所有权、投资以及国内与国际贸易等。即使在缅甸脱离英属印度后，英国殖民政策造成的穆斯林与佛教徒之间相互仇视的情绪仍未衰减，民族主义情绪在双方的互不信任中强化，直到缅甸独立甚至军政府统治缅甸时仍未缓和，甚至愈演愈烈（郭继光，2015）。

其次，缅甸政治转型期间日益高涨的佛教民族主义是造成佛教徒与穆斯林暴力冲突的重要原因之一。佛教民族主义在缅甸近代反抗英国殖民侵略、争取民族和国家独立的历史进程中曾发挥过重要作用。近年来，随着政治转型不断推进，缅甸国内佛教民族主义出现了一股强烈的极端主义思潮，成为缅甸佛教徒与罗兴亚穆斯林群体间冲突不断激化的重要推手。宗教与民族主义结合在一起，使本民族"神圣化"，宗教为本民族或本国家的一切利益服务。无论是吴努政府"政教合一"的专制主义还是奈温政府推行的语言政策与民族政策，都试图通过"一个种族（缅族）、一种语言（缅语）和一个宗教（佛教）"的统治政策，来强化缅甸的民族主义，实现其民族国家的整合，通过吸取佛教文化中的政治价值来创造一个具有高度同质性的民族国家（和红梅，2018；Walton，2013）。在2011年缅甸政治变革后，陆续出现了一些激进的民族主义佛教组织。例如，2013年6月，以维拉图为首的"969运动"提出"保卫民族佛教"的四个法案，即《宗教皈依法案》（禁止强迫信仰佛教的妇女和女孩以婚姻关系皈依伊斯兰教）、《婚姻法案》（禁止穆斯林男性与佛教女性之间的婚姻）、《一夫一妻法案》（禁止穆斯林的一夫多妻制）、《人口控制法案》（抑制穆斯林过快的人口增长）。此要求得到时任总统吴登盛和联邦国会主席吴瑞曼（Thura Shwe

Mann）的支持。这些法案在 2015 年 8 月大选前夕通过并正式实施，使得缅甸佛教极端主义的扩散得到法律保障（钟小鑫，2017）。

第三节 民族宗教矛盾激化的武装冲突

长期以来，因为历史、政治、地理、经济等因素综合作用，以佛教徒为主的缅族和以信仰少数宗教为主的少数民族之间存在着深刻的矛盾，这种矛盾不断激化，逐渐演化成为少数民族地方武装（简称"民地武"）冲突。这些反政府的武装行动对缅甸国内和缅甸周边地区的安全稳定极为不利。

一、武装冲突的历史进程

根据历史发展脉络，缅甸武装冲突被划分为四个阶段，分别是：独立前的矛盾暗涌阶段、1948—1988 年的爆发对抗阶段、1989—2008 年的和谈停火阶段、2009 年至今的重燃激化阶段。

（一）独立前的矛盾暗涌

缅甸早期历史上，各民族生活在一起，经济文化长期相互影响，共同开发了广阔的疆土，一起创造了历史文化，推动了缅甸社会经济的发展，民族矛盾并不突出。10 世纪后，缅族力量不断壮大，先后三次统一缅甸，势单力薄的少数民族被迫迁徙到边远山区。缅族执掌政权后，作为主体民族的地位愈来愈稳固，缅族聚居区与少数民族地区的经济差距不断扩大，双方之间长期处于隔离的状态（Nyein，2009）。少数民族对缅甸联邦的认同感越来越弱，缅族与少数民族之间因为压迫与被压迫的关系时常发生小规模冲突，民族矛盾初见端倪。

19 世纪初，英缅战争爆发直至 1886 年英国占领了整个缅甸后，英国殖民者为了在缅甸进行长久稳定的殖民与资源掠夺，对缅甸施行了"以夷制夷、以吏治夷、分而治之"的政策，即在缅甸本部建立现代行政体系进行直接统治，在掸族、克耶族、克钦族等少数民族的聚居地区保留土司制度等社会政治制度，同时给予少数民族上层一定的特权，利用他们间接统治当地人民。与此同时，英国传教士深入缅甸各少数民族地区传播基督教，使很多少数民族放弃了原有的宗教信仰而改信基督教，也使得少数民族同缅族越来越疏远。殖民统治后期，为阻挠缅甸完全独立，殖民者利用宗教扶持少数民族上层，加深了少数民族分离主义的倾向，削弱了政府对民族问题的掌控，为民族宗教矛盾埋下隐患（刘祎等，2019）。殖民统治者引入的穆斯林劳动力对缅族人民的生产生活构成一定的威胁，将佛教徒与穆斯林之间的矛盾凸显出来。英殖民政府的一系列举措，使缅族与少数民族之间的经济、宗教、文化差异进一步扩大，民族宗教矛盾进一步突出，不仅加剧缅族与少数民族之间的互不信任和对立，也使一些少数民族在政治、军事方面积累了一些经验，具备了组建民族武装的能力，为缅甸少数民族地方武装的产生奠定了基础。

（二）1948—1988 年的爆发对抗

1947 年 2 月在缅北掸邦彬龙镇，缅族、掸族、克钦族和钦族领导人签署《彬龙协议》，同意建立统一的缅甸联邦，共同摆脱英国的殖民统治。但独立运动领袖昂山在 1947 年 7 月遇刺身亡，他的继承人吴努继续领导独立运动，于 1948 年初正式成立了缅甸联邦（阳举伟、左娅，2018）。缅甸独立以后，中央政府违反《彬龙协议》，收紧了各个少数民族的自治权，少数民族纷纷组织军队对抗政府，导致了缅甸 30 多年的内战。

1948—1962 年的吴努政府执政期间，受"大缅族主义"的影响，缅中央政府对全国各少数民族地区推行强制同化和佛教国教化的政策，受到缅北各少数民族的强烈反对，为此后的缅甸武装冲突埋下隐患。1948 年，克伦族便建立了武装组织并声称要向"大缅族主义宣战"（Harriden，2002）。克钦族、克耶族、孟族、若开族等少数民族也纷纷揭竿而起，建立了自己的武装力量与政府对抗（宁威，2018）。除了仰光，几乎所有的地区都发生了武装运动，使得缅甸陷入了内战的泥淖。1952 年，吴努政府以清剿国民党残余部队为由，对南掸邦实施军事管制（祝湘辉，2009）。1959 年通过的《缅甸宪法修正案》强制要求在克耶邦和掸邦地区实行民主化改革。因反对 1961 年吴努政府的佛教国教化措施，同年 2 月，克钦独立军宣布独立并提出"独立建国"的主张。截至 1962 年年初，缅甸境内已经成立了克伦、掸邦、克钦和孟族等四支实力较强的少数民族地方武装组织，有 7 000 人左右的兵力（田雪雪，2019）。

1962 年奈温军政府上台以来，采取了更为强硬的手段，缅中央政府与上述民族地方武装组织的矛盾不但没有得到解决，反而逐渐激化。在 1970 年，中央政府与少数民族的矛盾发展到最恶化的阶段，一直持续到 1988 年。在此期间，曾经一度出现了数十支少数民族地方武装共同反抗中央政府的局面。缅甸共产党当时实力最强，控制了缅甸北部的大部分地区，巅峰时期控制面积达 10 万 km^2，武装人数近 3 万人（钟瑞添、汤志华，2006）。1987 年，克钦解放军因缅联邦政府军的大规模军事打击损失惨重。此外，当时的缅甸还出现掸邦军、克耶解放军、新孟邦党、若开解放军、罗兴伽爱国阵线等反政府武装组织。据相关资料统计，缅甸国内当时共有 29 支少数民族地方武装，总兵力为 7 万—8 万人（贺圣达、李晨阳，2009）。由于少数民族地方武装常年活动的偏远山区交通不便且不适合大规模作战，即使缅军常年对其进行军事打击，非但没有收到预期效果，反而使得缅北各少数民族地方武装林立，与中央政府的关系更趋恶化。

（三）1989—2008 年的和谈停火

1988 年 9 月，缅新军人政府改变了奈温时期的以军事围剿为主的政策，采取灵活和务实的措施和政策，例如，恢复缅甸联邦称号，对少数民族武装实施以和谈为主、军事打击为辅的方针等，与少数民族地方武装取得了短暂的和谐（胡志丁等，2023）。

20 世纪 80 年代末，缅甸共产党解体后分裂为缅甸民族民主同盟军、佤邦联合军、掸邦东部民主同盟军、克钦新民主军等多支少数民族地方武装。自 1989 年起，新军人政府与这些武装进行谈判并达成停火协议，将其主要的活动区划为"特区"，承认了其在特区内的特权（宁威，2018）。1989 年 3 月 11 日，彭家声领导的缅甸民族民主同盟军脱离缅甸共产党，成为缅北掸邦地区一支独立的少数民族地方武装。其管辖区被划定为掸邦第一特区，实际控制的边界线长约 166 km。该地方武装于同年 3 月 31 日与缅甸政府签署和平协议，主要的收入来源是毒品交易。同年 4 月 17 日，佤邦联合军也从缅甸共产党脱离出来，于 5 月 18 日与缅甸政府签订了停火协议，其管辖的范围被定为掸邦第二特区，主要的财源是贩毒收入。同年 5 月，掸邦东部民主同盟军与缅甸政府达成停火协议，其财政收入的主要来源也是毒品交易，其管辖区域被划为掸邦第四特区。此外，在掸邦地区的掸邦军、勃欧民族军、崩龙邦解放军、缅泰军等也与缅甸政府达成和解（表 5-4）。在克钦邦地区，丁英领导的克钦新民主军于 1990 年与缅甸政府达成停战协议，其管辖区域被划为克钦邦第一特区，财政收入来源是玉石和木材交易。1993 年 9 月 20 日，克钦独立军与缅甸政府达成停战意向，并于 1994 年 2 月 24 日签署停火协议。克钦独立军的管辖范围被划归为克钦邦第二特区，其收入也主要来自玉石和木材交易（田雪雪，2019）。

表 5-4 与缅甸政府达成和解的缅北少数民族武装

武装名称	和解时间	所属特区	活动区域
缅甸民族民主同盟军	1989 年 3 月 31 日	掸邦第一特区	掸邦东北部果敢地区
佤邦联合军	1989 年 5 月 18 日	掸邦第二特区	掸邦东北部邦康地区
掸邦东部民主同盟军	1989 年 5 月	掸邦第四特区	掸邦东北部勐拉地区
掸邦军	1989 年 9 月 24 日	掸东第三特区	掸北、缅泰边境地区
勃欧民族军	1991 年 2 月 18 日	掸南第六特区	掸邦南部地区
崩龙邦解放军	1991 年 4 月 12 日	——	缅中边境地区
缅泰军	1996 年 1 月 5 日	掸邦第七特区	金三角

资料来源：ACLED，https://acleddata.com/。

虽然 1989 年以来缅甸政府与缅北多支少数民族地方武装签署了停战协议且双方的直接军事冲突已经大大减少，但是双方仍然信任缺失，存在着较大的政治分歧。少数民族武装要求政府给予高度的自治权并保存自己的武装力量，但缅甸政府坚持军政统一和政宪统一原则，仍然在政治、经济、文化等领域继续维持着对少数民族武装的控制。为了保持与缅甸政府对峙的实力，缅北少数民族武装组织也在不断扩大其武装力量。另外，仍有克钦保卫军、勋古保卫军、钦族解放组织等力量较弱的武装组织与政府继续对抗。但总体而言，20 世纪 80 年代末以来的 20 年里，缅北地区保持着相对和平的状态。

（四）2009 年至今的重燃激化

2009 年至今，缅军与少数民族武装的冲突加剧，先后爆发 2009 年果敢冲突、2011—2014 年克钦邦冲突、2015 年果敢冲突等。这些冲突主要集中在与中国云南省接壤的缅北地区，严重影响了边境地区安全和"一带一路"倡议在南亚、东南亚的推进（胡平平等，2020）。

2010—2022 年，缅甸国内的武装冲突在全国范围内爆发，十多年间共发生了 10 573 次，发生频率呈现显著波动的增加态势，并于 2020 年后急速增长。由图 5-4 可见，2012 年之前，缅甸武装冲突事件较少，事件数呈现出小幅波动增长态势，这主要是受到 20 世纪 90 年代以来签订的停战协议的约束，和军政府在执政时期内对各方力量的压制平衡等的影响，国内政局相对稳定。2010 年前后，缅甸正式开启民主化改革，2012 年后，尽管国内政局总体稳定，但政府军对克钦军的打压以及 2015 年果敢冲突，造成武装冲突事件呈现波动化的增加。2015 年之后，武装冲突事件继续波动增加。特别是 2017 年以来的罗兴亚问题和德昂军问题，武装冲突事件在 2019 年有所增加；2021 年缅军接管国家政权后，国内冲突直线上升，联邦政府与多支民地武以及民族团结政府（简称"民团"）爆发战争。其中，最严重的是缅甸军队和克钦独立军之间的武装冲突。两者之间冲突于 2011 年开始并一直持续至今，冲突地点集中

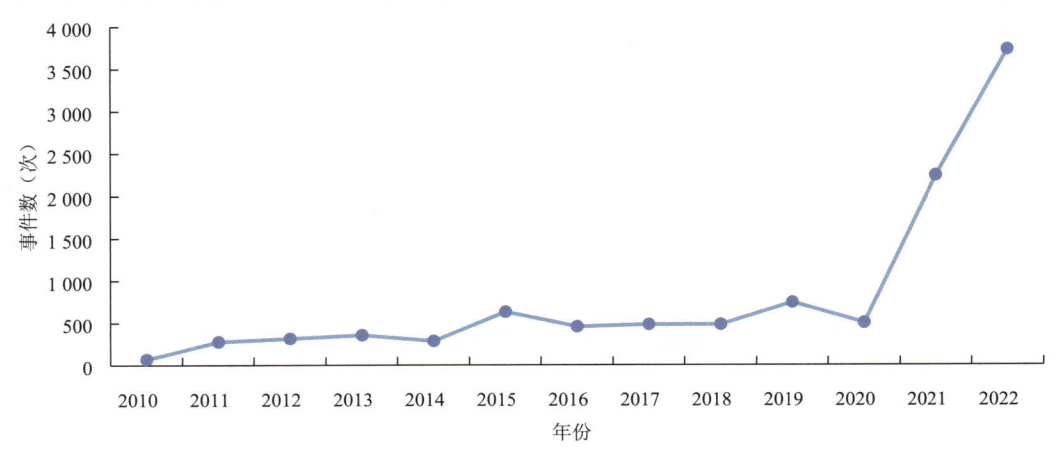

图 5-4　2010—2022 年缅甸国内武装冲突事件

资料来源：ACLED，https://acleddata.com/。

在克钦邦；缅军与民地武之间在掸邦的冲突也较为严重；与此同时，缅甸全国各地区平民与学生组织等也开展了众多抗议活动，佛教徒与穆斯林之间的冲突亦此起彼伏。这与联邦政府对各方政治力量压制减少、域外势力介入加深、罗兴亚问题凸显等有较大关联。

二、武装冲突的空间演变

由于历史统计资料的欠缺及当时统计技术的限制，基于数据系统解读 2010 年以前武装冲突的时空过程可能性不大，因此基于当前的数据，利用地理信息系统等相关技术，以下重点讨论 2010 年至今缅甸的武装冲突，认识缅甸武装冲突的时空特征。具体采用等间距断点法将 2010 年、2014 年、2018 年和 2022 年缅甸武装冲突事件数据以点的形式展布在地理空间上（图 5-5），可以发现缅甸武装冲突的空间演变具有以下特征：

第一，自 2010 年以来，武装冲突事件的热点中心从克伦邦转向掸邦、克钦邦和若开邦等，而在 2022 年，热点几乎遍布缅甸全境。其主要原因是缅北地区民地武与缅甸联邦政府之间的停火协议在 2011 年前后被撕毁，民地武为寻求政治及军事权益，不断与缅军发生武装冲突。而若开邦成为另一个新的政治冲突事件中心，主要是由 2017 年前后的罗兴亚问题引发。2021 年缅甸军方接管国家政权后，国内冲突全面爆发。

第二，武装冲突呈现出由南向北逐渐转移、从东至西迅速扩散的态势。在 2010 年代初期，武装冲突主要集中在克伦邦，这与克伦邦频繁发生的分裂运动有关。随着民主化改革的推进及克伦邦民地武的北移，以及缅军于 2009 年 "88 事件" 之后开始与国内其他民地武发生激烈冲突，武装冲突由南向北集中。同时，伴随着民主化改革的深入，缅甸各类矛盾激化，罗兴亚问题再次爆发，且缅军、缅政府与罗兴亚人冲突白热化之后，罗兴亚人高度集中的若开邦成为缅甸政治冲突的中心之一。

第三，武装冲突由向沿边、沿海地区集中向全国其他地区分散性分布发展。2010 年，缅甸境内的冲突主要集中在泰缅边境的克伦邦，军政府要强制解散民族地方武装，克伦邦兵力长期存在且比较强大，加之军政府怀疑克伦邦存在美国支持的反动力量，从而对克伦邦进行围剿。之后，缅军认为果敢地区民地武非法制造毒品和军火，双方爆发严重冲突，同时缅北地区各地方武装拒绝接受缅军整编，双方战事持续至今。2012年6月，因佛教和伊斯兰的冲突，罗兴亚问题愈演愈烈，使得少数民族地方武装集中的边境地区成为了冲突最为集中的区域。沿海地区的仰光是缅甸的经济中心，因缅军与民地武的冲突，以及在国外政治势力、非政府武装的干预下，仰光民众抗议频发，纷纷提出政治诉求并与缅军、缅政府发生冲突。整个东部、北部的沿边地区，西部沿海和沿边的若开邦，南部沿海的仰光等成为了缅甸武装冲突最为集中的地区。

采取核密度分析法对不同地点缅甸武装冲突事件的发生频次进行分析，不难发现，2010—2022年缅甸政治冲突的发生呈现出由单核中心向双核中心、三核中心再到多核中心的发展趋势。至2022年，第一级集聚中心分布在实皆省南部、马圭省北部地区，并向实皆省中北部、马圭省南部和钦邦扩散；第二级中心以钦邦北部和实皆省西南部的印缅边界为核心，沿印缅边界向南北扩散；第三级集聚中心以曼德勒省北部和实皆省南部为核心，向四周扩展；第四级集聚中心以仰光省北部为核心；第五级集聚中心集中在克耶邦。

表 5-5　2010—2022 年缅甸各省份发生的武装冲突统计

地区	次数	地区	次数
掸邦	2 956	德林达依省	345
克钦邦	1 726	孟邦	267
实皆省	1 618	曼德勒省	236
若开邦	963	勃固省	135
克伦邦	636	仰光省	104
钦邦	595	伊洛瓦底省	33
马圭省	525	内比都联邦区	4
克耶邦	434	总计	10 573

资料来源：ACLED，https://acleddata.com/。

从省一级行政区尺度来看，首先掸邦是政治冲突的高度集中区，2010—2022年共发生了2 956次武装冲突，掸邦是缅甸民地武分布最为集中的地区，共有佤邦联合军、果敢同盟军等30多支民地武和民团存在，民地武之间、民地

2014年武装冲突核密度
高 低

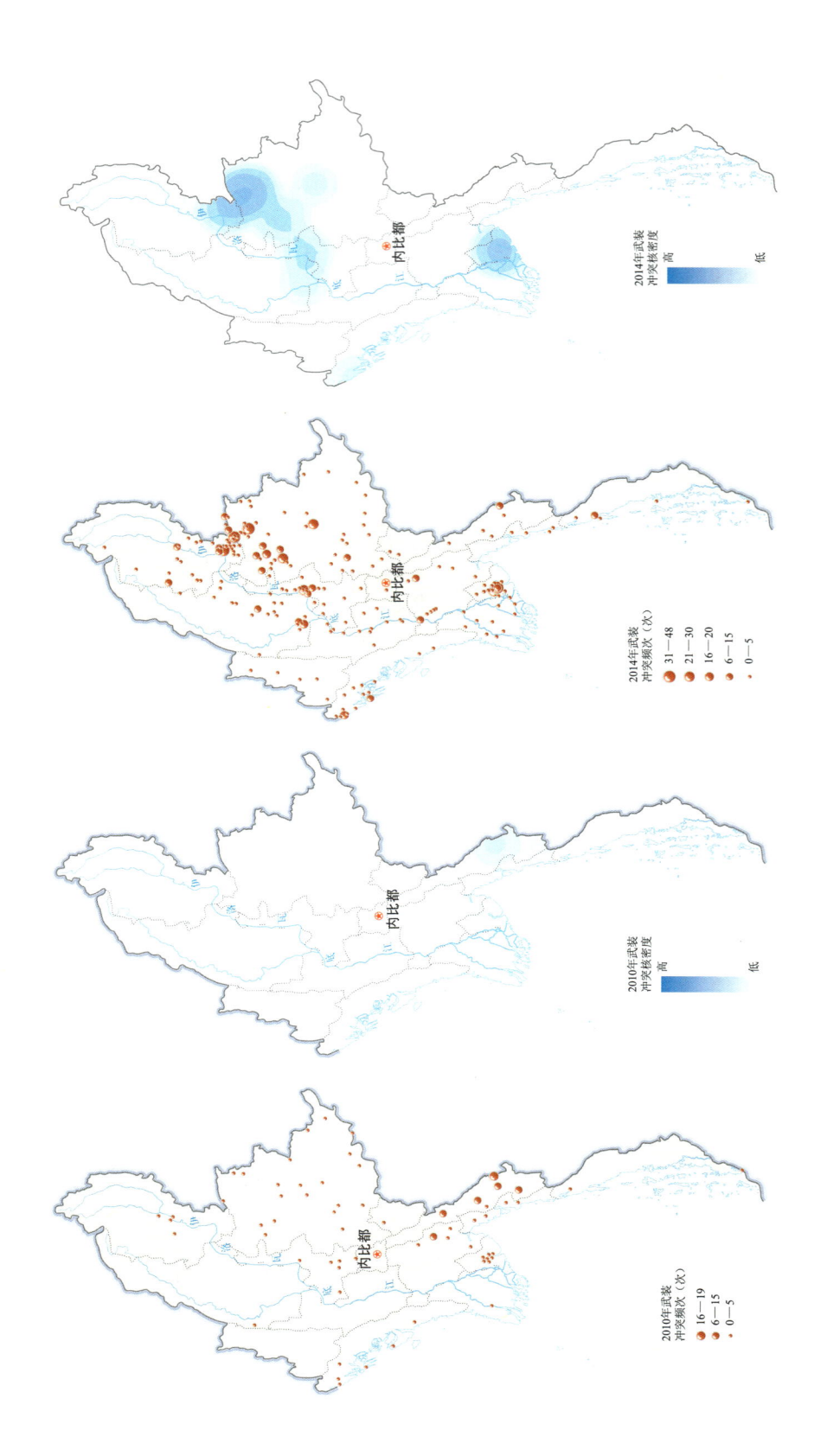

2014年武装冲突频次（次）
31—48
21—30
16—20
6—15
0—5

2010年武装冲突核密度
高 低

2010年武装冲突频次（次）
16—19
6—15
0—5

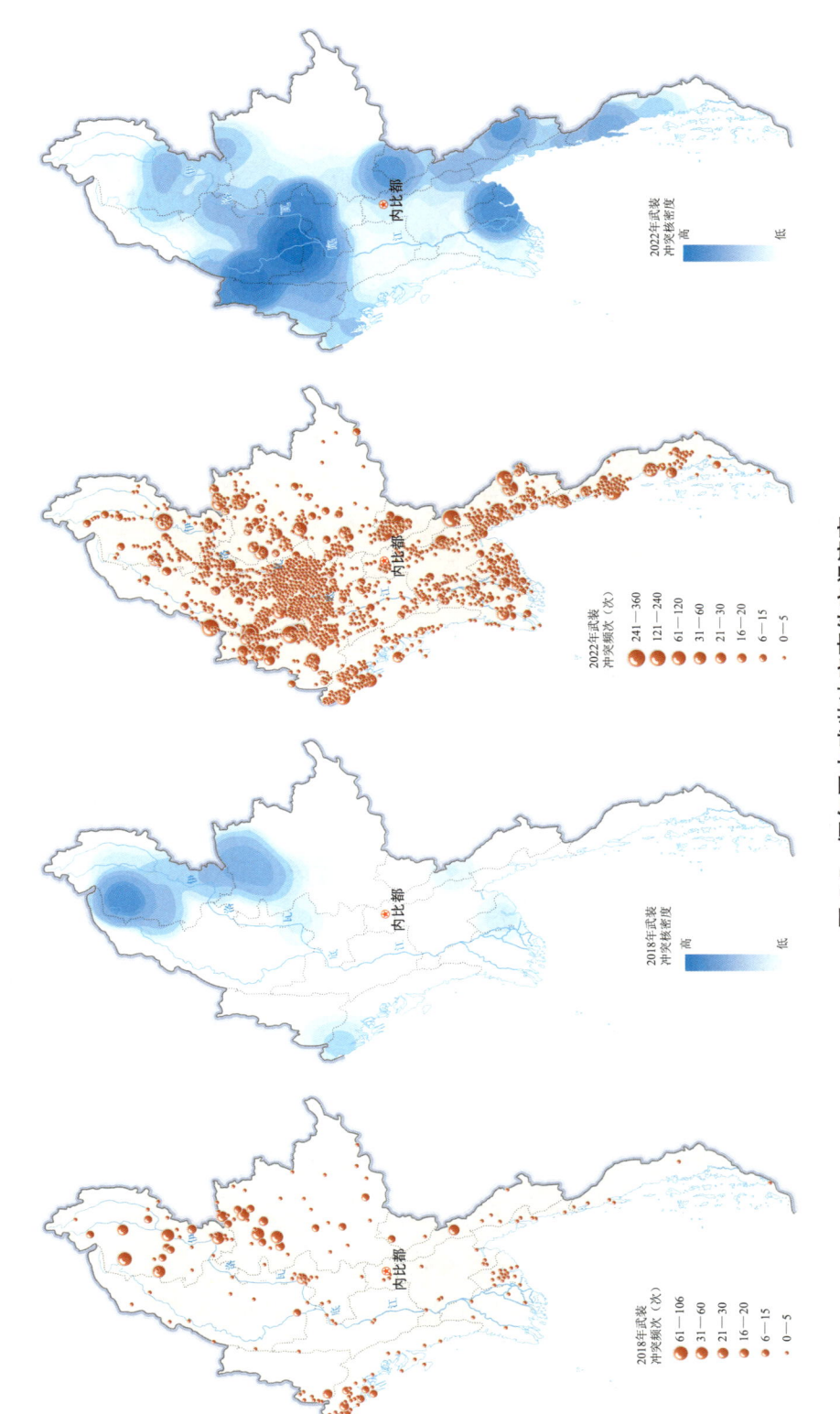

图 5-5 缅甸国内武装冲突事件空间演变

资料来源：ACLED, https://acleddata.com/。

武与缅军之间冲突不断；其次是克钦邦和实皆省，分别发生了 1 726 次和 1 618 次，克钦独立军是缅北地区民地武中最强悍的一支军队，一直以来与缅军对抗，直至当前冲突仍然持续不断；再次为若开邦，共发生了 963 次，若开邦政治冲突事件的发生率上升明显，这与若开邦罗兴亚人事件在全球发酵有最直接的关系；克伦邦、钦邦、马圭省等地区的武装冲突事件发生偏多，十多年来的总次数均在 500 次以上。其他省、邦、地区的武装冲突事件时有发生，伊诺瓦底省和内比都联邦区等地由于以缅族为核心、民地武较少、民盟政府加强这些地区的发展等原因，较少有武装冲突。

缅甸武装冲突长期、高频发生，主要可以从三个方面分析其原因。第一，在跨领域之间相互作用和影响方面，缅北地区由于地理原因在历史上就与开放发展的平原地区少有联系和贸易，在经济上存在明显的二元分立局面。近代以来，英国殖民时期分而治之的政策更加剧了民族、宗教、文化的二元对立，缅北地区的停火资本主义不仅没有化解冲突，还加强了冲突的经济原因。新时期各方争夺贸易通道、口岸、原材料地等，加剧了冲突。第二，在跨尺度之间的联系和相互作用方面，在区域尺度上，缅北地区边境属性及其通道属性的复杂性深刻影响着其地缘环境的稳定性，导致民族冲突难以解决，冲突问题也呈现出地区化的态势。在国家尺度上，长期的冲突导致缅甸整体经济发展受阻，缅甸政府为了应对冲突将每年 1/3 的财政用于军事，人民生活难以为继，使得武装冲突逐渐演变成全国性的问题。在全球尺度上，缅甸地处亚欧大陆边缘地区，处于心脏地带和边缘地带之间，地缘环境十分复杂，且从宗教文明看，缅北地区处在全球三大文明的交流与冲突地带，各宗教势力冲突、融合、共存，共同塑造了缅北地区交杂破碎的地缘文化版图，加剧了它与周边地区的裂痕。第三，在多元地缘体复杂博弈方面，缅甸国内的武装冲突不仅涉及缅军政府、各少数民族武装、缅甸民众、缅甸各政党，还牵涉中国政府及云南地方政府、美国、东盟、非政府组织等国家与非国家地缘体，还有跨境商人、民众等行为体，这些主体间相互作用，造成缅甸国内冲突的持续性与复杂性。

缅甸国内的武装冲突问题远远不是缅甸国内的地区性问题，而是同时牵涉缅甸北部、缅甸全国、中国边境地区、中印孟缅、中南半岛、中国和美国等不同尺度的全球性问题。缅甸国内的武装冲突有时直接侵犯邻国的主权与领土完整，危害到传统的边境安全，有时也会影响到边境口岸或互市贸易的正常进行，造成双边跨境贸易的损失。此外，缅甸周边地区一直存在有边难防、有边无防的局面，武装冲突造成难民集聚或大量涌入，例如，泰国是接收缅甸难民最主要的当事国，也是难民问题最大的受害者。总之，冲突问题关系着缅甸周边地区的繁荣稳定，对边境地区的经济发展和边境安全极为不利。

参 考 文 献

[1] 爱国："云南基督教源流"，《中国宗教》，2002年第5期。
[2] 〔缅〕波巴信著，陈炎译：《缅甸史》，商务印书馆，1965年，第102—103页。
[3] 陈真波："基督教在缅甸的传播及其对缅甸民族关系的影响"，《世界民族》，2009年第3期。
[4] 〔英〕D. G. E. 霍尔著，中山大学东南亚历史研究所译：《东南亚史》（下册），商务印书馆，1982年，第886—887页。
[5] 董小川：《20世纪美国宗教与政治》，人民出版社，2002年，第210页。
[6] 傅新球："缅甸佛教的历史沿革"，《东南亚纵横》，2002年第5期。
[7] 桂光华："吴哥王朝的兴衰"，《南洋问题》，1986年第3期。
[8] 郭继光："缅甸政治转型过程中的宗教冲突探析"，《东南亚研究》，2015年第6期。
[9] 何平："缅族先民的迁徙和现代缅族的形成"，《东南亚》，2006年第2期。
[10] 和红梅："民族国家构建视野下的缅甸罗兴伽难民问题"，《世界民族》，2018年第3期。
[11] 贺圣达：《缅甸史》，人民出版社，1992年。
[12] 贺圣达：《当代缅甸》，四川人民出版社，1993年。
[13] 贺圣达、李晨阳：《列国志·缅甸》，社会科学文献出版社，2009年。
[14] 胡平平、武友德、李灿松："缅甸民主改革以来政治冲突的时空分异与发展趋势分析"，《世界地理研究》，2020年第4期。
[15] 胡志丁、张喆、赵路平："地缘环境研究的理念及议程与路径"，《地理学报》，2023年第1期。
[16] 姜永仁："论佛教与缅甸现代化进程"，《东南亚》，2001年第3期。
[17] 孔建勋、张晓倩："当前缅甸不同宗教群体之间的社会距离及其影响因素"，《世界宗教文化》，2017年第1期。
[18] 李晨阳："伊斯兰教在缅甸"，《亚太研究》，1994年第4期。
[19] 李晨阳、孔鹏、杨祥章：《缅甸国情报告（2020）》，社会科学文献出版社，2021年，第96—104页。
[20] 廖亚辉等：《缅甸经济社会地理》，世界图书出版公司，2014年，第47—68页。
[21] 刘祎、宋涛、孙曼："缅甸的地缘环境演化及中缅合作启示"，《世界地理研究》，2019年第2期。
[22] 刘稚、沙莎："'一带一路'倡议实施中的缅甸宗教风险研究"，《世界宗教文化》，2020年第5期。
[23] 刘稚、沙莎："何故为敌：缅甸族际冲突中的宗教因素探析"，《世界宗教文化》，2022年第3期。
[24] 宁威："民盟执政下缅甸民族整合问题研究"，国防科技大学博士论文，2018年。
[25] 田雪雪："当前的缅北冲突与中缅边界管控研究"，云南师范大学硕士论文，2019年。
[26] 田雪雪、胡志丁、王学文："当前缅北冲突与中缅边界管控研究"，《世界地理研究》，2019年第

2 期。
- [27] 乌小花、郝因："多民族国家整合视野下的缅甸民族政策"，《黑龙江民族丛刊》（双月刊），2017 年第 3 期。
- [28] 吴格拉：《大史》（第一卷），汉达瓦底三藏经出版社，1960 年，第 298 页、第 307—308 页。
- [29] 〔缅〕吴耶生："公元 802 年骠国使团访华考"，载中外关系史学会：《中外关系史译丛》（第一辑），上海译文出版社，1984 年，第 63 页。
- [30] 阳举伟、左娅："缅甸族群冲突与族群和解进程探究"，《东南亚研究》，2018 年第 4 期。
- [31] 章远："缅甸独立后的族际宗教冲突和治理困境"，《东南亚研究》，2016 年第 1 期。
- [32] 赵永胜："缅甸掸人及其分布格局的演变"，《贵州民族研究》，2015 年第 5 期。
- [33] 钟瑞添、汤志华："缅甸共产党的兴亡及启示"，《科学社会主义》，2006 年第 1 期。
- [34] 钟小鑫："缅甸佛教极端主义的历史根源及其当代展演——入世传统、民族主义与政治修辞"，《东南亚研究》，2017 年第 5 期。
- [35] 钟智翔："缅甸民族源流及其与中国的关系初探"，《东南亚》，1998 年第 3 期。
- [36] 钟智翔、尹湘玲、扈琼瑶等：《缅甸概论》，世界图书出版公司，2019 年。
- [37] 祝湘辉："缅甸果敢已经不能平静"，《世界知识》，2009 年第 18 期。
- [38] 祝湘辉、孔鹏、杨祥章：《缅甸国情报告（2019）》，社会科学文献出版社，2019 年，第 51—52 页。
- [39] Aung-Thwin, M., 2013. *A History of Myanmar Since Ancient Times: Traditions and Transformations*. Reaktions.
- [40] Harriden, J., 2002. "Making a name for themselves": Karen identity and the politicization of ethnicity in Burma. *Journal of Burma Studies*, Vol. 7.
- [41] Nyein, S. P., 2009, Ethnic conflict and state building in Burma. *Journal of Contemporary Asia*, Vol. 39, No. 1.
- [42] Jerryson, M., 2013. Buddhist Traditions and Violence. In Juergensmeyer, M., M. Kitts, M. Jerryson (eds.), *The Oxford Handbook of Religion and Violence*. Oxford University Press.
- [43] Luce, G. H., 1985. *Phases of pre-Pagán Burma: Languages and History*. Oxford University Press.
- [44] Osman, M. N. B. M., 2017. Understanding Islamophobia in Asia: The Cases of Myanmar and Malaysia. *Islamophobia Studies Journal*, Vol. 4, No. 1.
- [45] Schecter, J. L., 1967. The New Face of Buddha: Buddhism and Political Power in Southeast Asia. *The Journal of Asian Studies*, Vol. 27.
- [46] Topich, W. J., K. A. Leitich, 2013. *The History of Myanmar*. ABC-CLIO.
- [47] Walton, M. J., 2013. The Wages of Burmanness: Ethnicity and Burman Privilege in Contemporary Myanmar. *Journal of Contemporary Asia*, Vol. 43, No 1.

第六章　城市地理

受人口、工业化和国家地形条件的共同影响，缅甸的城市化发展仍处于初级水平。这一城市化过程为缅甸塑造城市规模、实现可持续增长和减贫带来了许多机会。目前，约有 33.5% 的缅甸人口居住在城市地区，城市居住率与印度 (32.37%) 和孟加拉国 (33.52%) 相当（Winter and Thin, 2016）。虽然没有特大城市，但缅甸城市人口仍以每年 2.5% 左右的速度增长，远远超过整体人口的增长率（0.85%）。值得注意的是，2014 年人口普查显示，城市人口主要集中于曼德勒、内比都、毛淡棉和经济中心仰光（图 6-1）。城市化的显著特征主要表现为城市空间扩张和人口增长，分别代表着土地城市化和人口城市化的进程。随着城市化的推进，大量耕地、林地等土地资源被快速占用，对国家经济发展、社会结构和生活方式等方面产生了深远影响。通过综合考量缅甸的人口城市化、产业非农化和生活方式城市化等因素可以发现，缅甸正面临着工业化发展远远超过城市化进程的挑战，城市间的发展不平衡和城乡间的发展差距日益显著。

本章将对缅甸城市化进程和发展趋势进行深入分析与讨论。首先，回顾缅甸城市化的历史演变，划分其经历的主要阶段，同时深入探讨城市规模和城市形态的变化。其次，对缅甸的城市体系进行阐述，包括城市体系的层级结构以及城市在空间上的分布和结构特点。在经济与产业部分，深入剖析地形条件对缅甸城市经济结构的影响机制，基础设施与产业空间的分异关系，以及城市经济结构的转型与工业区的分布。此外，本章也将探讨城市化与工业化之间的互动关系。最后，讨论缅甸城乡关系中的失衡问题、城市化的制约因素，以及城市可持续发展面临的各种挑战。主要考虑以下几点：一是缅甸正在经历快速的城市化过程，这对于城市规划和基础设施建设提出了新的挑战。二是随着经济的开放和全球化进程，缅甸的城市经济和产业结构也面临转型，需要对此进行深入分析。三是城乡失衡问题逐渐凸显，这不仅影响经济发展，更关系到社会稳定。四是可持续发展是当前全球都在关注的重点，缅甸的城市化进程如何确保可持续性，也是本章的一个重要议题。

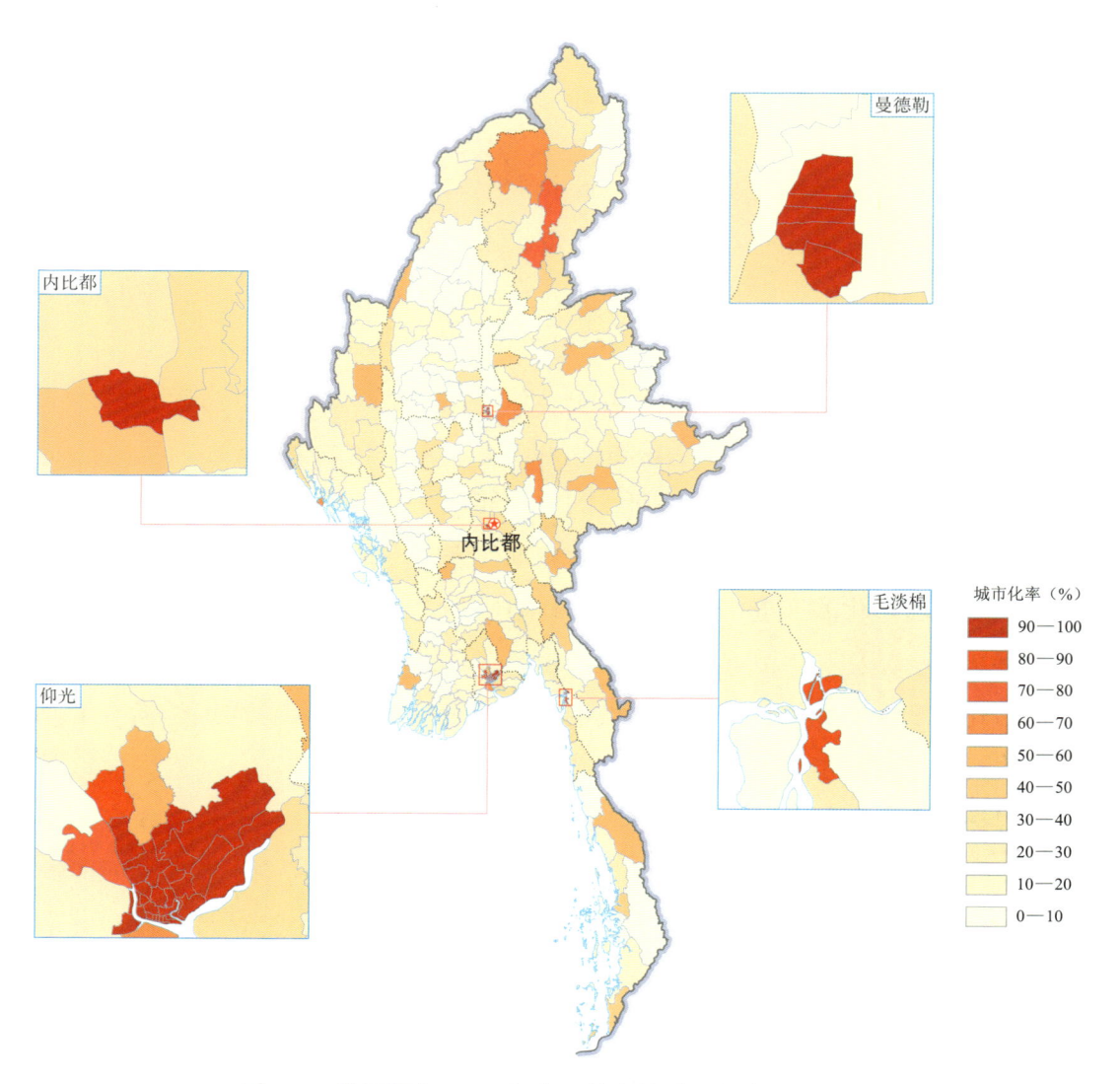

图 6-1　基于缅甸 2014 年人口普查的城市化率空间分布

第一节　城市化进程与发展趋势

一、城市化历史演变和主要阶段

从历史上看，缅甸的城市化大致可分为 6 个阶段（表 6-1）。首先，缅甸的城市化进程受到殖民历史的深刻影响，尤其在城市中心发展方面表现得尤为明显。殖民政策在城市和农村地区引发了社会和经济结构的变革。殖民早期，农村经济的主导模式从自给自足的农业，逐渐转向商业与农业混合（Furnivall，1956）。这种农业商品化极大推动了贸易扩张和出口增长，特别是 1869 年苏伊士运河开通之后，商业活动在全球各地蓬勃发展。缅甸在殖民统治下成为全球主要的稻米出口国之一，同时柚木和原油也成为缅甸主要的出口商品。

城市的迅速增长与殖民经济的蓬勃发展紧密相连。这是因为随着商品贸易的扩张，与之相关的加工、运输、储存和营销等活动集中在城市和城镇中。正如贝里（Berry，1971）所指出的："多数帝国通过控制关键城市和连接殖民地网络的战略要地来实现殖民统治。城市作为扩张和巩固殖民势力在异域社会和地理领土上权威的基石，显得至关重要。例如，英国在印度的统治以控制首都和省会城市为中心，这不仅维持了殖民地统一且专制的行政结构，也确保了征税和对原材料出口以及英国制成品进口的经济基础。"

随着外部贸易的发展，缅甸沿海城市如仰光、勃生、毛淡棉和实兑等蓬勃兴起。这些城市逐渐成为缅甸的贸易、行政和军事中心（McGee，1967）。其中，仰光是缅甸殖民经济中最为重要的城市。

在殖民统治时期，由于较大的殖民经济体系不允许第二产业的贸易收入重新投资和扩展，缅甸的城市经济主要由第三产业主导，这是殖民体系的特点（McGee，1967；Sundrum，1983）。第二产业只有少量工业活动，主要涉及对商品的加工，如米厂、锯木厂，以及车辆和运输设备的维修与保养。城市是这些活动的主要集聚地；只有一小部分劳动力从事第二产业。

自 1948 年独立后，缅甸人口逐渐从农村和边远地区迁移到城市，城市化得以在一定程度上发展。1948年以来，虽然缅甸一直存在叛乱，但大部分地区仍在政府控制之下。实际上，正是这些地区和城市中心受到一系列政府经济规划的影响，而推动了缅甸的城市化和经济发展。

作为独立时间不长的国家，缅甸着力发展国民经济，提升人民生活水平。联邦政府制定了工业化计划，希望效仿西方经验，通过工业扩张来推动经济增长和发展。最雄心勃勃的是"比道达"（Pyidawtha）现代化计划，即"八年计划"（1952—1960年），旨在将出口替代作为发展策略之一。计划最初的框架指出，工业活动将集中在下缅甸的仰光、干旱的敏建和若开邦西海岸地区。然而，由于农村地区的安全问题和基础设施欠缺，工业活动仅在仰光城市区域建立。1953—1954年，由于主要出口商品（特别是稻米）贸易条件愈发不利，缅甸执行经济发展计划的能力受到削弱。工业化驱动计划以及农村地区的不安全情况等因素不断推动缅甸人口流向城市。这一时期，尽管工业化计划遇到困难，但缅甸的城市人口依然于1953年增至260万，却伴随着居高不下的城市失业率。

1962年，缅甸军方发动政变夺取了政权，引入了"缅甸社会主义方式"的意识形态，为其制定社会经济政策奠定了基础。此后，缅甸的商业和工业私有企业被国有化，各类资源采用集中规划的方式进行配置，这构成了基于国有工业、公共事业和对外贸易的计划经济体系。尽管最初侧重于重工业，但从1973年长达20年的计划开始，"缅甸社会主义方式"将社会经济发展的重点转向了以农业为基础的、工业和资源主导型的初级生产。虽然大量资本被投入到工业部门，但宏观数据显示，这种投资的回报较低。例如，1974/75年至1984/85年间，加工制造业对缅甸国内生产总值（GDP）的贡献率平均约为10%。此外，从1973年（18.3%）到1983年（18.1%），从事加工制造业的城市劳动力比例几乎未变。这一时期，缅甸城市化水平几乎停滞。

自20世纪90年代初以来，缅甸城市化水平显著增加。1968—1990年缅甸的城市化率仅从22%增至25%；而1990—2019年则快速增至31%。这种快速的城市化得益于缅甸从20世纪80年代末施行的"经济自由化"。1988年缅甸启动经济自由化，将重点放在农业部门的市场化之上，允许国有企业作为市场导向的企业运营。除了国企的市场化改革，外国投资也在1988年通过的《外国投资法》中获准,并能够享受 3 年的税收豁免(Rigg,2004)。缅甸的经济自由化改善了农民的生活条件,并改善了其他可用的农业技术(Okamoto,2007)。2010 年缅甸民主化改革之后,随着美国逐步解除对缅甸的经济制裁、金融制裁,加之经济政策的不断放开,缅甸城市化水平大幅提高。然而,至 2021 年,国防军政府上台,缅甸爆发内战冲突,城市化受人口迁移和资源交通要素的影响,城市化进程重新陷入困境。

表 6-1 缅甸城市化历史演变的主要阶段

发展时段	执政者	城乡结构特征及影响因素
1948 年以前的殖民时期	英国	以首都和省会城市为中心,优先发展了仰光、勃生、毛淡棉以及实兑这些良港城市
1948—1962 年	吴努	城市化水平提高了约 3%。主要影响因素为产业结构的相对优化和国内政治形势
1962—1988 年	奈温	城市化水平几乎停滞。主要影响因素是高度集中的计划经济体制和闭关锁国政策,工业化的发展一定程度上带动了城市化
1988—2011 年	新军人政府	城市化水平有所提高,逐步实行经济改革和对外开放,发挥市场作用。主要影响因素是工业化水平较低,基础薄弱
2011—2020 年	新民选政府	城市化水平大大提高,加大了民主改革力度,放宽了经济政策。主要影响因素是工业化基础薄弱和城市化结构错位
2021 年至今	国防军政府	城市化水平提升陷入困难。主要影响因素为国内爆发内战冲突,城市化受人口迁移和资源交通要素的影响

二、城市规模与城市形态变化

(一)缅甸城市人口分布高度集中

城市规模集中度,也称为首位度,在一定程度上反映了城市人口或其他规模指标在最大城市的集中程度。首位城市揭示出国家城市化水平差异大、城市发展不平衡的现象。城市高集中度容易导致繁忙时期交通堵塞、各种污染、住房短缺等城市问题。

参考人口空间格网化数据集(LandScan)以及全球城市边界数据集

(Global Urban Boundary，GUB)，估算缅甸在 2000 年、2010 年和 2019 年这三个时期的城市人口。通过这些数据集，运用相应的测量方法计算缅甸城市首位度（表 6-2），数值显示出缅甸城市集中度持续较高的态势，缅甸首位城市与其他城市之间存在巨大的人口差距，城市人口分布呈高度集中的趋势。从时间变化上观察，2010 年缅甸的"2 城市指数""4 城市指数"和"11 城市指数"分别为 3.418、2.204 和 2.283，均为三个时间点中的最高值，这表明 2000—2010 年缅甸首位城市与其他城市之间的人口规模差距增速加快。而在 2010—2019 年，虽然首位度仍然很高，但排名前几位城市的人口也有所增长，因此首位度值有所下降。

表 6-2　缅甸 2000 年、2010 年和 2019 年城市首位度[①]

年份	S2	S4	S11
2000	2.422	1.945	1.927
2010	3.418	2.204	2.283
2019	2.947	2.199	2.599

（二）缅甸城市规模分布相对均衡

缅甸的城市规模分布及其演变态势对于理解缅甸城市化进程具有重要意义。为了深入分析这一问题，以下采用位序累积规模模型（叶浩、庄大昌，2017），并以缅甸人口排名前 77 位的城市为研究样本，绘制了 2000 年、2010 年和 2019 年的缅甸城市位序累积规模散点图，并进行直线拟合，得到了一系列有意义的结果（图 6-2）。

值得注意的是，三个时期缅甸主要城市人口规模的回归方程相关系数（R^2）分别约为 0.99、0.98 和 0.99，这一结果清晰地表明了缅甸城市的位序和规模之间存在着显著关联，揭示了缅甸主要城市规模分布呈现相对均衡的特点。

进一步观察图表可发现，2010 年前后是缅甸城市人口规模变化剧烈的时

[①] 注："S2"为 2 城市指数（首位城市与次位城市规模的比值）；"S4"为 4 城市指数（第一位城市的规模与第二、三、四位城市规模总和的比值）；"S11"为 11 城市指数（第一位城市规模的 2 倍与第二至第十一位城市规模总和的比值）。

期。在这个时期，排名在第五位到第二十位的城市取得了显著的发展和人口增长，可以将其视为缅甸城市发展的主力军。然而，到了 2019 年，排后的城市人口增长速率有所减缓，表明这些城市的发展相对较为缓慢。

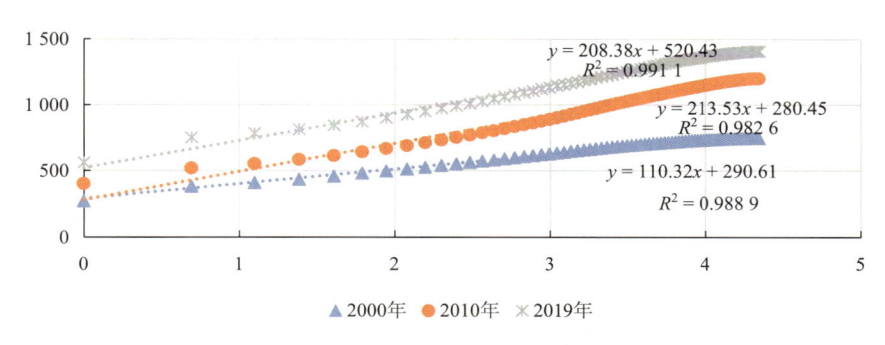

图 6-2　城市位序累积模型

（三）缅甸城市空间扩张极不规则

城市空间形态是自然与社会经济因素综合作用于城市的一种空间结果，会对城市的协调发展产生影响。绘制仰光市建成区范围的扩张变化图，以展示仰光市平面形状特征和时空变化（图 6-3）。结果显示，1990—2000 年仰光城市建设用地迅速扩展，从 161 km^2 增至 289 km^2，增长了 79.5%；2000—2010 年仰光城市建设用地扩展速度放缓，于 2010 年增至 329 km^2，较 2000 年增长了 13.8%；2010—2020 年仰光城市建设用地扩展再次加速，到 2020 年增至 739 km^2，比 2010 年增长了 124.6%。其中，1990—2000 年和 2010—2020 年仰光城市建设用地主要从农田和绿地转变而来。事实上，1990—2000 年，仰光有 128 km^2 农田（占农田面积的 2%）转变为城市建设用地，贡献了 2000 年城市土地的 44%。在此期间，大部分新增的城市土地位于东北和西北方向，而在仰光河的南部变化很小。尽管仰光南部建立了一个新城镇（达拉镇），但由于供水和通勤问题，加之仰光河上没有桥梁可供通行，城市土地发展缓慢。仰光的城市扩张持续到 2020 年，2010—2020 年，又有 328 km^2 的农田和 112 km^2 的绿地转变为城市建设用地，城市建设用地成倍增长。

城市用地空间扩展类型主要包括填充型、外延型、廊道型和卫星城型，图

6-4 展示了缅甸四个主要城市在 2020 年的城市建成区范围。各个城市的城市用地扩张极不规则，受地理环境影响较大。有些城市沿河流扩张，如仰光。有些城市沿原有小散落居民聚集点进行扩张，如内比都。总体上，2005 年后缅甸城市规模不断扩大，城市边缘破碎度增加，城市形状边界不规则性增大，多数城市会在周围形成一些小的、破碎的城市用地，代表城市为内比都，其 2020 年面积为 92.85 km^2，离散斑块面积 92.11 km^2，扩张类型表现为"卫星城型"。而原先的老城市如仰光、曼德勒等，则都呈现外延型扩张。缅甸 10 个城市的扩展类型见表 6-3。

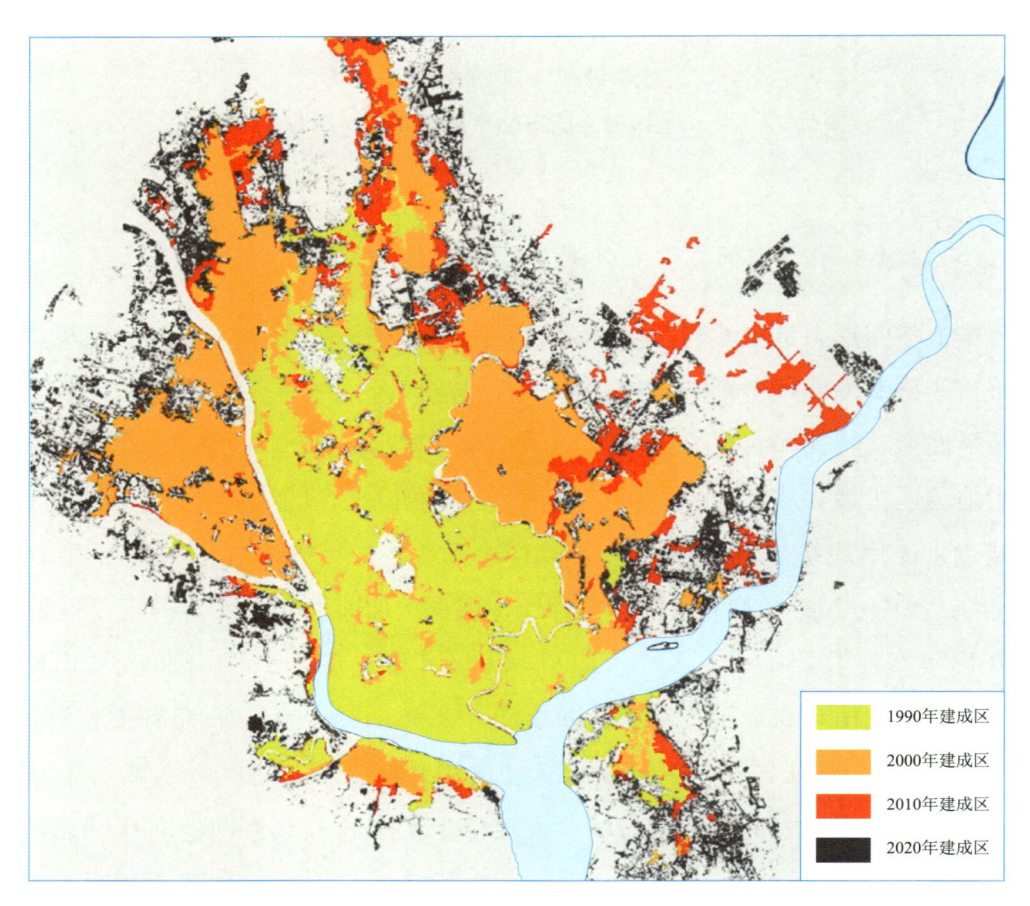

图 6-3　1990—2020 年仰光市建成区范围扩张情况

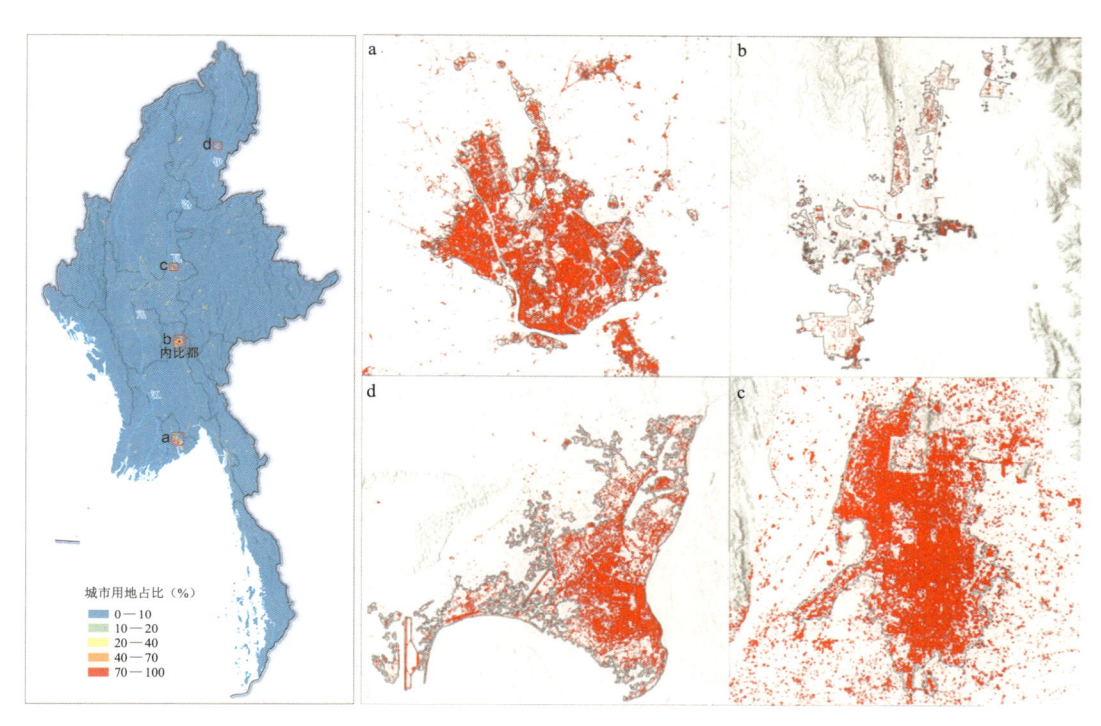

图 6-4　缅甸四主要城市 2020 年的城市用地分布

表 6-3　2000—2020 年缅甸城市主城区建设用地空间扩展类型　（单位：km²）

名称	2020年面积	填充面积	外延面积	离散斑块面积	扩展类型
仰光	452.27	14.62	228.97	35.79	外延型
曼德勒	129.99	—	422.24	23.40	外延型
内比都	92.85	—	—	92.11	卫星城型
蒙育瓦	57.99	—	19.23	—	外延型
密支那	57.50	—	39.76	—	外延型
勃固	51.33	2.38	13.10	1.20	外延型
腊戍	46.18	0.02	27.10	2.25	外延型
勃生	39.53	—	20.83	0.99	外延型
毛淡棉	39.04	0.06	16.32	2.65	外延型
垒固	31.60	—	10.39	2.39	外延型
沙廉	29.85	—	21.28	—	外延型
木各具	29.29	—	11.63	1.81	外延型

第二节 城市体系与空间结构

一、城市体系的层级结构

城市金字塔被用来揭示缅甸城市体系的层级结构特征。根据缅甸人口普查数据的划分标准，将城市等级分为 6 个级别：人口大于 10 万、5 万—10 万、2 万—5 万、1 万—2 万、0.5 万—1 万和小于 0.5 万（表 6-4）。相比 1993 年，2014 年缅甸人口大于 10 万的城市数量从 14 个增长至 18 个，5 万—10 万等级的城市数量增长最多，从 19 个上升至 34 个，这表明中小型城市的增长更为显著。这一趋势意味着缅甸的城市化进程正呈现出多层次、速度快的特点，各级城市相互依存，相互促进。中小型城市的增长为缅甸城市体系注入了活力，为大中型城市的发展提供了重要的支持和动力。

表 6-4　缅甸城市人口规模等级及相应级别的城市数量　　（单位：个）

	P≥10 万	5 万≤P<10 万	2 万≤P<5 万	1 万≤P<2 万	0.5 万≤P<1 万	P<0.5 万
1993 年	14	19	81	74	71	53
2014 年	18	34	79	76	71	34

资料来源：联合国人口基金缅甸分会，https://en.wikipedia.org/wiki/List_of_cities_and_largest_towns_in_Myanmar。

从缅甸 1993 年和 2014 年的城市人口金字塔模型可以发现（图 6-5），1993 年的模型接近于纺锤型，大城市数量很少，小城镇数量具有一定的比重，而中等规模的城镇数量较多；2014 年的模型则完全属于纺锤型，但比起 1993 年，城市等级体系结构得到改善。这表明在过去 20 年中，缅甸城市发展呈现出积极向好的趋势。此外，从金字塔模型中也能看到小城镇数量明显减少，大中型城市数量明显增多，说明缅甸城市的人口集中愈加提高，大多数城市人口都聚居在大中型城市中。

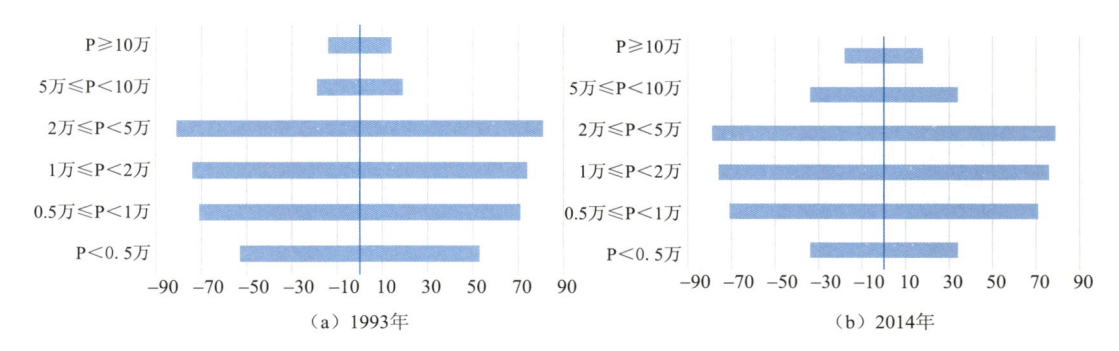

图 6-5　缅甸 1993 年、2014 年的城市人口金字塔

二、缅甸城市空间分布和结构

城市人口的增长和面积的扩大都是城市化的重要组成部分。随着人口前往城镇寻找社会和经济机会，移民成为城市化的主要推动力之一，主要表现为农村人口向城市迁移。农村人口在城市可能无法获得体面的住房、卫生设施、医疗保健和教育，即使他们只能在城市贫民窟或棚户区定居，但环境的恶化和冲突也会推动人们离开农村。尽管缅甸在 1948 年独立后经历了政治和社会经济的巨大变革，但城市化模式仍与殖民时期相似，展现出一定程度的延续性。

1950 年后，缅甸经历了一个城市化的高峰期。当时，由于边境地区爆发了暴乱，大量农民为了寻求安全而涌入城市。随着人口的迅速增长，政府无法提供足够的住房，导致许多人私自占据土地。为了解决这个问题，缅甸当局在仰光市郊区建立了一批卫星城，以安置这些难民，并减轻仰光的负担。由此，仰光的城市范围不断向东、向南扩张。无论是从城市人口增长还是从城市与农村人口的比例来衡量，缅甸城市化的速度在 1953 年至 1973 年提高了一倍。然而，在 1973 年至 1983 年，包括仰光在内的城市化速度有所下降。缅甸学者认为，这主要归因于国家经济状况不佳，城市经济无法吸引更多劳动力移民，而农村经济也出现了一些小规模改善。

1983 年至今，缅甸的城市化速度虽然有所提升，但仍呈现出较低且发展缓慢的特征。调查数据显示，近年来缅甸的城市化水平相对较低，2019 年城市人口约占总人口的 30.8%，男女比例为 49.7∶50.3，贫困人口比例为 26%。虽然城市人口每年都在增长，而且增长速度略高于农村人口，但农村人口仍占主导地位。图 6-6 显示，自 21 世纪以来，缅甸城镇人口年增长率在 1.5% 左右徘徊，农村人口的年增长率波动下降，一直小于 1%，两者都保持在一个相对较低的水平。

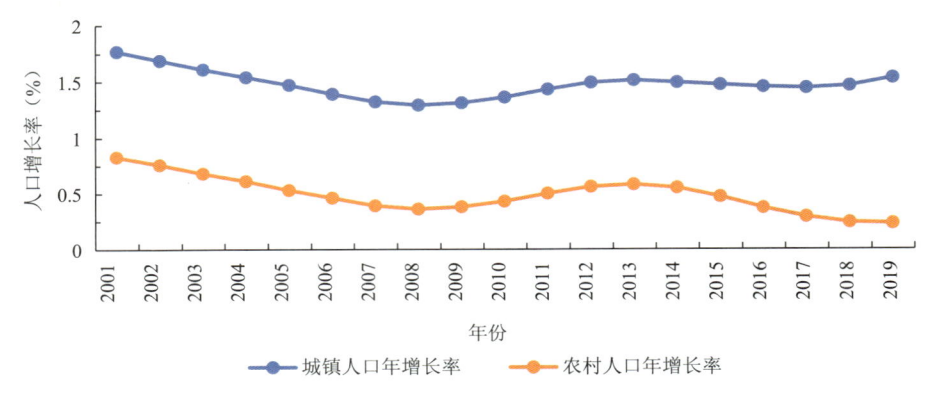

图 6-6　2001—2019 年缅甸城镇和农村人口年增长率

为了描述缅甸城市扩张与人口扩张的匹配程度，引用联合国可持续发展指标 SDG11.3.1，利用遥感数据和谷歌地球引擎平台开发的自动制图程序进行该指标的监测和评估（Jiang et al.，2021）。将缅甸 118 个城镇从不透水面转换为建成区，以产生基于地球观测和人口普查信息的组合分析，样本信息（位置和城市人口规模）见图 6-7。

研究表明，缅甸正处于城市化发展初级水平。在这一历史进程中，不同人口规模、收入水平和社会经济领域的城市都面临着加速的城市化冲击，并呈现出相对显著的土地利用效率异质性。例如，城市化在缅甸大、中、小型城市以及东、中、西或南、北区域之间普遍存在不平衡和差异；资源型城市等产业结构单调的城市，在社会经济和环境变化影响下，其城市化发展面临可持续性的挑战。对于那些严重依赖自然资源开发和加工的资源型城市，一旦自然资源枯竭，城市将面临绿色转型和可持续发展的巨大挑战。研究认为需要进行综合分析，包括社会经济领域、人口规模、城市功能以及收入水平等来描绘缅甸的城市化演变及其空间、人口与经济维度，以及多个聚集尺度的分化情况，以此提供相关支撑。

　　计算缅甸 2000—2020 年每五年的城市建成区扩张面积，引入土地使用率来量化各个城市用地扩张（United Nations，2015）。分析显示，从时间角度看，2015 年是缅甸城市发展规模的转折点。2000—2015 年，缅甸每年城市建成区面积扩张超过 400 ha 的城市呈现出缓慢但稳定的增长态势，并有大约 5 个城市加入了这一行列。2005 年以前，缅甸的城市扩张主要发生在前首都仰光、内比

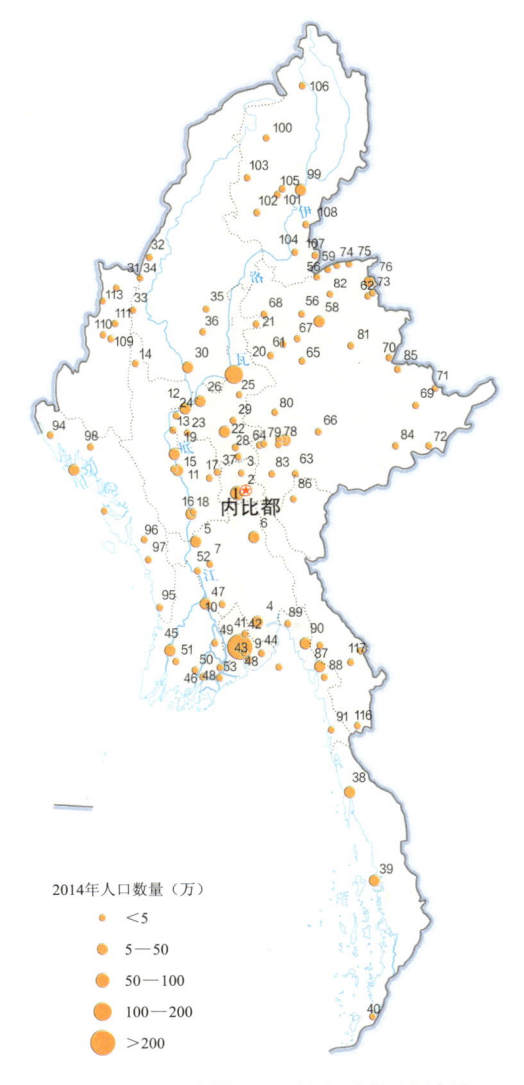

图 6-7　缅甸人口 5 万以上城镇以及所有边境城镇的 118 个样本分布

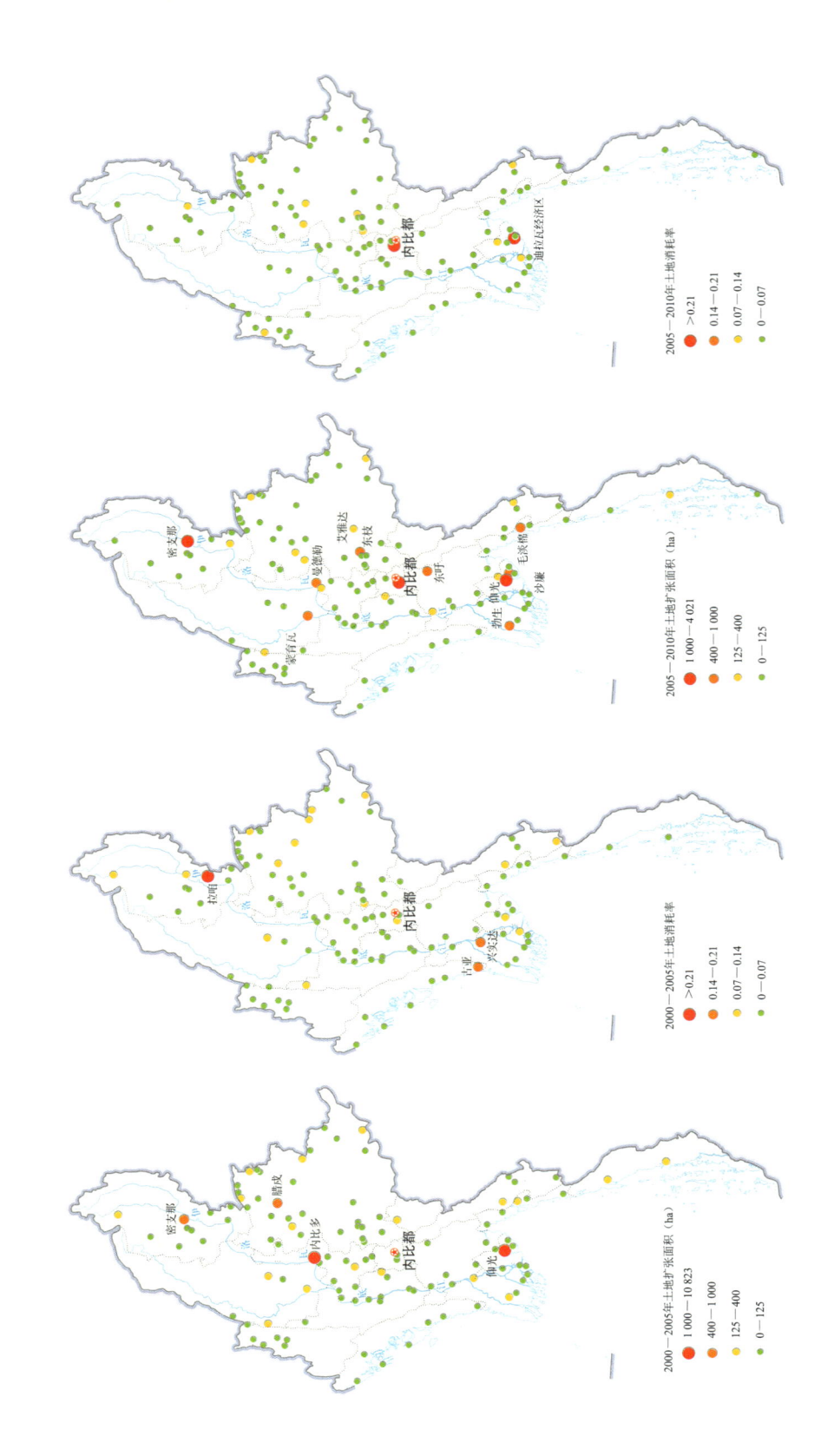

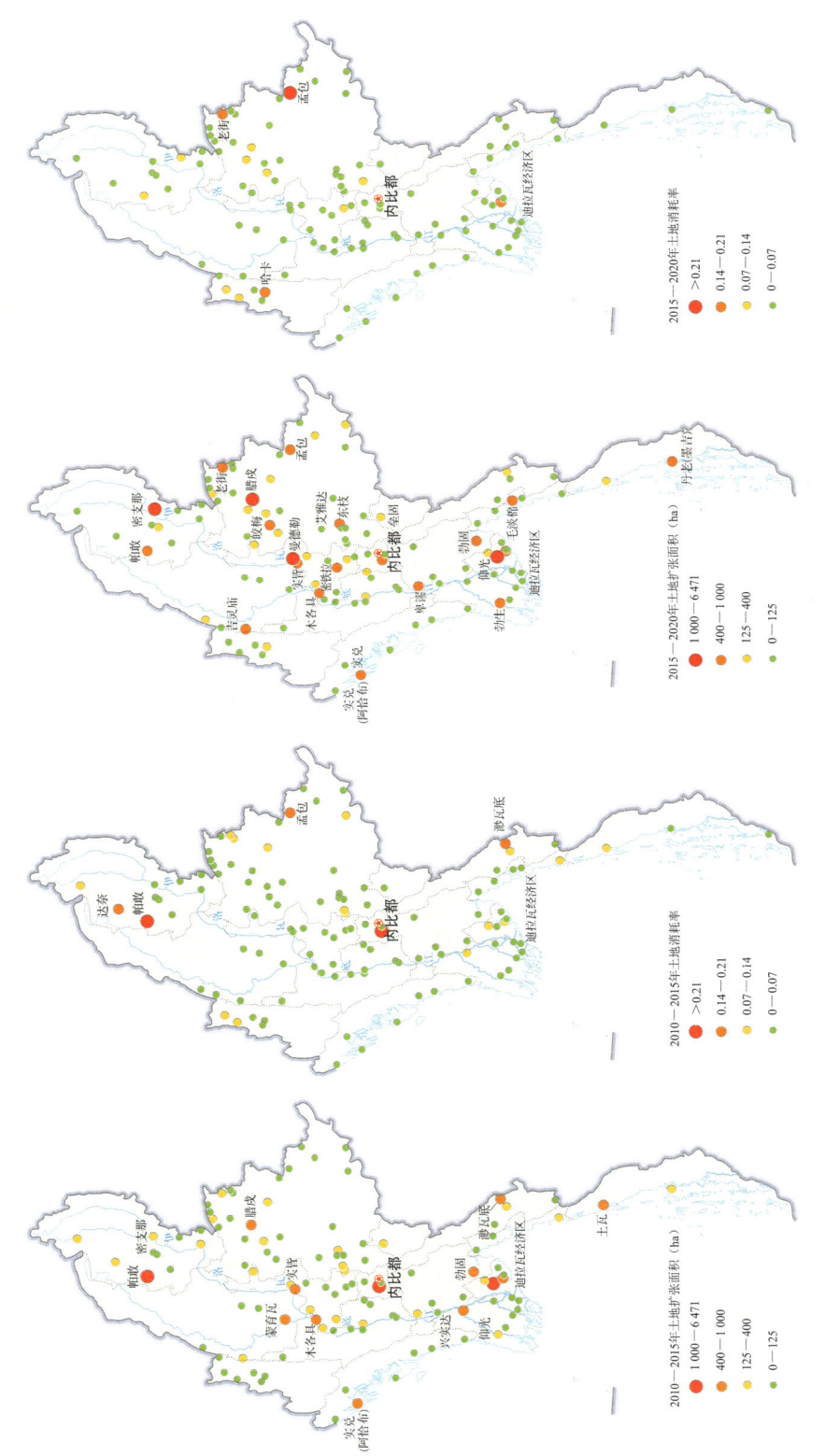

图 6-8 缅甸 2000—2020 年建成区扩张面积和土地消耗率的时空演化

都、曼德勒和克钦邦首府密支那等地。在此期间，有重大发展的城市数量不足5个，并且主要集中在人口密度高、地理位置优越等具有有利条件的城市。2005—2015年，进行重大发展的城市数量增加到15个左右，发展强调优先建设首府城市、边境城镇（如渺瓦底）和港口城市（如土瓦、丹老）。值得注意的是，新首都内比都在2005年正式搬迁之前就已经展现出了明显的城市发展倾向，其搬迁对缅甸全国的城市发展、分布产生了重大影响。2015年以来，缅甸城市发展的重点逐渐转向中北部地区，内比都联邦区及其北部地区成为新的城市发展中心，特别是在缅甸中轴线上的实皆省和掸邦附近。

另一方面，由图6-8，2015—2020年实兑-曼德勒-腊戌这条横向发展的增长极与中缅油气管线和中缅通道建设的规划线路极为相近，这也可能对缅甸城市在国家尺度上的空间分布带来一定程度的影响。

第三节 城市经济与产业发展

与大多数国家一样，缅甸国内的经济结构存在着区域差异。这种差异可能是历史或地理因素造成的，也可能是由政治和经济决策导致的结果。进一步分析在不同地区和被抽样的乡镇中缅甸经济的差异（包括各个部门、基础设施、企业规模和绩效等方面），以及缅甸的工业区和工业集群。与东南亚其他发展中国家类似，缅甸建设了多个工业区以吸引外国直接投资，并促进工业发展和产业集聚。以下展示了缅甸工业区的实际情况评估及其企业特点，重点识别了缅甸城市经济集群。

一、地形条件影响缅甸城市经济结构

根据缅甸微型、小型和中型企业2017年调查研究报告[①]，分析缅甸城镇经

---

① 资料来源：Central Statistical Organization，Ministry of Planning and Finance，UNU-WIDER. 2018. Myanmar Micro，Small，and Medium Enterprise Survey 2017：Descriptive Report。该报告涵盖了缅甸14个省、邦以及内比都联邦区共35个不同乡镇的企业样本。

济结构和产业空间布局（Kraas et al., 2017）。图 6-9 展示了这些样本乡镇的分布情况以及所访问企业的数量，反映出全国范围内制造业活动的区域差异。从图中可以看出，在缅甸中部地带，有更多的企业参与这项调查，而在缅甸与孟加拉国、印度、中国、老挝和泰国接壤的边境地区，参与调查的企业数量较少。

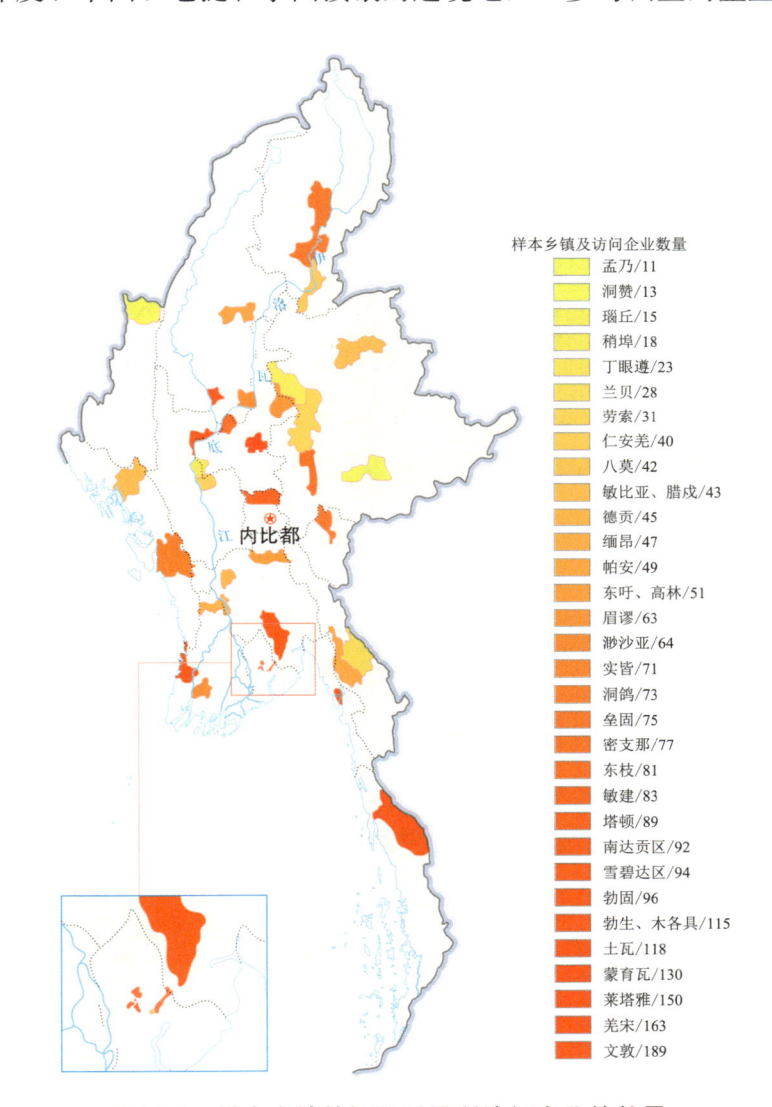

样本乡镇及访问企业数量
- 孟乃/11
- 洞赞/13
- 瑞丘/15
- 稍埠/18
- 丁眼遵/23
- 兰贝/28
- 劳索/31
- 仁安羌/40
- 八莫/42
- 敏比亚、腊戌/43
- 德贡/45
- 缅昂/47
- 帕安/49
- 东吁、高林/51
- 眉谬/63
- 渺沙亚/64
- 实皆/71
- 洞鸽/73
- 垒固/75
- 密支那/77
- 东枝/81
- 敏建/83
- 塔顿/89
- 南达贡区/92
- 雪碧达区/94
- 勃固/96
- 勃生、木各具/115
- 土瓦/118
- 蒙育瓦/130
- 莱塔雅/150
- 羌宋/163
- 文敦/189

图 6-9　样本乡镇的概况以及所访问企业的数量

这种分布实则是缅甸地理情况限制的结果。缅甸边境地区大部分是山地和高地。在与孟加拉国和印度接壤的西部地区，有几条从北到南贯穿的山脉将拉钦海岸带与内陆地区隔开。该地区主要被雨林覆盖，人口稀少且发展滞后

(Kraas et al., 2017)。样本中包括来自该地区的洞赞（Tonzang）、敏比亚（Minbya）和洞鸽（Toungup）等乡镇。

德林达依省南部沿海地带（包括样本乡镇土瓦）及其北端的克耶邦和孟邦［包括样本乡镇兰贝镇（Hlaingbwe）、帕安镇（Hpa-an）和羌宋镇（Chaungzon）］与泰国接壤，相似的地理特征包括具有森林覆盖的山地和降水量大等（Kraas et al., 2017）。其中，经济活动在羌宋镇（位于沿海和靠近仰光）和土瓦（位于泰国边境，与曼谷相对较近）表现出更为活跃的趋势。

掸邦高原从东部的泰国、老挝和中国边境，延伸至缅甸中部的低地谷地，靠近内比都和曼德勒市的西部。这些高地广泛从事农业活动，例如种植水果、蔬菜、茶叶和咖啡，因而该地区制造业活动相对较少（Kraas et al., 2017）。样本中包括位于掸邦高原中部的腊戍、东枝、垒固（Loikaw）、劳索（Yatsauk）和孟瑙（Mongnawng）等乡镇，以及靠近曼德勒邻近山脉的瑙丘（Nawnghkio）和眉谬（Pyin Oo Lwin）等乡镇。

在北部地区，山脉高度近6 000米，人口稀少、发展有限（Kraas et al., 2017），但样本中仍包括来自密支那、八莫（Bhamo）和高林（Kawlin）等乡镇的企业。

最后，缅甸中部地区的西北、北和东面环绕着山脉，而西面与南面被大海包围，这片长长的谷地拥有广阔的农业区和人口密集的城市（Kraas et al., 2017）。大部分经济活动集中在这片谷地，特别是在靠近内比都和曼德勒的中部地区，以及包括缅甸最大城市仰光在内的南部沿海地区。仰光、曼德勒和内比都不仅是缅甸的城市和经济中心，还是政治中心。其中，内比都是首都，仰光是2005年前的首都，曼德勒是英国殖民化前的最后一座首都（Kraas et al., 2017）。

不难发现，在缅甸历史上，中部低地地区的地理条件相比边境山地地区更为有利，一直是人口定居和从事经济活动的重要源地。与其他许多发展中国家类似，缅甸人口增长和经济活动的扩张都遵循着历史路径，并且主要集中在少数几个大城市及其周边地区（Deichmann et al., 2008）。

二、基础设施与缅甸产业空间分异

表 6-5 提供了缅甸各省份不同基础设施指标的概览。第二列显示缅甸整体上互联网普及率较低,样本中只有 5% 的企业接入了互联网。这可能归因于大多数样本企业是食品或纺织行业的小微企业,并不需要互联网连接。仰光省在互联网接入方面表现出色,接入互联网的企业占比为 21%,相较于其他省份更高。

表 6-5　各访问企业所在省份的基础设施情况

省份	互联网接入的企业占比	铺装道路接入的企业占比	便捷的铁路交通接入的企业占比	电网接入的企业占比	每周至少发生一次因电力不足导致生产问题的企业占比	中小企业数量	
						样本	人口(人)
伊洛瓦底省	1%(1%)	95%(94%)	62%(60%)	87%(84%)	16%(21%)	226	8 244
勃固省	1%(1%)	87%(90%)	81%(86%)	90%(94%)	9%(7%)	192	7 021
钦邦	0(0)	100%(100%)	0(0)	8%(4%)	0(0)	13	714
克钦邦	0(0)	89%(91%)	66%(69%)	57%(49%)	12%(12%)	122	2 254
克耶邦	3%(2%)	69%(69%)	88%(85%)	88%(74%)	30%(28%)	75	866
克伦邦	3%(2%)	94%(92%)	0(0)	74%(74%)	16%(14%)	77	766
马圭省	0(0)	83%(80%)	30%(29%)	96%(93%)	23%(20%)	174	3 655
曼德勒省	8%(9%)	92%(92%)	72%(72%)	97%(97%)	17%(17%)	338	11 240
孟邦	1%(1%)	98%(97%)	1%(1%)	67%(67%)	0(0)	163	3 348
内比都联邦区	0(0)	93%(95%)	94%(96%)	98%(99%)	9%(12%)	89	1 396
若开邦	2%(0)	85%(81%)	1%(5%)	56%(49%)	11%(13%)	116	2 885
实皆省	1%(1%)	85%(88%)	79%(86%)	93%(93%)	27%(30%)	252	7 623
掸邦	3%(2%)	96%(98%)	42%(44%)	80%(81%)	17%(21%)	181	4 854
德林达依省	1%(1%)	98%(99%)	87%(89%)	94%(92%)	56%(57%)	118	2 189
仰光省	21%(22%)	92%(93%)	41%(42%)	98%(99%)	58%(60%)	360	14 171
总数	5%(6%)	90%(91%)	54%(57%)	87%(87%)	24%(27%)	2 496	71 226

注:括号内数值为考虑人口权重的企业占比。

有铺装道路接入(第三列)在访问的中小微企业中较为普遍,平均值达到 92%,绝大多数企业都有铺装道路的途径。位于与泰国接壤的山区的克耶邦是唯一样本企业中该值达不到 80% 的,这可能是由于在掸邦远东部分和克钦邦远北部的山区乡镇中未对企业进行访谈。

铁路通达性在不同地区有较大差异（第四列）。报告显示，有便捷铁路交通接入的企业比例从克钦邦和克耶邦的0%到内比都联邦区的94%不等，整体平均为54%。然而，并不能识别出明显的模式。虽然作为经济中心的曼德勒省和内比都联邦区的数值很高，分别超过70%和90%，但作为最大城市区域的仰光省，该值仅为41%。值得注意的是，在德林达依省访问企业中有铁路交通接入的比例为87%，位居前列，而它的两个北部邻省——孟邦和克耶邦，连接德林达依省与缅甸国内其他地区，却报告铁路通达不便。孟邦仅有1%的访问乡镇企业报告铁路通达方便，在克耶邦则没有。这表明现有的铁路并未充分连接到所有乡镇和乡镇内的所有区域，以便企业从中受益（Kraas et al., 2017）。

第五列显示了缅甸整体较高的电网接入，缅甸87%的企业都有接入。拥有最佳公共电网接入的是曼德勒省、内比都联邦区和仰光省，约97%—98%的企业报告使用公共电网。相比之下，若开邦和克钦邦只有不到60%的企业接入电网。在这个分布中，一个明显的异常是钦邦的企业，其中只有8%的访问企业报告接入了电网。但钦邦的企业没有报告生产过程中电力不足（第六列）的问题。同样地，孟邦的企业也没有报告由于电力短缺而导致的每周生产问题，尽管该邦的电网接入率较低（67%）。然而，对于经常遭受电力不足困扰的省、邦，如德林达依省（56%）、仰光省（58%）、克耶邦（30%）、实皆省（27%）和马圭省（23%），其电网接入率均高于平均水平。使用人口权重后，在仰光省甚至有60%的访问企业报告每周存在电力不足导致的生产问题。

存在几种可能的解释。首先，高电网接入率并不能保证稳定的电力供应。由于需求旺盛，尤其是在工业和城市集聚地区（Robertson and Taung, 2015），电网往往容易过载。相应地，乡镇级数据显示，虽然仰光南达贡区（Dagon Myothit South）乡镇的电网接入率达到98%，但96%的企业每周至少有一次因电力不足导致的生产问题。其次，某些类型企业对电力的需求非常有限，诸如家庭织布企业。再次，在这些企业中拥有或可以获得私人发电机，这些发电机似乎能够稳定地产生电力。

进一步探讨缅甸各省份的制造业部门的差异。表6-6展现了各省份最重要的部门，并显示了不同部门（按MSIC二位数分类）中企业的份额。可以看出，食品部门在绝大多数省份都是最重要的，是小型和中型制造业的主导部门。除了曼德勒省外，食品部门都包含了最多的企业，从占比相对较低的克钦邦（24%）和孟邦（26%），到仰光省（58%）和内比都联邦区（61%）。在曼德勒省，纺织部门是最重要的，纺织企业占有企业总数的48%。

表6-6　缅甸各省份最重要的部门

省份	最重要的部门及占公司总数的百分比			
	全样本	按人口统计	全样本，不包括稻米加工厂	按人口统计，不包括稻米加工厂
伊洛瓦底省	食品（42%）	食品（71%）	食品（35%）	食品（35%）
勃固省	食品（45%）	食品（66%）	食品（38%）	食品（39%）
钦邦	食品（54%）	食品（79%）	服装（83%）	服装（100%）
克钦邦	食品（24%）	食品（52%）	食品（17%）	食品、木材（17%）
克耶邦	食品（31%）	食品（42%）	食品（27%）	食品（27%）
克伦邦	食品（34%）	食品（52%）	食品（30%）	食品（33%）
马圭省	食品（51%）	食品（61%）	食品（50%）	食品（51%）
曼德勒省	纺织（48%）	纺织（43%）	纺织（49%）	纺织（47%）
孟邦	食品（26%）	食品（30%）	木材（22%）	非金属矿物制品（25%）
内比都联邦区	食品（61%）	食品（67%）	食品（57%）	食品（57%）
若开邦	食品（47%）	食品（81%）	食品（34%）	食品（38%）
实皆省	食品（39%）	食品（58%）	食品（36%）	食品（41%）
掸邦	食品（41%）	食品（53%）	食品（37%）	食品（35%）
德林达依省	食品（47%）	食品（60%）	食品（43%）	食品（37%）
仰光省	食品（58%）	食品（63%）	食品（56%）	食品（60%）
企业总数（家）	2 496	71 226	2 310	51 443

考虑人口权重时（第三列），因稻米加工厂数量相对较多，使得食品部门在整个国家范围的主导地位进一步增强。依此统计，食品部门在各省份的份额都有所增加，其中在钦邦达到了79%，在若开邦甚至达到了81%。当从全样本中排除稻米加工厂时，食品部门的主导地位略微下降。在15个省一级行政区中，有3个省、邦的最重要部门不再是食品部门（钦邦变为服装部门，孟邦变为木

材部门）。排除稻米加工厂并考虑人口权重后，克钦邦最重要的部门变为木材和食品部门，孟邦最重要部门变为非金属矿物制品部门（第六列）。值得注意的是，对于钦邦，如果排除稻米加工厂，食品部门的主导地位（在按人口加权样本中占比为79%）完全被服装部门取代。这是因为钦邦食品行业中所有的样本企业（共7家）都是稻米加工厂。这一特例，以及其他地区第五列和第六列中食品部门份额整体减少的情况，说明了稻米加工业在缅甸食品制造业中具有核心作用。

三、缅甸城市经济结构转型与工业区分布

城市化的一个重要特征是从农业向更工业化的经济结构转型。其中之一是集聚或经济区域的集中。确定工业区是可取的，因为它们带来了许多好处，诸如实现向后和向前的联系，即生产中间产品的企业与购买其产品的企业之间距离较近，从而最大限度地降低运输成本。同样地，企业会靠近供应商以减少运输成本。另一个潜在的好处是知识溢出，途径是通过观察其他企业或与其他企业分享知识。然而，集聚也可能带来一些风险和问题，诸如需要考虑拥堵等对市民造成的负面影响。此外，经济区域的集中往往会增加国内不平等的问题（Deichmann et al.，2008）。

解决这些问题需要政府干预，例如，通过为企业所在地提供激励措施以及投资所需的基础设施和商业环境，建立工业区是较为常见的做法。除了解决上述问题外，工业区还能吸引外国直接投资（Foreign Direct Investment，FDI）并提供有利的商业条件。在缅甸，第一个工业区是在20世纪90年代中期设立的。然而，与中国或越南等其他东南亚国家不同，缅甸的企业最初被迫定位在工业区内，而非通过减税等财务激励措施来确定区位（Tsuji et al.，2007；Robertson and Taung，2015）。目前缅甸已有20个工业区正在运营，并且还有更多的工业区建设正在筹划（Abe and Dutta，2014）。然而，多年来，工业区一直受到批评，主要是因为缺乏基础设施、投资、监管和效率。相关文献中特别指出了缺乏足够的基础设施，尤其是稳定供电，成为一个主要问题（Min and Kudo，2013；Robertson and Taung，2015）。如上所述，这些电力短缺主要源

自曼德勒省和仰光省周围人口稠密地区的高电力需求，这也是大多数工业区的所在地。另一个经常被提及的问题是许多工业区的运行远低于其满负荷运转能力。许多地块是空置的，或者被用作仓库而不是生产场地，这表明企业缺乏在其中生产的动力（Min and Kudo，2013；Wai，2018）。

图 6-10 展现了各乡镇工业区内企业占比的空间分布。可以看到缅甸存在两个工业区集中的地区，即仰光省和曼德勒省周围的西部地区。在仰光省的雪碧达区（Shwepyitha）、南达贡区和莱达雅区（Hlaingthaya），分别有 57%、71% 和 77% 的抽样企业位于工业区内。此外，掸邦的东枝（56%）和马圭省的仁安

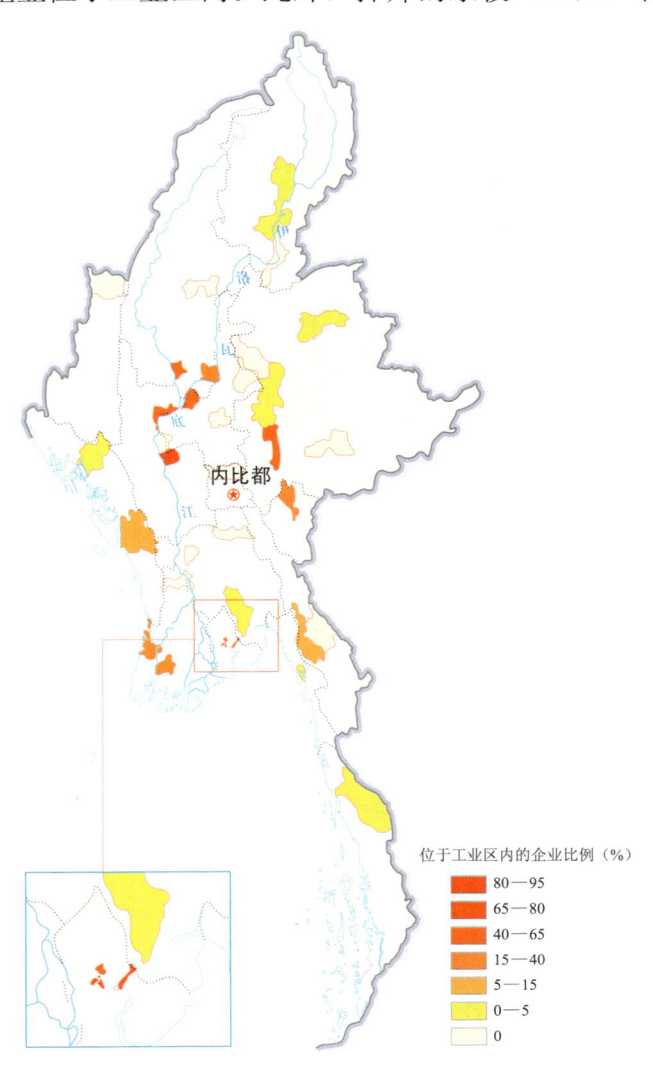

图 6-10　按乡镇划分的企业位于工业区内比例的空间分布

羌（83%）也有较高的占比。

四、缅甸城市化与工业化的互动关系

城市是发展工业的最好载体，工业化是城市化的经济内涵，城市化是工业化的空间表现形式，二者相互促进。在城市化问题研究中，城市化与工业化发展水平的关系能有效地监测国家的发展基础动力和建设水平。戴维斯和戈尔登（Davis and Golden，1954）、格雷夫斯和塞克斯顿（Graves and Sexton，1979）、世界银行发布的《世界发展报告》（World Development Report 2000）通过收集并分析世界各国城市化进程的观测值，发现其遵循一个规律：随着人均GDP的上升，世界各国城市化轨迹呈一条被拉长的"S"形曲线，先是缓慢发展，然后有一个快速发展阶段，最后趋于平缓。而戴维斯和亨德森（Davis and Henderson，2003）指出，并非所有的数据都支持城市化轨迹"S"形关系。由于各个国家统计口径、经济结构等方面的差异，世界各国的城市化演进不完全遵循统一的发展模式，所以缅甸城市化与工业化是否协调需要重点关注。

缅甸的城市化是伴随着工业化（起步较晚）和农业经济的发展而出现，随着经济和社会发展逐渐演进。这是一个双向互动过程，不仅农村要素持续转化为城市要素，城市要素也不断向农村扩散。尽管城市先于工业化而存在，但工业化发展的集聚作用无疑促进了城市的增长，从这个意义上工业化是因、城市化是果。但城市能够产生集聚经济，共享更大的市场，反过来又促进工业化的展开。

然而，长期以来缅甸城乡结构问题表现出明显的失衡，主要体现在就业结构的非农化滞后于产业结构的非农化、城市化滞后于就业结构的非农化。西方依附论认为，剩余价值的转换和不平衡交换导致了社会剩余价值在第三世界大城市地区的集聚。产业结构、就业结构和城市化是城乡关系最为实质的组成部分，正常情况下三者应相互协调和匹配，其中城市化水平应高于工业化水平，非农就业比例与产业的非农化水平应保持一致。缅甸官方公布的数据显示，缅甸的工业化水平只达到26%，而在2010年时，缅甸的城市化水平约34%，高于工业化水平。这解释了为何城市居民整体生活贫困：过低的工业化水平无法提供足够多的就业岗位，无法带动高水平的城市化发展。近年来，缅甸产业结构的非农化进程十分缓慢，农业产值至少占 GDP 的 35%，农村人口所占比例过大，就业结构的非农化也就十分缓慢。无论是第二产业还是第三产业，对劳动力的非农化转移的影响十分有限。综合而言，缅甸城市化和工业化之间的互动关系具有如下特征：

（1）城市化和工业化之间缺乏有效的联动、连接和传导机制。短时间内城市化和工业化之间不能很好地相互影响，不能很好地衔接，难以实现及时有效、相互促进的良性循环。存在阻碍工业化和城市化之间即时交流的障碍，最突出的便是多元外来移民带来与缅甸本土的市场竞争和岗位竞争，多数企业由外来移民的国家垄断。衡量工业化的指标之一便是非农产业增加值比重，这个比重的提高意味着工业化水平的提高，有利于劳动力向城市转移进而提高城市化率，但外籍人员的城市市场入侵以及缅甸社会治安动荡的存在，使得城市化这一过程受到阻断。

（2）由于缅甸历史上一直是以农业为主，农业比重一直较高，城市化水平提高有效促进了缅甸非农产业增加值比重的提高，且随着劳动力涌入城市，不断完善基础设施，与周边国家建立合作，大力推行中小型工业园区项目，为工业化水平的提高创造了条件。

（3）过去缅甸的城市化政策并不以经济效益为目标，更多地以政治指令为遵循。回顾缅甸历史上的城市化政策，2000 年之前缅甸受到移民政策的影响，例如 1994 年颁布的一项《公民投资法》，允许私人投资者开办各种工商企业。缅甸政府的这一政策有力地调动了外籍人员投资工商实业的积极性，其经济发展在法律上得到了保护。2000 年的统计数据显示，当前在缅甸私人经济中，华人、缅甸人和印度人各占约 1/3。随着缅甸积极推进私有化、自由化和对外开放的经济政策，并且随着跨国界的外籍个体资本涌入和经贸关系的发展，当前政策逐渐宽松。然而，从 2019 年至今，频繁出现的武装冲突对缅甸国内经济、非农经济发展产生了负面的影响。

综上，缅甸的城市化和工业化之间存在正向的长期关系，然而缺乏有效的相互作用的机制和桥梁，这导致了两者即时沟通受到阻碍。因此，当前的城市化改革势在必行。

第四节 城乡关系与地区差异

一、城乡失衡问题

缅甸的经济发展面临着城市化和工业化之间的明显不平衡。在现代化进程中工业化扮演着重要角色，然而缅甸的工业化水平严重滞后于城市化的发展。统计数据显示，缅甸的工业在国内生产总值中所占比例最小，仅为26%，而其他邻国如老挝、越南、泰国和印度尼西亚则有更高的工业化水平。相比之下，缅甸的农业产值占比相对较高，约占36.4%—43.1%。这种工业化滞后于城市化的情况使得缅甸难以实现可持续发展。城市化的发展依赖工业化带来的集聚效应，缺乏城市化的工业化无法为持续的经济增长提供基础。因此，缅甸需要加强工业化和城市化之间的良性互动关系。城乡结构失衡和不公平的问题在缅甸尤为突出，表现为农村人口和资源向城市的转移缓慢。这主要是由于产业结构的非农化滞后于就业结构的非农化以及城市化的滞后。缅甸工业化水平远远落后，这导致其农业产值仍占据较大比例，农村人口占比较高。工业化的滞后使得缅甸无法提供足够的就业机会，从而导致城市居民整体贫困。此外，城乡居民之间在拥有和享受耐用资产和公共资源方面存在差距，城市居民享受的资源更多。基尼系数已显示缅甸城乡之间存在较大的贫富差距，进一步加剧了社会不平等的问题。2007年缅甸第二、三产业的从业人口仅占总从业人口的31.9%，而农业人口占68.1%，缅甸就业结构和产业结构的非农化转变任重而道远。近年来缅甸公布的工业产值仍然只占总产值的25%左右，中产阶级正处于萌芽阶段，低水平的城市化和城市居民贫困导致"非农非城"困局的出现，成为缅甸社会发展的重大隐患。

根据世界银行的统计数据，从农村和城市居民拥有的耐用资产看，缅甸城市居民的水平高于农村，城市家庭在拥有和获得收音机、汽车、摩托车、自行车方面远远超过了农村。从城乡居民享受到的公共资源看，城乡间在医疗、教育、交通等方面存在一定差距。基尼系数显示，缅甸农村的基尼系数为0.41，而城市的则为0.56。需要注意的是基尼系数并没有反映出农村贫困问题，仅仅反映了城市贫富差超出合理范围，缅甸的城乡差距主要体现在权贵与平民的差距上。同时，城乡二元经济也展示了经济发展分工和水平的不同之处，并且城乡社会结构凸显了不平等现象，诸如在权利、资源配置以及发展方面存在着不平衡情况。

缅甸农村的变化相对较小。2001年的数据显示，缅甸全国平均每250人拥有一部电话，大多数农村甚至没有同外界联系的电话。根据2014年之前官方公布的数据，由于电信基础设施不发达，缅甸的手机覆盖率不足8%。2014年2月，吴登盛政府启动电信改革，大幅降低话费及手机SIM卡收费标准，但由于SIM卡的投放数量有限，只能采取抽签的形式发售，大多数城市居民只能望"卡"兴叹，农村居民更是无从谈起。久居缅甸的人都会对当地的电力短缺有深刻的感受，从城市到乡村，停电司空见惯，成为人们日常生活的一部分。曼德勒省、仰光省等的大城市供电设施也十分落后，难以满足居民的正常用电。截至2012年7月，缅甸失业人口约900万—1000万，失业率为28.4%，贫困率为23.6%，在广大缅甸农村，26%的农民仍生活在贫困线以下（刘军，2015）。

农村和城市的不平等不仅表现在权利的不平等，资源配置的不合理同样明显。缅甸的农业在国民经济中占有极其重要的地位，但城市是国家的利益核心，1971年年度工业投资占公共投资的40%，农业投资不足导致农业增长率落后于人口增长率，工业投入大、产出小，对工业的投资主要从农村获取。2011—2012年在石油、电力、天然气三大产业的投资总额占总投资额的93.08%，虽然缅甸的城市化水平有了一定的提高，但约70%的人口生活在农村，自2012年至2022年，城乡人口分布格局改变缓慢，由于工业化水平较低，城市失业问题、农村流动人口市民化问题较为严重，城市化高于工业化水平。整体而言，缅甸的城市和农村发展均相对落后，富有的只是城市少数的特权阶层，缅甸几乎不存在中产阶级，至少中产阶级的人口比例几乎可以忽略不计。从基尼系数来看，农村的平等处于合理状态，但这一合理是极度不发达状态下的平等，城市贫富差距较大，且大多数居民还处在为解决基本生存而奔波的阶段，这样的城乡不平等格局，造成缅甸城乡发展的"多重困局"。

虽然城市化常常为城市居民带来巨大的机会，但要城市化进程跟上城市居民日益增长的需求还是一个挑战。规划不足、基础设施投资不足以及基本服务的提供不足可能导致无序扩张、环境污染、拥堵和不平等。随着时间的推移，不平等通常会破坏城市化带来的好处，因为它会造成或加剧社会分裂，并导致城市犯罪和暴力上升。这凸显了政府需将注意力集中在公平投资城市发展的紧迫性。

二、城市化的制约因素

城市化的制约因素涉及诸多方面，包括人口因素（如劳动力流动和就业等）、结构和制度性因素等。地区发展政策、历史原因、外商投资和人口流动等被视为缅甸城市化进程中的驱动力，而地理位置、经济发展水平以及政治和社会环境的稳定程度则导致缅甸城市化水平存在差异。随着全球化浪潮对区域的影响不断深入，外向性因素如全球化、市场环境和外商投资对缅甸城市化产生日益重要的影响。

缅甸作为东南亚地区的重要国家，是东南亚大陆或印度支那地理区域内面积最大的国家。缅甸西部边界地区有那加山脉和阿拉干山脉，东部为掸邦高原，中部则是伊洛瓦底江平原，南部有丹那沙林山地。这一地理特点使得缅甸的农业生产和人口居住在南北向广阔的冲积平原中进行并获益。相对而言，东部和西部地区地势崎岖，交通和通信不便。因此，这些地区的人口增长率、区域经济发展、教育、社会工作和卫生等方面远远落后于平原地区，城市化水平也相应滞后。

三、城市可持续发展的挑战

缅甸的城市化进程稳步推进，贫困显著减少，但缅甸仍然是一个以农村、农业为主的国家。目前，该国 5 580 万人中有 1 500 万人居住在城市地区。然而预测表明，到 2050 年，缅甸现有农村人口中将再有 710 万人迁移到城市。快速增长的城市人口已经开始给城市带来压力，尤其是对仰光地区而言，在提供人民可负担得起的住房、基础设施和服务方面存在问题。例如，在仰光地区只有

33%的居民可以使用自来水，并且交通拥堵、固体废物、洪水和污染问题也在日益加剧。由于新移民无法负担现有的住房供应，非正式住区（临时搭建的棚户区等）的数量也在增加。如果不解决这些基础设施需求问题，将会导致更多的交通拥堵、贫民窟和环境污染状况。

城市作为经济活动和创造就业机会的中心，给弱势群体（如少数民族、移民、城市贫民、妇女和残疾人）带来的一些主要限制包括：缺乏技能、高度非正规性造成在劳动力市场中受到歧视。城市在提供负担得起的住房、基础设施和服务方面面临的挑战也对城市贫民造成影响，并导致城市居民生活条件存在差异。由于居住地区或公民身份引发的问题，缅甸的弱势群体和少数民族在进入城市土地市场、住房和基本服务方面遭受空间排斥的挑战。相关研究报告明确指出了与缅甸城市化进程推进及城市空间包容性相关的挑战（World Bank, 2017），包括：① 空间规划受到容量的限制和阻碍；② 城市土地管理复杂，土地成本高；③ 获得经济适用房的机会非常有限，导致非正规住区不断增加；④ 城市地区基础设施和基本服务需求巨大；⑤ 城市交通是许多人面临的挑战；⑥ 城市供水和卫生设施覆盖率低导致健康风险；⑦ 固体废物管理服务有限，尤其是在贫民窟，并带来紧迫的挑战；⑧ 灾害风险管理因排水不畅而加剧，在季风季节有大量洪水的风险。

无论是在性别、种族还是在原籍地区方面，社会包容与培养对边缘化群体的包容态度息息相关。在缅甸，一些特定群体往往易受到城市环境中排斥的影响，他们是国内移民、城市贫困人口、残疾人以及某些种族和宗教少数群体。另一方面，城市发展治理和融资在发挥关键作用方面也面临挑战。虽然城市服务提供职能已下放给缅甸地方政府，但在实践中，由于政策/框架、财政资源和技术能力的限制，地方治理往往受到阻碍。决策过程缺乏透明度和公平性，并且在实施计划和政策时面临着资源不足的挑战，这可能导致城市发展不公平以及内部差异加剧，进而引发社会紧张、犯罪和暴力。相关调查研究指出，在仰光，贫民窟居住着10%—15%的人口，该市就业机会稀缺，社会安全网薄弱，无法有效应对冲击，并常与健康或环境问题关联，这意味着债务问题普遍存在。多个因素导致了贫民窟数量的增长。一是来自农村地区的频繁迁移现象，例如，在过去三年中，仰光莱达雅工业区贫民窟数量显著上升；二是经济适用房供应不足（以及更普遍的高生活成本），新的住房供应迎合了上层阶级（主要是外国）人口。

在缅甸，城市化水平的提高和移民潮加剧了不同群体之间的紧张关系，使得现有的社会问题更加复杂，增加了冲突和暴力的风险。随着工业化的推进，预计将在城市中心创造约 1 000 万个非农业就业机会，这将促进更多农村地区人口的迁移。自 2000 年 3 月以来，城市人口增长了 26%，经济的增长推动了城市化率的上升。然而，这一趋势可能使得城市中心的现有冲突动态变得更加复杂，并削弱地方政府机构在当地民众中的满意度。具体表现如下：

（1）公民与地方当局间的信任与合作面临挑战。数十年的军事统治导致了缅甸政府和公民之间严重的不信任，这阻碍了问题的解决和围绕共同关注点开展协作。不一致的执法行为进一步降低了公民对地方当局的信任，使公民认为政府执政具有歧视性。例如，腊戍和北奥卡拉帕的例子显示，地方当局在解决公民纠纷时加剧了社区内不同成员间的冲突。

（2）经济不平等和政治竞争。经济不平等不仅影响农村和民族地区，也是城市中心冲突动态的一个因素。城市居民经常可以看到财富和权力的不均等分配。贫困和政治空间争夺可能加剧不同群体间的紧张态势，特别是在服务提供不足和不平等的情况下。例如，城市地区的教育服务问题，如腊戍和北奥卡拉帕公立学校的教师在家中为有能力负担的学生提供私人补习，反映了教育体系内的不平等。

（3）社会服务提供的效率低下和不平衡。公共行政和服务提供在缅甸复杂且官僚化，执行监督和质量控制不足。这在市级层面尤为突出，官僚部门间的纠缠常导致问责制失效。此外，长期的种族冲突和多样性问题也影响了教育、卫生和基础设施服务的公平与效率。

（4）公共空间缺乏影响社会互动。社区缺乏公共空间，导致社区不信任和不同群体间缺乏有益的互动。例如，在腊戍和北奥卡拉帕，男性和女性缺乏可以聚集的公共空间，如公园和运动场，限制了人们的交往。

（5）全国部族间冲突对和平进程的影响。和平进程未能有效包容广泛观点，许多人对全国停火协议的目标不了解，也未认识到自己在地方一级和平建设中的重要角色。需要通过包容性公共话语处理土地权利和少数民族待遇等核心政治和结构性问题,以促进政治过渡。

参 考 文 献

[1] 刘军:"二战后缅甸社会城乡结构的变迁及其走向",《学术探索》,2015 年第 6 期。
[2] Koko, K. T. Regiontional Differentiation of Urbanization in Myanmar. 北京师范大学硕士论文,2012 年。
[3] 叶浩、庄大昌:"城市体系规模结构研究的新方法——位序累积规模模型",《地理科学》,2017 年第 6 期。
[4] Abe, M., M. K. Dutta, 2014. *A New Policy Framework for Myanmar's SME Development*. ARTNeT Working Paper Series, Working Paper No. 142. ESCAP.
[5] Berry, J. L., 1971. City Size and Economic Development. In Jakobson, L., V. Prakash (eds.). *Urbanization and National Development*. Sage Publications.
[6] Chhor, H., R. Dobbs, D. N. Hansen, et al., 2013. Myanmar's Moment: Unique Opportunities, Major Challenges. McKinsey Global Institute Report.
[7] Davis, K., H. H. Golden, 1954. Urbanization and the development of areas. *Economic Development and Culture Change*, Vol. 1.
[8] Davis, J. C., J. V. Henderson, 2003. Evidence on the political economy of the urbanization progress. *Journal of Urban Economics*, Vol. 53, pp. 98-125.
[9] Deichmann, U., S. V. Lall, S. Redding, et al., 2008. Industrial location in developing countries. *World Bank Research Observer*, Vol. 23, No. 2.
[10] Dobermann, T., 2016. Urban Myanmar. International Growth Centre Report, https://www.theigc.org/wp-content/uploads/2017/01/IGC-Urban-Myanmar.pdf.
[11] Freeman, J., T. O'Connor, A. Zongollowicz, 2017. Urbanization & Conflict in Myanmar: A Briefing Paper. Search for Common Ground, https://www.sfcg.org/wp-content/uploads/2017/07/MYA_urbanization_dr1b.pdf.
[12] Furnivall, J. S., 1956. *Colonial Policy and Practice*. New York University Press.
[13] Graves, P. E., R. L. Sexton, 1979. Overurbanization and its relation to economic growth for less developed countries. *Economic Forum*, Vol. 10. No. 1.
[14] Hudson-Rodd, N., S. Htay, 2008. *Arbitrary Confiscation of Farmers' Land by the State Peace and Development Council (SPDC) Military Regime in Burma*. Burma Fund.
[15] Jiang, H., Z. Sun, H. Guo, et al., 2021. An assessment of urbanization sustainability in China between 1990 and 2015 using land use efficiency indicators. *NPJ Urban Sustainability*, Vol. 34.
[16] Jiang, H., Z. Sun, H. Guo, et al., 2022. A standardized dataset of built-up areas of China's cities with populations over 300,000 for the period 1990-2015. *Big Earth Data*, Vol. 6, Iss. 1.
[17] Kraas, F., R. Spohner, A. A. Myint, 2017. *Socio-Economic Atlas of Myanmar*. Franz Steiner Verlag.
[18] Lwin, M. M., 1982. *Urbanization in Burma: An Overview*. Nagoya University.
[19] McCarthy, S., 2000. Ten years of chaos in Burma: Foreign investment and economic liberalization under the SLORC-SPDC, 1988 to 1998. *Pacific Affairs*, Vol. 73, No. 2.

[20] McGee, T. G., 1967. *The Southeast Asian City*. G. Bill & Sons.
[21] Min, A., T. Kudo, 2013. New Government's Initiatives for Industrial Development in Myanmar. In Lim, H., Y. Yamada (eds.), *Economic Reforms in Myanmar: Pathways and Prospects*. Research Report No. 10. Bangkok Research Center (IDE-Jetro).
[22] Okamoto, I., 2007. Transforming Myanmar's rice marketing. In Skidmore, M., T. Wilson (eds.) *Myanmar: State, Community and the Environment*. Canberra: Asia Pacific Press.
[23] Oo, N., 1989. Urbanization and economic development in Burma. *Sojourn*, Vol. 4, No. 2.
[24] Rigg, J., 2004. *Southeast Asia: The Human Landscape of Modernization and Development*, 2nd edn. Routledge.
[25] Robertson, B., M. S. Taung, 2015. *Industrial Zones in Myanmar Diagnostic Review and Policy Recommendations*. Friedrich Naumann Stiftung.
[26] Skidmore, M., T. Wilson (eds.), 2007. *Myanmar: State, Community and the Environment*. Asia Pacific Press.
[27] Sundrum, R. M., 1983. *Development Economics: A Framework for Analysis and Policy*. John Wiley & Sons.
[28] Tsuji, M., E. Giovannetti, M. Kagami, 2007. *Industrial Agglomeration and New Technologies: A Global Perspective*. Edward Elgar.
[29] United Nations, 2015. Target 11.3: By 2030, enhance inclusive and sustainable urbanization and capacity for participatory, integrated and sustainable human settlement planning and management in all countries, Indicator 11.3.1: Ratio of land consumption rate to population growth rate. United Nations.
[30] Wai, P., 2018. Yangon chief minister underscores systematic management of industrial zones. *Daily Eleven*, Feberay 8.
[31] Winter, M., M. N. Thin, 2016. The Provision of Public Goods and Services in Urban Areas in Myanmar: Planning and Budgeting by Development Affairs Organizations and Departments. https://asia-foundation.org/wp-content/uploads/2017/02/The-provision-of-public-goods-and-services-in-urban-areas-in-Myanmar-EN.pdf.
[32] World Bank, 2000. Entering the 21st Century World Development Report 1999/2000. Oxford University Press.
[33] World Bank, 2017. http://data.worldbank.org/indicator/SP.URB.TOTL.IN.ZS?end=2015&start=2000.

第七章　农业地理

　　本章将从缅甸的农业条件、生产状况、农业区划以及农业政策等方面概述缅甸农业发展现状，并对缅甸农业用地空间分布与时空演变进行研究。整体而言，缅甸是一个农业大国，农业是该国经济的主要支柱之一。该国农业以水稻种植为主，是世界上最大的水稻出口国之一；其他重要的农作物还有豆类、芝麻、玉米、棕榈油、天然橡胶、甘蔗、花生、水果和蔬菜等。从粮食作物上看，其种植面积的空间分布呈现"中间多、东西少"的特征，而非粮食作物则主要分布于中部和东部的部分省份。当前缅甸农业用地规模不断下降，影响着其农业生产系统和粮食安全。具体来看，四类农业用地面积变化趋势不同，耕地面积下降速度放缓、林地面积先增加后减少、草地面积显著减少、灌木地面积整体呈增长趋势且幅度趋稳；各用地类型又呈现出明显的区域差异，各地农业发展潜力各不相同。因此，了解缅甸农业土地利用情况，厘清缅甸主要农作物的生产格局，形成对不同类型农作物竞争态势及其结构变化趋势的整体认知，对于掌握缅甸农业土地资源状况和认识该国的农业发展潜力具有重要意义。

　　本章第一节主要概述缅甸的农业发展现状，包括农业生产的条件、区划与政策；第二节聚焦缅甸农业用地的空间分布与时空演变，了解缅甸农业土地资源的利用现状；第三节关注缅甸主要农作物的产量、种植面积及其比较优势等信息，以了解缅甸主要农作物的生产格局特征；第四节介绍缅甸罂粟非法种植的现状，以及中缅跨境罂粟替代种植项目的发展状况。

第一节 农业发展概述

2001年缅甸农业在该国国内生产总值中的占比超过50%，农业人口在劳动力就业中的占比超过60%。尽管在20世纪90年代初缅甸引入市场经济，允许外国直接投资石油和天然气部门以及采矿部门，农业部门在国内生产总值中的占比逐渐下降，但其仍占有较大比重，超过40%的人口从事农业生产（图7-1）。2021—2022年，缅甸农产品出口额近35亿美元，农产品出口是国家创汇和财政收入的重要来源（图7-2）。在未来的许多年里，农业将继续在缅甸经济中占据重要地位。

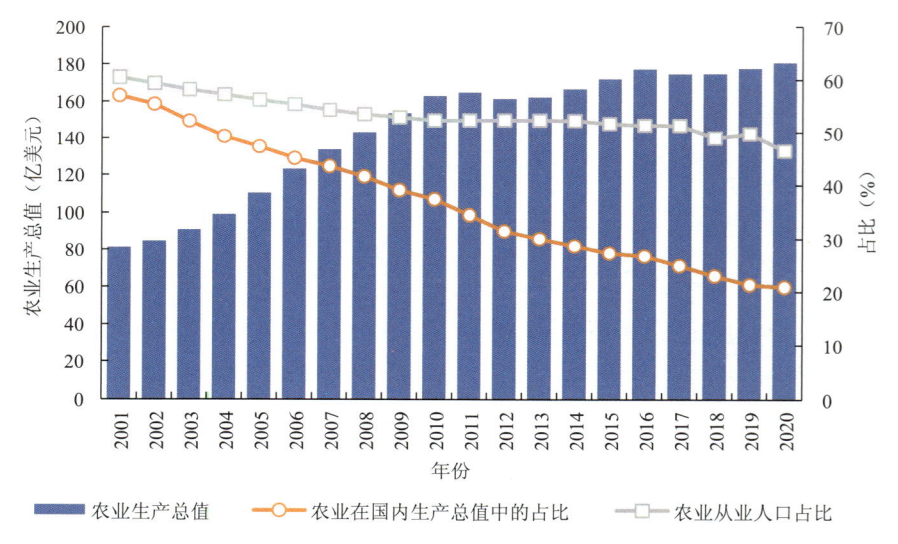

图7-1　2001—2020年缅甸的农业生产及从业人口状况

资料来源：World Bank，https://data.worldbank.org/topic/agriculture-and-rural-development?end=2020&locations=MM&start=2001。

一、农业条件与发展现状

总体来说，缅甸大部分地区的气候属于热带季风气候，降水充沛，境内湖泊及河流众多，水资源丰富，适宜多种作物尤其热带作物的生长。缅甸的农业以种植水稻、豆类、芝麻为主。克钦邦、实皆省西北部以及若开邦、马圭省、伊洛瓦底省、德林达依省、仰光省、勃固省年降水量在 2 500—6 000 mm，曼德勒省、实皆省南部以及掸邦年降水量在 1 500 mm 以下。缅甸农业灌溉区域集中在勃固省、曼德勒省、实皆省、伊洛瓦底省、仰光省、马圭省，北部地区基本没有灌溉条件。

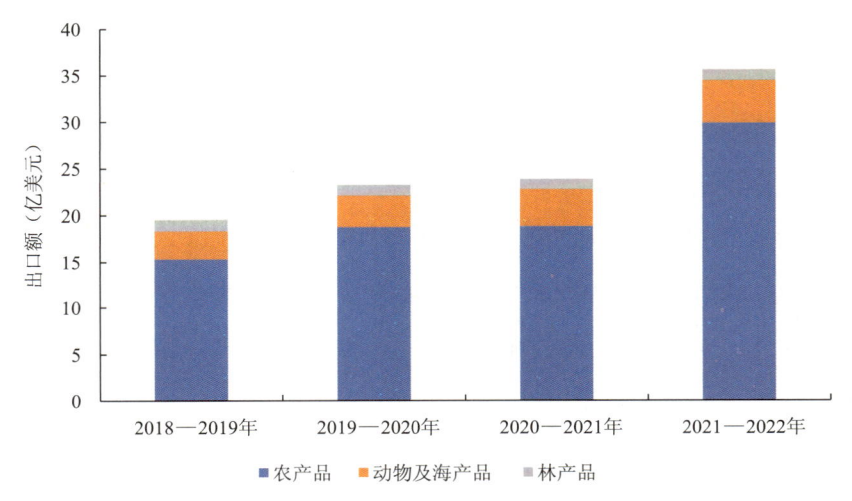

图 7-2　2017—2022 年缅甸的农业产品出口额

资料来源：缅甸海关。

（一）农业生产的自然条件

1. 得天独厚的气候条件

缅甸大部分地区全年积温优良，大部分农作物可实现一年三熟，为缅甸发展为农业大国提供了良好的水热条件。缅甸独特的地形地势也对不同地区的气候产生影响。缅甸地势北高南低，中部地区是开阔的平原，西部的若开山脉阻隔了来自西南潮湿的季风，使缅甸中部地区常年干旱，年降雨量不足 500 mm。与之相反，在伊洛瓦底江三角洲，主要受季风气候影响，并且没有山脉的阻隔，年降雨量达到 3 500 mm。缅甸年平均气温约 27℃，分为热季（3—5 月）、雨季（6—10 月）和冷季（11—次年 2 月）。缅甸南部不同地区气温略有变化。缅甸中部地区的气温在冷季和热季变化很大。缅甸北部一些地区全年气温较低，降雨主要集中在雨季。以上国情为缅甸不同地区的作物种植提供了得天独厚的条件。

2. 广阔的耕地资源和贫瘠多样的土壤

缅甸超过50%的土地被森林覆盖。土地资源数据表明，全国土地总面积的18%由可耕地组成，其中包括净播种土地、休耕地和可开垦耕地，耕地资源丰富。2013—2022年缅甸的土地利用情况见图7-3，值得注意的是，缅甸可开垦耕地面积近年来有所增加，2022年达到659.6万ha，可见缅甸的农业种植面积扩展尚具有较大潜能，农业仍然有很大的发展空间。此外，不同地区的土地持有规模差异很大。2012年，丘陵地区26%的家庭和三角洲、沿海地区72%的家庭没有土地。在拥有土地的家庭中，土地持有量差异也很大。在三角洲、沿海地区，26%的家庭拥有2 ha或略少的土地，而在其他地区，大多数家庭拥有不到2 ha的土地。同样，三角洲、沿海地区的平均土地拥有量为6.7 ha，远远高于其他任何地区，在丘陵地区为1.4 ha，在干旱地区为2.5 ha。缅甸政府为促进农业土地的发展，采取了诸多措施：① 开垦休耕和可耕种的荒地；② 深水区发展堤岸和稻鱼综合养殖；③ 防止水土流失，高海拔地区发展梯田农业。除了传统的小规模作物种植，缅甸政府还鼓励私营部门发展现代化的大规模农业。

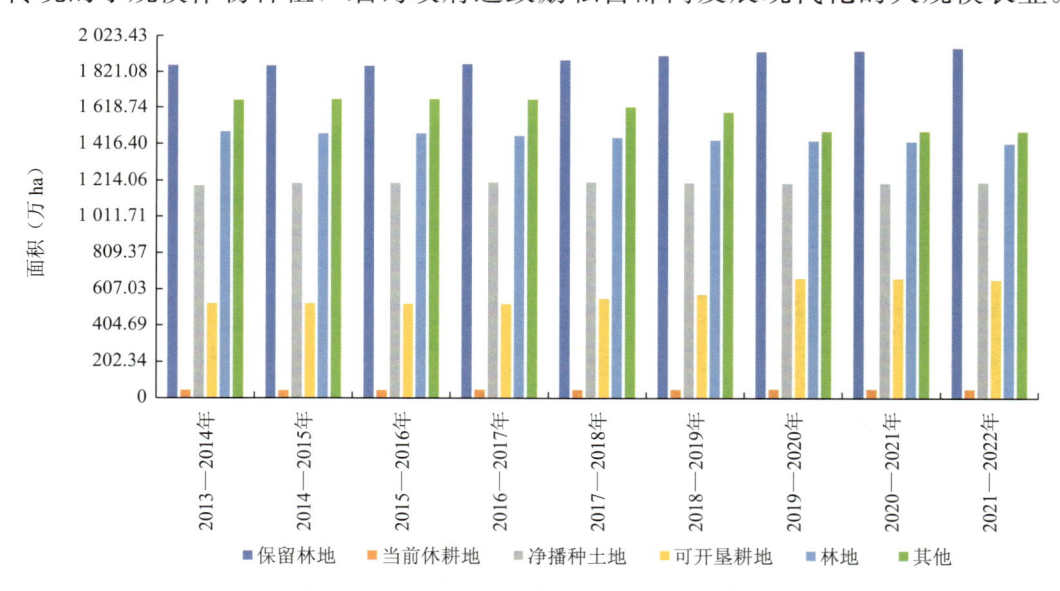

图 7-3　2013—2022年缅甸土地利用情况

资料来源：缅甸农业、畜牧业和灌溉部。

但由于缅甸地处热带，有机物分解迅速，淋溶土、潮土、潜育土、盐土等土壤沥滤强烈，总体土壤肥力较低。

（二）农业生产的社会经济条件

1. 落后的农业生产技术和设备

目前，缅甸依赖传统的手工劳作，动力耕作机、手扶拖拉机、水泵等农业机械生产增值制成品所需的储存和运输设施以及加工技术较为缺乏。正如图 7-4 以及世界银行发布的《缅甸经济监测》中所显示的，"缅甸农业的机械化率正在提高，但与其他国家相比仍然很低"。

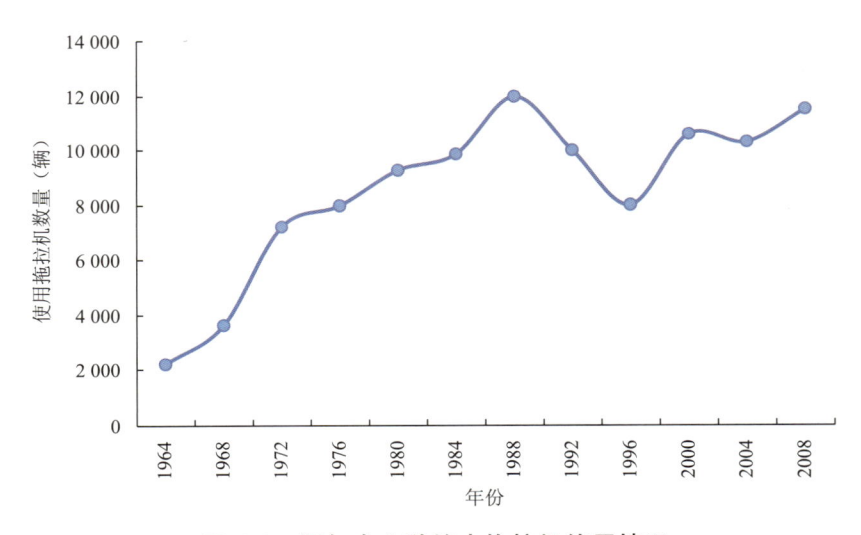

图 7-4　缅甸农业种植中拖拉机使用情况

资料来源：缅甸农业、畜牧业和灌溉部。

2. 缺乏农业公共项目和公共产品

缅甸农业生产缺乏高质量的公共服务。其一，公共系统生产不出足够的优质种子，经认证的水稻种子的供应量只能满足 1% 的需求，其他作物的情况甚至更糟。私营部门的扶持环境也不足以刺激种子进口或该国种子的生产，大多数农民使用自己保存的种子，成为缅甸农业产量低的原因之一。其二，农民在雨季和旱季都广泛使用尿素和复合肥料进行水稻生产，由于缺乏农技知识和培训，加之肥料质量缺乏保证、施用率低，农作物生长所需的营养平衡往往不佳。

其三，缅甸的灌溉覆盖率相对较低，国内只有约 300 万 ha 的农业用地属于公共灌溉系统，占农作物面积的 15%，这远远低于印度尼西亚和泰国（约 30%）、中国（50%）和越南（70%）的公共灌溉系统覆盖率。从数量上看，缅甸全国范围内已修建完成的水井、水库、水渠等灌溉工程共 210 个，其中曼德勒省（38 个）和实皆省（34 个）数量最多，占地面积分别为 34 558 ha 和 24 453 ha。掸邦、孟邦、克耶邦和克钦邦的灌溉工程数量都低于 5 个。综上，缅甸的灌溉覆盖率仍有较大的发展潜力（表 7-1）。

表 7-1 截至 2019 年缅甸已建成的灌溉工程

区域	个数	占地面积（ha）
克钦邦	5	850
克耶邦	4	587
克伦邦	8	2 428
实皆省	34	24 453
德林达依省	10	518
勃固省	22	2 310
马圭省	30	21 337
曼德勒省	38	34 558
孟邦	4	971
若开邦	12	1 273
仰光省	23	9 922
掸邦	2	749
伊洛瓦底省	18	8 028
共计	210	107 984

资料来源：缅甸农业、畜牧业和灌溉部。

3. 农业科学研究落后，农业生产率和农业利润低

由于农业生产技术和设备落后、农业公共项目和公共产品缺乏等原因，缅甸的农业生产率很低。例如，在伊洛瓦底省，农民种植一季水稻的效率是每公顷 100 多天，而在柬埔寨是 52 天，在越南是 22 天，在泰国是 11 天。土地和劳动力生产率低直接导致了缅甸农业的低利润率。例如，缅甸的一名农业工人在季风季节每天只能挣得 1.8—2.5 美元，在旱季只能挣得 3.0—3.5 美元，而泰

国的农业工人平均每天能挣得 8.5 美元，在菲律宾则为 7 美元。

二、农业生产状况

（一）种植业

缅甸主要的农产品有水稻、豆类、芝麻、玉米、橡胶、小麦、甘蔗等，主要农作物种植现状如下。

1. 水稻

缅甸的土地资源丰富，且有适宜农作物耕作的气候环境，南部地区的伊洛瓦底江三角洲是肥沃的冲积平原，尤其适合水稻种植。作为与民生息息相关的粮食作物，水稻一直是缅甸政府投以政策支持和投入生产资料最多的农产品。从收获面积看，1961—2021 年缅甸全国水稻种植年收获面积从 425.37 万 ha 增长至 653.67 万 ha，其中 2005—2011 年是缅甸水稻年收获面积最多的时期，该时期，缅甸水稻年收获面积均超过 700 万 ha，且 2008 年是历史最大值，为 807.75 万 ha。从产量上看，1961—2021 年缅甸全国水稻年产量从 683.41 万 t 增长至 2 491 万 t，年均增长 2.2%。其中 2006—2010 年是缅甸水稻年产量最高的时期，这五年缅甸水稻年产量均超过 3 000 万 t，其中 2009 年为历史最大值 3 216.58 万 t。综合来看，缅甸全国水稻单产水平从 1961 年的 1 606.62 kg/ha 上升至 2021 年的 3 810.8 kg/ha。

2. 豆类

豆类是缅甸第二大农作物，也是缅甸主要的出口创汇农产品，表现为该作物产值占缅甸农业总产值的约 15.1%，是缅甸第二大出口商品（仅次于天然气），约占缅甸农产品出口总额的 1/3。缅甸出产的豆类主要有干豆荚、木豆、鹰嘴豆、黄豆等，主要种植区域位于缅甸中部。从收获面积来看，1961—2021 年缅甸全国豆类种植年收获面积从 50.59 万 ha 上升至 372.93 万 ha，其中 20 世纪 90 年代以来，缅甸豆类年收获面积增长速度最快，从 1990 年的 70.54 万 ha 上升至 2015 年的历史最高值 465.32 万 ha，年均增长 7.84%。2016—2021 年缅甸豆类年种植面积持续下降，2021 年仅为 372.93 万 ha。从产量上看，1961—2021 年缅甸豆类年产量从 22.35 万 t 上升至 353.23 万 t，其中 20 世纪 90 年代以来缅甸豆类产量快速增长，从 1990 年的 45.30 万 t 上升至 2013 年最高值 586.65 万 t，年均增长 10.8%。值得注意的是，虽然 2013—2014 年缅甸豆类年收获面积增长，但年产量呈下降态势。综合来看，缅甸全国豆类单产水平从 1961 年的 441.70 kg/ha 上升至 947.17 kg/ha。

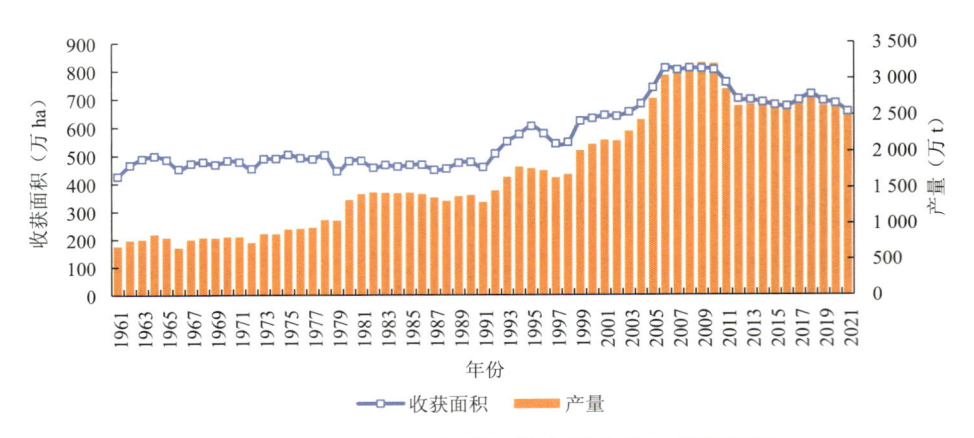

图 7-5　1961—2021 年缅甸的水稻产量与收获面积

资料来源：联合国粮食及农业组织。

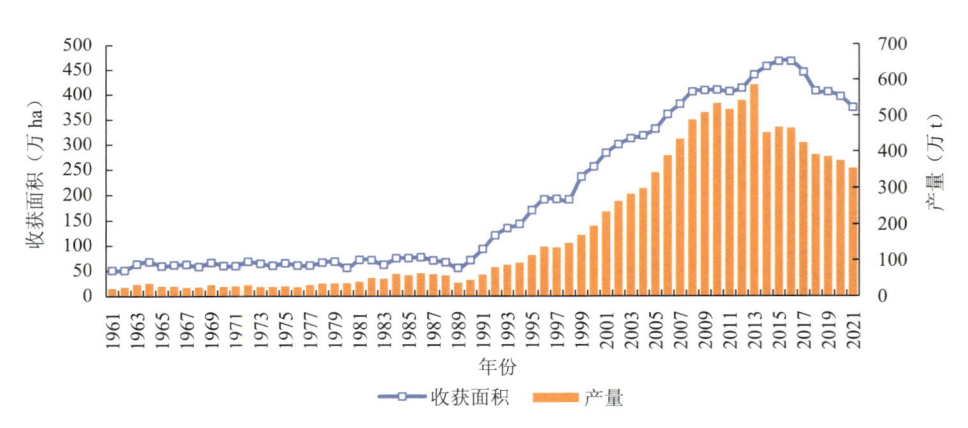

图 7-6　1961—2021 年缅甸的豆类产量与收获面积[①]

资料来源：联合国粮食及农业组织。

---

① 注：此处豆类包括豆荚、鹰嘴豆、豇豆、扁豆、豌豆、木豆和黄豆七类。

3. 芝麻

缅甸的芝麻产量居世界第一，是缅甸种植面积最大的油料作物。缅甸芝麻的主要产区是曼德勒省、马圭省、实皆省等少雨地区。芝麻出口的 70% 流向中国市场。缅甸芝麻产量虽位居世界先列，但单产仅约为中国的 50%。1961—2021 年缅甸芝麻种植年收获面积呈"波动上升→保持稳定"的变化态势，从 41.95 万 ha 上升至 140.69 万 ha。其中 1961—2009 年为"波动上升"阶段，这一时期缅甸芝麻的年收获面积增减幅度较大，但总体呈增长趋势。2010—2021 年为"保持稳定"阶段，这一时期缅甸芝麻年收获面积保持在 150 万 ha 左右，变化幅度较小，2019 年以后出现下降趋势。从产量上看，1961—2021 年，缅甸的芝麻年产量从 6.47 万 t 上升至 64.17 万 t，与年收获面积的变化趋势类似。1961—2008 年产量呈波动增长态势，2008 年为最高值 84 万 t；2009—2021 年保持平稳，总产量在 80 万 t 左右。值得注意的是，从 2015 年起产量表现出下降态势，至 2021 年降至 64.17 万 t。综合来看，缅甸全国芝麻单产水平从 1961 年的 154.3 kg/ha 上升至 456.1 kg/ha。

图 7-7　1961—2021 年缅甸的芝麻产量与收获面积

资料来源：联合国粮食及农业组织。

4. 玉米

玉米作为食用作物和动物饲料被广泛种植。缅甸的玉米主要在雨季种植，占 88%，冬季种植只占 12%。从收获面积看，1961—2021 年缅甸玉米种植的年收获面积从 6.79 万 ha 上升至 2021 年的 59.41 万 ha，呈"低速增长→高速增长"的变化态势，其中 1961—2000 年为"低速增长"阶段，这一时期缅甸玉米的年收获面积增减幅度较小，从 6.79 万 ha 上升至 21.04 万 ha，年均增速 2.94%；2001—2021 年为"高速增长"阶段，从 25.05 万 ha 上升至最高值 59.41 万 ha，年均增速 5.07%。从产量上看，1961—2021 年，缅甸玉米的年产量从 5.49 万 t 上升至 230 万 t，以 2000 年为界，也呈现"低速增长→高速增长"的态势。其中，1961—2000 年缅甸玉米的年产量仅从 5.49 万 t 上升至 35.89 万 t，年均增速 4.93%；21 世纪以来，缅甸玉米的年产量快速提升，从 2001 年的 52.4 万 t 增长至 2021 年的最高值 230 万 t，年均增长 9.25%，接近 20 世纪下半叶增速的 2 倍。综合来看，缅甸全国玉米单产水平从 1961 年的 808.9 kg/ha 上升至 3 871.1 kg/ha。

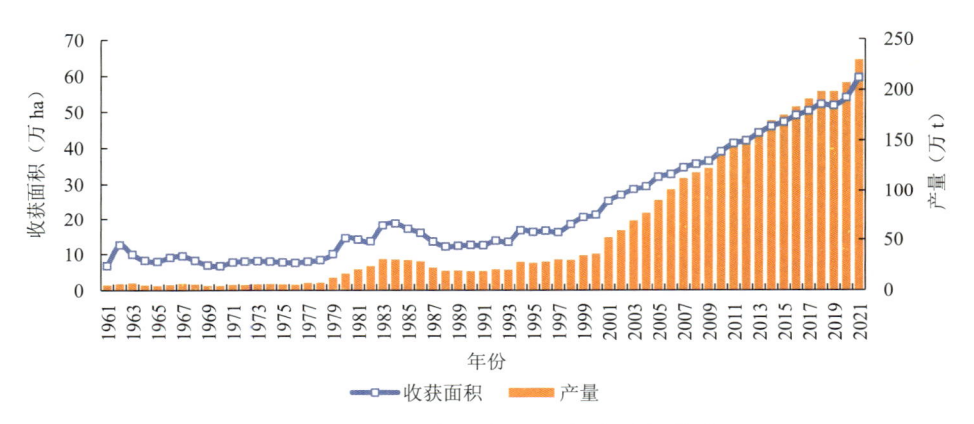

图 7-8　1961—2021 年缅甸的玉米产量与收获面积

资料来源：联合国粮食及农业组织。

（二）畜牧业、渔业

畜牧业在缅甸农业中占有很重要的比例，且以家庭饲养为主，主要养殖的牲畜为鸡、鸭、猪、牛、山羊、水牛等，其中鸡、鸭的年养殖量为 3 亿多只，近几年缅甸也大力发展牛羊养殖业。2013—2021 年缅甸的畜牧业产量见表 7-2。缅甸海岸线漫长，内陆湖泊众多，渔业资源丰富，且对外合作开发潜力大。缅甸海岸线长 2 832 km，专属经济区 48.6 万 km²，适宜捕捞海域约 22.5 万 km²。缅甸沿海有鱼虾 500 多种，具有经济价值的有石斑鱼、鲳鱼、龙虾、黄鱼、带鱼、鲨鱼、比目鱼、鲥鱼、虎虾、琵琶虾等约 105 种，8.2 万 km² 的内陆江、湖内也产有大量淡水鱼虾。缅甸的水产档次高、品质优，适宜海水、淡水养殖。1990 年缅甸政府颁布《缅甸海洋渔业法》，1993 年颁布《缅甸海洋渔业法修正案》，1994 年撤销国家渔业公司，所有的鱼塘、冷库、加工厂转让给个人，国家只保留示范鱼塘、苗塘。水产已成为仅次于农业和工业的第三大主要经济产业和重要创汇产业。2012—2021 年缅甸的渔业产量逐年上升，2020—2021 年达到 607.48 万 t。缅甸的海产品主要出口中国、新加坡、泰国、韩国、孟加拉国等国家。

在畜牧业和水产养殖业中，私营企业占 99%，缅甸农业、畜牧业和灌溉部下属的政府企业和合作社企业仅占 1% 的份额。政府部门的主要职责已转为提供必要的协调和帮助调动私营企业的积极性。

表 7-2　2013—2021 年缅甸的畜牧业产量　　　　　　　　（单位：只）

时间	牛	水牛	绵羊、山羊	猪	家禽	鸭	火鸡、鹅、麝鸭、鹌鹑
2013—2014 年	15 046	3 321	6 124	12 725	219 377	18 442	2 441
2014—2015 年	15 543	3 426	6 945	13 932	244 030	20 128	2 735
2015—2016 年	16 060	3 535	7 830	15 255	272 096	21 895	3 072
2016—2017 年	16 571	3 641	8 786	16 524	296 267	23 636	3 455
2017—2018 年	17 646	3 868	10 733	19 273	349 171	27 389	4 267
2018 年 4—9 月	9 548	1 862	2 096	5 523	64 602	6 631	4 407
2018—2019 年	9 907	1 902	2 378	6 069	76 565	7 304	4 498
2019—2020 年	10 083	1 942	2 482	6 429	86 837	7 983	4 590
2020—2021 年	10 305	1 983	2 585	6 779	98 089	8 743	4 688

资料来源：《缅甸农业统计（2013—2014 至 2021—2022）》。

（三）林业

缅甸的森林覆盖率约为 50%，居东南亚之首。森林主要分布在北、西、南部，林地面积约 3 100 万 ha。其中，62% 用于开发，4% 用于水土保持，7% 用于生物多样性保护。缅甸可供采伐的柚木面积约 610 万 ha（中部勃固山脉是柚

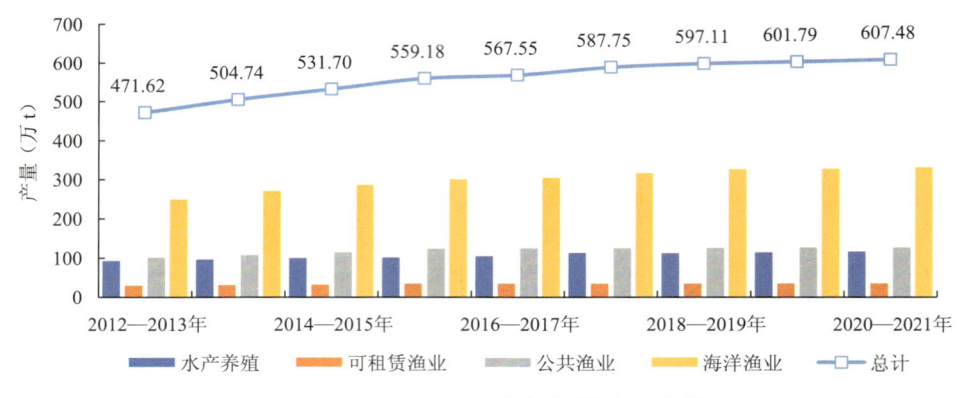

図 7-9　2012—2021 年缅甸的渔业产量

资料来源：《缅甸农业统计（2013—2014 至 2021—2022）》。

木的主要产区，储量世界领先），柚木潜在年产量约 20 万 t，各种硬木潜在年产量约 130 万 t。此外，缅甸其他林业种类约 2 300 种，其中乔木 1 200 余种，质地坚固，耐腐蚀，膨胀和收缩系数极小，花纹美观，可用其造船、建桥梁、码头、房屋、制家具等。除柚木外，缅甸还盛产檀木、鸡翅木、铁力木、酸枝木、花梨木等各种硬木。各种硬木潜在的年产量约 130 万 t。其中乔木约 1 200 种，它们质地坚固，耐腐蚀，膨胀和收缩系数极小，花纹美观，可用于船只、桥梁、码头、房屋、家具等的制造。此外，缅甸还有丰富的竹类和藤木资源。竹类品种约 97 种，竹林面积约 96.3 万 ha，主要分布在若开邦、缅甸中部地区；藤木约 32 种，主要分布在克钦邦、掸邦，藤木资源只有小部分出口。缅甸为了防止不可持续的林业做法，特别是柚木的大规模采伐，从 2014 年 4 月开始，政府禁止原木出口。缅甸民盟政府注重林业资源保护，2017 年 11 月底，缅甸国家投资委员会暂停审批使用原始森林木材原料的加工厂项目。

三、农业区划

受特殊的地理位置和气候影响，缅甸各地形成了多样的生态区域，出产热带和温带的多种农产品。其农业布局大体上可以划分为下缅甸、上缅甸和掸邦高原区三部分。下缅甸是重要的农业地区，包括伊洛瓦底江下游和三角洲、锡唐河谷，以及若开邦和德林达依省的沿海地区。这里气候温和，雨量充沛，土地肥沃，水稻是主要的农作物，其产量约占缅甸稻谷总产量的 2/3 以上，故有"缅甸粮仓"之称。上缅甸包括伊洛瓦底江中游谷地，这里雨量少，为干燥区。在农业上又分为灌溉区和非灌溉区。灌溉区中 90％ 以上的耕地种植水稻。非灌溉区是经济作物区，栽种棉花、花生、芝麻、豆类和各种杂粮等，同时这里又是重要的养牛地区，每年向下缅甸输送大量耕牛。掸邦高原区地广人稀，农业经济属于迁徙性的自给自足经济，重要的农产品有稻米、茶叶、柑橘和豆类。一部分平原上有大片水田适合种植水稻，山地有许多荒地，草原广阔，是发展畜牧业的理想地区。

缅甸的农业生态区和耕作制度十分多样，综合考虑地形、气候、播种作物和行政区形成的农业环境等因素，可以将缅甸进一步划分为六个农业气候区（表 7-3）。

表 7-3 缅甸的主要农业气候区

农业气候区	地理特征	涉及的行政区	主要农业作物及实践
勃固省、克钦邦河边地	三角洲上游、克钦平原、伊洛瓦底江和锡唐河沿线的平原，降水量在 1 000—2 500 mm	伊洛瓦底省、克钦邦、实皆省、曼德勒省、勃固省	水稻、豆类、油籽、甘蔗、烟草
中央干旱区	平坦的平原，地势略微起伏，降水量不到 1 000 mm	马圭省、曼德勒省、实皆省	旱地作物、油籽、豆类、水稻、棉花；灌溉农业
三角洲和沿海低地	三角洲、低地和沿海地区的河口，降水量超过 2 500 mm	伊洛瓦底省、仰光省、勃固省、孟邦、克伦邦、德林达依省、若开邦	水稻、豆类、油籽、帕尼棕榈
克钦邦和沿海高地	山地、坡地，降水量超过 2 500 mm	克钦邦、若开邦、德林达依省、孟邦、克伦邦、克耶邦	果树、种植园作物、旱地作物
北、东、西山	丘陵、坡地，不平坦的地形，盛行中到大雨	克钦邦、钦邦、掸邦	果树、旱地作物；轮垦
上缅甸、下缅甸和掸邦平原	平原、高原，中央干旱区以外的上部和下部	实皆省、克钦邦、掸邦、勃固省、马圭省、曼德勒省、仰光省	旱地作物、油籽、豆类、蔬菜和小麦

资料来源：FoodSTART＋(2019)。

四、农业政策

缅甸有着大量的年轻劳动力、丰富的天然资源，但在粮食产量和质量上都与其他东南亚国家有一定差距。水稻作为缅甸直接关系到民生的最主要农产品，一直得到政府的高度重视。为了实现战后崛起，缅甸政府制定了一系列政策，将出口水稻获得的外汇用于发展工业，因此形成了一段独特的发展史。缅甸粮食农业政策的历史沿革可以划分为四个阶段。

（一）吴努政府时期（1948—1962 年）

从 1948 年 1 月 4 日独立到 1962 年的吴努统治期间，缅甸政府为恢复和振兴国民经济，在国有化、国有企业设立、外资合资、民营工商援助、小规模生产经营等方面实行政策；采取宽松的经济模式，发展合作社的集体经济。农业上，为解决殖民时期遗留下来的严重土地问题，发展农村经济，缅甸于 1948 年 10 月通过了《土地国有化法》，并修订颁布了《1953 年土地国有化法》和《1954 年土地国有化修正法》。这一时期，缅甸国内民族主义情绪高昂，拒绝外资进入。因此，水稻出口成为 20 世纪中期缅甸换取外汇、保证工业发展的主要手段，但国有化政策在一定程度上忽略了水稻是维持人民生活的重要物质保障，阻碍了农业的发展。事实上，刚脱离英国殖民统治的缅甸，水稻价格连续下跌，国内政治混乱，少数民族地区武装冲突频繁、工人学生频繁罢工罢课，政治局势动荡导致吴努政府推行国有化改革步履维艰，其中 1948 年通过的《土地国有化法》，只在部分地区短暂生效，到 1959 年，因为政治局势动荡、腐败严重管理不善，该法案在全国范围内停止实施。

总之，由于水稻价格的暴跌及国有化政策在当时的缅甸可行性不足，缅甸未能实现依靠水稻出口创汇进而实现经济结构转型、走向工业化的目标。但政府出台的种种政策方案基本反映了战后缅甸经济复苏和发展的客观要求，缅甸的基础设施建设如民航、铁路、通信及大型厂矿均收为国有。土地政策虽未能在全国范围内高效落实，但一定程度上平衡了土地所有者和农民之间的利益分割，使农民生活得到了初步改善。但由于殖民痕迹根深蒂固，农产品种植中依旧是稻米占据核心位置而其他农产品发展落后，主要农产品的贸易量低于战前水平。

(二) 奈温执政期 (1962—1988 年)

1962 年缅甸进入军事统治时期，以奈温为核心的缅甸政府立志将缅甸的国有经济发展壮大而进行经济改革，其基本特征是将农业发展的资金用于工业建设。具体措施如下，以土地国有化为基础，在农村推行土地改革，先后颁布了《1963 年农民权利保护法和租佃法》和《1965 年修改租佃法的法令》，在农村成立出租土地的唯一权力机构——没有地主参加的租佃委员会，并规定佃农无须向地主交纳地租。这种农村土地关系的调整，实际上是国家回收土地并重新分配给农民然后确定其义务。此外，国家也严格规定了农村农户应种植的农作物、标准产量以及主要农作物的收购价格，实行水稻统购统配制度、垄断农产品对外贸易。缅甸农业经济在很大程度上成为了由国家统制的经济。但这种生产关系的调整和变化背离了生产力的实际水平和需要，也背离了合理的农业生产规划，严重打击了农民的耕作积极性。农业生产不景气在缅甸国内引起连锁反应，主要农产品的竞争力降低，导致出口价格没有优势，对外贸易条件恶化，农民的积极性再次降低，形成恶性循环。同时，水稻配给制度承担了全国 80% 的水稻消费量，随着人口增加，统购统配体系造成了巨额财政赤字。粮食财政由 1982/83 年度的 2 亿缅甸元盈余急剧下跌到赤字 22 亿缅甸元。农民对配给制度极大不满，政府也无法提高收购价以满足农民的需求，20 世纪 80 年代的缅甸经济一片狼藉。1988/89 年度的国内生产下降了 11.4%，出现了三位数的通货膨胀率，人均 GDP 下降到仅为 190 美元。缅甸不得不向联合国申请世界最不发达国家的地位。

(三) 军政府执政期 (1988—2016 年)

1988 年 9 月缅甸军队接管政权，在缅甸式社会主义经济已近崩溃的情况下，缅甸军政府开始推行以市场为导向的经济改革和对外开放，并积极进行农业改革，放松了对农业生产与营销的过度管制，引导农业经济结构向市场化体制转型。具体表现在，允许农业生产者根据自己的意愿种植、生产和销售农作物，并规定出台相关政策鼓励农民使用闲地、空地、休耕地扩大种植，针对农业生产者的不同需求，提供技术、优良品种的支持，并给予贷款或免税补贴等资金援助。此外，为了进一步提高农民积极性，军政府减少政府稻米收购量，减少农产品垄断出口禁令以推动稻米市场的自发市场化，并提倡农业生产者参加夏季水稻项目（夏季稻产粮不用纳入统购统配体系），以进一步提高农民的种植热情。这一时期，水稻的作用定位已经发生了根本的转变，主要是满足缅甸民众生存需要，而非用于出口创汇为工业发展积累资金。这些政策的实施，对调动农民积极性，开发休耕、弃耕农田，发展各类农产品经营等起到了促进作用。缅甸的净耕种面积 1988/89 年度为 796 万 ha，2000/01 年度已增至 1 028 万 ha，10 年间增加了将近 30%。此外，农民积极性提高后农产品产量开始有了大幅增长。1989 年到 2002 年，稻谷产量从 13 164 万 t 增加到 21 569 万 t，甘蔗从 219.9 万 t 增加到 700.4 万 t，芝麻从 145 万 t 增加到 339 万 t，花生从 43.8 万 t 增加到 66.2 万 t，豆类的产量则从大约 60 万 t 增加到 150 万余 t，玉米也从 193 万 t 增加到 524 万 t。2001/02 年度，水稻出口量直逼 100 万 t，成为 1965 年后水稻出口量最高值。但是 2003 年前军政府的农业改革仍存在很多不足，国内米价仍低于国际市场价格，这一时期农业生产率偏低仍主要是由于价差，在改良的统购体系下农民仍承受着很大的压力（杨莹，2019）。

（四）民盟政府执政时期（2016 年至今）

民盟政府 2016 年 4 月上台执政后，于 7 月发布了经济发展纲领，但较为笼统，对于农业发展提出要实现农业和工业的协调发展，以推动国家的全面发展，保证粮食安全并促进出口；要实现农业产业化发展的总原则。具体提出了政治经济社会发展的九个目标，其中包括的一个经济目标是：进一步发展以农业畜牧业为基础的现代化加工业，促进各经济领域全面发展。尽管民盟政府在农业政策制定、农业投资和贷款支持、农业技术推广、农业市场发展、农业基础设施改善等方面都采取了积极的措施，但农业发展仍面临着基础设施不足和技术落后等挑战，尤其是冲突和政治不稳定对农业发展影响较大。由于 2021 年全国范围的公民不服从运动以及军方最近在 2022 年对出口、进口和外汇的严格控制，政变对农业产出和贸易产生了负面影响。根据美国农业部最近的一份报告，自 2021 年年中以来，缅元对美元的持续贬值、政治危机和新冠疫情造成的持续经济影响使化肥、化学品、燃料和种子成本上涨。此外，缅甸农民获得融资的机会仍然有限。在当前参考价格的情况下，农民的净利润仍然不确定，农民将使用更少的投入，进而导致产量下降。

第二节　农业用地空间分布与时空演变

土地资源对缅甸农业生产十分重要，支持着生态系统和粮食安全。合理利用有限的土地资源对于确保粮食安全至关重要，因此，有必要对缅甸农业用地空间分布与时空演变进行研究，了解缅甸农业土地资源现状，厘清缅甸主要农作物的生产格局，形成对不同类型农作物竞争态势及其结构变化趋势的整体认知。

一、农业用地规模与空间分布特征

本节依据缅甸行政边界基础地理数据[①]、30 米空间分辨率的 GlobeLand30 地表覆盖数据[②]，以中国国土资源部 2017 年发布的《土地利用现状分类》国家标准为基础，提取缅甸的耕地、草地、林地和灌木地等地表覆盖数据，对缅甸农业用地的地表空间分布特征进行分析。

使用 ArcGIS 处理 GlobeLand30 数据，对结果进行统计分析并绘制 2020 年缅甸耕地、草地、林地和灌木地的空间分布图（图 7-10）和农业用地各类型面积及比例表（表 7-4）。

---

① 注：资料来自 http://www.themimu.info/。
② 注：资料来自 globeland30.org。GlobeLand30 数据研制所使用的分类影像主要是 30 米多光谱影像，包括美国陆地资源卫星（Landsat）的 TM5、ETM＋、OLI 多光谱影像，和中国环境减灾卫星（HJ-1）多光谱影像，2020 版数据（GlobeLand V2020）还使用了 16 米分辨率高分一号（GF-1）多光谱影像。GlobeLand30 V2020 数据的精度评价由中国科学院空天信息创新研究院牵头完成。基于景观形状指数抽样模型进行全套数据布点，得出该数据的总体精度为 85.72%，Kappa 系数为 0.82。

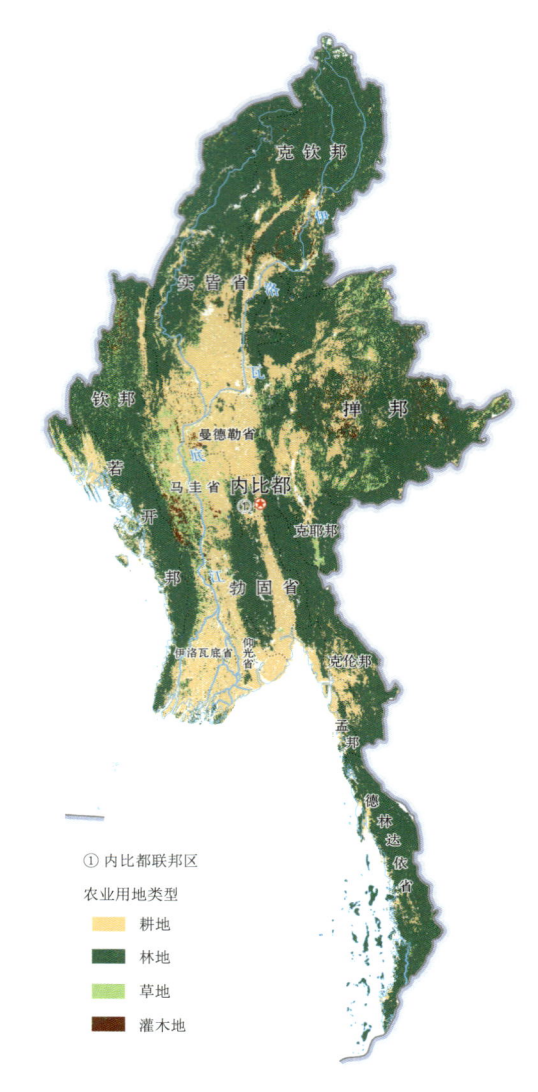

图 7-10 2020 年缅甸农业用地分布

表 7-4 2020 年缅甸农业用地各类型面积及比例

指标参数	耕地	林地	草地	灌木地	合计
面积（km²）	166 107.97	435 941.09	37 083.91	9 064.87	648 197.84
占缅甸国土面积比例（%）	24.16	63.41	5.39	1.32	94.28

2020 年缅甸耕地、林地、草地和灌木地的面积合计约为 64.82 万 km²，农业用地占缅甸国土面积的 94.28%。其中，林地面积约为 45.59 万 km²，占比 63.41%，接近缅甸国土面积的 2/3，是四类土地中面积最多的类型；耕地面积约为 16.61 万 km²，占比 24.16%，接近缅甸国土面积的 1/4；草地面积约为 3.71 万 km²；占比 5.39%；灌木地面积约为 0.91 万 km²，占比 1.32%。总体而言，2020 年缅甸农业用地空间分布呈现明显的地域集聚性与空间分异性。

（1）缅甸的耕地主要聚集在中部伊洛瓦底江中下游河谷地区，呈现南多北少、东多西少的空间分布特点。其中，伊洛瓦底江中下游地区（实皆省南部、曼德勒省、马圭省、内比都联邦区、勃固省、伊洛瓦底省和仰光省）的耕地面积约为 11.23 万 km²，超过缅甸总耕地面积的 2/3；缅甸北部地区（克钦邦）的耕地面积约为 5 075.43 km²，占总耕地面积的 3.43%；缅甸东部地区的耕地主要集中在掸邦高原，耕地面积为 2.84 万 km²，占总耕地面积的 17.11%；缅甸西部地区（钦邦与若开邦）的耕地面积仅为 7 223.51 km²，占总耕地面积的 4.35%。

（2）缅甸林地的空间分布格局与耕地相反，林地主要集中在缅甸的外围地区，呈现中南部少而其外围多的空间分布特征。其中，缅甸北部高原（实皆省北部和克钦邦）的林地面积约为 13.59 万 km²，接近缅甸总林地面积的 1/3；东部掸邦高原（掸邦）的林地面积约为 11.31 万 km²，占缅甸总林地面积的 1/4 左右；西部若开山脉（钦邦和若开邦）的林地面积约为 5.44 万 km²，占总林地面积的 12.48%；东南部克伦邦、孟邦和德林达依省的林地面积约为 6.74 万 km²，占总林地面积的 15.46%；中南部伊洛瓦底江中下游河谷地区中，除勃固山脉（勃固省）林地面积为 2.01 万 km² 外，其他地区林地分布较少。曼德勒省、马圭省、内比都联邦区、伊洛瓦底省和仰光省的林地面积分别为 0.85 万 km²、1.23 万 km²、0.43 万 km²、0.80 万 km² 和 0.17 万 km²，占缅甸总林地面积的比重分别为 1.96%、2.81%、0.99%、1.84% 和 0.40%。

（3）缅甸草地与灌木地的空间分布格局和林地的相似，也呈现"中南部少、外围多"的空间分布特征。其中，草地面积占总草地面积比例超过 10% 的省份有 3 个，即掸邦（1.05 万 km²）、马圭省（8 831.78 km²）和钦邦（4 010.06 km²），占比分别为 28.33%、23.82% 和 10.81%，三者总和超过缅甸总草地面积的一半,掸邦和马圭省的草地面积占比遥遥领先于缅甸其他省份。总体而言,缅甸的草地主要分布在靠近边境的掸邦、克钦邦、实皆省、钦邦、若开省和马圭省。灌木地面积占总灌木地面积比例超过10%的省份有5个,即掸邦(3 165.95 km²)、马圭省(1 862.05 km²)、克钦邦(1 725.28 km²)、钦邦(957.65 km²)和实皆省(939.65 km²),占比分别为34.93%、20.54%、19.03%、10.56%和10.37%。这些靠近边境的省、邦,灌木地面积约为8 650.58 km²,占全国灌木地面积的比例已达95.43%。

二、农业用地的时空演变特征

对GlobeLand30的2000年、2010年、2020年数据进行统计分析,并分2000—2010年和2010—2020年两个时间段,研究2000年以来缅甸四类农业用地的动态变化,以展现缅甸农业用地的时空演变特征。

(一)农业用地规模不断下降

从表7-5和图7-11可见,2000—2020年缅甸四类农业用地的面积不断下降,从2000年的653 484.02 km²下降至2020年的648 197.84 km²,总计减少了5 286.18 km²,平均面积变化率为0.8%。

表7-5 2000—2020年缅甸四类农业用地面积及其变化

农业用地类型	2000年(km²)	2010年(km²)	2020年(km²)	2000—2010年		2010—2020年	
				变化量(km²)	变化率	变化量(km²)	变化率
耕地	168 486.72	166 571.89	166 107.97	−1 914.83	1.1%	−463.91	0.3%
林地	431 867.26	438 367.04	435 941.09	6 499.78	1.5%	−2 425.95	0.6%
草地	44 314.22	37 094.72	37 083.91	−7 219.50	16.3%	−10.81	0.03%
灌木地	8 815.83	9 269.02	9 064.87	453.19	5.1%	−204.15	2.2%
合计	653 484.02	651 302.67	648 197.84	−2 181.35	0.3%	−3 104.83	0.5%

(1)2000—2010年缅甸农业用地面积减少2 181.35 km²,平均面积变化率为0.3%。在四类农业用地中,林地和灌木地的面积均在增长,林地面积增长最多,增长了6 499.78 km²,平均面积变化率为1.5%;灌木地面积增长较少,

增长了 453.19 km², 但灌木地平均面积变化程度明显大于林地, 为 5.1%。而耕地和草地的面积均在减少, 草地面积减少最多, 减少了 7 219.5 km², 平均面积变化率明显大于其他三类农业用地, 达 16.3%。耕地面积减少了 1 914.83 km², 平均面积变化率为 1.1%, 在四类农业用地中变化程度最小。

(2) 2010—2020 年缅甸农业用地面积减少 3 104.83 km², 平均面积变化率为 0.5%, 相比于 2000—2010 年的减少量有所增加, 且四类农业用地面积均呈现下降态势, 其中林地的面积减少最多, 减少了 2 425.95 km², 平均面积变化率为 0.6%; 灌木地面积减少的幅度最大, 减少了 204.15 km², 平均面积变化率为 2.2%。耕地面积减少了 463.91 km², 平均面积变化率为 0.3%, 耕地面积在两个阶段都呈持续下降态势, 表明缅甸耕地正在被其他土地类型取代。草地的面积变化量不明显, 仅减少了 10.81 km², 相比 2000—2010 年没有发生太大变化。

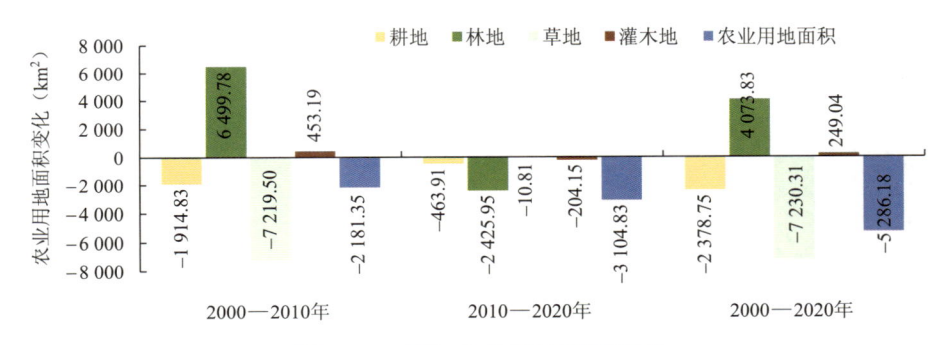

图 7-11 缅甸农业用地面积变化

(二) 农业用地时空演变

计算 2000—2010 年、2010—2020 年两个时间段内缅甸各省一级行政区四类农业用地的净变化面积与平均面积变化率, 制作缅甸各省份农业用地净变化面积表 (表 7-6 和表 7-7)。结果发现, 2000—2020 年缅甸各省份四类农业用地面积变化呈现明显的区域差异。

表 7-6　2000—2010 年缅甸各省份农业用地净变化面积　　（单位：km²）

省份	耕地净变化面积	林地净变化面积	草地净变化面积	灌木地净变化面积
伊洛瓦底省	-895.18	261.31	-566.34	0.00
勃固省	26.46	236.67	-506.59	48.98
钦邦	-8.93	510.99	-46.42	-464.87
克钦邦	1.47	2.38	-3.52	0.08
克伦邦	57.97	722.72	-792.12	0.00
克耶邦	-14.89	-183.13	172.29	0.00
马圭省	257.01	-123.69	-1 073.62	859.73
曼德勒省	-147.42	-59.73	11.61	164.46
孟邦	-19.75	237.61	-219.33	0.00
内比都联邦区	-27.72	93.72	-131.64	0.00
若开省	51.57	96.89	162.27	-367.70
实皆省	-1 202.90	1 074.83	-342.90	212.68
掸邦	12.58	233.20	-257.04	0.00
仰光省	-176.76	77.91	-41.49	0.00
德林达依省	172.64	3 317.05	-3 581.90	0.00

1. 耕地面积下降速度放缓

2000—2010 年缅甸总耕地面积显著下降。其中，耕地面积减少的省一级行政区有 8 个，主要集中在实皆省（1 202.90 km²）和伊洛瓦底省（895.18 km²），合计减少 2 098.08 km²，占这一时期缅甸减少耕地总量的 84.14%；耕地面积增加的省、邦有 7 个，马圭省和德林达依省的耕地面积变化超过 100 km²，分别为增加 257.01 km² 和 172.64 km²，但远少于其他省、邦减少的耕地面积。若以平均面积变化率来衡量，德林达依省的耕地面积增加了 10.51%，是这一时期缅甸所有行政区中耕地面积增减变化最剧烈的；内比都联邦区、克耶邦、仰光省、钦邦、伊洛瓦底省和实皆省减少了 1%—10%；其他省、邦的耕地面积增减不明显[①]。

2010—2020 年缅甸总耕地面积下降幅度有所放缓，但耕地面积减少的省一级行

---

① 注：本节将平均面积变化率小于 1% 的省份划分为无明显变化类别。

政区增加至 10 个，主要集中在曼德勒省 (589.90 km^2)、马圭省 (300.05 km^2)、实皆省 (200.17 km^2)、勃固省 (197.16 km^2) 和孟邦 (145.40 km^2)，合计减少了 1 432.68 km^2，占这一时期减少耕地总量的 86.31%；耕地面积增加的省、邦减少至 5 个，其中德林达依省、伊洛瓦底省和克钦邦的耕地增加面积均超过 300 km^2，分别为 385.03 km^2、384.20 km^2 和 336.94 km^2，合计增加 1 106.16 km^2，占总增加耕地面积的 92.37%。若以平均面积变化率来衡量，德林达依省的耕地面积增加了 21.21%，钦邦的耕地面积减少了 10.50%，是这一时期缅甸所有行政区中耕地面积增减较大的；克钦邦、伊洛瓦底省、仰光省、若开邦、勃固省、内比都联邦区、马圭省、曼德勒省、孟邦的耕地面积变化率则处于 1%—10% 的增减区间，变化幅度相对较小。

表 7-7　2010—2020 年缅甸各省份农业用地净变化面积　　（单位：km^2）

省份	耕地净变化面积	林地净变化面积	草地净变化面积	灌木地净变化面积
伊洛瓦底省	384.20	−105.32	−76.51	0.00
勃固省	−197.16	−563.86	66.36	−0.11
钦邦	−28.13	−2.11	1.38	−4.67
克钦邦	336.94	−370.58	−432.42	−201.03
克伦邦	14.56	−57.22	−0.05	0.00
克耶邦	−2.01	−25.82	−0.16	0.00
马圭省	−300.05	38.21	100.55	19.75
曼德勒省	−589.90	171.72	171.30	16.25
孟邦	−145.40	−113.84	4.90	0.00
内比都联邦区	−30.07	−21.69	40.86	0.00
若开省	−84.58	−52.41	45.55	−2.82
实皆省	−200.17	−398.92	170.77	−24.71
掸邦	−82.44	−221.61	−32.10	−6.78
仰光省	76.79	−194.86	−67.52	0.00
德林达依省	385.03	−509.96	−3.97	0.00

2. 林地面积先增加后减少

2000—2010 年缅甸林地总体面积显著增加。其中，林地面积增加的省一级行政区有 12 个，主要集中在德林达依省（3 317.05 km^2）和实皆省（1 074.83 km^2），两省新增林地面积均超过 1 000 km^2，合计增加 4 391.88 km^2，占这一时期缅甸增加林地总量的 63.97%；林地面积减少的省份有 3 个，分别为曼德勒省（59.73 km^2）、马圭省（123.69 km^2）和克耶邦（183.13 km^2），林地减少面积远小于增加面积。若以平均面积变化率来衡量，德林达依省的林地面积增加了 10.06%，是这一时期缅甸所有行政区中林地面积增减变化最大的；而仰光省、孟邦、伊洛瓦底省、克伦邦、内比都联邦区、实皆省、钦邦、勃固省、马圭省、克耶邦等的林地面积增减变化率低于 5%。

然而，2010—2020 年缅甸总林地面积呈显著减少的发展态势。其中，林地面积显著减少的省一级行政区有 13 个，减少面积超过 300 km^2 的省份分别为勃固省（563.86 km^2）、德林达依省（509.96 km^2）、实皆省（398.92 km^2）和克钦邦（370.58 km^2），这些省、邦的林地面积合计减少了 1 843.32 km^2，占同一时期减少林地总量的 69.87%；林地面积增加的仅有曼德勒省（171.72 km^2）和马圭省（38.21 km^2）。若以平均面积变化率来衡量，仰光省的林地面积减少了 10.07%，是 13 个林地面积减少的行政区中变化率最高的一个；曼德勒省、马圭省、伊洛瓦底省、德林达依省、孟邦、勃固省的林地面积变化率在 1%—10%，且均低于 3%；其他省一级行政区的林地面积变化不太明显。

3. 草地面积变化区域差异显著

2000—2010 年缅甸总草地面积显著减少。其中，草地面积减少的省一级行政区有 12 个，主要集中在德林达依省（3 581.90 km^2）和马圭省（1 073.62 km^2），两省合计减少 4 655.52 km^2，占这一时期缅甸减少草地总量的 61.56%。草地面积增加的省一级行政区有 3 个，其中克耶邦和若开邦增加的草地面积分别为 172.29 km^2 和 162.27 km^2，但仍远低于其他省份减少的草地面积。若以平均面积变化率来衡量，克伦邦和德林达依省的草地面积变化极大，分别减少了 98.93% 和 93.18%；草地面积减少幅度处于 10%—50% 的省一级行政区还有马圭省、伊洛瓦底省、仰光省、内比都联邦区和勃固省。此外，克耶邦的草地面积增加了 43.71%，是草地面积增加的省、邦中变化幅度最大的。

2010—2020 年缅甸总草地面积无明显变化，但呈现显著的区域差异。其中，草地面积增加的省一级行政区有 8 个，主要集中在曼德勒省（171.30 km^2）、实皆省

(170.77 km^2) 和马圭省 (100.55 km^2),三省合计增加草地面积 442.62 km^2,占这一时期增加草地面积总量的 73.57%;草地面积减少的省份有 7 个,克钦邦减少的草地面积为 432.42 km^2,占这一时期减少草地面积的 70.57%。若以平均面积变化率来衡量,仰光省的草地面积变化幅度是所有行政区中最剧烈的,减少了 57.48%,是克钦邦减少幅度(14.80%)的 3 倍多;增长幅度超过 10% 的省一级行政区有曼德勒省和内比都联邦区,分别为 13.15% 和 11.27%,比勃固省、实皆省、若开邦和马圭省的增减变化程度更大。

4. 灌木地面积变化幅度趋稳

2000—2010 年缅甸灌木地总体面积呈现增长的态势。其中,灌木地面积显著增加的省份有 4 个,分别为马圭省(859.73 km^2)、实皆省(212.68 km^2)、曼德勒省(164.46 km^2)和勃固省(48.98 km^2),且主要集中在马圭省和实皆省,二省合计增加 1 072.41 km^2,占总增加灌木地面积的 83.40%;灌木地面积减少的省份有 2 个,分别为若开省(367.70 km^2)和钦邦(464.87 km^2);其他省一级行政区的灌木地面积无明显变化。若以平均面积变化率来衡量,由于基数较小,勃固省、曼德勒省和马圭省、若开邦的灌木地面积变化幅度较大,均超过 50%;实皆省和钦邦则处于 10%—50% 的增减区间中;其他省一级行政区灌木地平均面积变化率无明显变动。

而 2010—2020 年缅甸总灌木地面积呈现减少的态势。其中,灌木地面积减少的省份有 6 个,主要是在克钦邦,减少的灌木地面积为 201.03 km^2,占这一时期缅甸灌木地减少面积的 83.72%;灌木地面积增加的省份仅有 2 个,分别是马圭省(19.75 km^2)和曼德勒省(16.25 km^2),两省合计增加面积为 36 km^2,但远少于克钦邦减少的灌木地面积。若以平均面积变化率来衡量,这一时期缅甸各行政区灌木地面积变化幅度相较 2000—2010 年平稳,除克钦邦减少了 10.44% 外,曼德勒省、马圭省、实皆省和若开邦的灌木地面积变化率均处在 1%—10%,其他省份灌木地平均面积变化率无明显改变。

第三节 主要农作物生产格局特征

农作物生产结构与布局是研究一个国家或地区农业地理情况的传统研究内

容，是了解一个国家或地区农业生产布局及农业区划的重要途径。本节利用中国农业科学院 2020 年 12 月发布的全球高精度农作物空间分布数据（以下简称 SPAM 数据）①，以缅甸各行政区为基本单元开展缅甸主要农作物生产格局演变的研究②，关注缅甸主要农作物的产量、种植面积及其比较优势等信息，以了解缅甸主要农作物的生产格局特征。SPAM 数据包括的 42 种主要农作物见表 7-8。

表 7-8 SPAM 数据中的 42 种农作物

作物类型	包含农作物
粮食作物（27 种）	小麦、水稻、玉米、大麦、珍珠粟、小米、高粱、其他谷物、马铃薯、红薯、山药、木薯、其他根类作物，豆荚、鹰嘴豆、豇豆、木豆、小扁豆、其他豆类作物，大豆、花生、椰子、香蕉、大蕉、热带水果、温带水果、蔬菜
非粮食作物（15 种）	油棕、向日葵、油菜籽、芝麻、其他油料作物，甘蔗、甜菜、棉花、其他纤维作物，阿拉比卡咖啡、罗布斯塔咖啡、可可豆、茶、烟草、其他作物

进一步计算缅甸各省、邦规模比较优势指数（SAI）、效率比较优势指数（EAI）和综合比较优势指数（AAI），在此基础上，将主要农作物生产划分为六种区域类型（表 7-9）。

表 7-9 各比较优势指数下的主要农作物生产分区标准

级别	类型名称	判断指标	基本特征
优势区	均衡优势区	SAI>1，EAI>1，AAI>1	同时具有规模比较优势、效率比较优势和综合比较优势
	规模主导优势区	SAI>1，EAI<1，AAI>1	受规模比较优势主导而具有综合比较优势，无效率比较优势
	效率主导优势区	SAI<1，EAI>1，AAI>1	受效率比较优势主导而具有综合比较优势，无规模比较优势

---

① 注：资料来自 https://www.mapspam.info/data/。全球高精度农作物空间分布数据为中国农业科学院农业资源与农业区划研究所智慧农业创新团队与国际食物政策研究所、国际应用系统分析研究所、国际玉米小麦改良中心等国际研究机构合作，研制并发布的全球最新一期高精度农作物空间分布数据产品，发布时间为 2020 年 12 月。该数据包括全球水稻、小麦、玉米等 42 种主要农作物的面积及总产、单产空间分布。

② 注：由于 SPAM 提供数据可及性，本节研究区仅包括缅甸的伊洛瓦底省、勃固省、实皆省、马圭省、曼德勒省、仰光省、若开邦、掸邦、克钦邦、克伦邦、孟邦、德林达依省、钦邦、克耶邦等 13 个省、邦，内比都联邦区数据缺失。

续表

级别	类型名称	判断指标	基本特征
劣势区	低效率劣势区	SAI>1，EAI<1，AAI<1	具有规模比较优势，无效率比较优势和综合比较优势
	低规模劣势区	SAI<1，EAI>1，AAI<1	具有效率比较优势，无规模比较优势和综合比较优势
	绝对劣势区	SAI<1，EAI<1，AAI<1	均不具有规模比较优势、效率比较优势和综合比较优势

一、粮食作物的生产格局特征

为研究缅甸各省、邦粮食作物的种植面积、收获面积、总产量及单位面积产量的具体情况，以 SPAM 数据中的 27 种粮食作物为基础进行统计分析（表7-10），展现缅甸主要粮食作物的生产格局特征。

表 7-10　2020 年缅甸粮食作物种植面积与总产量

省份	种植面积（ha）	占比	总产量（t）	占比
伊洛瓦底省	25 014.9	18.25%	10 597 506.4	21.45%
勃固省	21 063.7	15.37%	7 624 061.9	15.43%
钦邦	1 123.2	0.82%	411 578.5	0.83%
克钦邦	6 219.0	4.54%	1 676 569.1	3.39%
克耶邦	971.8	0.71%	389 986.7	0.79%
克伦邦	5 993.4	4.37%	2 925 157.5	5.92%
马圭省	14 394.6	10.50%	4 188 875.4	8.48%
曼德勒省	12 275.3	8.96%	4 701 557.7	9.52%
孟邦	5 027.3	3.67%	1 711 382.4	3.46%
若开邦	6 925.1	5.05%	2 513 601.3	5.09%
实皆省	20 790.5	15.17%	6 640 621.8	13.44%
掸邦	6 229.4	4.55%	2 012 213.8	4.07%
仰光省	8 098.8	5.91%	3 157 752.4	6.39%
德林达依省	2 932.1	2.14%	851 521.9	1.72%
合计	137 059.1	—	49 402 386.8	—

注：种植面积与总产量数值均保留 1 位小数。

(一)种植面积与总产量

SPAM 数据显示,缅甸全国 42 种农作物总种植面积约为 1 677.91 万 ha,总产量 6 113.18 万 t。从种植面积来看,27 种粮食作物的总种植面积约为 1 370.59 万 ha,占农作物总种植面积的 81.68%,可见粮食作物是缅甸主要种植的农作物。分省、邦看,由图 7-12 可知,缅甸粮食作物种植面积的空间分布呈

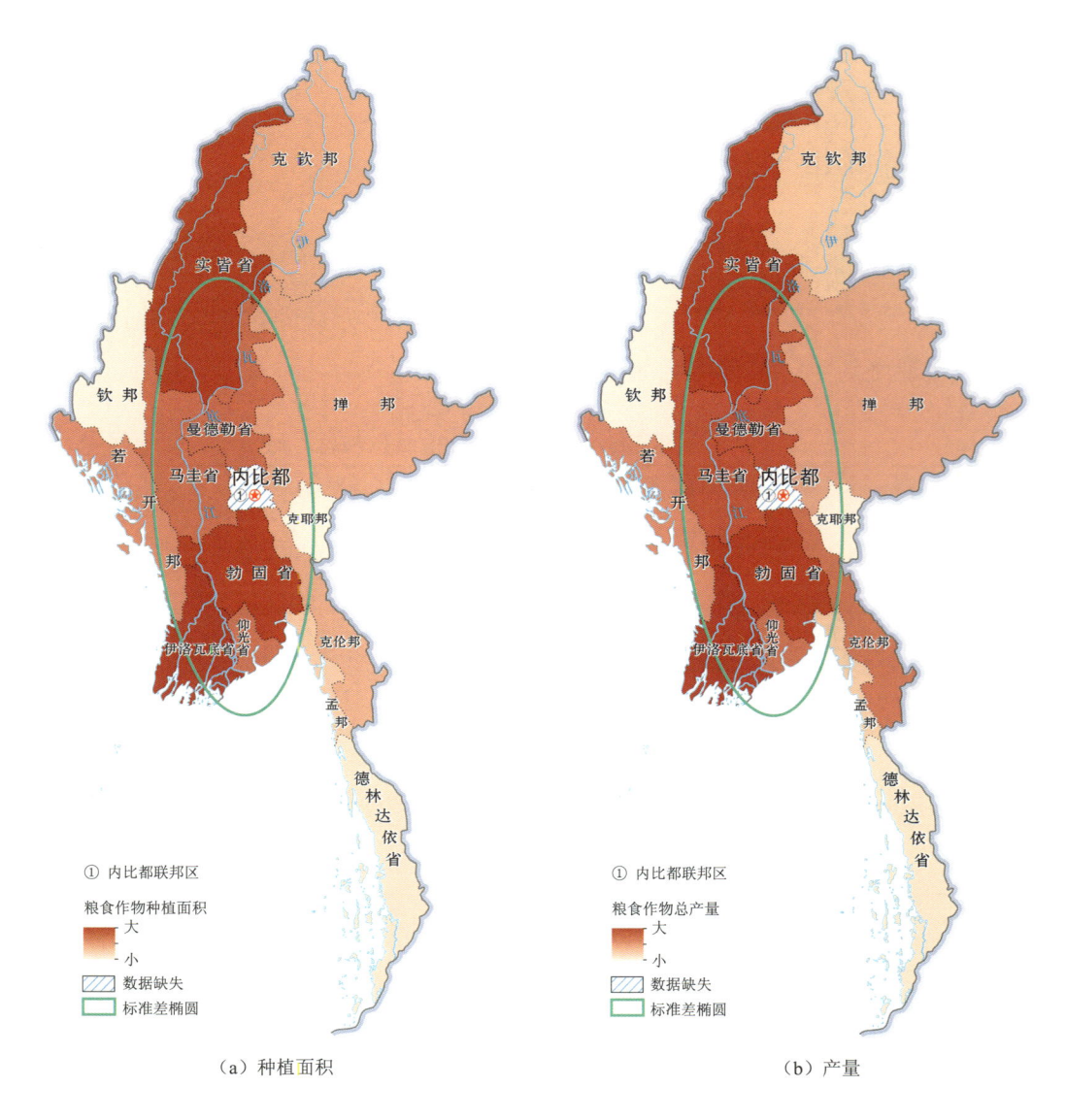

(a)种植面积　　　　　　　　　　　　(b)产量

图 7-12　2020 年缅甸粮食作物种植面积和产量的空间分布

现"中间多、东西少"的特征，标准差椭圆分析结果显示，缅甸粮食作物种植面积由北向南主要集中在实皆省、曼德勒省、马圭省、勃固省、伊洛瓦底省和仰光省，这些省粮食作物的种植面积达 1 016.37 万 ha，占缅甸全国粮食作物种植面积的 74.16%。具体而言，粮食作物种植面积占比超过 10% 的省份有 4 个，分别为伊洛瓦底省（约 250.15 万 ha）、勃固省（约 210.64 万 ha）、实皆省（约 207.90 万 ha）和马圭省（约 143.95 万 ha），占比分别为 18.25%、15.37%、15.17% 和 10.50%。西部若开邦和钦邦的种植面积共计约为 80.48 万 ha，占比 5.87%。东部的克钦邦、掸邦、克耶邦、克伦邦、孟邦、德林达依省等 6 个省、邦的种植面积共计约为 273.73 万 ha，占比 19.97%。

从产量上看，27 种粮食作物的总产量约为 4 940.24 万 t，占农作物总产量比重的 80.81%。分省、邦看，缅甸粮食作物产量的空间分布和种植面积的情况相似，也呈现"中间多、东西少"的特征。标准差椭圆分析结果显示，粮食作物产量高值区由北向南主要集中在实皆省、曼德勒省、马圭省、勃固省、伊洛瓦底省和仰光省，这 6 个省的粮食作物总产量达 3 691.04 万 t，占缅甸全国粮食作物总产量的 74.71%。其中，伊洛瓦底省、勃固省和实皆省的粮食作物产量排名前三位，产量分别约为 1 059.75 万 t、762.41 万 t 和 664.06 万 t，占比分别为 21.45%、15.43% 和 13.44%，3 个省粮食作物产量合计占比 50.33%。此外，西部若开邦和钦邦的粮食作物产量共计约为 292.52 万 t，占比 5.92%。东部省、邦（克钦邦、掸邦、克耶邦、克伦邦、孟邦、德林达依省）的粮食作物产量共计约为 956.68 万 t，占比 19.37%。

（二）缅甸粮食作物的生产分区

计算缅甸各省、邦粮食作物的规模比较优势指数、效率比较优势指数和综合比较优势指数，依据表 7-9 的分区标准，划分缅甸粮食作物的生产分区。

表 7-11　缅甸粮食作物的各比较优势指数与生产分区

省份	SAI	EAI	AAI	生产分区
伊洛瓦底省	1.208 9	1.175 3	1.192 0	均衡优势区
勃固省	1.183 4	1.004 2	1.090 1	均衡优势区

续表

省份	SAI	EAI	AAI	生产分区
钦邦	1.224 1	1.016 7	1.115 5	均衡优势区
克钦邦	1.110 0	0.747 9	0.911 2	低效率劣势区
克耶邦	1.223 7	1.113 3	1.167 2	均衡优势区
克伦邦	1.084 9	1.354 0	1.212 0	均衡优势区
马圭省	0.793 4	0.807 3	0.800 3	绝对劣势区
曼德勒省	0.802 4	1.062 6	0.923 4	低规模劣势区
孟邦	1.055 1	0.944 4	0.998 3	低效率劣势区
若开邦	1.212 7	1.007 0	1.105 1	均衡优势区
实皆省	0.981 1	0.886 1	0.932 4	绝对劣势区
掸邦	0.538 2	0.896 2	0.694 5	绝对劣势区
仰光省	1.217 7	1.081 7	1.147 7	均衡优势区
德林达依省	1.224 2	0.805 7	0.993 2	低效率劣势区

由表 7-11 可见，缅甸粮食作物的生产优势区涉及 7 个省、邦，均为均衡优势区，这些省、邦分布于缅甸西部和中南部，包括伊洛瓦底省、勃固省、钦邦、克伦邦、克耶邦、若开邦和仰光省，综合比较优势指数排名前三的是克伦邦、伊洛瓦底省和克耶邦，它们在粮食作物生产上具有明显的综合优势。粮食作物生产劣势区也涉及 7 个省、邦，主要分布在缅甸的中北、东部和东南部，其中属于低效率劣势区的是克钦邦、孟邦、德林达依省，这 3 个省、邦虽然在粮食作物种植上具有规模比较优势，但是单位面积产量缺乏相对优势，影响了自身的综合比较优势。低规模劣势区分布于曼德勒省，该省在粮食作物单位面积产量上虽具有效率比较优势，但在种植面积规模上缺乏相对竞争力。属于绝对劣势区的是马圭省、实皆省和掸邦等 3 个省、邦。

（三）缅甸主要粮食作物的生产格局

结合数据可及性与缅甸农作物类型的特点，以下选取水稻和豆类两类主要粮食作物为研究对象，利用 SPAM 数据，分析两类粮食作物的生产格局特征，并根据规模比较优势指数、效率比较优势指数和综合比较优势指数划分其生产空间。

1. 水稻

缅甸水稻的种植面积共计约 659.81 万 ha，占 42 种农作物种植面积的 39.32%，占 27 种粮食作物种植面积的 48.14%，是缅甸最主要的农作物。由表 7-12 和图 7-13（a）可知，缅甸水稻种植面积高值区主要集中缅甸南部的伊洛瓦底省、勃固省和仰光省，种植面积分别约为 165.41 万 ha、111.89 万 ha 和 46.89 万 ha，共计 324.19 万 ha；占缅甸水稻种植总面积的比重分别为 25.07%、16.96%和 7.11%，共计为 49.13%，接近缅甸水稻总种植面积的一半。此外，水稻种植面积占全国水稻种植面积比重超过 10%的还有实皆省，其水稻种植面积位列所有省、邦的第三位，约为 75.83 万 ha，占比 11.49%。

表 7-12 2000 年缅甸各省、邦水稻种植面积与产量

省份	种植面积（ha）	占比	产量（t）	占比	单位面积产量（kg/ha）
伊洛瓦底省	1 654 056.0	25.07%	8 605 691.0	27.39%	5 202.78
勃固省	1 118 946.2	16.96%	5 378 070.1	17.12%	4 806.37
钦邦	112 293.2	1.70%	411 493.5	1.31%	3 664.46
克钦邦	205 388.1	3.11%	679 255.4	2.16%	3 307.18
克耶邦	97 147.1	1.47%	389 680.8	1.24%	4 011.24
克伦邦	224 782.6	3.41%	866 033.4	2.76%	3 852.76
马圭省	352 667.4	5.34%	1 824 469.6	5.81%	5 173.34
曼德勒省	345 870.0	5.24%	2 229 711.2	7.10%	6 446.67
孟邦	330 223.7	5.00%	1 316 060.8	4.19%	3 985.36
若开邦	407 028.0	6.17%	1 574 341.3	5.01%	3 867.89
实皆省	758 273.2	11.49%	3 828 280.0	12.18%	5 048.68
掸邦	344 613.2	5.22%	1 259 165.8	4.01%	3 653.85
仰光省	468 901.7	7.11%	2 432 943.7	7.74%	5 188.60
德林达依省	177 961.0	2.70%	625 767.8	1.99%	3 516.32

注：种植面积与产量均保留 1 位小数。

图 7-13（b）展示了缅甸水稻产量的空间分布，其呈现"中间多、东西少"的空间分布格局。产量高的省、邦主要集中于伊洛瓦底省、勃固省、实皆省、仰光省、曼德勒省和马圭省。此外，若开邦西部部分地区的水稻产量也相对较

高。具体而言，水稻产量占缅甸全国水稻总产量比重超过 20% 的省、邦为伊洛瓦底省，其水稻产量约为 860.57 万 t，占比 27.39%，超过缅甸水稻总产量的 1/4，是缅甸最重要的水稻生产地。产量占比超过 10% 的省、邦还有勃固省和实皆省，产量分别约为 537.81 万 t、382.83 万 t，占比 17.12%、12.18%。从单位面积产量来看，单产超过 5 000 kg/ha 的省、邦有 5 个，其中曼德勒省最高，为 6 446.67 kg/ha。

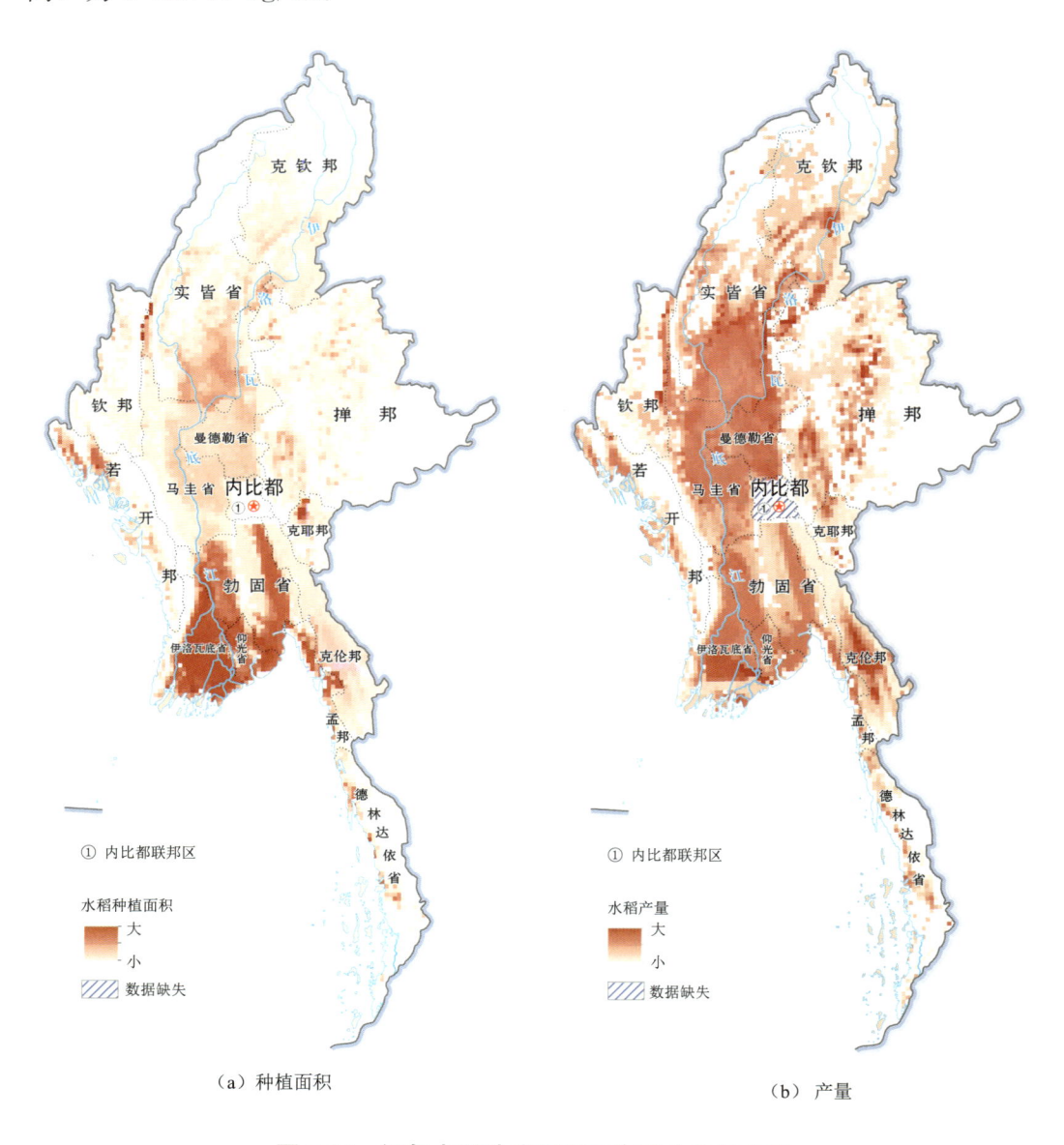

（a）种植面积　　　　　　　　　　　　（b）产量

图 7-13　缅甸水稻种植面积和产量的空间分布

通过计算各比较优势指数，得出缅甸种植水稻的生产优势区涉及 8 个省、邦，它们集中分布于缅甸西部、中南部和东南部的部分省、邦。其中，属于均衡优势区的省、邦有 3 个，包括伊洛瓦底省、勃固省和仰光省；规模主导优势区有 5 个，包括钦邦、克耶邦、孟邦、若开邦和德林达依省。综合比较优势排名前五的省、邦中，前二位都是规模主导优势区（克耶邦和钦邦）。水稻生产劣势区涉及 6 个省、邦，主要是位于缅甸中北部和东部的省、邦，其中低规模劣势区有 3 个，包括马圭省、曼德勒省和实皆省。马圭省的综合比较优势指数最低，位列缅甸各省、邦的最后一位。此外，绝对劣势区有 3 个，分别为克钦邦、克伦邦和掸邦，这 3 个邦的水稻生产在缅甸各省、邦中处于相对劣势的地位。

表 7-13　缅甸各省、邦种植水稻的比较优势指数与生产分区

省份	SAI	EAI	AAI	生产分区
伊洛瓦底省	1.660 4	1.092 5	1.346 9	均衡优势区
勃固省	1.305 8	1.009 3	1.148 0	均衡优势区
钦邦	2.542 1	0.769 5	1.398 6	规模主导优势区
克钦邦	0.761 5	0.694 5	0.727 2	绝对劣势区
克耶邦	2.540 9	0.842 3	1.463 0	规模主导优势区
克伦邦	0.845 2	0.809 0	0.826 9	绝对劣势区
马圭省	0.403 8	1.086 4	0.662 3	低规模劣势区
曼德勒省	0.469 6	1.353 8	0.797 4	低规模劣势区
孟邦	1.439 7	0.836 9	1.097 7	规模主导优势区
若开邦	1.480 6	0.812 2	1.096 6	规模主导优势区
实皆省	0.743 3	1.060 2	0.887 7	低规模劣势区
掸邦	0.618 4	0.767 3	0.688 8	绝对劣势区
仰光省	1.464 5	1.089 6	1.263 2	均衡优势区
德林达依省	1.543 4	0.738 4	1.067 6	规模主导优势区

2. 豆类

2020 年，缅甸豆类种植面积共计 271.39 万 ha，占 42 种农作物种植面积的 16.17%，占 27 种粮食作物种植面积的 19.80%。由表 7-14 和图 7-14，缅甸的豆类种植区域主要集中在缅甸南部的伊洛瓦底省、仰光省和勃固省东部，以及中部的曼德勒省、马圭省和实皆省南部地区。具体而言，豆类种植面积占缅甸

总豆类种植面积的比重超过10%的省、邦有5个,包括伊洛瓦底省、马圭省、实皆省、勃固省和曼德勒省,这5个省、邦的豆类种植面积共计220.54万ha,占比81.26%。其中,伊洛瓦底省的豆类种植面积最多,达60.48万ha,占比22.29%,超过缅甸总豆类种植面积的1/5;马圭省、实皆省、勃固省和曼德勒省的豆类种植面积分别为46.71万ha、42.77万ha、40.72万ha和29.87万ha,占比分别为17.21%、15.76%、15.00%和11.01%。

表7-14 2020年缅甸各省、邦豆类种植面积与产量

省份	种植面积(ha)	占比	产量(t)	占比	单位面积产量(kg/ha)
伊洛瓦底省	604 787.2	22.29%	747 065.7	21.03%	1 235.25
勃固省	407 156.1	15.00%	549 002.4	15.46%	1 348.38
钦邦	—		—		
克钦邦	265 026.1	9.77%	404 517.3	11.39%	1 526.33
克耶邦	—		—		
克伦邦	27 263.5	1.00%	38 379.6	1.08%	1 407.73
马圭省	467 052.9	17.21%	592 756.8	16.69%	1 269.14
曼德勒省	298 707.7	11.01%	387 323.0	10.90%	1 296.66
孟邦	16 815.9	0.62%	21 930.9	0.62%	1 304.18
若开邦	25 631.1	0.94%	34 927.3	0.98%	1 362.69
实皆省	427 676.1	15.76%	562 717.0	15.84%	1 315.76
掸邦	—		—		
仰光省	173 752.1	6.40%	213 578.0	6.01%	1 229.21
德林达依省	—		—		

注:"—"代表SPAM数据库中无该省、邦相关的农作物数据。

种植面积与产量均保留1位小数。

缅甸豆类产量的空间分布呈现"中间多、东西少"的格局,产量高者主要集中于中部伊洛瓦底省、勃固省、马圭省、曼德勒省,以及克钦邦南部地区和若开邦西部地区。省、邦产量占全国总产量比重超过10%的有6个,分别为伊洛瓦底省(约74.71万t,占比21.03%)、马圭省(约59.28万t,占比16.69%)、实皆省(约56.27万t,占比15.84%)、勃固省(约54.90万t,占

比 15.46%)、克钦邦（约 40.45 万 t，占比 11.39%）和曼德勒省（约 38.73 万 t，占比 10.90%），这 6 个省、邦的豆类产量共计约 324.34 万 t，占缅甸豆类总产量的 91.31%。从单位面积产量来看，克钦邦最高，为 1 526.33 kg/ha，这是因其产量占比高于种植面积占比。

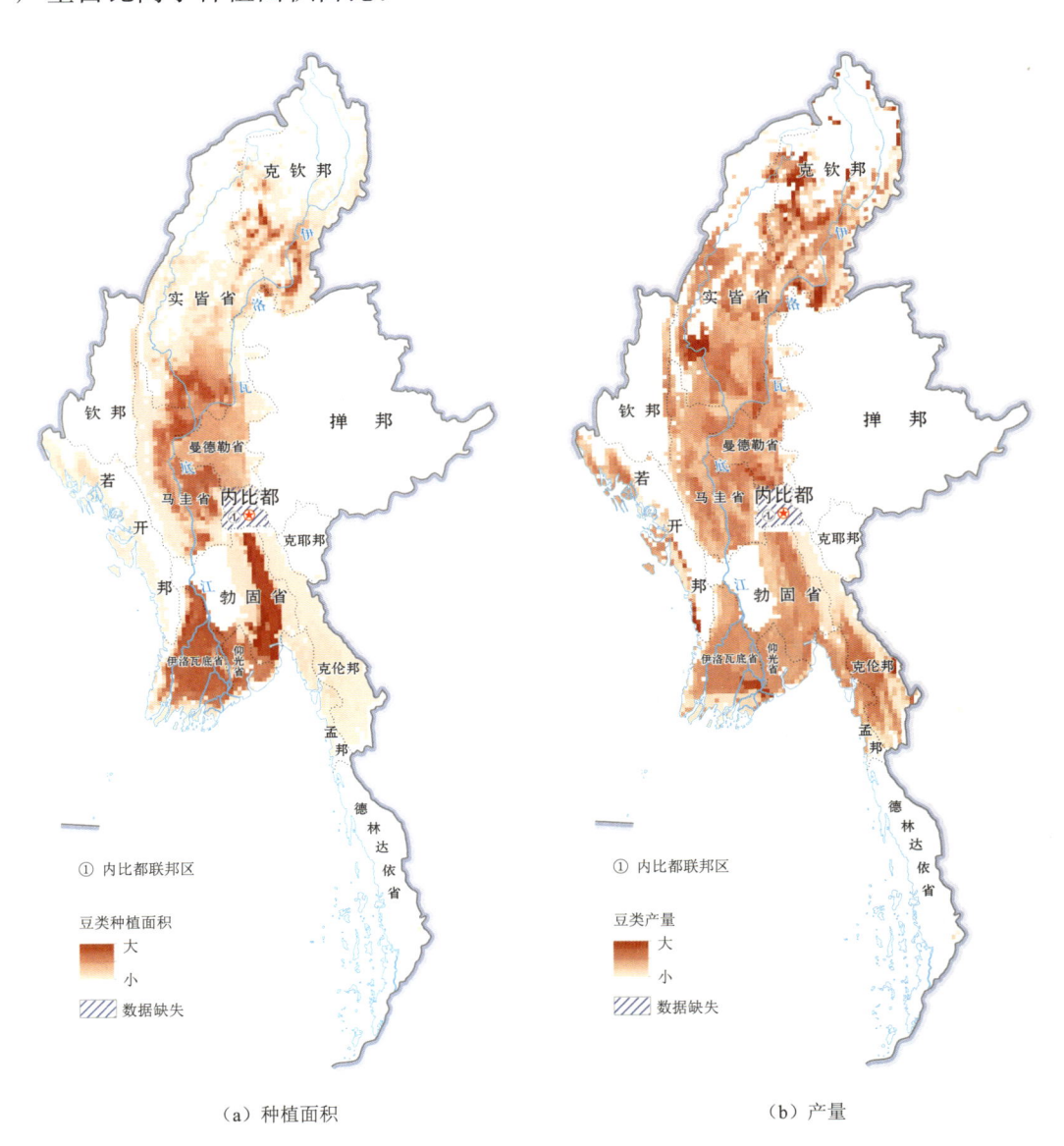

（a）种植面积　　　　　（b）产量

图 7-14　缅甸豆类种植面积与产量空间分布

缅甸豆类种植的生产优势区共有6个省、邦，分布于缅甸中南部的马圭省、勃固省、伊洛瓦底省和仰光省，以及北部的实皆省和克钦邦。其中，属于均衡优势区的省、邦有3个，分别为克钦邦、实皆省和勃固省，以克钦邦的综合比较优势指数最高，为1.6691。属于规模主导优势区的有马圭省、伊洛瓦底省和仰光省。豆类种植综合比较优势指数排名前三的省、邦中有2个属于规模主导优势区，分别为伊洛瓦底省（1.1803）和马圭省（1.1227）。豆类生产劣势区涉及4个省、邦，其中属于低规模劣势区的有克伦邦和若开邦；属于绝对劣势区的有2个，分别为曼德勒省和孟邦，其中，曼德勒省的3个比较优势指数均接近1，虽然指数计算表现为绝对劣势区，但其豆类种植水平与缅甸全国平均水平较为接近。

表7-15　缅甸各省、邦豆类种植的各比较优势指数与生产分区

省份	SAI	EAI	AAI	生产分区
伊洛瓦底省	1.4761	0.9437	1.1803	规模主导优势区
勃固省	1.1552	1.0302	1.0909	均衡优势区
钦邦	—	—	—	—
克钦邦	2.3890	1.1661	1.6691	均衡优势区
克耶邦	—	—	—	—
克伦邦	0.2492	1.0755	0.5177	低规模劣势区
马圭省	1.3000	0.9696	1.1227	规模主导优势区
曼德勒省	0.9361	0.9906	0.9884	绝对劣势区
孟邦	0.1782	0.9964	0.4214	绝对劣势区
若开邦	0.2267	1.0411	0.4858	低规模劣势区
实皆省	1.0193	1.0052	1.0122	均衡优势区
掸邦	—	—	—	—
仰光省	1.3194	0.9391	1.1131	规模主导优势区
德林达依省	—	—	—	—

注："—"代表SPAM数据库中无该省、邦相关农作物数据。

二、非粮食作物的生产格局特征

为研究缅甸各省、邦非粮食作物的种植面积、收获面积、总产量及单位面积产量的具体情况,以 SPAM 数据中的 15 种非粮食作物为基础进行统计分析(表 7-16),展现缅甸主要非粮食作物的生产格局特征。

表 7-16 2020 年缅甸各省、邦 15 种非粮食作物种植面积与总产量

省份	种植面积(ha)	占比	总产量(t)	占比
伊洛瓦底省	31 757.6	1.03%	29 190.4	0.25%
勃固省	72 706.2	2.37%	55 269.2	0.47%
钦邦	16.0	0.000 5%	22.6	0.000 2%
克钦邦	63 985.6	2.08%	386 606.2	3.30%
克耶邦	43.0	0.001%	82.9	0.00%
克伦邦	76 953.0	2.50%	3 652 363.7	31.14%
马圭省	781 765.2	25.44%	808 268.3	6.89%
曼德勒省	645 301.2	21.00%	1 554 493.3	13.25%
孟邦	80 561.5	2.62%	131 157.3	1.12%
若开邦	6 590.5	0.21%	4 666.1	0.04%
实皆省	515 117.4	16.76%	4 389 067.3	37.42%
掸邦	794 119.2	25.84%	710 773.6	6.06%
仰光省	4 314.9	0.14%	7 476.8	0.06%
德林达依省	4.9	0.000 2%	7.8	0.000 1%
合计	3 073 236.0	—	11 729 445.5	—

注:种植面积与总产量均保留 1 位小数。

(一)种植面积与总产量

SPAM 数据显示,从种植面积看,2020 年缅甸 15 种非粮食作物的总种植面积约为 307.32 万 ha,占 42 种农作物总种植面积的 18.32%。分省、邦看,缅甸非粮食作物种植主要分布于中部和东部的部分省、邦。标准差椭圆分析结果显示,缅甸非粮食作物种植面积主要集中在实皆省、曼德勒省、马圭省和掸邦,这 4 个省、邦的非粮食作物种植面积达 273.63 万 ha,占缅甸全国总非粮食

作物种植面积的 89.04%。各省、邦非粮食作物种植面积占全国总非粮食作物种植面积的比重超过 20% 的有 3 个,分别为掸邦(79.41 万 ha)、马圭省(78.18 万 ha)和曼德勒省(64.53 万 ha),占比分别为 25.84%、25.44% 和 21.00%。此外,种植面积占比超过 10% 的省、邦还有实皆省,该省、邦的非粮食作物种植面积为 51.51 万 ha,占比 16.76%。

从产量看,2020 年缅甸 15 种非粮食作物的总产量为 1 172.94 万 t,占 42 种农作物产量的比重为 19.19%。分省、邦看,由图 7-15,缅甸非粮食作物产

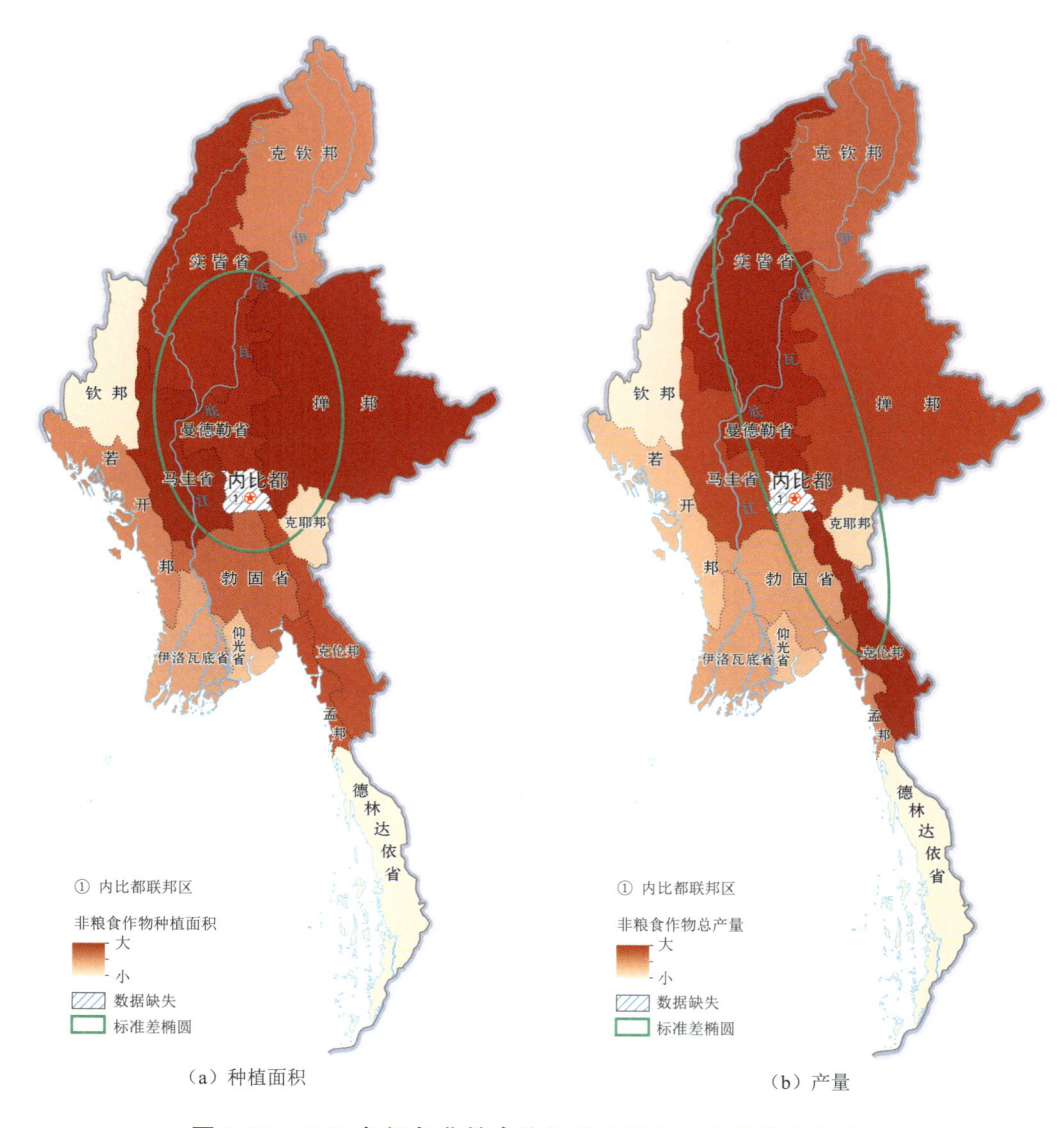

(a)种植面积　　　　　　　　　　　(b)产量

图 7-15　2000 年缅甸非粮食作物种植面积和产量的空间分布

量呈现"东北多、西南少"的空间分布格局。其中，标准差椭圆的分析结果显示，缅甸非粮食作物产量高值区主要集中在实皆省、曼德勒省、马圭省、克耶邦、掸邦和克钦邦，这6个省、邦的非粮食作物总产量达1 150.16万t，占缅甸非粮食作物总产量的98.06%。实皆省和克伦邦的非粮食作物产量在缅甸所有省、邦中排名前两位，产量分别约为438.91万t和365.24万t，占比分别为37.42%和31.14%，两地区合计占比68.56%，即生产了缅甸逾2/3的非粮食作物。此外，非粮食作物产量占比超过10%的还有曼德勒省，其产量为155.45万t，占比13.25%。值得注意的是，掸邦和克钦邦虽然非粮食作物的种植面积较大，但这两个邦的非粮食作物产量占比相对较小，仅为6.06%和3.30%。

（二）缅甸非粮食作物的生产分区

计算缅甸各省、邦非粮食作物的规模比较优势指数、效率比较优势指数和综合比较优势指数，依据表7-9的分区标准，获得缅甸非粮食作物的生产分区（表7-17）。

表7-17　缅甸各省、邦15种非粮食作物种植的比较优势指数与生产分区

省份	SAI	EAI	AAI	生产分区
伊洛瓦底省	0.068 4	0.240 8	0.128 4	绝对劣势区
勃固省	0.182 2	0.199 2	0.190 5	绝对劣势区
钦邦	0.000 8	0.370 1	0.017 0	绝对劣势区
克钦邦	0.509 3	1.583 1	0.898 0	低规模劣势区
克也邦	0.002 4	0.505 1	0.034 9	绝对劣势区
克伦邦	0.621 2	12.435 6	2.779 5	效率主导优势区
马圭省	1.921 6	0.270 9	0.721 5	低效率劣势区
曼德勒省	1.881 2	0.631 2	1.089 7	规模主导优势区
孟邦	0.754 1	0.426 6	0.567 2	绝对劣势区
若开邦	0.051 5	0.185 5	0.097 7	绝对劣势区
实皆省	1.084 1	2.232 5	1.555 7	均衡优势区
掸邦	3.059 6	0.234 5	0.847 1	低效率劣势区
仰光省	0.028 9	0.454 0	0.114 6	绝对劣势区
德林达依省	0.000 1	0.417 1	0.006 2	绝对劣势区

由表 7-17，属于缅甸非粮食作物生产优势区的仅有 3 个省、邦。其中，属于均衡优势区的为实皆省，综合优势指数为 1.555 7，位列所有省、邦中的第二位。属于规模主导优势区的是曼德勒省，综合优势指数 1.089 7，位列第三位。属于效率主导优势区的为克伦邦，综合优势指数 2.779 5，因其在甘蔗种植上带来的效率比较优势使其 EAI 值提升尤为显著。非粮食作物生产劣势区涉及 11 个省、邦，它们主要分布在缅甸东北部和西南部，其中低规模劣势区有 1 个，为克钦邦；低效率劣势区有掸邦和马圭省；绝对劣势区有 8 个，分别为孟邦、勃固省、伊洛瓦底省、仰光省、若开邦、克耶邦、钦邦和德林达依省。

（三）缅甸主要非粮食作物的生产格局

考虑数据可及性与缅甸农作物类型特点，研究选取芝麻和甘蔗两种主要非粮食作物作为研究对象，基于 SPAM 数据，分析两种非粮食作物的生产格局，并根据规模比较优势指数、效率比较优势指数和综合比较优势指数划分其生产空间。

1. 芝麻

缅甸 2020 年的芝麻种植面积共计约 159.85 万 ha，占 42 种农作物种植面积的 9.53%，占 15 种非粮食作物种植面积的 52.01%。由表 7-18 和图 7-16，缅甸芝麻种植面积高值区主要集中缅甸中部的马圭省、曼德勒省和实皆省，种植面积分别约为 56.92 万 ha、48.87 万 ha 和 38.49 万 ha，共计 144.27 万 ha；占全国芝麻种植面积的比例分别为 35.61%、30.57% 和 24.08%，共计 90.26%，这 3 个省芝麻种植面积接近缅甸全国芝麻种植总面积的九成。

图 7-16（b）展示了缅甸芝麻产量的空间分布，产量高值区主要集中于中北部的马圭省、曼德勒省和实皆省。具体而言，产量占全国总产量比重超过 30% 的为马圭省和曼德勒省，其芝麻产量分别约为 30.27 万 t 和 26.84 万 t，共计约 57.11 万 t；占比分别为 34.62% 和 30.70%，共计 65.32%，接近缅甸芝麻总产量的 2/3。此外，实皆省的芝麻产量占比也超过 20%，约为 21.28 万 t，占比 24.33%。由此可见，马圭省、曼德勒省和实皆省是缅甸最重要的芝麻种植区域。从单位面积产量看，种植芝麻的省、邦单产均超过 500 kg/ha，其中克钦邦最高，为 693.24 kg/ha。

表 7-18　缅甸 2020 年各省、邦芝麻种植面积与产量

省份	种植面积（ha）	占比	产量（t）	占比	单位面积产量（kg/ha）
伊洛瓦底省	12 486.3	0.78%	6 606.6	0.76%	529.11
勃固省	—	—	—	—	—
钦邦	—	—	—	—	—
克钦邦	45 197.3	2.83%	31 332.7	3.58%	693.24
克耶邦	—	—	—	—	—
克伦邦	15 172.6	0.95%	8 689.2	0.99%	572.69
马圭省	569 211.3	35.61%	302 703.3	34.62%	531.79
曼德勒省	488 660.6	30.57%	268 420.7	30.70%	549.30
孟邦	78 876.1	4.93%	41 725.0	4.77%	528.99
若开省	2 051.4	0.13%	1 090.2	0.12%	531.44
实皆省	384 859.8	24.08%	212 767.5	24.33%	552.84
掸邦	—	—	—	—	—
仰光省	2 013.7	0.13%	1 066.5	0.12%	529.62
德林达依省	—	—	—	—	—

注："—"代表 SPAM 数据库中无该省、邦相关的农作物数据。

种植面积与产量均保留 1 位小数。

经计算，缅甸芝麻种植的生产优势区涉及 4 个省、邦（表 7-19）。其中，属于均衡优势区的省、邦有 2 个，集中分布于缅甸中部、中北部地区，为实皆省和曼德勒省；属于规模主导优势区的有 2 个，为马圭省和克伦邦。其中，马圭省种植芝麻的规模比较优势比较显著，SAI 值高达 2.689 9，在所有种植芝麻的省、邦中排名第一。芝麻生产劣势区涉及 5 个省、邦，它们主要分布在缅甸的西南部和东北部，其中，低规模劣势区有 2 个，分别为克钦邦和克伦邦；绝对劣势区有 3 个，分别为伊洛瓦底省、若开邦和仰光省。

(a) 种植面积 (b) 产量

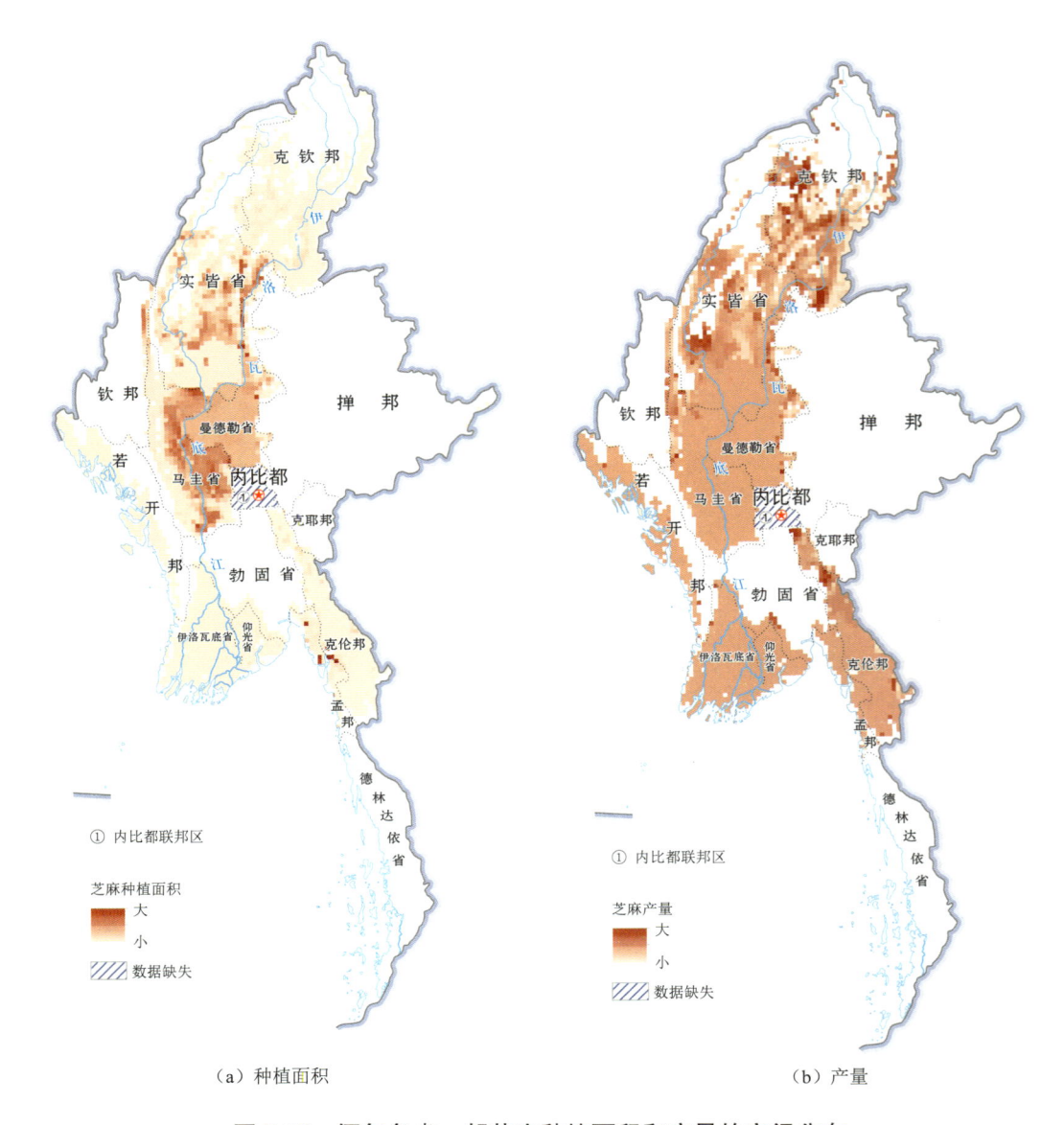

图 7-16 缅甸各省、邦芝麻种植面积和产量的空间分布

表 7-19 缅甸各省、邦芝麻种植的比较优势指数与生产分区

省份	SAI	EAI	AAI	生产分区
伊洛瓦底省	0.051 7	0.967 3	0.223 7	绝对劣势区
勃固省	—	—	—	—
钦邦	—	—	—	—

续表

省份	SAI	EAI	AAI	生产分区
克钦邦	0.691 7	1.267 3	0.936 3	低规模劣势区
克耶邦	—	—	—	
克伦邦	0.235 5	1.047 0	0.496 5	低规模劣势区
马圭省	2.689 9	0.972 2	1.617 1	规模主导优势区
曼德勒省	2.738 8	1.004 2	1.658 4	均衡优势区
孟邦	1.419 4	0.967 1	1.171 6	规模主导优势区
若开邦	0.030 8	0.971 6	0.173 0	绝对劣势区
实皆省	1.557 2	1.010 7	1.254 5	均衡优势区
掸邦				
仰光省	0.026 0	0.968 2	0.158 5	绝对劣势区
德林达依省	—	—	—	

注："—"代表 SPAM 数据库中无该省、邦相关的农作物数据。

2. 甘蔗

缅甸 2022 年的甘蔗种植面积共计约 15.37 万 ha，占 42 种农作物种植面积的 0.92%，占 15 种非粮食作物种植面积的 5.00%。由表 7-20 和图 7-17，缅甸甘蔗种植主要集中实皆省和克伦邦，它们的甘蔗种植面积分别约为 6.53 万 ha 和 5.73 万 ha，共计约为 12.26 万 ha；占比分别为 42.48% 和 37.27%，共计 79.75%，接近缅甸甘蔗总种植面积的八成。此外，各省、邦甘蔗种植面积占全国甘蔗总种植面积比重超过 10% 的还有曼德勒省，其甘蔗种植面积位列所有省、邦的第三位，约为 1.78 万 ha，占比 11.60%。缅甸甘蔗产量的空间分布与种植面积的类似，产量高值区也集中于实皆省、克伦邦和曼德勒省。具体而言，实皆省的甘蔗产量约为 408.53 万 t，占比 42.55%；克伦邦的甘蔗产量约为 363.91 万 t，占比 37.90%；实皆省的甘蔗产量约为 110.32 万 t，占比 11.49%，这 3 个省、邦的甘蔗产量共计达 882.76 万 t，占比 91.94%，是缅甸最重要的甘蔗生产地。从单位面积产量看，超过 60 000 kg/ha 的省、邦有 4 个，其中克伦邦最高，为 63 535.55 kg/ha。

缅甸甘蔗种植的生产优势区涉及 3 个省、邦，属于均衡优势区的省、邦有 2

个，为克伦邦和实皆省。其中，克伦邦的综合比较优势在所有种植甘蔗的省、邦中排名第一，AAI 值达 3.066 5；属于规模主导优势区的为曼德勒省。甘蔗生产劣势区涉及 3 个省、邦，包括克钦邦、马圭省和孟邦，这 3 个省、邦的甘蔗生产在所有农作物生产中处于相对劣势的地位。

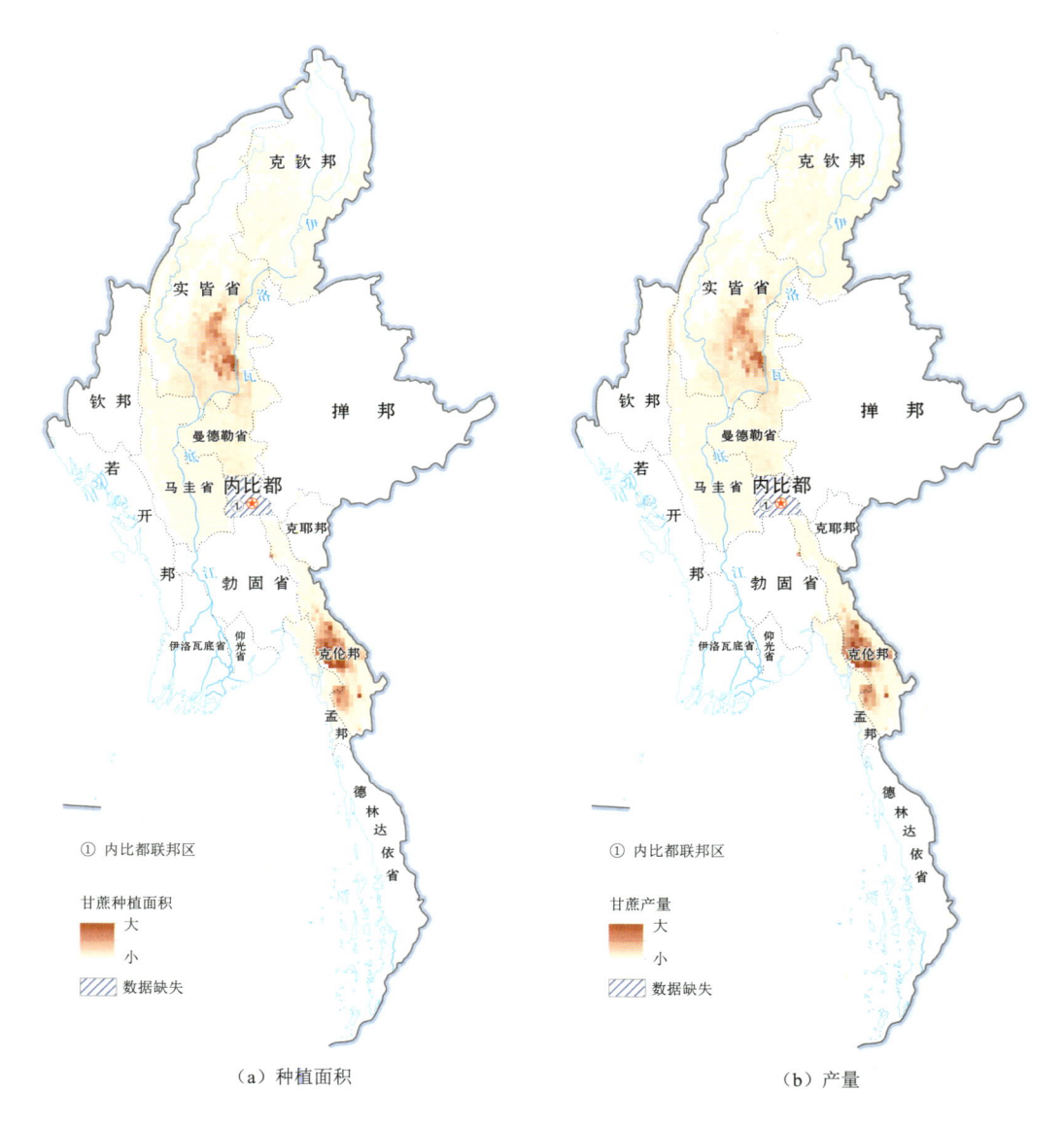

(a) 种植面积　　　　　　　　　　(b) 产量

图 7-17　缅甸各省、邦甘蔗种植面积与产量的空间分布

表 7-20　缅甸 2022 年各省、邦甘蔗种植面积与产量

省份	种植面积（ha）	占比	产量（t）	占比	单位面积产量（kg/ha）
伊洛瓦底省	—	—	—	—	—
勃固省	—	—	—	—	—
钦邦	—	—	—	—	—
克钦邦	5 459.1	3.55%	339 504.3	3.54%	62 190.53
克耶邦	—	—	—	—	—
克伦邦	57 276.5	37.27%	3 639 094.1	37.90%	63 535.55
马圭省	6 153.6	4.00%	344 701.3	3.59%	56 016.20
曼德勒省	17 829.5	11.60%	1 103 167.2	11.49%	61 873.14
孟邦	1 679.3	1.09%	89 423.8	0.93%	53 250.64
若开邦	—	—	—	—	—
实皆省	65 274.1	42.48%	4 085 340.3	42.55%	62 587.46
掸邦	—	—	—	—	—
仰光省	—	—	—	—	—
德林达依省	—	—	—	—	—

注："—"代表 SPAM 数据库中无该省、邦相关的农作物数据。

种植面积与产量均保留 1 位小数。

表 7-21　缅甸各省、邦甘蔗种植的各比较优势指数与生产分区

省份	SAI	EAI	AAI	生产分区
伊洛瓦底省	—	—	—	—
勃固省	—	—	—	—
钦邦	—	—	—	—
克钦邦	0.869 0	0.995 4	0.930 1	绝对劣势区
克耶邦	—	—	—	—
克伦邦	9.247 3	1.016 9	3.066 5	均衡优势区
马圭省	0.302 5	0.896 6	0.520 8	绝对劣势区
曼德勒省	1.039 5	0.990 3	1.014 6	规模主导优势区
孟邦	0.314 4	0.852 3	0.517 6	绝对劣势区
若开邦	—	—	—	—
实皆省	2.747 4	1.001 7	1.659 0	均衡优势区
掸邦	—	—	—	—
仰光省	—	—	—	—
德林达依省	—	—	—	—

注："—"代表 SPAM 数据库中无该省、邦相关的农作物数据。

第四节　中缅跨境罂粟替代种植项目

从地理位置上看，缅甸的东部和北部属于世界上公认的优质罂粟生产区[①]。独特的气候条件为罂粟种植提供了便利。早在英国殖民期间，缅北农民就开始种植罂粟。随着地方毒枭、民族武装力量的逐步壮大，"以毒养军，以军护毒"成为缅甸当地农民种植罂粟的最大动因。20 世纪 80 年代，金三角地区（Golden Triangle Area）的鸦片年产量超过 650 t，其中 90% 来自缅甸，并大量流向中国，为应对这一威胁，自 20 世纪 90 年代起，中国政府与缅甸政府通力合作，开始在缅北地区推行罂粟替代种植项目，鼓励中国企业在罂粟种植区进行以发展"单一作物种植园"形式的大规模农业投资。现阶段，中缅跨境罂粟替代种植项目虽取得一定成就，但依然受到缅甸国内政治局势持续动荡、部分项目难以落实等因素的影响。

一、缅甸罂粟非法种植现状

1996 年，缅甸国内有超过 12 万 ha 的土地非法种植罂粟，这使缅甸成为当时世界上非法种植罂粟最多的国家。此后的十年间，缅甸国内罂粟非法种植面积明显下降，在 2006 年达到了 2 万 ha 的历史最低点。2007—2014 年，缅甸罂粟非法种植面积再次增加，2014 年为近 6 万 ha。2017 年，缅甸罂粟非法种植面积约为 4 万 ha，比 2015 年的 5.5 万 ha 减少了大约 25%。2018 年，缅甸罂粟非法种植面积约为 3.73 万 ha，与 2017 年相比略有减少，使 2014 年以来的下降态势得到延续。到 2020 年，种植面积趋于稳定。但 2022 年后，罂粟非法种植面积再次上升，2022 年的估计值为 4.01 万 ha，较 2021 年估计的 3.02 万 ha 增加了 33%（图 7-18）。其中，掸邦、克钦邦、钦邦和克耶邦在内的所有罂粟种植区，种植面积都有所增加。与 2021 年相比，掸邦 2022 年的种植面积绝对值变

---

① 注：20°N—30°N、96°E—102°E 是罂粟的最佳种植范围。

化最大（相比 2021 年增加了约 1 万 ha，增长了 39%）。北掸邦和南掸邦的罂粟非法种植面积分别增加了 57% 和 50%；东掸邦（增长 11%）、钦邦（增长 14%）和克耶邦（增长 11%）的增幅较小。克钦邦的种植面积增加了 3%，可以视为相当稳定。在克钦邦内，塔奈地区（Tanai region）的罂粟非法种植面积下降了 13%，是唯一出现减少的地区。掸邦是缅甸主要的罂粟非法种植地，约占缅甸总罂粟种植面积的 84%（3.46 万 ha）。掸邦种植面积的趋势逆转尤为显著。在掸邦内，南、北和东掸邦在 2022 年的总种植面积分别占 42%、21% 和 23%。克钦邦占 11%（0.44 万 ha），钦邦和克耶邦共占 3%（0.11 万 ha）。罂粟种植集中在地形特定、社会经济条件具有挑战性和安全形势不稳定的地区。

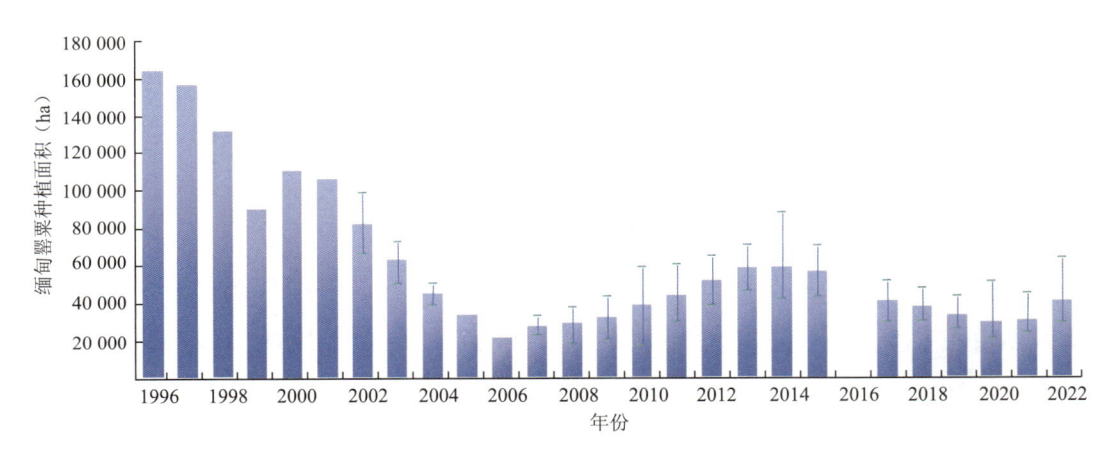

图 7-18　缅甸罂粟非法种植面积变化

注：2016 年未进行过调查；误差条是采样不确定性置信区间的上限和下限。

与此同时，罂粟回收价格也大幅上涨，涨幅可达 60% 以上，叠加产量增加，2022 年农民的总收入比前一年增加了两倍以上，达到 1.6 亿—3.5 亿美元。农户所得仅占整个鸦片制造和出口业总收入的一小部分：整个鸦片经济的估计价值在 0.66 亿—20 亿美元，占 2021 年缅甸国内生产总值的 1%—3%。虽然由于缅甸的通货膨胀率飙升，收入增加并未能转化为购买力，但在缅甸掸邦和克钦邦，毒品经济在当地的经济中占绝对主导地位，也使得掸邦和克钦邦地区经济受恶性竞争、非法收入、腐败等现象影响容易出现扭曲。

二、中缅替代发展项目发展概况

20世纪80年代，缅甸国内开展禁毒工作，但由于国内政治局势较为复杂、少数民族地方武装林立，加之罂粟非法种植面积居高不下，由此产生诸多政治、经济利益，缅甸中央政府的禁毒工作成效甚微。截至1997年，缅甸中央政府与多支"民地武"签署了国内停火协议，并且保持了相对和平。在停火协议的影响下，缅甸掸邦西北部的罂粟非法种植区域逐渐减小，金三角地区的重心也随之转移到缅甸北部的掸邦东北部区域。中国政府在借鉴泰国替代发展领域的成功经验基础上，于20世纪90年代初与缅甸中央政府合作，在缅甸境内开展替代发展项目，借助中缅边境贸易、农业技术援助、罂粟替代种植、替代投资等多种形式，用高附加值的经济作物代替罂粟非法种植，帮助缅甸国内罂粟非法种植者提高家庭人均收入，通过替代发展项目逐步削弱了农民对罂粟非法种植的依赖，最终用可持续发展的合法经济代替毒品经济。

目前，在中国政府与缅甸中央政府的大力支持下，中国与缅甸开展的替代发展项目主要涉及云南省临沧市、普洱市、西双版纳州、昆明市及缅甸的克钦邦第一特区、克钦邦第二特区、掸邦东部第四特区①等地。根据2023年境外罂粟替代种植农产品返销进口计划申报表统计，云南省西双版纳州、临沧市、普洱市和昆明市的59家中国企业在缅甸北部地区开展替代种植项目，其中西双版纳州18家、临沧市12家、普洱市22家、昆明市7家，种植面积达21.33万ha，种植的粮食作物主要有稻谷和玉米，经济作物主要有天然橡胶、甘蔗、茶叶、草果、芝麻、豆类等。其中，天然橡胶是主要的耕种作物，种植面积最大，达11万ha，占总种植面积的50%以上，其主要种植地点分布在缅甸掸邦东部第四特区的勐拉（Mongla）、南板县（Nanban county）。

第二特区佤邦勐波县（Mengbo County, Wa State）与勐冒县（Mengmao County）及毗邻地区、滚弄地区（Rolling Area）、果敢自治区（Kokang Auto-

---

① 注：缅甸克钦邦第一特区位于缅甸东北部，控制着恩梅开江以东大部分地区，与中国云南省贡山县、福贡县、泸水市、腾冲市、盈江县接壤。缅甸克钦邦第二特区为原克钦独立组织和克钦独立军的驻地，辖区位于克钦邦东北部，与中国云南省及印度的阿萨姆邦（Assam State）接壤。缅甸掸邦东部第四特区位于缅甸掸邦东部边陲，北与中国云南省西双版纳州接壤，东与老挝相邻，西与缅甸掸邦第二特区相连。

nomous Region)、腊戍、克钦邦等地，2023 年审核的返销计划累计逾 20 t。玉米和稻谷的种植面积分别约为 3.8 万 ha 和 2.87 万 ha，2023 年审核的返销计划均超过 17 t。按照就近原则，作物收割后通过最近的口岸返销中国，其中，西双版纳州的企业主要通过打洛、清水河、新冈、勐龙 240 通道口岸进行运送；临沧市主要在芒卡、清水河、勐阿、南伞、永和、勐捧 110 通道口岸进行运送；普洱市则大部分依赖孟连口岸，少部分通过芒卡、勐阿、打洛、勐龙 240 通道口岸返销回国。

缅甸替代种植项目已经取得初步成就，非法罂粟种植面积在 1996—2006 年间呈现出了下降的趋势，项目还带动改善了当地的道路、桥梁、房屋、饮水、学校、卫生等基础设施的建设，成效明显。但之后缅甸罂粟种植面积波动起伏、有所反弹，涉及的原因复杂，如单一作物种植的可持续性低、缅甸内战和民族冲突、缅北地区经济匮乏、农民贫穷而毒品贸易利润丰厚等，中缅禁毒合作、替代种植项目发展任重道远。

参 考 文 献

[1] 谷昌军、张镱锂、刘林山等："缅甸农业土地综合适宜性评价"，《资源与生态学报：英文版》，2018 年第 6 期。
[2] 李灿松、陈军、葛岳静等："基于 GlobeLand30 的缅甸地表覆盖变化及驱动因素分析"，《世界地理研究》，2021 年第 3 期。
[3] 李云鹏、阮世祝、冷宁："缅甸罂粟非法种植与替代发展面临的挑战探析"，《云南警官学院学报》，2020 年第 2 期。
[4] 廖亚辉等：《缅甸经济社会地理》，世界图书出版公司，2014 年。
[5] 罗善军、何英彬、罗其友等："中国马铃薯生产区域比较优势及其影响因素分析"，《中国农业资源与区划》，2018 年第 5 期。
[6] 钱树静、侯敏："缅甸农业政策及粮食安全问题的演变"，《东南亚研究》，2013 年第 3 期。
[7] 秦琳："中国政府对缅甸援助问题研究（1956-2016）"，西南民族大学硕士论文，2021 年。
[8] 杨莹："中缅农业合作对策研究"，云南大学硕士论文，2019 年。
[9] 赵颖文、吕火明："四川省粮食生产比较优势测评及主要影响因素分析"，《农业经济与管理》，2019 年第 5 期。
[10] FoodSTART＋, 2019. Transformational adaptation of key root and tuber crops in Asia using species distribution modelling to assess crop suitability under processing climate change. FoodSTART＋ report. Los Banos.
[11] Government of the Republic of the Union of Myanmar, Ministry of Planning and Finance, 2023. Myanmar Agricultural Statistics (2013-2014 to 2021-2022). Central Statistical Organization.
[12] Gumma, M. K., P. Thenkabail, D. K. Charyulu, et al., 2018. Mapping cropland fallow areas in

Myanmar to scale up sustainable intensification of pulse crops in the farming system. *GIScience & Remote Sensing*, Vol. 55, No. 6.

[13] Torbick, N., D. Chowdhury, W. Salas, *et al.*, 2017. Monitoring Rice Agriculture across Myanmar Using Time Series Sentinel-1 Assisted by Landsat-8 and PALSAR-2. *Remote Sensing*, Vol. 9, No. 2.

[14] UNODC Research, 2023. Myanmar Opium Survey 2022: Cultivation, Production, and Implications.

第八章　工业地理

　　缅甸拥有广阔的土地和丰富的自然资源，使其在经济发展方面具备了独特的优势。尽管如此，作为传统的农业国，农业仍然是缅甸的国民经济基石，并且是其主要的经济收入来源。与之相对应的是缅甸的工业发展相对滞后，工业基础脆弱。在工业布局方面，仰光和曼德勒成为了缅甸工业增长的引擎。这两个城市涵盖了多个产业领域，为缅甸的工业增长提供了重要动力。然而，其他城市地区的工业产业部门主要集中在满足本地市场需求的低端产业，如食品饮料产业等。在这一格局中，私营工业企业因其数量和产值比重较大，发挥着重要作用。近20年来，缅甸逐步解除了闭关锁国政策，实行对外开放，进一步推动了工业的发展。然而，农业仍然在这一期间持续发展并发挥着重要作用。多元的发展策略使得缅甸在经济上取得了积极的进展，也为未来的发展奠定了坚实的基础。

　　本章安排如下：第一节将深入研究缅甸波折的工业发展历程；第二节将聚焦缅甸工业的特征；第三节将探究缅甸工业的空间分布格局，包括工业区的集聚特征和形成机制，以及不同因素对工业增长的拉动。本章特别关注仰光地区作为工业增长极和曼德勒地区作为工业中心的崛起。此外，本章还将深入研究缅甸产业的所有制结构和地域差异，以全面了解缅甸工业地理的多样性。

第一节 工业发展历程

一、低速起步阶段（1948年独立以前）

缅甸在1885年被英国殖民之前是一个自给自足且对外开放的经济体。当时，缅甸不仅能够生产满足本国人民需求的食物，还涉足一些简单的加工业，如纺织、家具和房屋建材制造。此外，缅甸还有少量的外贸活动，主要出口食品、农产品和矿物原材料，以及一些简单的加工产品。其中，缅甸以制造和修复木制船只而闻名，这表明在当时该领域的技术和效率颇具竞争力（李焕兰，2015）。然而，1885年缅甸沦为英国的殖民地后，情况发生了根本性的改变。缅甸成为殖民者的资源掠夺地和工业产品销售市场，为西方工业化国家提供了充足的资源支持，进一步扩大了西方国家工业产品的出口市场。这使得缅甸逐渐沦为初级产品的出口国，贸易产品结构表现为出口大米、木材（尤其是柚木）、矿物等，进口加工制造业产品。

美国大萧条时期，缅甸的出口急剧下降。同时，由于西方国家无法提供之前缅甸所进口的产品，缅甸开始发展本地工业以满足内需。殖民末期，缅甸的工业初具规模，涉及农产品加工、消费品制造等领域。在"二战"爆发前夕，缅甸工厂总数为1 000多家，其中约85%从事农林产品加工。碾米厂和锯木厂等农林产品加工工厂是数量最多的工厂，这些工厂主要由英国人和中印侨民负责。在这期间，大型工业主要由英国人掌控。"二战"期间，缅甸工业遭受严重破坏，大部分工厂被毁，这一时期无疑是缅甸工业低速起步的阶段，但是这段历史也为后来缅甸工业的重建和发展奠定了基础（朱志和，1957）。

二、波动发展阶段（1948—2011年）

缅甸自1948年独立以来，吴努政府一直注重发展现代工业，以调整国家过于依赖农业的单一经济形式。缅甸开始重建旧工厂，一些劳动密集型产业与消费品产业得到了较快发展。在工业方面，执行了以原材料为主的进口替代工业化政策。其间政府不仅注重发展农产品和林产品的加工业、纺织业、造纸业，甚至还有一些其他产业，如医药和轧钢产业，并且利用水坝、石油来发展电力，以符合发展工业化的需求。大多数大型工业由国家经营，但政府以提供原材料和鼓励工业贷款的方式来吸引私营部门的投资。与此同时，私营部门扮演着越来越重要的角色，其建立和经营了很多劳动密集型产业，如纺织业和消费品产业。在1959年，私营纺织厂生产的棉花、合成纺织品等不仅满足了当地需求，还能出口与国际市场竞争，同时木材加工品也开始准备出口。

在缅甸实行工业化政策期间，奈温军政府开始执政，提出打造一个全新的缅甸式社会主义经济体制，却限制了国家工业化的发展进程。奈温上台后，开始大幅度调整国家经济所有制结构，实行国有化政策，使国营企业在国民经济中占据了绝对的主导地位（李焕兰，2015）。在社会主义政权新工业化政策的指引下，国家将许多生产消费品的私营企业都收归国有，例如电器组装厂、陶瓷厂、玻璃厂和机械制造业的拖拉机装配厂、汽车组装厂等。国家对少数没有收归国有的民营企业如中小微型企业甚至家庭手工业都采取了严厉的限制措施，严重阻碍了私营工业企业的发展。与此同时，奈温政府将所有外资企业收归国有后，为了确保缅甸社会主义经济体制的纯粹性，开始抵制外资，禁止外国经济技术的援助与合作，还限制了接受国外机构提供的贷款规模。以上种种措施使大多数剩余的民营工厂由于缺乏新资源、原材料供应和资金注入而走向破产。另外，能够满足当地需求而兴起的中小型企业与家庭手工作坊，如塑料模塑商、工坊、器具制造商、食品加工企业等，在与边境贸易（中国、印度和泰国）走私商品的竞争下，也变得摇摇欲坠（范宏伟，2008）。

从1988年起，军政府开始实行开放政策，随着对外开放的不断扩大，缅甸工业有所发展。特别是1988年《外国投资法》颁布后，为吸引外资，政府不仅给外资企业更多自由，还颁布一些特权，如免税期和土地与资源使用权。外资的涌入给缅甸带来了先进的技术和设备，促进了缅甸制造业的发展。在服装、烟草、建材、机械、电器等行业都建立了许多外资企业。能源工业如石油与天然气和矿产开采方面吸引了大量外资投资，而制造业方面的外资投资主要是在纺织与服装行业（另一重要原因是外资和国内私人资本利用缅甸国内的廉价劳动力,大量进入服装业,作为劳动密集型产品的成衣制造在发达国家市场上有较强的竞争力)。除了重视吸引外资,政府还执行放宽私企的限制、设立工业区,兴建了一批木材、食品加工,纺织服装、建筑材料制造及机械装配和制造工厂,来带动各地工业的发展(董南,2004)。2005 年以来,缅甸在加工制造业方面扩大私营经济的作用,发展能够替代外国进口原材料的工业产业。

三、缓慢发展阶段(2011 年以后)

2011 年,民主选举后,新政府积极推动国家工业化发展,推出大规模国企私有化、新工业园区建设以及经济特区设立等举措。这一阶段引入了大量外国直接投资(FDI),主要集中在采矿、能源、制造和基础设施建设等领域。外国企业涌入缅甸市场,带来了新的技术、资金和管理经验。2010—2011 年,缅甸工业产值(包括能源业、矿业、制造业和建筑业)达到 50 833 亿缅元,在 GDP 中的比重甚至超过了东盟其他国家,如达到泰国、马来西亚、菲律宾和印尼在 20 世纪 80 年代中期的水平(李焕兰,2015)。与此同时,缅甸政府也积极致力于基础设施建设的改善,包括交通、能源和通信等领域。一系列大型基础设施项目如铁路、公路、港口和电力站等的建设得到了积极推进和实施,这些项目的目标在于提升交通连接性、提高能源供应和改善通信网络,为工业发展创造更有利的环境。

近年来,缅甸的工业发展焦点逐渐转向制造业。政府鼓励外国企业在缅甸设立制造厂,借此促进出口并增加就业机会。主要制造业领域包括纺织,服装、电子产品制造,汽车组装和农产品加工等。缅甸相对低的劳动力成本吸引了一些国际品牌将生产基地迁至该国。然而,尽管发展趋势积极,整体来看,缅甸的工业化进程在这一阶段依然呈现出相对缓慢的态势。在这个特殊的发展时期,缅甸在吸引外国投资、优化基础设施、发展制造业等方面取得了一系列的进展,为未来的工业发展奠定了坚实的基础,对于缅甸的工业化道路无疑具有重要的意义。

第二节 工业发展特征

一、工业竞争力呈现中等水平

工业竞争力指数（Competitive Industrial Performance，CIP）是衡量一个国家或地区工业制成品生产能力的重要标志。联合国工业发展组织定义工业竞争力指数为国家在发展高附加值和技术密集型工业领域的同时，在国际和国内市场扩大存在的能力。CIP 指数具备多重应用：首先，它可用于跨国比较工业竞争力；其次，它有助于评估国家表现；再次，它能够反映长期政策落地后的变化，特别是在提升国家竞争力的政策实施几年后。事实上，CIP 指数可作为引导更详尽分析的工具，有助于识别和解决涉及三个 CIP 维度的潜在低效问题。这样的分析可依据国情确定可行目标，从而促进全面生产率增长和结构变革。这三个维度包括：第一，制造和出口制成品的能力；第二，技术深化和升级；第三，对全球的影响力（United Nations Industrial Development Organization，2020）。

按照经济发展水平的分类，全球国家和地区可被划分为工业化经济体、新兴工业经济体、其他发展中经济体和最不发达国家经济体。这些不同发展阶段与工业竞争力之间存在显著的关联。工业化经济体的 CIP 指数排名主要位于前 1/5，而最不发达国家的 CIP 指数主要分布在后 1/5。然而，尽管缅甸以经济发展水平计属于最不发达国家，但根据 2019 年的 CIP 数据，它的 CIP 指数排名处于中间水平。

从 1990—2019 年的 CIP 指数数据来看，缅甸的工业竞争力经历了逐步提升的过程。在此期间，缅甸经历了 1990—2001 年处于较低水平，随后从 2001—2016 年逐渐进入中下水平，再到 2016 年以后进入中等水平的阶段。此外，根据最新数据，相较于 2018 年，2019 年缅甸的工业竞争力在全球排名中上升了 14 位。

这一趋势反映了缅甸在工业制造和技术水平方面的积极进展。尽管其经济发展水平相对较低，但缅甸在努力提升工业竞争力方面取得了显著的成果。这一趋势可能受益于政府政策的调整以及与国际市场的更紧密互动。值得注意的是，2012—2018年，缅甸实现了强劲而稳定的经济和制造业增长，年均增长率达到了7.2%。这一发展也在一定程度上支持了工业竞争力的提升。

综合而言，尽管缅甸经济发展水平相对较低，但其工业竞争力居中等水平，显示出国家在工业制造和技术升级方面正取得积极的进展。这一趋势的持续发展可能进一步提升缅甸在国际市场上的竞争能力。

表 8-1　2019 年南亚和东南亚的 CIP 指数

区域排名	经济体	全球排名	第一维度中的排名	第二维度中的排名	第三维度中的排名	相对 2018 年的变化
1	新加坡	9	3	4	25	−2
2	马来群岛	23	37	15	24	−1
3	泰国	24	44	12	17	0
4	越南	38	68	26	29	19
5	印度尼西亚	39	80	41	18	2
6	印度	42	110	36	8	2
7	菲律宾	43	79	13	32	10
8	伊朗	56	78	60	36	7
9	孟加拉国	70	113	62	44	8
10	斯里兰卡	75	87	79	65	2
11	巴基斯坦	82	125	65	48	−3
12	缅甸	84	114	80	64	14
13	柬埔寨	85	96	78	78	11
14	文莱	93	54	81	129	−9
15	老挝	109	109	129	103	21
16	尼泊尔	135	140	124	127	−1
17	马尔代夫	144	123	149	147	2
18	阿富汗	146	150	150	136	−1

资料来源：《2020 年竞争性工业绩效报告》。

二、制造业增加值总体呈现稳步增长

制造业增加值是研究人员和政策制定者公认并广泛使用的评估一个国家工业化水平的指标。缅甸制造业增加值占GDP的比重逐渐增加，这主要是因为缅甸的产业结构升级：缅甸的产业结构逐渐向资本密集型和技术密集型产业转变。随着经济开放和外资引进，外国投资促进了先进技术和管理经验的引入，推动了制造业的升级和转型，提高了增加值比重。其次，随着技术的进步，缅甸的制造业通过引进新技术，提升生产效率和质量，改善产品竞争力，从而提高增加值比重。另外，缅甸在制造业中采用了不同的贸易方式，如加工贸易。加工贸易产品通常涉及组装和加工零部件、半成品，虽然增加值率相对较低，但能够吸引外国投资和刺激出口，对提高制造业的增加值比重具有一定作用。不同行业的性质和分工也影响了缅甸制造业的增加值比重。在垂直分工细化的过程中，增加一个生产环节会使总产值重复计算一次，导致增加值比重下降。因此，在缅甸制造业的发展过程中，需要注重产业链的整合和提升附加值。国际市场价格波动和资源价格变化也影响了缅甸制造业的增加值比重。例如，某些原材料价格上涨可能导致中间投入成本上升，从而降低增加值率。缅甸政府对管理水平和体制改进的重视，也对制造业的增加值比重具有积极影响。具体来说，提高管理效率、推动体制改革和减少官僚主义提升了资源配置效率和利用率，促进了制造业的增加值比重增加（唐泽地等，2020）。

三、制造业出口值呈现不稳定态势

美国以及西方国家的制裁造成缅甸制造业出口呈现不稳定态势。在2011年之前的军政府统治时期，缅甸经济在以控制为导向的内向型政策下长期停滞不前。特别是，在军事政权统治下，西方国家因人权镇压而实施的经济制裁是导致缅甸经济停滞的重要因素。具体而言，美国和加拿大分别于2003年7月和2007年12月对缅甸实施一般进口禁令。2003年，《缅甸自由与民主法案》通过，美国禁止进口缅甸的所有商品。该法案还禁止向缅甸出口金融服务、贷款和转让。欧盟也在 2008 年 2 月对缅甸某些产品实施了进口禁令。自 2011 年 3 月以来，缅甸在吴登盛总统领导下以及随后在由国务资政昂山素季的领导下，进入了一个实行开放政策的市场经济新政权，上述这些经济制裁已经解除：加拿大于 2012 年 4 月暂停了制裁；欧盟在 2013 年 4 月解除了对缅甸的全面禁止进口禁令；美国在 2012 年 11 月放宽了进口禁令，并在 2016 年 9 月解除了禁令（Taguchi and Soe，2021）。

表 8-2　2019 年缅甸 CIP 指数

性能指标	2019 年排名	2019 年得分	世界平均水平	2018 年排名
竞争性工业绩效指数	83	0.024	0.068	83
制造业增加值指数				
人均制造业增加值指数	104	0.014	0.082	106
制造业增加值占国内生产总值指数比重	8	0.780	0.372	8
中、高技术活动占制造业增加值总指数的比重	72	0.276	0.293	65
工业化强度指数	22	0.528	0.333	24
世界制造业增加值指数所占比重	53	0.005	0.022	56
制造业出口指数				
人均制造业出口指数	116	0.005	0.106	116
制造业出口占出口总额指数的比重	96	0.487	0.620	94
中、高技术活动占制造业出口总额指数的比重	120	0.133	0.419	117
工业出口质量指数	119	0.310	0.520	107
在世界制造业出口指数中所占份额	75	0.004	0.038	75

资料来源：《2021 年竞争性工业绩效报告》。

第三节　工业空间分布格局及产业发展特征

一、工业区空间格局

（一）工业区集聚特征

工业区专门从事工业产品生产或为工业生产提供服务，具有明确的地理边界，并根据文件的条件、程序成立（范公职，2013）。工业区作为承载工业发展的主要空间载体，对经济发展起着至关重要的作用，可以增强生产集聚和发展产业集群，促进协同效应，让参与的企业实现降低内部和外部成本。但工业区是规划和政府干预的产物。工业区在发展中国家广受欢迎，通常是为了增加制造业出口、促进产业升级和就业而设立的（Frick and Rodriguez-Pose，2023）。缅甸共建立了 65 个工业区，包括工业园区和经济特区。

从缅甸信息管理中心（Myanmar Information Management Unit）得到缅甸工业区的面状要素分布，再将缅甸工业区抽象成点状要素，采用标准差椭圆法计算缅甸工业区的分布格局，得到图 8-1，总体呈现"南（略偏东）-北（略偏西）"的空间格局，标准差椭圆的中心可视为工业区在空间上分布的重心，其位于南部的勃固省。中线大体沿"曼德勒省-内比都联邦区-勃固省-仰光省"一线。

标准差椭圆短轴与长轴标准差的比值可以反映要素空间分布的形状，比值越接近于 1，表明要素空间分布主体区域形状越接近于圆，要素在各方向上均有分布，而缅甸工业区空间分布的标准差椭圆长、短半轴的值差距较大（扁率较大），长轴是短轴的 3 倍且短半轴较短，表示工业区的方向性分布较明显，呈现的向心力也较明显，在长轴方向（南北方向）工业区分布较多且密集，而分布在短轴方向（东西方向）上的工业区较少且较零散。

通过核密度分析对缅甸工业区的空间分布及集聚情况进行研究，缅甸工业区呈现出多层复合的"核心-边缘"格局，形成了两个工业高密度区。具体而言，仰光作为全国最大的城市，也是缅甸的经济中心和主要的工业城市，因此形成了以仰光省为核心的超高密度区。另一个高密度区以曼德勒省的曼德勒市、皎色县、敏建县和实皆省的实皆市为核心。可以看出，缅甸工业区集中在经济中心和主要的工业城市。在孟邦，克伦邦的高加力县，钦邦的法兰县，马圭省的马圭县，克钦邦的密支那县，曼德勒省的密铁拉县，掸邦的东枝县、木姐县、大其力县，勃固省的卑谬县，伊洛瓦底省的勃生县，实皆省的莫莱县，德林达依省的土瓦县和丹老县，以及内比联邦区都有零散的工业区分布。因此，缅甸的工业区分布呈现明显的非均衡发展特征，仰光地区是全国经济发展的第一梯队，具有明显的集聚和带动效应，是显著的区域发展增长极。

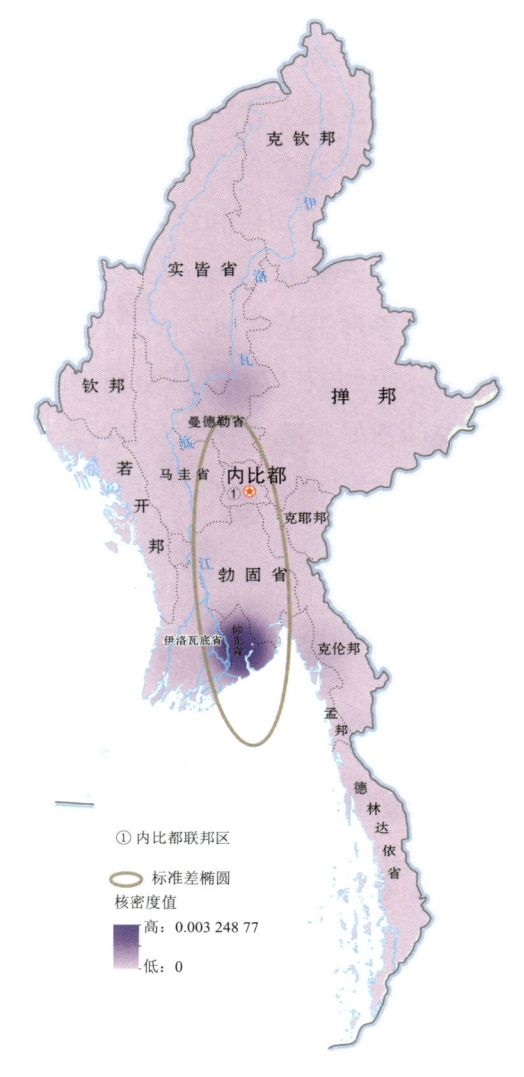

图 8-1　缅甸工业区空间分布

（二）工业区集聚机制

1. 历史缘由

缅甸曾受到英国长期的殖民统治，殖民统治时期，英国人在缅甸力推"分而治之""以夷制夷"政策，对缅族等居住的平原或沿海地区实行直接统治，而对掸族、克钦族、克伦族等少数民族聚居的山区则实行间接统治，保留了当地的传统制度和少数民族上层的特权地位（田雪雪等，2019），加剧了缅甸七省七邦彼此间在开放程度、经济基础、工业基础上的差异性。并且由于缅族与少数民族之间的隔阂，七省七邦的工业发展差异性较大。英国人把缅甸的首都从曼德勒迁移到了仰光，用它作为出口柚木等商品的港口，这使得仰光的工业得到了一定程度的发展。无论是在殖民时期，还是在缅甸独立建国时期，仰光都被作为全国的工业中心城市进行建设，因而仰光的工业发展领先于缅甸其他地区。

2. 自然地理条件受限

缅甸地形比较复杂，以山地和高原为主，使得工业区分布以及工业的发展受到了地形条件的制约，造成了工业区分布的不均衡。缅甸北、东、西三面环山，东部有掸邦高原，北部和西部为山地，使得工业区的建设主要集中于中部及南部的伊洛瓦底江谷地及三角洲平原，这些地方成为了缅甸工业发展的增长极。水作为工业发展必不可少的原料，靠近河流湖泊建设工业区可以为工业发展提供良好的运输条件，缅甸的工业区呈现出沿江和沿海分布的特征，高度集中于伊洛瓦底江和锡唐河附近，并且紧邻安达曼海，伊洛瓦底江和钦敦江交汇处也有较为密集的工业区分布。

3. 政策、规划的宏观指引

缅甸军政府和新政府通过确立政策制度和进行中长期规划，以宏观调控手段促进缅甸工业区的集聚发展。1992年缅甸开始建立工业区，缅甸政府通过"经济特区引领，仰光、曼德勒两极优先，带动其他区域均衡发展"的政策规划，使得仰光省和曼德勒省在工业和经济的发展上发挥主导性增长极作用。缅甸政府与中国、日本、泰国等国共同打造了皎漂、迪拉瓦、土瓦等双边国家级经济特区（司扬，2020）。中国在缅甸投资的4个工业区中有3个工业区位于安达曼海沿岸（图8-3），促进了仰光省及安达曼海沿岸的工业集聚，另外，密支那工业区是中国云南省保山市和缅甸克钦邦合作建立的工业区，为工业区的空间集聚提供了宏观方向的指引。

4. 港口、铁路等交通设施影响

运输成本是工业区位选择的重要因素，工业区的建设需要靠近铁路、港口等交通便利的地方，便于大宗工业制品的运输。铁路是缅甸工业发展中的重要的交通基础设施，通过GIS的缓冲区分析，对缅甸工业区分布与缅甸境内铁路

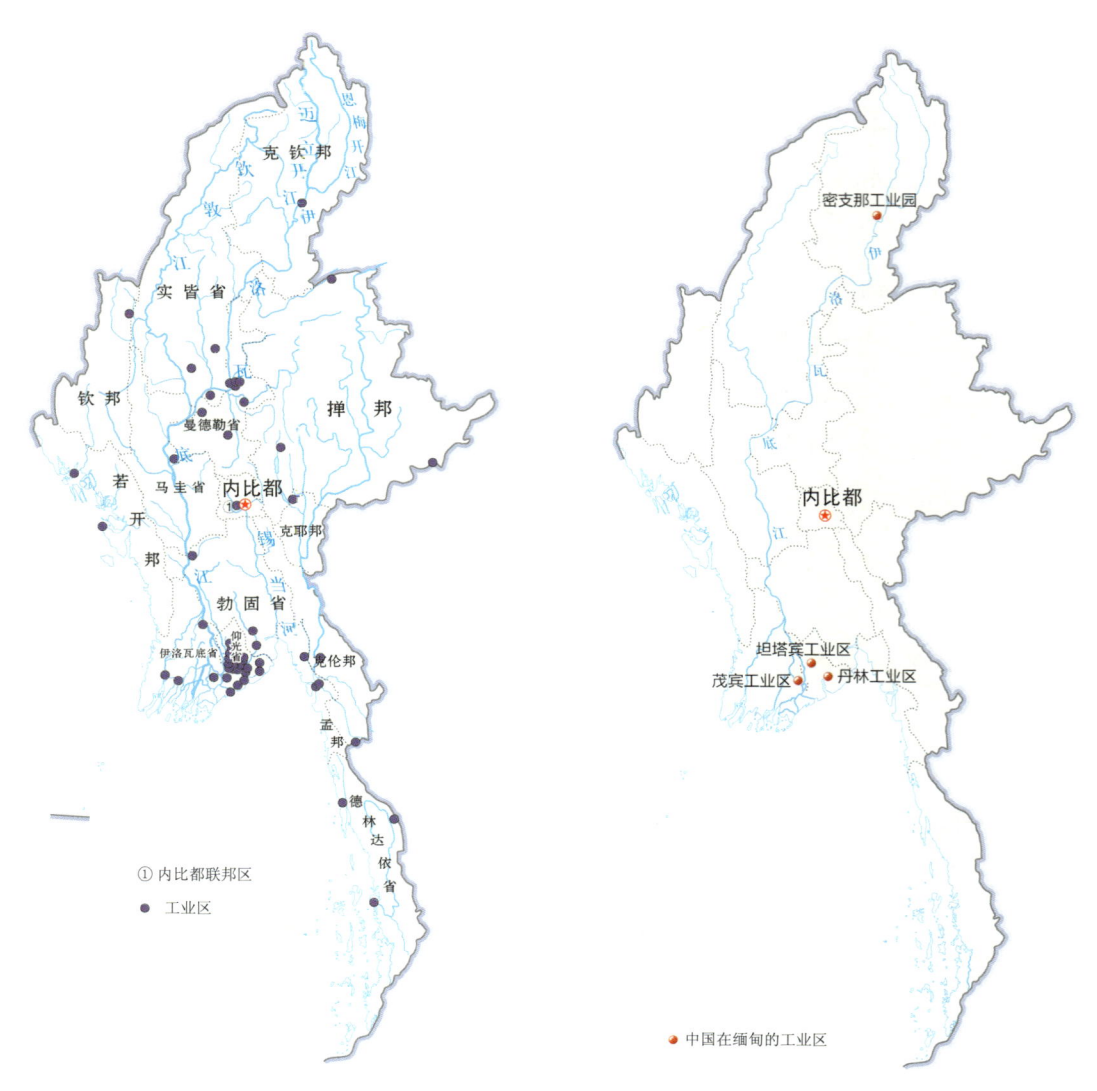

图 8-2　缅甸工业区与河流分布　　　　　图 8-3　中国在缅甸投资的工业区

进行耦合性分析。结果表明，缅甸的工业区分布与铁路在空间上存在显著的关联（图 8-4），大部分工业区都在铁路 15 km 的缓冲区范围内。港口为缅甸货物运输提供了极大的便利，沿安达曼海沿岸、孟加拉湾沿岸的仰光港、迪拉瓦港等港口聚集了不少工业区。缅甸的 11 个港口中，仅有 2 个港口附近没有工业区，说明缅甸的工业区集聚程度与沿海港口具有较高的相关性，港口与铁路促进了沿海地区工业区的集聚以及工业的发展。

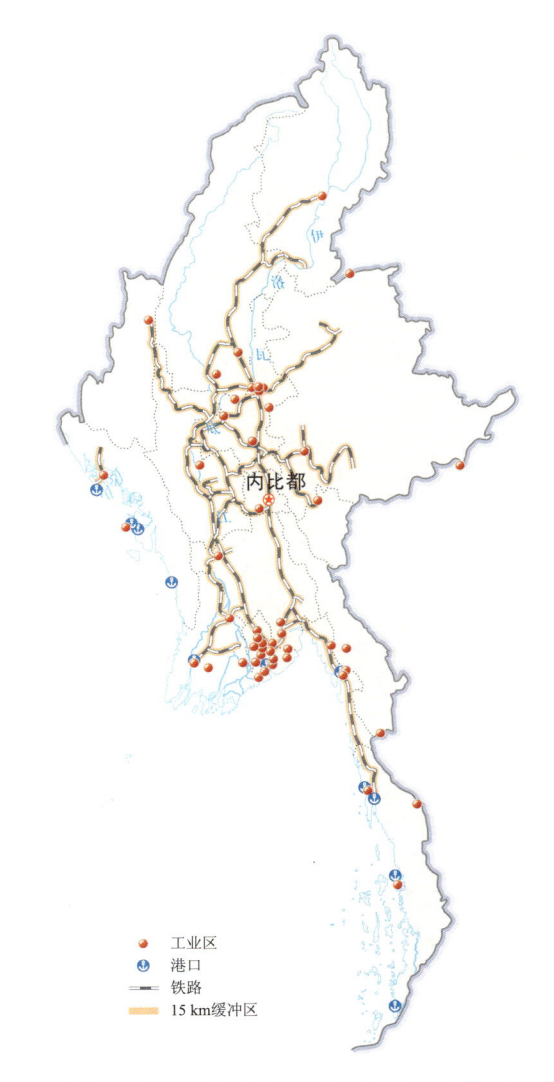

图 8-4　缅甸工业区分布与铁路 15 km 缓冲区的耦合情况

5. 社会经济效应拉动

从社会发展水平来看，缅甸各省份的工业区数量与当地人口数量呈现正相关性，这进一步说明人口密集区是缅甸工业发展的主要阵地。随着城市化水平的提高、基础设施的完善以及与周边国家的合作，工业区的建设和发展受到人口密集区的影响。然而，需要注意的是，工业区的集聚并没有进一步带动劳动力的集聚（表 8-3）。尽管人口密集区是工业发展的核心区域，但工业区数量与劳动力数量之间并没有明显的相关性，这可能表明工业区建设并没有直接促进缅甸的城市化进程。综上所述，缅甸的工业发展在一定程度上与人口密集有关，但工业区建设并没有显著推动劳动力的集聚。这意味着在推进工业化和城市化的过程中，除了关注工业区的建设和发展，还需要注重劳动力资源的合理配置和流动，以实现社会的更加均衡和可持续发展。

表 8-3　缅甸工业区数量与社会发展的相关性分析

	人口	人口密度	劳动力数量
皮尔森相关	0.554**	0.953***	−0.217

注："***"表示在 0.01 的显著性水平下相关性显著，"**"表示在 0.05 的显著性水平下相关性显著。

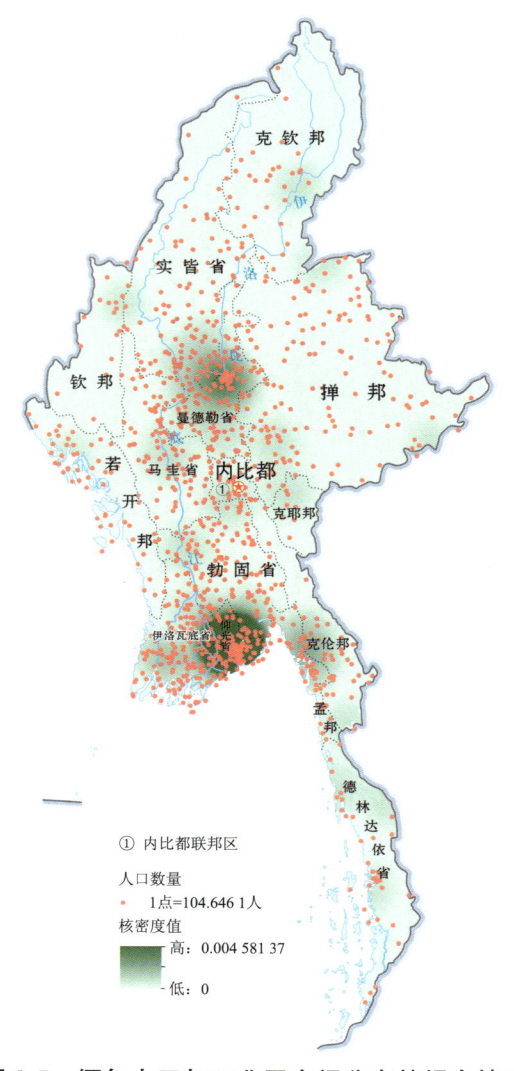

图 8-5　缅甸人口与工业区空间分布的耦合情况

（三）工业增长极——仰光地区

迪拉瓦经济特区是仰光地区工业主要集中的地方，吸引了许多外商在此投资，自 20 世纪 90 年代初开始，缅甸工业区的发展主要是为了服务区域或地方一级的本地市场，没有考虑吸引外国直接投资和出口（Abe，2014）。然而，外国直接投资对经济发展以及社会其他领域的发展至关重要，被认为是促进制造业和服务业发展的重要潜力（Thu，2018）。

然而，经济特区的建设促进了外国投资的增加，推动了制造业的进出口发展。缅甸设有 3 个经济特区，分别是日本参与的仰光迪拉瓦经济特区、泰国参与的土瓦经济特区和中国参与的皎漂经济特区。就启动时间而言，土瓦经济特区最早；就参与者的重要性而言，中国政府对皎漂经济特区的重视程度高于日本对迪拉瓦经济特区的重视程度。然而，迪拉瓦经济特区是唯一一个已经投入运营并取得实际成果的经济特区。

迪拉瓦经济特区位于仰光郊区，距离缅甸最大的城市仰光东南约 20km，是缅甸第一个建立的经济特区，于 2015 年 9 月全面运营。外国投资者在迪拉瓦经济特区的投资中，制造业是主要部门，约占 74%。迪拉瓦经济特区主要吸引轻工业和消费品制造商，其优势是靠近主要市场，可以充分利用仰光地区的劳动力，然而，其劣势在于仰光内河航运能力有限。根据对全球制造业发展现状的观察，制造业在进入大型深水港口时发展最好。不幸的是，仰光并没有深水港口，尽管它有 2 个内河港口——仰光港和提拉瓦港（Abe，2014）。

迪拉瓦经济特区的制造业投资者主要来自日本、新加坡和泰国；主要涉及劳动密集型产业，这些产业主要依赖于缅甸廉价的劳动力，并且对技术和设备的依赖程度较低。迪拉瓦经济特区主要为国内市场提供日常消费品和耐用品（如食品、药品和车辆），同时为出口贡献了服装、汽车等机械的零部件和半成品材料，提升了缅甸在国际贸易中的地位（Abe，2014）。目前，缅甸是各种制成品的净进口国，和自然资源、农产品的净出口国。由于缅甸的工业生产能力较低，需要大量进口钢铁、汽车、机械和电子产品等工业产品。

经济特区的建立是缅甸工业化计划的关键组成部分，它致力于创造就业机会，与国际社会重新建立联系，并推动经济改革（Hardaker，2020）。一般来说，经济特区经历三阶段的发展，首先是就业和外汇收入的初步增长，然后是与国内经济建立更紧密的供应链联系，最终是促进全国改革，支持国家的进步。

总结而言，经济特区的建设促进了缅甸制造业的发展和外国直接投资的增加，推动了制造业的进出口贸易。迪拉瓦经济特区作为缅甸第一个全面运营的经济特区，在吸引外国投资和促进制造业发展方面发挥了重要作用。然而，为了进一步推动工业化进程，还需要解决深水港口缺乏等难题，并继续吸引外国直接投资，加强技术和人力资源的培养，以提高制造业的竞争力和贡献度。同时，尽管迪拉瓦经济特区尚未完全实现预计的就业，但外国直接投资对制造业的发展起到了积极的作用。

仰光地区的服装制造业是缅甸国内少数能够融入全球生产网络的产业。缅甸向市场化经济转型后，出口导向型的纺织服装业经历了如下一个过程。其起源是在20世纪90年代早期，国有、军事纺织和服装工厂追求进口替代政策，开始为外国市场生产，特别是韩国和中国香港已经开始通过合资企业在缅甸立足。从20世纪90年代中期开始，第一批国内私营企业也加入其中，这导致了20世纪90年代末的生产和出口的繁荣。这次繁荣在2001年达到顶峰，当时价值8.68亿美元的服装占缅甸所有出口额的40%。2003年，由于美国和西方国家实施制裁，缅甸出口导向型发展战略暂时停止。该行业的增长是受到欧盟不断增长的市场需求推动的，大多数企业都遵循切割、制造和包装（Cut-Make-Pack，CMP）原则。商业环境是有利的，因为根据《国际纺织品贸易协议》（也称《多纤维协议》），缅甸几乎没有进口限制，而且缅甸有足够便宜的劳动力。

从地理上看，服装工业集中在仰光及其周边，在大型工业区和工业园区生产，特别是在哈莱因塔里亚尔工业区、仰光工业园区，其他较小的集群位于前首都的工业区。仰光以外，只有勃固（Bago）、桑林（Salingyi）、赫玛比（Hmawbi）、帕辛（Pakokku）从事服装行业。由于大多数服装企业几乎完全遵从劳动密集型和出口导向型的切割、制造和包装原则，几乎没有为当地市场生产任何产品，大多数公司是合资企业或外资企业。

（四）工业中心——曼德勒地区

《缅甸国家综合发展计划》（2010—2030 年）中提出了两极增长模式，将仰光和曼德勒确定为缅甸的两个增长极或两个增长中心。"两极模式"的重点是仰光和曼德勒进一步工业化，通过经济走廊建立联系，加强经济集聚，从而有效地实现国家的全面发展。

曼德勒地区位于该国的战略中心地带，是缅甸的第二大城市，人口数量超过 120 万。它是该国主要的商业和经济中心之一，为创造就业和经济发展做出了贡献。它拥有丰富的农业和森林资源，以及矿产资源。它具有巨大的发展和投资潜力——包括农业、农业食品加工和制造业。曼德勒地区作为缅甸经济发展中的两个增长极之一，自 1996 年以来，该地区有许多炼油厂开始运营。然而，由于当地原材料和技术的缺乏，一些炼油厂失去了现代机械厂应具有的质量和生产能力。因为没有投资，当地炼油厂的数量从 1996 年的 70 家减少到 2015 年的 15 家。因此，外商投资对于提高产品的质量和数量以及帮助当地企业的技术转移至关重要。

曼德勒地区实行混合经济，农业生产是其大多数人口的主要生计来源，同时还发展了工业生产、贸易和旅游业。它是一个自然和传统的中心，现已发展成为农业和林产品的重要储存、加工和分销中心。该地区也是缅甸各种工厂的所在地，如酒精啤酒厂、纺织厂、糖厂、消费品制造厂。在一些地区出产矿物和珍贵的材料。抹谷（Mogok）以其红宝石矿而闻名，有世界上最重要的矿床之一。曼德勒地区的工业包括能源、采矿、加工和制造、电力和建筑工业。工业通过培养劳动密集型工业中未被利用的年轻劳动力，使他们成为曼德勒 GDP 的重要贡献来源。能源和电力一直是吸引外国投资者到缅甸进行基础设施投资的重要原因。

曼德勒地区有 4 个工业区，即曼德勒工业区、明岩工业区和密克提拉工业区和米约塔工业区。曼德勒米约塔工业园区距离曼德勒约 58 km。工业园区占地约 41.83 km^2，包括发展工业、仓库和物流、住宅、道路和交通、商业公共设施和便利设施等的指定区域。米奥多工业园区距离曼德勒国际机场约 45 km，距离曼德勒 58 km。该工业园区占据战略位置，建立这个工业园区是为了创造就业机会，帮助曼德勒地区缓解贫困，并为当地和外国投资者创造和维持一个有效的、亲商和服务导向的投资环境。曼德勒的工业区拥有1 200多家工厂，专注于生产消费品和家用电器、原材料和半成品、农业和其他类型的机械和运输工具，除了生产纺织品、摩托车轮胎、洗涤剂和其他快速消费品，工业区还拥有一些木材工业的出口产品，主要出口到法国、意大利、日本、中国、泰国、英国、韩国和新加坡。据管理委员会称，有计划升级工业区以达到国际标准，吸引外国直接投资。因此，委员会一直在与当地和国际顾问合作，培训人力资源促进其技能发展，以及建设基本基础设施，以期进一步改善工业区。与仰光相比，雇佣劳动关系没有严重的问题。企业主对中层管理人员和熟练工人的素质感到满意。

曼德勒地区有超过600万的人口，是缅甸人口最多的地区之一，中青年所占比重最大。曼德勒地区有15万名私人雇员和12万名政府雇员。工业部门拥有超过56 000名员工，有超过4 000个注册行业，大约有3 000个小型企业注册为食品加工、个人护理产品、宝石和纺织等行业。其中，潜力巨大的行业是食品加工，因为这些过程可以增加产品的价值，并提升原材料的可用性。制造业为当地社区创造了就业机会，近70%的公司是中小企业。通常，微型和小型企业有员工约20人，中型企业有员工约100人，大公司有员工100多人。制造业也为中小企业提供了一个成为半成品原材料供应商的机会。虽然曼德勒地区可能无法为制造现代最先进的电子产品、电器提供技术和经验丰富的人力资源以及其他基础设施，但对于投资者可以从开发电子产品开始，特别是与家用电器有关的产品。由于曼德勒国际机场与曼谷和新加坡等其他国家首都相连，投资者可以使用空运来运输原材料或制成品。曼德勒地区可以有良好发展的产品包括塑料、电气产品、电子产品、化肥、包装产品。

在缅甸国内，曼德勒地区以其纺织和服装业而闻名。几个世纪以来，阿马拉普拉是优质丝绸、器皿的代名词。有了这样的基础，纺织业被认为有潜力的产业，包括曼德勒地区在内的缅甸干旱地区种植家用棉花。然而，由于缺乏现代技术和方法，这些企业不得不依靠中国的纱线来生产服装；此外，染色行业还没有充分发展，以支持缅甸国内服装生产和潜在的国际服装供应。因此，曼德勒地区需要对棉花加工和纺织品染色进行外国投资。

作物、蔬菜和水果种植面积约占曼德勒地区耕地面积的 20%。杧果、西瓜、蜜露、葡萄、木瓜等主要水果不仅用于国内消费，也用于海外出口。杧果被认为是最有潜力的水果，除了出产新鲜水果外，杧果还可以进一步加工成果汁和干果。缅甸目前正在集体种植杧果，不仅可以将其在国内销售，还可以出口到新加坡等海外市场。由于曼德勒与掸邦接壤，投资者也可以很容易地获得新鲜的蔬菜和水果，用来生产高质量的干食品或加工食品，曼德勒地区有潜力的农业加工产品有罐头、干果、乳制品、芝麻油。

二、产业发展特征

（一）产业所有制结构

缅甸工业部门主要从事小型机械制造、纺织、印染、碾米、木材加工、制糖等。机械设备、汽车、摩托车、化工产品、仪器仪表，甚至纺织服装、家用电器、小五金、药品、化妆品、食品饮料等多依赖进口。除石油、天然气开采等有一定规模外，其余的工业门类不全，工业发展缓慢（廖亚辉等，2014）。缅甸制造业所有制结构现象表现为少数大规模的国营企业和大量的中小型民营工业企业共存。缅甸的私营工业企业大部分为中小型企业，根据 2019 年缅甸中小企业发展局的最新统计，中小私营工业企业占私营工业企业的 80% 以上。因此，缅甸重要的经济产业虽然长期由国营企业垄断经营，但在加工制造业中，私营企业因数量与产值比重大而占有重要地位（李焕兰，2015），且私营工业企业的数量一直呈现上升的趋势。

在缅甸私营工业企业的分布中，克耶邦、钦邦、内比都联邦区的私营工业企业数最少（图 8-6、图 8-7），三者加起来的数量在全国私营工业企业总数中占比不到 5%，克耶邦当地的主要工厂为石板材厂、碾米厂和发电厂，钦邦工业企业主要为少数的松油厂和小型水力发电站。克伦邦、若开邦、德林达依省、克钦邦的工业发展也非常落后。克钦邦现仅有一些碾米厂、锯木厂、制糖厂和卷烟厂等，有几座小发电厂，20 世纪 60 年代中期，一些大型工业企业已收归国有；世界上超过 90% 的翡翠产于缅甸克钦邦密支那地区。若开邦实兑县的碾米加工业、纺织业较为发达（廖亚辉等，2014）。伊洛瓦底省、孟邦、马圭省、勃固省、实皆省的人口相对较多，有比较广阔的市场腹地，所以工业的发展状况好于克耶邦、钦邦等工业发展极度落后的地区。仰光省和曼德勒省作为缅甸经济发展状况最好的两个地区以及缅甸工业化和城市化程度最高的两个城市，私营工业企业的数量是最多的，二者的私营工业企业的数量加起来超过了30%。缅甸私营工业企业的规模与数量在部分地区呈现大规模私营企业数量最少，中等规模私营企业数量次之，小规模私营企业的数量最多的特征。但是仰光省作为全国主要的工业城市，其大规模的私营工业企业最多，小规模的私营工业企业最少。在集聚的初期，较为优越的自然地理条件和社会历史条件对吸引企业起到决定性作用，但随着产业不断发展，仰光作为全国的经济中心和工业中心，更容易吸引大规模企业的投资以及外国直接投资，同时政策的引导作用逐渐成为主导条件，使得仰光的工业集聚区逐渐进入自我强化的过程，进一步促进自身和对上下游产业的知识外溢，显著地提升了劳动生产率。知识的无成本外溢，共享工人市场，促进了产业间的联系（Brülhart and Mathys，2008）。

从缅甸的国有工厂空间分布来看，国有工厂主要集中在内比都、仰光、曼德勒等主要城市，以及海岸线附近的工业园区，这些地区的基础设施和交通条件相对较好，有利于工业的发展。国有工厂的类型较为单一，以纺织、制药、钢铁为主，较缺乏具有高技术含量的工业企业。这与缅甸的经济水平和工业发展阶段有关，也反映了缅甸工业结构的单一性。缅甸国有工厂分布的特征与该国的地理、经济和政治背景密切相关。例如，受地理资源因素的制约，基于各邦丰富的水力和矿产资源，建立了电力和水泥工厂；又如，政府在缅甸边境地区建立国有工厂来促进同周边国家的贸易和经济往来。缅甸政府通过国有工厂来加强国内产业，支持国内经济发展，还通过国有工厂来掌握经济命脉，为政治控制提供了手段，因此国有工厂的规划和分布也受到政治因素的影响，例如，在军事控制区建设工厂以维持政治稳定等。缅甸工业的国有化企业目前面临现代化不足、劳动效率低、资本不足、改造积压、销售市场疲软等问题；而私营企业则受到官僚障碍、基础设施差、电力和金融贷款不足以及前期贷款不足等发展阻力，此外还受限于制度环境、缺乏培训的劳动力和管理人员、企业市场经济思维有限等因素。

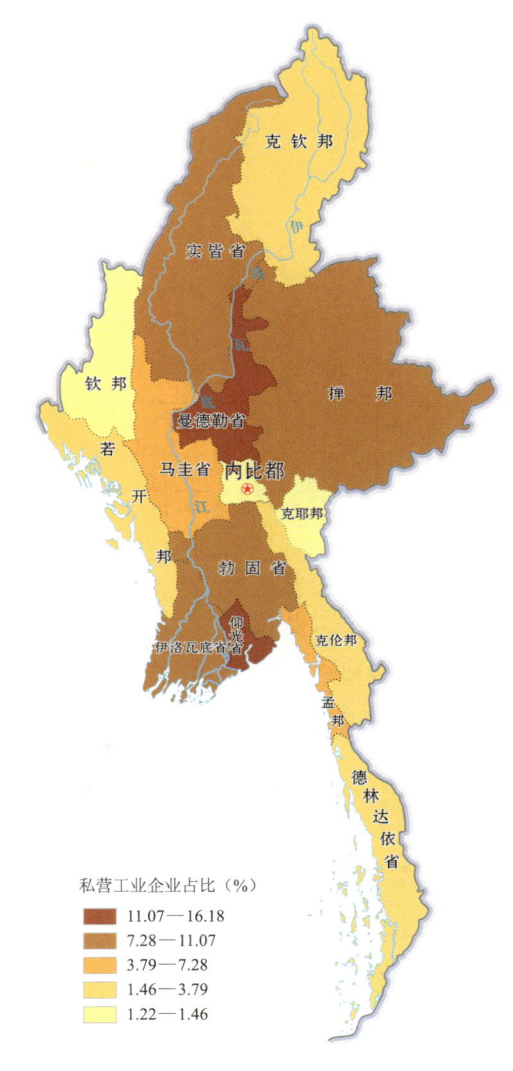

图 8-6　缅甸私营工业企业分布

（二）产业布局的地域差异

根据空间分工理论，城市专业化不仅包括产业专业化，还包括功能专业化，分别指城市根据各自的比较优势发展不同的产业部门或功能环节，进行专业化分工（苏红键、赵坚，2011）。各类城市或地区通过产业专业化途径来参与专业化分工的形式称为产业部门分工，即不同城市发展不同的产业部门；而各类城

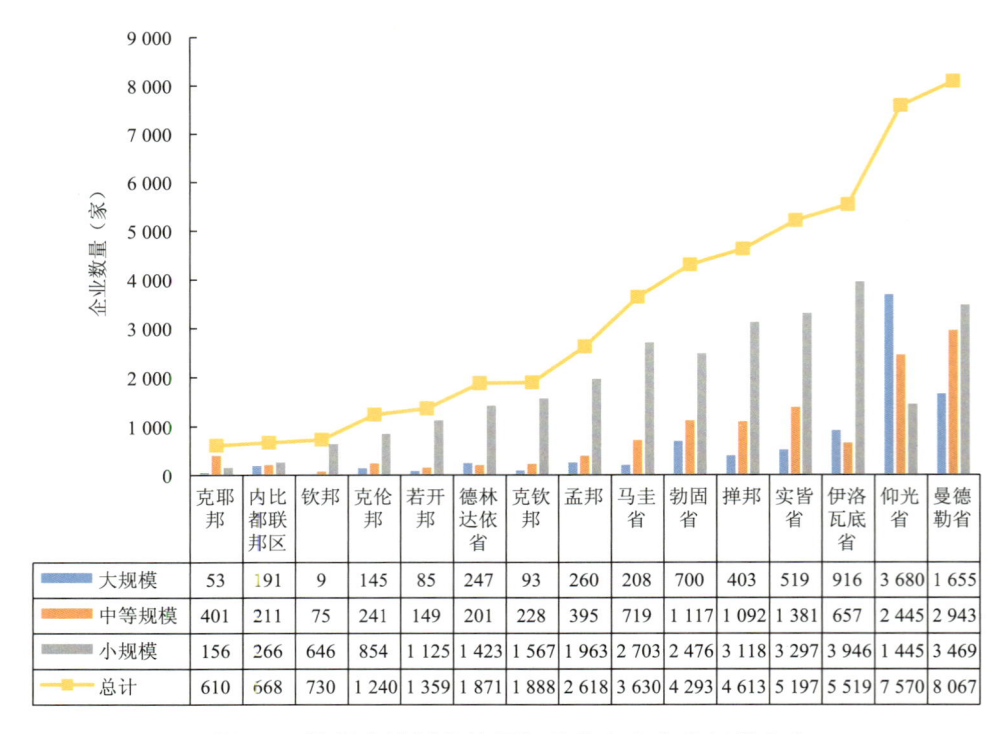

	克耶邦	内比都联邦区	钦邦	克伦邦	若开邦	德林达依省	克钦邦	孟邦	马圭省	勃固省	掸邦	实皆省	伊洛瓦底省	仰光省	曼德勒省
大规模	53	191	9	145	85	247	93	260	208	700	403	519	916	3 680	1 655
中等规模	401	211	75	241	149	201	228	395	719	1 117	1 092	1 381	657	2 445	2 943
小规模	156	266	646	854	1 125	1 423	1 567	1 963	2 703	2 476	3 118	3 297	3 946	1 445	3 469
总计	610	668	730	1 240	1 359	1 871	1 888	2 618	3 630	4 293	4 613	5 197	5 519	7 570	8 067

图 8-7 按所在地划分的缅甸私营工业企业规模分布

数据来源：根据缅甸工业监督检查局资料整理。

市通过功能专业化途径来参与专业化分工的形式称为功能分工，即不同城市在产业链上发挥不同的功能（刘汉初、卢明华，2014），表现为中心城市发展先进的产业部门，以此参与全球生产网络。

缅甸作为工业发展较落后的国家，仅仰光省和曼德勒省可以被称为缅甸真正的工业发展地区（图 8-8）。个人物品、家庭用品、印刷制品、车辆运输、电子产品的生产部门集中在仰光省，其他地区对这几类产品的生产较少。服装、工业原料、机械设备的生产部门形成了仰光省、曼德勒省两个增长极，服装产业是缅甸仅有的参与到了全球生产网络中的产业。其他省、邦或地区发展低端、传统的产业部门。建材、矿物石油产品、食品饮料的生产在各个地区均有分布，尤其是食品饮料的生产分布最广，可见食品饮料作为生活必需品，必须满足每一个腹地广阔的市场。而从城市产业专业化方面，规模较大的城市如仰光和曼德勒的产业专业化水平较低，除了满足当地区域对日常产品的需求外，相对专于车辆运输、电子产品、服装、工业原料、机械设备等的生产；其他规模较小的城市则产业专业化较高,如伊洛瓦底省主要是生产农业设备和食品饮料的地区。

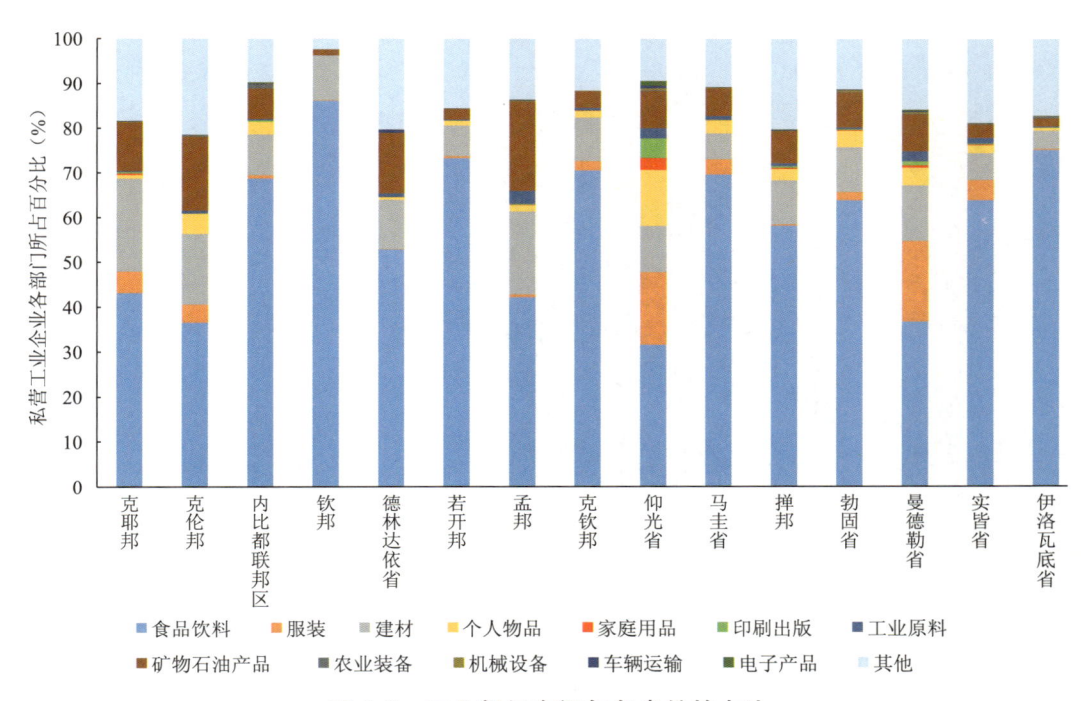

图 8-8 工业部门在缅甸各省份的占比

数据来源:引自缅甸工业监督检查局。

总的来说,对缅甸国内生产总值(GDP)有推动作用的第二产业部门表现出双重集中趋势(图 8-9)。一方面,它集中在一些采矿和能源生产部门;另一方面,也在工业制造领域集聚。这些重点产业主要分布在中部低地和区域性城市中。此外,建筑业对国内生产总值的贡献也十分显著。私营工业企业主要集中在两个独立的地区,即曼德勒地区和仰光地区。随着勃固、实皆和伊洛瓦底等地区工厂数量的增加,几乎 70% 的私营工业企业位于这些地区。而在仰光地区,化工、纸张、塑料、橡胶以及非金属等产业集中发展,使之成为这些生产领域的中心。

尽管设立工业区的目标是促进全国范围内的工业化进程,但实际情况显示,许多地区并没有完全获得预期的成效。特别是位于大城市及其附近的地区,尤其是像仰光和曼德勒这样的城市,虽然有一定程度的成就,但在某些方面仍然

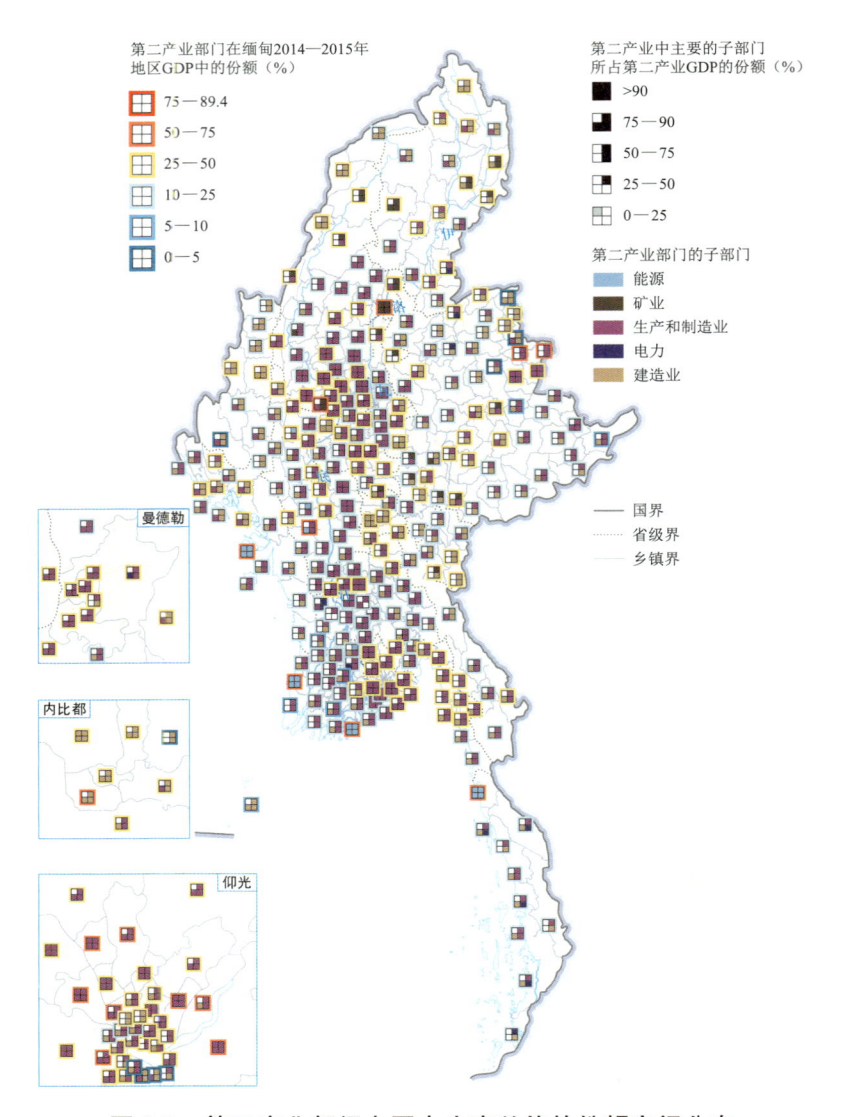

图 8-9　第二产业部门占国内生产总值的份额空间分布

图片来源：参考缅甸国家计划和经济发展部的"缅甸社会经济地图"绘制。

面临着挑战。

尽管缅甸近年来第二产业一直在增长，但在 2011 年后的民主化改革之前，与第一和第三产业相比，其在国家经济发展中的作用相对较小。缅甸第二产业的分布和发展主要受制于自然地理、政府政策引导、市场需求、技术水平、社会人口等因素。① 自然地理因素：缅甸的地理位置和地形特征影响第二产业的分布。缅甸的采矿和能源生产中心分布在中部低地和沿海的区域城市（图 8-10），这促进

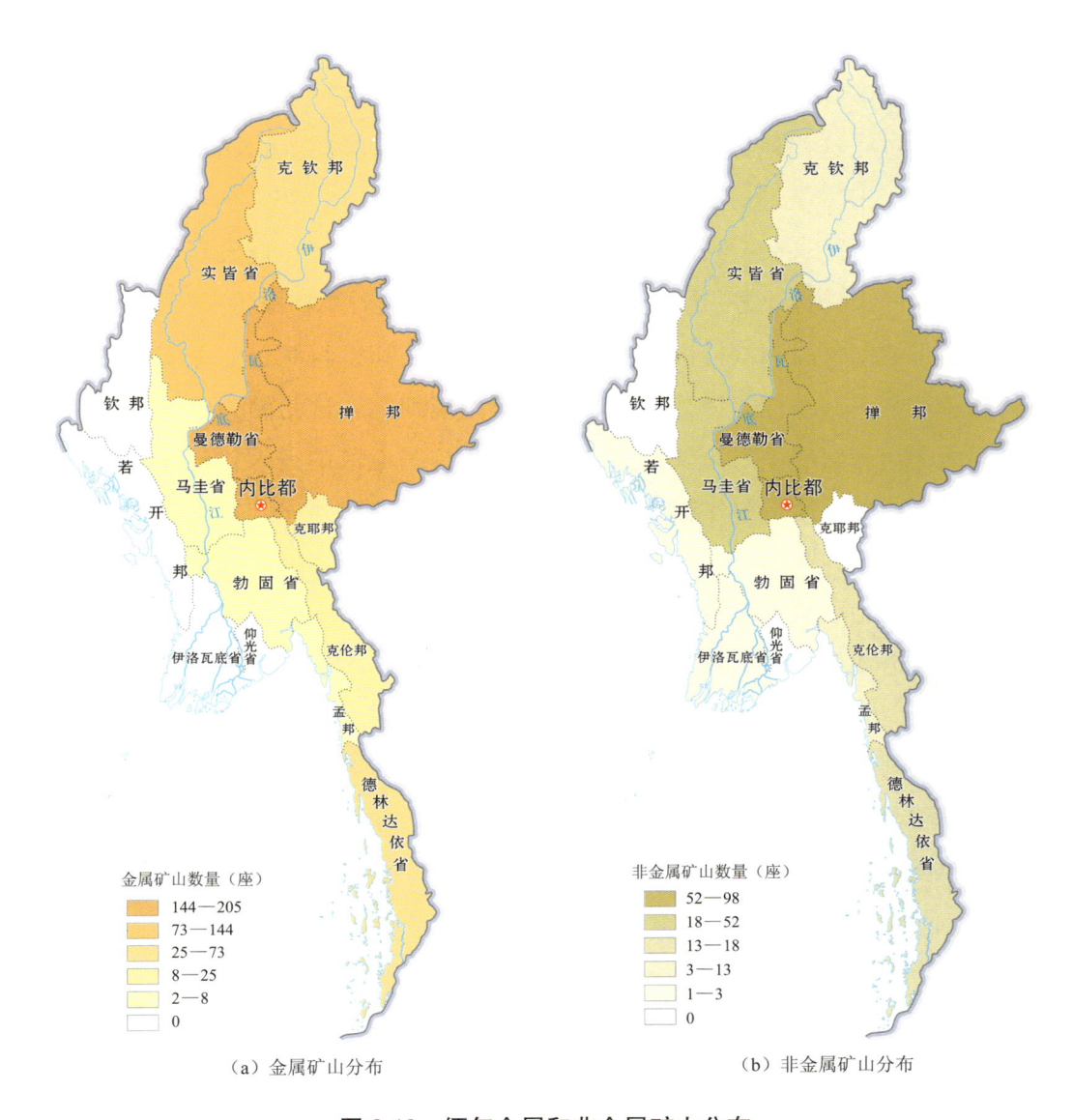

图 8-10 缅甸金属和非金属矿山分布

(a) 金属矿山分布

金属矿山数量（座）
- 144—205
- 73—144
- 25—73
- 8—25
- 2—8
- 0

(b) 非金属矿山分布

非金属矿山数量（座）
- 52—98
- 18—52
- 3—18
- 3—13
- 1—3
- 0

了国内生产总值的增长，同时影响了第二产业的空间分布。② 政府政策引导：政府的政策对于各种产业的发展具有重要影响。政府可能通过税收、贷款和其他方式来促进或抑制某些产业的发展。在缅甸，政府一直在努力改善商业环境和投资环境，以吸引外国投资和促进经济增长，同时采取了一些措施来保护本地企业。这些政策会影响不同产业的分布，使得车辆运输、电子产品、服装、工业原料、机械设备等产业向工业增长极仰光省集聚。同时，地缘政治因素对缅甸建造业的发展产生影响。由于缅甸边境地区存在冲突和战乱，建造业需要修建或重建被破坏的基础设施和房屋，因此建筑业在这些地区也得到带动。政府也可能通过在这些地区投资基础设施建设来加强对边境地区的控制和管理。③ 市场需求：市场需求是驱动产业发展的重要因素之一。在缅甸，由于人口和经济增长，市场需求在不断增加，这也导致了一些产业的迅速发展。服装业是缅甸最重要的出口行业之一，这主要是因为国际市场对缅甸廉价劳动力的需求。此外，由于缅甸食品和饮料市场的快速增长，食品和饮料制造业也成为缅甸重要的制造业之一。缅甸的建造业主要分布于边境地区，这是因为这些地区与邻国之间的交流和贸易往来频繁，因此建造业在这些地区的需求比较高，边境地区一些重要的贸易通道对建造业的需求也较高。④ 技术水平：技术水平对于产业发展有着直接的影响。在缅甸，由于历史和政治原因，该国的技术水平相对较低，这也限制了某些高科技产业的发展。另一方面，一些传统行业，如纺织业和皮革制造业等，由于技术水平较低，人工成本相对较低，仍然在缅甸占据着重要地位。⑤ 社会人口因素：社会因素如教育水平和劳动力水平，也影响不同产业在缅甸的分布。由于教育水平较低，劳动力技能不足，缅甸的产业主要集中在劳动密集型行业，如纺织服装业和皮革制造业等，并且由于人口向仰光省、曼德勒省的集聚，使得这两个地区的服装业发展较为快速。

参 考 文 献

[1] 董南："缅甸的工业及其发展"，《东南亚》，2005 年第 4 期。
[2] 范公职："越南河内工业区吸引投资研究"，广西大学硕士论文，2013 年。
[3] 范宏伟："缅甸工业化及其政策初探"，《亚太经济》，2008 年第 5 期。
[4] 李焕兰："1988 年以来缅甸工业发展研究"，云南大学硕士论文，2015 年。
[5] 廖亚辉等：《缅甸经济社会地理》，世界图书出版公司，2014 年。
[6] 刘汉初、卢明华："中国城市专业化发展变化及分析"，《世界地理研究》，2014 年第 4 期。
[7] 司扬："缅甸经济特区、工业园区、产业新城发展现状及市场前景分析"，《国际工程与劳务》，2020 年第 5 期。
[8] 苏红键、赵坚："产业专业化、职能专业化与城市经济增长——基于中国地级单位面板数据的研究"，《中国工业经济》，2011 年第 4 期。
[9] 孙喆："全国特色小镇空间分布特征及影响因素"，《中国农业资源与区划》，2020 年第 5 期。
[10] 唐泽地、张一兵、李善同等："中国制造业增加值率变化的特点及其启示"，《上海经济研究》，2020 年第 12 期。
[11] 田雪雪、胡志丁、王学文："当前缅北冲突与中缅边界管控研究"，《世界地理研究》，2019 年第

2 期。
[12] 徐康宁:《产业聚集形成的源泉》,人民出版社,2006 年。
[13] 朱志和:《缅甸》,世界知识社,1957 年。
[14] Abe, M., 2014. Growing through manufacturing: Myanmar's industrial transformation. ARTNeT Working Paper Series.
[15] Brülhart, M., N. A. Mathys, 2008. Sectoral agglomeration economies in a panel of European regions. *Regional Science and Urban Economics*, Vol. 38, Iss. 4.
[16] Frick, S. A., A. Rodríguez-Pose, 2023. What draws investment to special economic zones? Lessons from developing countries. *Regional Studies*, Vol. 57.
[17] Hardaker, S., 2020. Embedded enclaves? Initial implications of development of special economic zones in Myanmar. *The European Journal of Development Research*, Vol. 32.
[18] Kleibert, J. M., 2018. Exclusive development (s): Special economic zones and enclave urbanism in the Philippines. *Critical Sociology*, Vol. 44, Iss. 3.
[19] Kraas, F., R. Spohner, A. A. Myint, 2017. Socio-Economic Atlas of Myanmar. Franz Steiner Verlag.
[20] Lefever, D. W., 1926. Measuring geographic concentration by means of the standard deviational ellipse. *American Journal of Sociology*, Vol. 32, No. 1.
[21] Myoe, M. A., 2007. Sino-Myanmar Economic Relations Since 1988. Asia Research Institute Working Paper Series, No. 86.
[22] Taguchi, H., T. M. Soe, 2021. Myanmar's manufacturing exports after the lifting of economic sanctions. *Foreign Trade Review*, Vol. 56, Iss. 2.
[23] Thu, C. M., 2018. A Study on Foreign Direct Investment in Thilawa Special Economic Zone (2014-2018). *Yangon University of Economics*.
[24] United Nations Industrial Development Organization, 2020. Competitive Industrial Performance Report 2020.

第九章　交通地理

　　交通运输网络对国家的重要性不言而喻，它连接城乡和各地区，加速物流运输和人员流动，提高生产效率和市场竞争力，促进贸易和商业往来，推动区域经济发展和社会进步。良好的交通基础设施还可以缩短通勤时间和减少交通拥堵，缓解城市交通压力，提高城市居民的生活质量，改善环境质量，促进城市可持续发展。韦伯（阿尔弗雷德·韦伯，1997）在其工业区位论中首次引用了"区位因素"概念，并确定了运费、劳动费、集聚和分散三个影响区位的因子，其中与交通运输最为紧密相关的"运费"因子对工业的基本区位起着重要的作用。阿格贝利亚（Agbelie，2014）、唐纳森（Donaldson，2018）等学者的研究表明交通基础设施的建设和投资能够对区域的经济增长产生正向的影响。

　　缅甸的交通运输方式包括公路、铁路、内河、港口、航空和分散系统中的城市交通。当前，缅甸正力图建设更加开放的经济发展和投资环境，促进经济社会发展目标的实现，交通产业政策也逐渐发展完善，曾经封闭的社会结构与计划经济体制正经历着巨大转型。近年来，缅甸政府十分重视发展国家国内交通，交通状况日益改善，并带动国内农业、商贸业、旅游业等的发展。可以预见，缅甸经济社会转型成功将给交通运输业注入更加强劲的发展动力。

　　缅甸是中国的友好邻邦，也是"一带一路"倡议的重要合作伙伴。缅甸拥有丰富的自然资源和旅游资源，但因基础设施建设水平较低，未能充分发挥其经济潜力和区域优势（鹿铖，2021）。中国与缅甸在基础设施领域的合作历史悠久，涉及公路、铁路、电力、通信等多个方面。其中，中缅铁路作为泛亚铁路的重要组成部分，是中缅经济走廊沿线标志性的重点工程（商务部国际贸易经济合作研究院等，2023）。中缅铁路建成后将连通中国西南与缅甸曼德勒、内比都、仰光等重要城市，缅甸各沿线城市通过中国境内路段可与中国其他出境铁路线相连，最终形成高效快速的铁路网络，实现中国西南、缅甸南北全线及其他周边国家的交通串联。研究缅甸交通地理可以了解缅甸的交通现状、问题和需求，为缅甸的交通改善和发展提供参考和建议。此外，了解缅甸与周边国家的交通合作进展、成效和挑战，还可为深化缅甸与周边国家的友好关系和互利合作提供支撑。

本章将对缅甸交通运输网络的发展阶段、现状、分布特点作分析介绍，分析的主要对象为公路、铁路、内河、航空以及管道运输。其原因主要有三：第一，缅甸在有关公路、铁路、港口基础设施领域的项目投资上放开了诸多投资权限，而上述三者之外的基础设施项目投资还有一些限制，目前外资企业不易进入；第二，缅甸的公路、铁路、航空发展十分薄弱，而随着缅甸经济的不断开放，对于它们的运输数量和质量的需求不断增加、提高，市场机会较大，是目前外资进入的热门领域；第三，随着亚洲高速公路网、中缅油气管道、大湄公河次区域经济走廊、孟中印缅经济走廊的构建，缅甸的公路、铁路和港口纷纷被纳入其中，对于这三者的现状和需求进行分析，具有地缘政治和经济价值。本章节的安排如下：首先，对缅甸交通运输网络的发展阶段进行划分、概括和分析；其次，运用交通地理学的相关知识，对缅甸交通运输网络的时空分布进行分析；最后，对缅甸交通运输网络发展建设的成因进行研究，并分析其未来发展的趋势。

第一节 交通运输网络发展概况

缅甸自1948年独立以来，经过数十年的发展，交通基础设施有了一定的基础，铁路、公路、内河和航空运输都已形成一定的规模。缅甸的交通运输主要由公路运输、铁路运输、内河航运、海洋运输和航空运输五个方面组成。然而，经济落后和政局动荡等多方面的原因，使缅甸的交通运输比较落后，存在设备陈旧、管理不善和缺乏规划等问题。

一、道路运输概述

尽管近年来政府大力修筑公路和铁路，陆路运输有了较大发展，但缅甸的道路基础设施建设水平仍较低，公路通行能力不足，公路密度低，公路质量差，公路交通事故率高。受地形条件的制约和主要经济带分布的影响，缅甸道路网多呈南北方向，以纵贯全域的土瓦-毛淡棉-仰光-内比都-曼德勒-密支那公路为主干道，辅以其他道路形成网络（图9-1）。据《东盟统计年鉴2020》（ASEAN Statistical Year Book 2020），2019年，缅甸公路总里程138 272 km，公路网密度达 0.197 km/km^2，铺装道路长度40 626.89 km，占比30.48%，覆盖各省份的公路运输网络基本形成。缅甸国内目前仅有1条高速公路——仰光-内比都-曼德勒高速路，全长755 km，全域仅有4个省、邦实现了高速公路联通。

然而，与东盟其他成员国相比，缅甸的交通运输仍相当不发达：东盟的总体道路密度约为每千人拥有道路长度3.66 km，泰国为每千人10.32 km，而缅甸则是每千人2.56 km；马来西亚每千人拥有约958辆机动车，泰国约为每千人599辆，而缅甸每千人只拥有136辆机动车。

表9-1 2019年东盟成员国的公路及车辆注册情况

国家	道路长度（km）	每千人拥有道路长度（km）	注册机动车数量（千辆）	每千人拥有机动车数量（辆）
缅甸	138 272	2.56	7 334.0	136
柬埔寨	63 432	3.89	646.0	40
印度尼西亚	544 917	2.04	154 376.4	578
老挝	58 255	8.18	2 233.7	314
马来西亚	256 494	7.87	31 214.8	958
菲律宾	33 018	0.30	12 725.0	118

续表

国家	道路长度（km）	每千人拥有道路长度（km）	注册机动车数量（千辆）	每千人拥有机动车数量（辆）
新加坡	3 520	0.62	973.0	171
泰国	701 847	10.32	40 712.1	599
越南	594 898	6.17	4 300.0	45
文莱	3 714	8.08	290.0	631
东盟	2 398 367	3.66	254 804.9	388

资料来源：《东盟统计年鉴2020》。

图 9-1　缅甸道路网络分布

二、铁路运输概述

缅甸是联合国认定的世界最不发达国家之一，整体经济水平、基础设施状况长期低于世界平均水平，但实际上，缅甸却是名副其实的东南亚铁路大国，拥有超过 6 000 km 的铁路、超过 1 000 个火车站，至今仍具有整个东盟地区最大规模的铁路网络。

缅甸的铁路始建于 1887 年，早在 1914 年，缅甸的铁路网就已基本形成，此后变化不大。铁路网以纵贯缅甸南北的仰光-密支那铁路，以及曼德勒-腊戍、勃固-椰城、仰光-卑谬等铁路干线为骨架构成，但与东南亚中南半岛其他国家的铁路网互不联通，是东南亚中南半岛上的一个独立铁路网。缅甸的铁路网穿过全国各邦的 14 个主要城市，除西部的哈卡无铁路相连。据《东盟统计年鉴 2020》，2019 年缅甸的铁路总里程 6 112 km，铁路网密度为 0.009 km/万 km^2。缅甸铁路网呈现出与公路网类似的分布特点（图 9-2），分布较不均衡，这主要是因为缅甸中部部分地区经济较为发达，对交通运输的需求更为旺盛，且受地形条件和主要经济带分布的影响，铁路网络在缅甸南部地区分布较密、北部稀疏，南北向公路较多、东西向连接线较少。

三、航空运输概述

缅甸现有机场 69 个，其中在运营的有 32 个（图 9-3），拥有 3 个国际机场，分别为仰光国际机场、曼德勒国际机场和内比都国际机场。根据飞常准（https://map.variflight.com/）的数据，2023 年 8 月 20 日至 26 日，缅甸运营航司有 30 家，航线量达 189 条，共 1 563 个航班，连通了 13 个国家和地区、49 座城市、50 个机场。然而缅甸仅与中国、新加坡、阿联酋等亚洲国家开通了国际航线，与其他大洲的国家的国际航线还未开通，航线覆盖度不高。

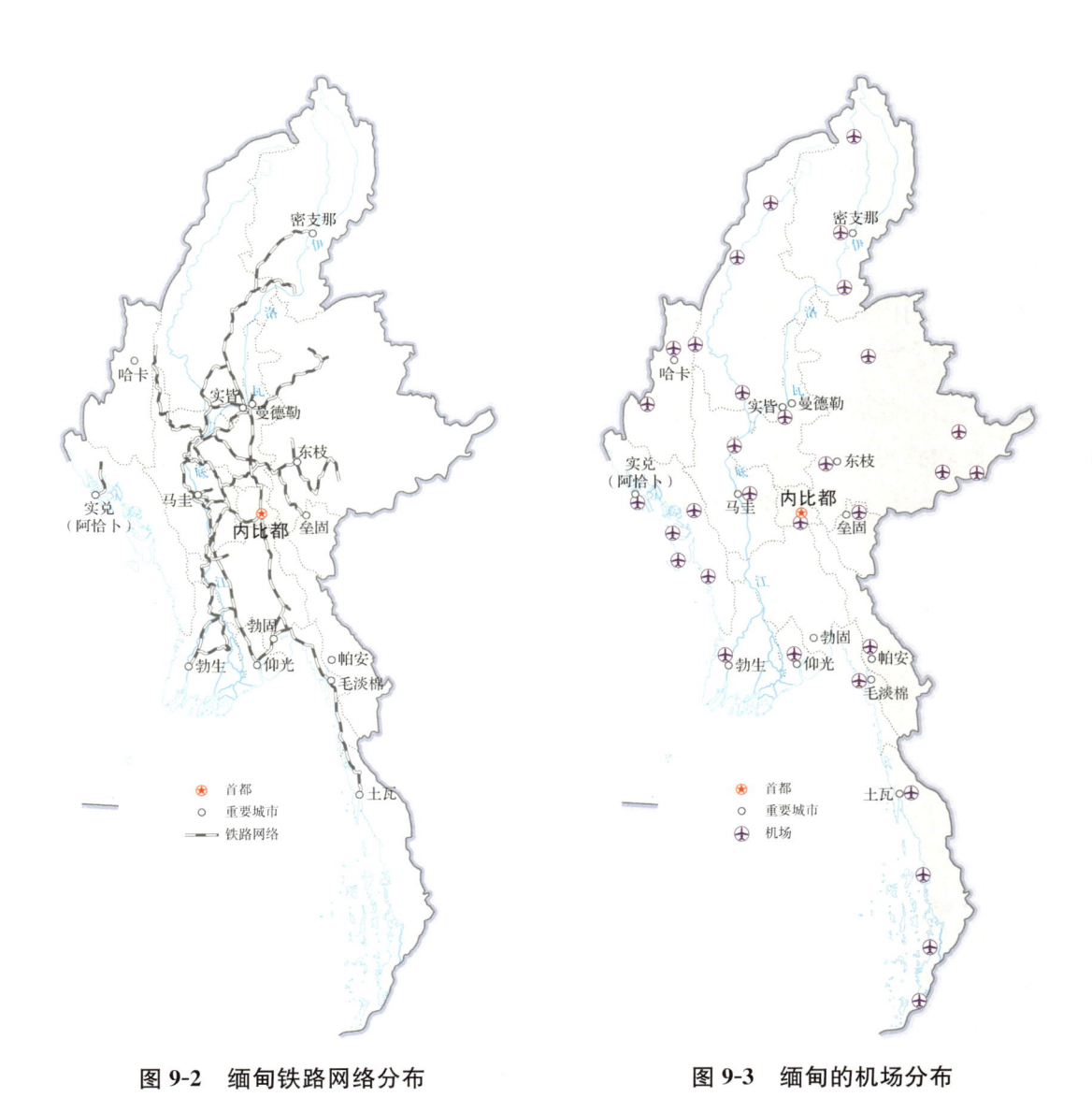

图 9-2　缅甸铁路网络分布　　　　图 9-3　缅甸的机场分布

四、内河运输概述

　　缅甸是一个内河水系发达的国家，拥有总长约 6 650 km 的可通航河道（表 9-2），5 条相对较大的河流——伊洛瓦底江、钦敦河、坦温河、锡唐河和卡拉丹河可以方便地进入国内大部分地区。主要的河网由伊洛瓦底江和钦敦河以及伊洛瓦底江三角洲的河流和运河组成。伊洛瓦底江是整个内河水系的支柱，全年可航行至八莫，旱季可航行至密支那。在雨季，八莫和密支那之间河流的急流使航行变得危险。钦敦江在距其与伊洛瓦底江汇合处约730 km的地方可通航。伊洛瓦底江三角洲的许多河流可通航，并由运河网相互连接。

缅甸的内河运输主要由国有的缅甸内河港务公司和一些私营公司提供，承担了缅甸国内大部分货物和部分旅客的运输任务。缅甸的内河运输具有成本低、环境良好、覆盖面广等优点，但也存在着设备陈旧、管理混乱、安全风险高等问题。缅甸政府正在采取措施改善内河运输的条件，如加强水文测量、疏浚河道、修建码头、更新船只等。同时，缅甸正在与中国等国家开展内河运输合作，如推进中缅经济走廊下的伊洛瓦底江-钦敦江水上通道项目等。

表 9-2　缅甸通航河道及长度

航道	长度（km）
伊洛瓦底江	1 534
钦墩江	730
萨尔温江和孟邦河流	380
伊洛瓦底江三角洲河流	2 404
若开邦河流	1 602
合计	6 650

五、旅客运输概况

1990年，综合运输研究估计，长途河流运输（超过100 km）运送了130万人。2013年，一项缅甸全国的交通调查发现，150万人通过水路运输。在研究之间的23年（1990—2013年）里，水路客运增长了15%，客运市场的总规模也增长了200%。长途河流运输的市场份额从3.5%降至1.5%，从22%降至3.5%（如果不包括沿海航运，则为6%）。陆路交通方式旅客运输量见表9-3。

表 9-3 2013 年缅甸各类交通方式旅客运输量

交通方式	按行程长度统计的客运量（万乘客/年）						合计	按数量划分的份额	总客运量（亿 km）	按客千米划分的份额
	100—200 km	200—400 km	400—600 km	600—800 km	800—1 000 km	1 000—1 200 km				
汽车	1 500	740	190	180	0	0	2 610	25%	6.4	17%
公交	1 730	1 810	1 250	910	220	150	6 070	58%	24.4	67%
铁路	350	400	180	110	50	0	1 100	11%	4.2	11%
水路	40	60	110	40	20	0	350	3%	0.6	2%
航空	0	0	150	50	40	20	260	2%	1.0	3%
合计	3 610	3 100	1 870	1 300	330	160	10 380	100%	36.6	100%

注：由于进位和本表数据呈现的原因，合计可能不为 100%。

资料来源：Asian Development Bank estimates based on Japan International Cooperation Agency. 2014. The Survey Program for the National Transport Development Plan in the Republic of the Union of Myanmar. Naypyitaw。

六、交通基础设施建设发展阶段

缅甸的交通基础设施建设可以分为以下几个阶段：

（一）英国殖民时期（1824—1948 年）

英国殖民者将铁路运输引入缅甸，铁路网络初步成形，但主要为了方便外来统治者掠夺资源和农产品，而非为了缅甸自身的发展和民众需要。该时期缅甸交通基础设施的建设主要集中在公路、铁路和港口方面，而航空和内河运输基础设施建设则相对落后。

公路方面，英国人在缅甸修建了一些道路，主要用于连接军事要地和经济中心，如仰光、曼德勒、蒲甘等。但是，由于缅甸地形复杂、气候多变、资金不足等原因，公路的质量和数量都不高，很多地区仍然依赖马车、牛车和人力搬运，运力低下。

铁路方面，缅甸的铁路始建于 1887 年，英国殖民者在缅甸修建了一些铁路线，主要用于运输商品和服务军队。到了 20 世纪 30 年代初期，英国已将缅甸铁路自仰光修到了缅北重镇密支那和腊戌，并与中国合力修建了全长 880 km 的滇缅铁路线（林文俏，2018）。

航空方面，该时期兴建起一批机场，主要用于军事，少量为民航服务。最早的机场是1920年建成的仰光国际机场，它是缅甸最大的机场，也是当时英国皇家空军在远东的主要基地之一。

内河运输方面，主要利用伊洛瓦底江和钦敦江等河流进行水上运输。但由于河流水位变化大、航道不畅、船只老旧等原因，该阶段缅甸内河运输的效率和安全性都不高。

另外，"二战"期间，为应对日军入侵，英国当局采用焦土战术，大量交通基础设施被英国人夷为平地，以免惠及日军，这对缅甸的交通基础设施建设造成重创[①]。

（二）缅甸内战及社会主义共和国时期（1948—1988年）

在独立初期，缅甸政府开始致力于建设公路、铁路和航运网络，以促进国家的经济和社会发展。当时，政府主要依靠国际援助和外国企业的投资来建设交通基础设施，但由于缅甸内战的影响，交通基础设施的安全和畅通也受到严重威胁。社会主义共和国时期（1962—1988年），缅甸政府实行社会主义计划经济，大力推进国有化和集中化，交通基础设施建设也成为了政府的重点工作。

公路和铁路方面，缅甸政府继承了英国殖民者修建的公路、铁路系统，开始重点发展公路交通，以促进各地区交流，但由于缺乏资金和技术，路网的维护和改善进展缓慢。

航空运输方面，1948年，缅甸国家航空公司成立，经营国内定期客运和货运航班服务。但受限于飞机的数量和质量，航空运输的规模和效率仍然不高。

（三）军政府时期（1988—2011年）

1988年政变后，缅甸交通基建重启，在政治经济环境稳定的背景下，国家大力推进全国各地区的交通基础设施建设。在这个时期，缅甸政府开始鼓励外国投资，以加速经济发展。政府将交通基础设施的建设视为吸引外资和促进经

---

① 资料来源：Political and Economic History of Myanmar (Burma) Economics. San José State University, https://www.sjsu.edu/faculty/watkins/burma2.htm, 2006-07-08。

济发展的关键,大力发展公路、铁路、航空和港口等交通。

公路方面,这一时期缅甸重点建设高速公路。20世纪90年代,缅甸开始在主要城市和经济区修建高速公路以提高交通效率,其中以仰光至曼德勒的高速公路为代表。

铁路方面,国家加大对既有铁路的改扩建,同时开工一些新的铁路项目,以缩短南北交通距离。另外,缅甸从2000年开始在各铁路路段换用新的列车机车,这些机车大部分从中国和印度引进。

水运与航空运输方面,为促进三角洲地区和外贸口岸城市的发展,该时期缅甸重点开展内河航运设施建设。机场建设也全面启动。除保留老机场外,新建更多区域机场以连接国内各地,同时开始兴建一些国际机场,如曼德勒国际机场(2000年建成)。21世纪后,缅甸才逐步形成多点国际航运体系。

(四)改革开放时期(2011年至今)

自2011年以来,缅甸政府开始推行市场化改革,并推出了一系列吸引外国投资的政策。政府大力推进交通基础设施的建设,包括修建公路、铁路和港口等,以促进国家的经济和社会发展。同时,缅甸还加强了与周边国家的交通联系,积极推进亚洲经济一体化进程。主要有以下重大进展:① 参与"一带一路"倡议和中缅经济走廊建设。这是缅甸与中国的重要合作项目,旨在加强两国在基础设施、能源、农业、边境经济合作区等领域的互联互通和合作。其中,中缅油气管道、木姐—曼德勒铁路、皎漂经济特区等项目已经取得了积极进展,为缅甸的经济社会发展带来了实实在在的好处。② 参与泛亚铁路西线建设。这是一个跨国的铁路项目,计划从中国昆明出发,经过缅甸、泰国、马来西亚,最终抵达新加坡。该项目将极大地促进亚洲各国的贸易往来和人文交流,也将为缅甸提供更多的发展机遇。目前,泛亚铁路西段计划于2030年运营通车[①]。

---

① 资料来源:"泛亚铁路西段计划2030年运营通车 缅甸为南亚东南亚交通枢纽",《缅甸金凤凰中文报》,https://mp.weixin.qq.com/s/EcCIBeUMm0515fJ9lKoqxg,2020年4月27日。

第二节　交通运输网络发展现状

一、农村可达性低下

缅甸农村人口数量较多，占总人口比重较高。根据世界银行的数据，2019年缅甸的农村人口数量约为3 737.13万，占总人口的比重为68.6%。缅甸农村地区往往缺乏可靠的运输系统，交通的不便使农村人口需要花费大量的出行时间。

罗伯茨等人（Roberts et al.，2006）提出的农村接入指数（Rural Access Index，RAI），是衡量交通运输部门发展最重要的全球指标之一，它主要反映了农村人口能够方便地使用全年可通行道路的比例。RAI测度的是居住在距四季公路2 km（相当于步行20—25 min）范围内的农村人口占农村总人口的比例。"四季公路"指的是不受河流汛期、冰冻等四季气候变化影响，全年可供农村常见交通工具（通常是皮卡或四轮驱动的卡车）行驶的公路。就缅甸的现实情况而言，"四季公路"指汛期不会被河流淹没、四季可供机动车通行的公路。RAI越高，说明农村交通优势越强，对经济社会发展越有利。

缅甸有大约6.4万个村庄，只有7.5万 km的四季公路，即平均每个村庄仅约1.17 km的四季公路，远远低于实现普遍通行所需的水平。据亚洲发展银行2016年的报告估计，缅甸有2 000万人居住在没有道路的村庄里，占缅甸总人口的40%，占农村人口的一半以上。在这部分没有四季公路的村庄和所涉及的农村人口中，估计约有2.5万个村庄（相当于缅甸全国40%的村庄）没有任何公路连接，920万人（25%的农村人口）居住在没有任何公路连接的村庄中。有2万个村庄和1 130万人（相当于缅甸全国30%的村庄和30%的农村人口）通过一条非四季公路连接在一起。这些人可能可以使用车辆到达最近的城镇，但在雨季，这些道路便无法通行了。在高收入国家，RAI通常超过90%，而在非洲和亚洲的少数贫穷国家，RAI平均不到20%。从RAI的测算结果来看（表9-4），缅甸全域的RAI估计值为36%，表示缅甸64%的农村人口距离四季公路超过 2 km，这远低于东南亚地区的平均水平（64.4%），也低于世界平均水平（51.9%）。

各省、邦中，孟邦（73%）、曼德勒省（61%）和仰光省（60%）地区的 RAI 较高；克钦邦（18%）、克伦邦（16%）、若开邦（15%）和钦邦（11%）的 RAI 极低，在这些省、邦，5/6 的农村人口需要行驶 2 km 以上才能到达四季公路。所有省、邦中，孟邦的四季公路接入比例较高（公路的使用率最高），62% 的村庄（占农村人口的 73%）拥有四季公路。紧随其后的是仰光省和曼德勒省，约有一半的村庄（近 2/3 的农村人口）拥有四季通车的道路。克钦邦、若开邦和钦邦的四季公路占比居末位，道路通行水平低，这些邦超过 3/4 的农村没有四季公路连接。依据实际情况分析，若开邦和克钦邦分别有 45% 和 20% 的村庄仍然没有道路通行。在考虑所有季节的道路通行情况时，可以看到平均有 6% 的村庄区域只有在旱季有道路可供通行，在钦邦，这一比例最高，达到最大 27%，在克伦邦和实皆省则达到 13%。为所有村庄提供全季节通行，计划将包括升级现有的 40 000 km 道路，并新建 5 000 km 的道路，以达到全季节通行的标准。

缅甸农村人口分布不均，主要集中在中部和南部地区。根据 2014 年缅甸人口普查数据，缅甸 14 个省、邦中，农村人口占比最多的是伊洛瓦底省，有 1 018.8 万人，占该省总人口的 94.5%；其次是实皆省，有 671.5 万人，占该省总人口的 86.8%；再次是钦邦，有 202.7 万人，占该省总人口的 80.3%。然而，从 RAI 测算结果和农村人口的耦合性来看，伊洛瓦底省、实皆省和钦邦的农村可达性都非常低下，伊洛瓦底省的 RAI 为 24%，在 14 个省、邦中排名第九；实皆省的 RAI 为 28%，在 14 个省、邦中排名第八；钦邦的 RAI 在缅甸 14 个省、邦中最低，仅为 11%。这表明农村人口占比多的省一级行政区交通不便的情况非常严重。缅甸农村地区的交通还面临着道路质量差、维护不足、覆盖不广等问题，影响了农村人口的出行便利和生活质量。

孤立和贫穷在缅甸形成了一个恶性循环。众多研究表明，孤立意味着获得基本服务、进入市场和获得就业机会的能力有限；与世隔绝的人更穷，社会发展状况也更糟。缺乏与外界的联系是缅甸贫穷的一个重要因素，无法可靠获得

表 9-4 缅甸各省、邦农村地区可达性情况

地区	路网现状		无道路接入		有旱季道路接入		农村接入指数 RAI（%）
	道路长度（km）	四季公路长度（km）	村庄数量（个）	人口数量（人）	村庄数量（个）	人口数量（人）	
克钦邦	8 558	3 632	1 304	427 326	734	352 797	18
克耶邦	1 948	977	164	45 846	173	71 633	35
克伦邦	3 771	2 057	1 357	671 192	321	251 110	16
钦邦	7 879	1 350	251	47 086	907	261 180	11
孟邦	4 679	7 955	215	179 479	235	220 057	73
掸邦	29 213	16 257	8 228	2 041 539	2 719	977 991	23
若开邦	5 131	2 989	2 752	1 599 732	463	414 154	15
实皆省	21 271	7 955	1 146	561 243	3 041	2 069 759	28
仰光省	4 616	2 395	125	86 005	964	794 891	60
伊洛瓦底省	11 053	5 251	6 334	2 225 603	2 940	1 501 878	24
德林达依省	3 959	2 664	521	334 203	232	201 523	34
曼德勒省	13 878	8 172	422	235 841	1 792	1 174 815	61
马圭省	18 023	6 438	0	0	2 964	1 684 227	39
勃固省	12 879	6 233	1 947	749 996	2 383	1 330 581	37
总计	151 266	73 503	24 765	9 205 092	19 868	11 306 596	36

资料来源：亚洲开发银行报告《缅甸运输部门政策说明：农村道路和通路》。

社会和经济服务的人口比能够可靠获得社会和经济服务的人口更贫穷。缅甸处沿边地区的一些省、邦农村可达性水平很差，物理隔离也限制了少数族裔或其他少数群体与社会的融入。因为孤立导致缺乏机会（难以进入市场和接受教育），限制了经济发展，这反过来又使交通需求低（由于经济发展低迷而旅行和运输费用高）。隔离还限制了偏远社区的可见性，政府项目更难以触及这些社区。因此，这些社区从政府和私人投资者那里得到的关注和资金往往较少，进而减少了他们摆脱贫困的机会。应当明确的是，在任何乡村道路建设战略中，提供进入乡村土地的四季公路应是优先事项。

二、公路网络密度极低

截至 2023 年 1 月 1 日，缅甸公路网密度的空间分布（图 9-4、表 9-5）具有以下特征。

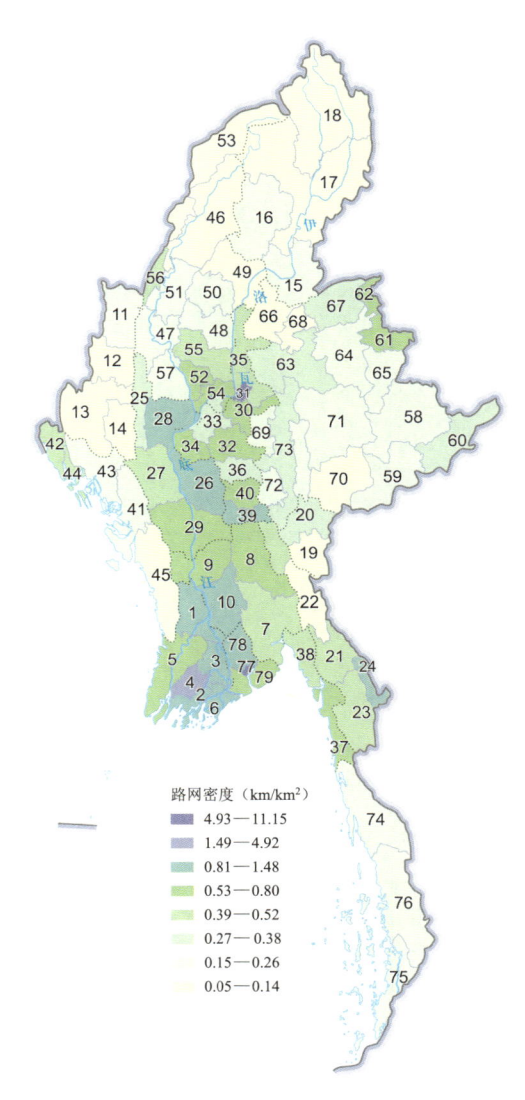

图 9-4　缅甸路网密度的空间分布

注：①图中序号对应地名如下，图 9-5、9-7 同。②上述翻译可能并非唯一的地方翻译，但是它们大多是被广泛接受的翻译。另外，地名的翻译也可能受到当地语言和方言的影响，因此在某些情况下，可能会有不同的译名。

序号	地名	中文译名	序号	地名	中文译名
1	Hinthada	兴实达	41	Kyaukpyu	皎漂
2	Labutta	拉布塔	42	Maungdaw	孟都
3	Maubin	毛滨	43	Mrauk-U	妙乌
4	Myaungmya	渺弥亚	44	Sittwe	实兑
5	Pathein	帕登	45	Thandwe	丹威
6	Pyapon	皎漂	46	Hkamti	坎提
7	Bago	勃固	47	Kale	克莱
8	Taungoo	东吁	48	Kanbalu	坎巴鲁
9	Pyay	卑谬	49	Katha	杰沙
10	Thayarwady	萨耶瓦迪	50	Kawlin	卡林
11	Falam	法莱姆	51	Mawlaik	毛莱
12	Hakha	哈卡	52	Monywa	蒙育瓦
13	Matupi	马图皮	53	Naga Self-Administered Zone	纳加自治区
14	Mindat	敏达	54	Sagaing	实皆
15	Bhamo	八莫	55	Shwebo	瑞波
16	Mohnyin	莫尼茵	56	Tamu	塔木
17	Myitkyina	密支那	57	Yinmarbin	因马宾
18	Puta-O	葡萄	58	Kengtung	景栋
19	Bawlake	巴湖	59	Monghsat	孟撒
20	Loikaw	莱考	60	Tachileik	大其力
21	Hpa-An	帕安	61	Hopang	户板
22	Hpapun	帕昆	62	Kokang Self-Administered Zone	果敢自治区
23	Kawkareik	克高瑞	63	Kyaukme	皎梅
24	Myawaddy	密友提	64	Lashio	腊戍
25	Gangaw	冈高	65	Matman	马德曼
26	Magway	马圹	66	Mongmit	勐密
27	Minbu	敏布	67	Muse	木姐
28	Pakokku	帕口	68	Pa Laung Self-Administered Zone	帕朗自治区
29	Thayet	塔耶	69	Danu Self-Administered Zone	丹努自治区
30	Kyaukse	皎施	70	Langkho	郎克
31	Mandalay	曼德勒	71	Loilen	洛伦
32	Meiktila	密铁拉	72	Pa-O Self-Administered Zone	帕欧自治区
33	Myingyan	敏建	73	Taunggyi	东枝
34	Nyaung-U	热贡	74	Dawei	实皆
35	Pyinoolwin	彬乌伦	75	Kawthoung	实兑
36	Yamethin	央米丁	76	Myeik	丹老
37	Mawlamyine	毛淡棉	77	Yangon (East)	仰光（东）
38	Thaton	萨温	78	Yangon (North)	仰光（北）
39	Det Khi Na	得基那	79	Yangon (South)	仰光（南）
40	Oke Ta Ra	奥克塔拉	80	Yangon (West)	仰光（西）

（一）路网密度总体水平极低

缅甸全域约 88.75% 的县级行政单元公路网密度低于 1 km/km^2。若沿曼德勒（图 9-4 中序号 31，以下同理，仅标注数字）-内比都联邦区（39、40）-仰光省（77—80）划一条连接线，则该线由内向外，路网密度呈递减趋势，缅甸全域路网密度由南向北递减。

从地理位置上看，近海或边境地区通常有较高的路网密度，如仰光省、实兑省、马圭省等，因为这些地区有更多的港口或口岸，需要更多的道路来连接国内外市场和资源。而位于内陆或山区的省份通常有较低的路网密度，如德林达依省、克钦邦、钦邦等，因为这些地区受到地形和气候的限制，道路建设和维护更加困难，费用更高。

从人口分布上看，人口密度较高或城市化程度较高的省份通常有较高的路网密度，如仰光省、曼德勒省、实皆省等，因为这些地区有更多的人口和经济活动，需要更多的道路来满足出行和运输的需求。而人口密度较低或城市化程度较低的省份通常有较低的路网密度，如克耶邦、孟邦、若开邦等，因为这些地区有较少的人口和经济活动，对道路的需求也相对较低。

从政治安全上看，政治稳定或冲突较少的省份通常有较高的路网密度，如伊洛瓦底省、勃固省、马圭省等，因为这些地区有更多的政府投入和社会支持，道路建设和维护更加顺利和有效。而政治动荡或冲突较多的省份通常有较低的路网密度，如克钦邦、掸邦、若开邦等，因为这些地区易受到武装组织或民族分裂主义者的干扰和破坏，道路建设与维护更加困难。

（二）出现了集中连片的低值区

受地形地貌、经济发展水平、人口分布和政治稳定性等因素的制约，缅甸的公路网密度在不同地区存在巨大差异。在缅北边境的实皆省和克钦邦出现了集中连片的路网密度低值区。这些地区多为山地和高原，地势复杂，交通困难。同时，这些地区也是缅甸少数民族聚居的地方，长期存在民族冲突和武装斗争，影响了公路的建设和维护。其中实皆省的那加自治区（53）公路网密度仅有 0.008 km/km^2，是缅甸全域路网密度最低的县级行政单元。相比之下，曼德勒省（32）、内比都联邦区（39、40）等中部地区和仰光省（77—80）等沿海地区的道路覆盖状况相对较好。这些地区是缅甸的经济、政治和文化中心，人口密集，经济发达，交通便利，同时也是缅甸与周边国家、地区进行贸易和合作的重要通道，因此受到了更多的重视。

（三）缅中边界路网密度高于缅印边界

缅甸与中国和印度都有较长的陆地边界，分别为 2 185 km 和 1 643 km。缅甸与这两个邻国的交通基础设施互联互通对于缅甸的经济社会发展和区域一体化具有重要意义。然而，缅甸与中国和印度的交通合作水平并不相同，这也反映在缅中边界和缅印边界的路网密度上。经过计算发现，缅甸与中国接壤的 10 个区、县的平均路网密度为 0.29 km/km²，而缅甸与印度接壤的 9 个区、县的平均路网密度为 0.13 km/km²。中国方面和印度方面都有意愿推动与缅甸交通基础设施互联互通的深度合作，但印缅的合作力度、广度相比中缅而言较差。印度将提供 200 万美元用于在钦邦边境修建哈特跨国大桥，旨在增进加米佐拉姆邦和缅甸之间的边境贸易联系[①]，而中国则对缅甸在公路、铁路、管道运输等多方面的基础设施建设给予援助与展开合作。

表 9-5　缅甸路网密度统计

分级		区、县数量		面积覆盖	
级别	阈值	个数（个）	占比（%）	面积（km²）	占比（%）
密集区	$4.92 \leqslant D_i \leqslant 11.16$	3	3.75	1542	0.20
中等区	$0.353 \leqslant D_i \leqslant 1.482$	35	43.75	244 066	31.47
疏松区	$0.204 \leqslant D_i \leqslant 0.328$	17	21.25	185 813	23.96
稀疏区	$0.044 \leqslant D_i \leqslant 0.190$	25	31.25	344 225	44.38

三、交通运输网络构成不完善

交通干线影响度是一个用来评价区域交通优势度的指标，它主要反映了大

---

① 资料来源：全球能源互联网发展合作组织，"印度推进与缅甸电网和交通基础设施互联"，https://geidco.org.cn/2020/1016/2879.shtml，2020 年 10 月 16 日。

型或重要的交通设施的技术等级的影响程度。交通干线影响度越高,说明区域与外部的联系和集聚能力越强,对区域经济社会发展越有利。

交通干线影响度依据交通设施的技术、经济特征,按照专家智能的理念,采用分类赋值的方法进行评价,分别计算各区域的交通干线影响值。设某区域 i 的交通干线技术的保障水平为函数 $f(x)$:

$$f(x_i) = \sum_{i=1, m=1}^{n, M} C_{im}, i \in (1, 2, 3, \cdots, n), m \in (1, 2, 3, \cdots, M)$$

公式(9-1)

式中,C_{im} 指 i 区域 m 种交通干线的影响度,即权重(王武林等,2021),见表9-6。

表9-6 交通干线影响度指标权重

高速公路	权重	铁路	权重	港口	权重	机场	权重
拥有高速公路	3	拥有铁路站点	3	拥有枢纽港	2	拥有国际机场	2
拥有国道	2	距离铁路站点30 km以内	2	拥有一般港	1	拥有支线机场	1
距离高速公路30 km以内	1.5	距离铁路站点30—60 km	1	距离枢纽港30 km以内	0.5	距离国际机场60 km以内	0.5
距离高速公路30—60 km	1	其他	0	其他	0	其他	0
其他	0						

交通干线影响度不仅表现为同种交通设施的技术等级,还表现为不同交通方式的构成。各种交通设施形成的综合性交通干线网络,更能体现不同区域的交通优势度的差异。从缅甸交通干线的影响度分级评价来看(表9-7、图9-5),干线影响度的空间分布具有以下特征。

表9-7 缅甸交通干线影响度统计

分级		区、县数量		面积覆盖	
级别	阈值	个数(个)	占比(%)	面积(km²)	占比(%)
突出区	$C_i \geqslant 8.5$	4	5	14 954.9	1.93
显著区	$7 \leqslant C_i \leqslant 8$	19	23.75	220 554.2	28.43
中等区	$5.5 \leqslant C_i \leqslant 6.5$	23	28.75	205 281.2	26.47
较低区	$3.5 \leqslant C_i \leqslant 5$	18	22.5	153 992.2	19.85
匮乏区	$0 \leqslant C_i \leqslant 3$	16	20	180 862.7	23.32

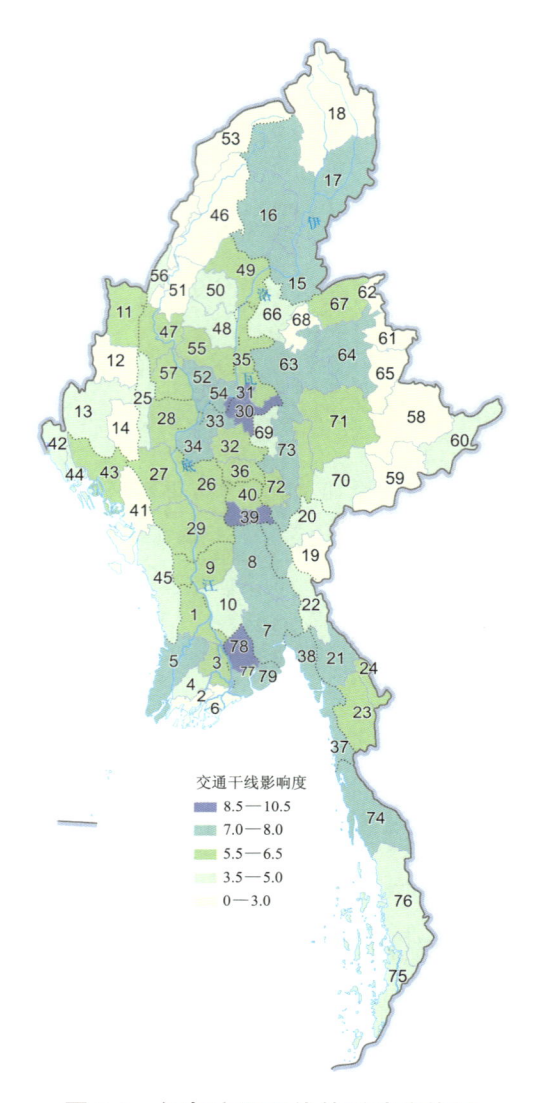

图 9-5　缅甸交通干线的影响度格局

（一）干线影响度总体处于低值

缅甸的交通干线影响度总体上较低，主要原因是缅甸的交通基础设施建设水平较低，制约了其经济社会的发展和对外开放。缅甸拥有东南亚最大规模的铁路网络，但由于设施老化、缺乏维护保养和设备升级，缅甸铁路系统的运力持续下降，亏损严重。缅甸的公路网络也不发达，道路质量差，通行能力低。

其港口和机场也不足以满足国内的运输需求。这表明缅甸的交通运输网络构成不完善，技术等级较低，42.5%的地区人们出行只能依靠至多两种交通方式。

（二）极化现象突出，中心-外围之间的差异显著

内比都联邦区、仰光省、曼德勒省及其周边地区具有较高的干线影响度，反映出大城市及周边地区有着较好的干线支撑能力和保障水平。特别是毛淡棉（38）、东枝（69）、皎施（25）等区、县干线影响度很高，是未来城市空间拓展的主要方向。省、邦首府所在的区、县都具有较高的干线影响度，外围区、县干线影响度普遍较低，由里向外呈现有规律的递减，这种现象在西北方向和东向更加明显。陆路边境地区在发展和互联互通方面落后于中部地区和沿海地区。

缅甸的交通干线影响度在不同地区有明显差异，主要取决于区域是否拥有交通干线或区域距离交通干线的远近。一般来说，缅甸中部和南部地区的交通干线影响度较高，而北部和东部地区的交通干线影响度较低。这与缅甸的自然地理特征和人口分布有关。缅甸中部和南部地区地势平坦，河流纵横，人口密集，经济活动频繁，因此拥有较多的铁路、公路、港口和机场等交通设施。而缅甸北部和东部地区多为山地丘陵、河流峡谷，人口稀少，经济落后，因此缺乏有效的交通设施。

（三）中缅边境干线支撑能力突出

由于中方大力支持中缅交通基础设施的互联互通，中缅铁路由中国瑞丽口岸出境连接缅甸木姐，跨境公路的主线（中国瑞丽-缅甸木姐-腊戌-曼德勒-皎漂高速公路）项目快速推进，中缅跨境立体交通网初具雏形，八莫（15）、密支那（17）、腊戌（64）等边境重镇的交通干线支撑能力在缅甸陆路边境地区较为突出。因此，缅甸的交通干线影响度的提高依赖于与周边国家特别是与中国的合作。缅甸是"一带一路"倡议的重要合作伙伴，也是中缅经济走廊的重要组成部分。中缅双方在基础设施领域有着广泛的合作项目和机制，如中缅油气管道、中缅铁路、泛亚铁路、大湄公河次区域经济合作等。这些项目和机制旨在促进缅甸与周边国家特别是与中国的经贸往来、人文交流和区域一体化。通过

这些项目和机制的实施，缅甸将改善其交通基础设施建设水平，提升其区域通达性和竞争力。

第三节　全域交通优势度评价

交通优势度是反映交通网络规模、交通系统完善程度以及通达性的综合指标（金凤君等，2008），由区域交通设施网络规模（支撑能力）、干线的技术等级的影响程度（联系与集聚能力）和在宏观整体交通设施网络中该区域的通达性状态（区位优势）三方面集成，反映了区域交通设施网络支持其经济社会活动的状态和水平。交通优势度评价的核心是以包括评价区域在内的更大的区域系统为平台，以定量的手段从相对角度判别该区域交通条件的优劣以及级别的高低。一般情况下，交通优势度值越大，其交通的总体优势越突出。对交通优势度进行时空演变分析，可以有效评价区域的交通发展水平，反映区域基础设施的优劣，并能体现区域的空间发展趋向和未来发展潜力。在实际应用方面，该评价可以交通设施网络密度、交通干线影响度和区位优势度三方面集成。

研究以缅甸全域为研究区域，依照县级行政区将缅甸划分为 80 个基本研究单元，运用 GIS 分析技术，构建多维指标体系。从路网密度（D_i）、交通干线影响度（C_i）及区位优势度（H_i）三个方面分别对研究区域进行分析，并综合分析其交通优势度，探讨缅甸全域交通优势度的空间分布格局、集聚特征以及 2017—2023 年的时空演变。

一、研究方法与数据来源

交通优势度评价的方法框架如图 9-6。首先将交通设施网络密度、交通干线影响度和区位优势度按一定方法进行标准化处理，然后根据一致化原则，对三指标进行赋权重加和，计算各地区的交通优势度。设区域 i 的交通优势度函数为 $F(x)$，公式如下。

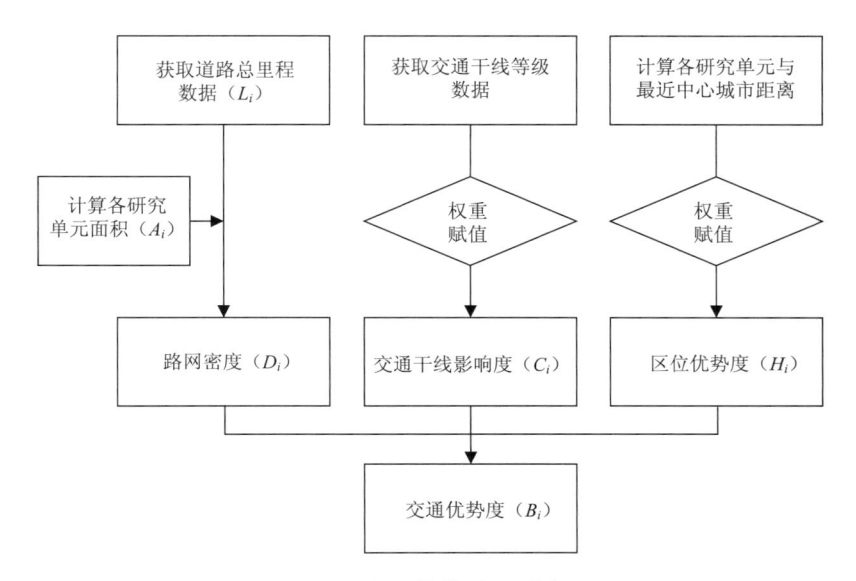

图 9-6　交通优势度评价框架

$$F(x_i) = \sum_{i=1}^{n}(D'_i \times \vartheta_1 + C'_i \times \vartheta_2 + S'_i \times \vartheta_3), \ i \in (1, 2, 3, \cdots, n)$$

公式(9-2)

式中，D'_i、C'_i 和 S'_i 分别为交通设施网络密度、交通干线影响度和区位优势度的无量纲值，ϑ 为三种指标的权重。

交通优势度评价指标体系及其权重见表 9-8。

表 9-8　交通优势度评价指标体系及权重

	一级指标	权重	二级指标	权重
交通优势度评价	交通设施网络密度	1/3	高速公路密度	1/3
			国道密度	1/3
			省道密度	1/3
	交通干线影响度	1/3	是否拥有高速公路出入口或与其距离	3/10
			是否拥有铁路站点或与其距离	3/10
			是否拥有港口或与其距离	2/10
			是否拥有机场或与其距离	2/10
	区位优势度	1/3	到地级市以上城市最小时间成本	1

研究所获取的公路与铁路数据来源为 OSM 官方网站，选择"亚洲"区域下的"缅甸"数据；基础数据的最新更新时间为 2023 年 1 月 1 日，时空演变分析采用的历史数据更新时间为 2017 年 1 月 1 日，数据类型为可用 GIS 软件进行分类分析的 Shp 文件。机场数据来自 ArcGIS Online 提供的缅甸各个城市机场的经纬度数据，航线数据来自 VariFright 网站。

二、2017—2023 年缅甸交通优势度的时空演变

根据国家交通优势度基本概念和测算方法，对缅甸各县级行政区的交通优势度进行计算，并根据县级行政区在交通优势度不同区段上的发生频率，以 4.0、6.5、8.9、11.0 为阈值，分为交通优势匮乏、较低、中等、显著和突出五级区域（图 9-7）。根据缅甸 2017 年、2023 年交通优势度的空间分布和 2017—2023 年交通优势度的时空演变格局，可以概括出以下特征。

（一）交通优势度极化现象明显，核心-外围之间的差异显著

2017—2023 年，缅甸各县域单元交通优势度水平总体呈现上升趋势，交通优势度均值由 2017 年的 6.60 上升至 2023 年的 7.29，增长率为 10.52%，但空间分布不均，以内比都-曼德勒-仰光为轴线呈现"核心-外围"空间格局。采用变异系数 CV 评估缅甸交通优势度的均衡性与极化现象，CV 值越小，表明交通优势度空间分布越均衡。从整体来看，2017—2023 年缅甸全域交通优势度的变异系数由 0.484 降至 0.465，变化率为 -3.896%，表明缅甸交通优势度出现了空间极化现象且较明显，交通基础设施建设情况在全国范围内差异明显，但极化程度在五年间有所减弱。

（二）铁路、高速公路沿线的县域交通优势度改善明显

东吁（8）、敏建（33）在 2017 年还属于交通优势度中等区，2023 年就改善为交通优势度显著区，交通优势度平均提高了 14.51%。勃固（7）是缅甸南部的重要交通枢纽之一，其优势度在 2017 年、2023 年均为显著。从勃固往东南，是缅甸的 8 号公路，它连接缅甸中南部克伦邦、孟邦和德林达依省几乎所

有重要的城市，8号公路是通往泰国和其他东盟国家的必经之路；从勃固向北则是连通内比都、密铁拉、曼德勒、眉谬、腊戌、木姐的缅甸1号公路，这是缅甸通往中国的最重要道路。

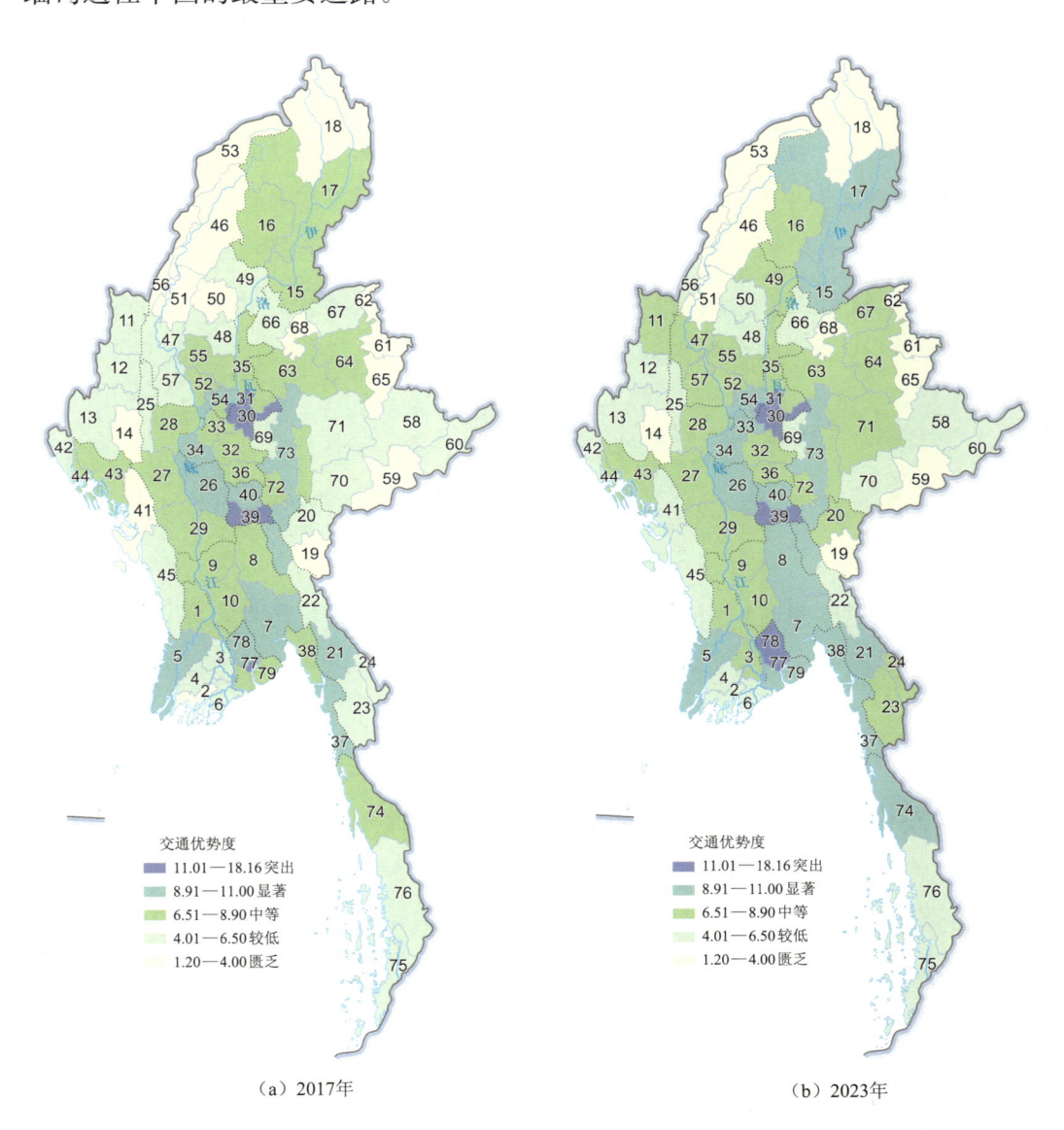

图 9-7 2017 年与 2023 年缅甸交通优势度的空间分布

（三）中缅边境县域交通优势度改善明显

缅甸与中国接壤的八莫（15）、密支那（17）在 2017 年还属于交通优势度中等区，2023年已改善为交通优势度显著区，交通优势度平均提高了12.24%。八莫县是中缅陆水联运通道的境外段公路的终点（起点位于中国陇川县章凤口岸）[①]，是缅甸重要的公路、水路、铁路、航空交通枢纽。密支那是纵贯南北的仰光-密支那铁路线终点，与缅甸全国最大的玉石产地孟拱也有铁路相通。这些交通设施的建设和改善使得八莫和密支那在2023年成为了交通优势度显著区。

三、成因分析

缅甸交通优势度的空间格局与时空演变特征是地形地貌、国家主干线建设、国际合作项目建设等综合作用的结果。

（一）地形地貌因素

缅甸交通优势度较好的地区集中分布于中部、南部平原一带，地域自然条件优势显著；而西部的若开山脉，北部的喜马拉雅山、横断山脉，东部的掸邦高原和东南部的丹那沙林山脉地区交通优势度相对较差，表明交通优势度的空间格局与地形地貌呈现空间耦合性。

（二）国家主干线建设因素

国家主干线建设是塑造缅甸交通优势度空间格局的主要因素。缅甸地处中南半岛，具有贯通南北的区位优势。国家重要公路和铁路干线呈南北走向，先后建成的仰光-曼德勒高速公路、铁路，基本形成了"1"字形的交通干线主骨架，使得缅甸的交通优势度突出区、显著区基本随高速公路、铁路呈"1"字形分布。

（三）国际合作项目建设因素

中国和缅甸之间有着密切的经济合作，中缅经济走廊建设给缅甸带来了"铁路强国"的机遇（鹿铖，2021）。随着"一带一路"建设的持续推进，更多

---

① 资料来源：云南省发展和改革委员会："章八公路复工"，https://www.yn.gov.cn/ztgg/zxylcyfzqy/zdxm-jsp/zdxmgztj/202205/t20220509_241835.html，2022年5月9日。

的中国资金、技术、人才、管理方式等经济要素进入缅甸，有效改善了缅甸东北部边境地区交通基础设施滞后的问题（商务部国际贸易经济合作研究院等，2023）。

四、缅甸交通发展未来方向

缅甸的交通基础设施建设仍面临着资金不足、技术落后、环境保护、安全保障等困难和问题。为了实现交通基础设施建设与可持续发展的协调，缅甸交通基础设施未来建设可以沿着如下方向继续推进：① 保持并加强与中国等国家的合作，推进中缅经济走廊、中缅铁路、泛亚铁路等重大项目的规划和实施，提升缅甸在区域交通网络中的地位和作用，促进缅甸与周边国家的经贸往来和人文交流。② 由于当前农村地区的可达性低下，缅甸应着力提高对农村交通基础设施的投入，改善农村道路的覆盖程度和质量，提高农村人口的出行便利和生活质量，减少农村贫困，促进农村经济社会发展。③ 加强对交通基础设施的维护和管理，定期进行检查和修复，防止设施老化、损坏和废弃，提高交通运输的效率和安全性，减少交通事故或拥堵。④ 注重对交通基础设施建设的环境影响评估和监测，采取有效的措施，减少对自然资源和生态系统的破坏和污染，保护缅甸的生物多样性和文化多样性，实现交通基础设施建设与可持续发展的协调。

参 考 文 献

[1]〔德〕阿尔弗雷德·韦伯著，李刚剑等译：《工业区位论》，商务印书馆，1997年。
[2] 金凤君、王成金、李秀伟："中国区域交通优势的甄别方法及应用分析"，《地理学报》，2008年第8期。
[3] 林文俏："滇缅铁路：修也抗战，炸也抗战"，《南方都市报》，https://cul.sina.cn/sh/2015-07-24/detail-ifxfikka1427956.d.html?from=wap，2015年7月24日。
[4] 鹿铖："缅甸：中缅经济走廊带来铁路强国机遇"，《光明日报》，https://epaper.gmw.cn/gmrb/html/2021-01/24/nw.D110000gmrb_20210124_1-08.htm，2021年1月24日。
[6] 商务部国际贸易经济合作研究院、中国驻缅甸大使馆经济商务处、商务部对外投资和经济合作司：《对外投资合作国别（地区）指南：缅甸（2022年版）》，http://fec.mofcom.gov.cn/article/gbdqzn/#，2023年。
[6] 王武林、林瑶、林多多等："福建省贫困县交通优势度对经济增长的影响"，《陕西师范大学学报》

（自然科学版），2021 年第 2 期。

[7] 詹姆斯·林奇：“缅甸交通业的投资和发展现状”，《广西质量监督导报》，2014 年第 7 期。

[8] Agbelie, B. R. D. K., 2014. An empirical analysis of three econometric frameworks for evaluating economic impacts of transportation infrastructure expenditures across countries. *Transport Policy*, Vol. 35.

[9] Donaldson, D., 2018. Railroads of the Raj: Estimating the impact of transportation infrastructure. *American Economic Review*, Vol. 108, No. 4-5.

[10] Roberts, P., S. Kc, C. Rastogi, 2006. Rural Access Index: A Key Development Indicator. The World Bank Group transport report.

第十章　旅游地理

旅游业是凭借旅游资源和设施，专门或者主要从事招徕、接待游客，为其提供交通、游览、住宿、餐饮、购物、文娱等六方面服务的综合性行业。作为世界上最大的经济部门之一，旅游业创造了就业机会，推动了出口。对发展中国家来说，旅游业被作为创造新的经济活动、促进经济发展和减轻贫困的工具（Scheyvens，2011）。缅甸拥有丰富的自然和文化旅游资源，处在中国和印度两个世界人口大国之间，具有发展旅游业的有利条件。早在英国殖民时期（1870—1948年）旅游业就已起步（Tip，2016）。然而，缅甸建国后的旅游业深受国内政治影响，各方以反映各自利益和议程的不同方式将旅游业解释和利用为政治工具（Henderson，2010）。目前，缅甸旅游业发展水平较低，未能成为缅甸国民经济的支柱产业。毒品、艾滋病以及近期的电信诈骗等问题也阻碍了缅甸旅游业的发展。据世界经济论坛（World Economic Forum）发布的《全球旅行与旅游竞争力报告2015》（Global Travel & Tourism Competitiveness Report 2015），缅甸在141个国家和地区中排名第134位。根据世界旅行和旅游理事会（World Travel & Tourism Council）的数据，2019年旅行和旅游业对缅甸的贡献占其全国GDP的6.7%，低于全球平均10.4%的水平。

本章通过回顾缅甸的旅游发展历程，分析缅甸旅游业发展现状、旅游市场规模和结构以及中缅跨境旅游，试图认识缅甸旅游的发展及中缅跨境旅游现状。自独立后，缅甸经历了长期的闭关锁国，经济发展较为落后。旅游业相对其他产业，对于资金的投入需求少、劳动力的技能水平要求较低。同时，旅游业能带动缅甸经济发展、降低贫困，并有助于改善国际形象。由此，缅甸应把旅游业放在优先发展的位置，使之在缅甸国民经济中发挥重要作用。

本章第一节回顾缅甸建国后的旅游发展历程，每一阶段的分析主要围绕缅甸旅游发展的政策、旅游发展成就和不足展开。第二节分析缅甸旅游业的发展现状，从旅游业构成要素出发分析了旅行社、旅游接待设施、旅游交通、旅游资源现状，然后评价了缅甸旅游业的国际竞争力。第三节为旅游市场规模和结构，分成国内旅游和入境旅游两个部分。考虑到缅甸作为发展水平相对落后的国家，入境旅游在缅甸国民经济发展中具有重要作用，因此重点介绍了入境旅游的规模和结构。最后一节为中缅跨境旅游，通过中、印、泰三国的对比，分析中缅跨境旅游的地位，并通过网络文本分析法探究了中国游客对缅甸的认知。

第一节 旅游业发展历程

一、几近停滞阶段（1948—1988 年）

1948 年缅甸脱离英国独立后经历了短暂的民主统治，并于 1962 年因奈温将军的政变而结束。独立初期，由于国内党派斗争和民族矛盾问题，缅甸国内纷争不断，旅游业未能得到发展。在这期间，缅甸旅游签证的有效期为一个月。缅甸政府在缅甸联邦航空公司旗下成立旅游信息服务处（Tourism Information Service），作为国际旅游的管理机构。然而，所有这些将旅游业发展作为经济组成部分的努力都未能取得成效（Chaudhuri and Yamin，2018）。

此后，1962—1988 年，奈温政府奉行与外界隔绝的经济和政治政策。由于担心外国对本国的影响，军政府对外国人设立了非常严格的 24 小时签证，并通过对旅游业的国有化加强了控制（Khin，2012）。在这样的背景下，20 世纪 60 年代缅甸入境游客流量下降到每年 2 000 人次（Khin，2012）。上述签证政策执行七年后，于 1969 年延长到 72 小时，1970 年开始延长至一周，并一直延续到 20 世纪 80 年代末。签证问题、交通问题和官方限制阻碍了游客流动。尽管这一时期通常被认为是缅甸旅游业的黑暗时期，但旅游业确实存在，1974 年有 11 000 名游客，1987 年为 41 000 名（Henderson，2003）。

二、初步发展阶段（1989—2010 年）

1988 年大规模抗议之后，国家法律和秩序恢复委员会（State Law and Order Restoration Council）推翻了奈温政府。新的军政府开始开放国家，实行市场经济体制，允许私营部门逐步扩张及外国投资进入本国，同时开始了向民主统治的长期过渡。这一时期军政府采取了一系列措施，旅游业得到了一定发展。

首先，旅游签证有效期得到延长，从延长到两周转变为四周，并允许持边境通行证的泰国和中国游客以及持签证的第三方游客经陆路入境。其次，1990 年军政府颁布《旅游法》及其实施细则。《旅游法》承认旅游业是一项重大的经济活动，并结束了国家垄断，允许国内外私营经营者经营酒店、运输企业和旅游服务业。1992 年国家组建酒店与旅游部，以便进一步推动旅游业的改革开放。1996 年举办"缅甸观光旅游年"活动，希冀以旅游业为龙头带动农业、交通、建筑、贸易和服务行业的发展。此外，军政府积极吸引外资，加强旅游景区、交通设施建设，鼓励缅甸私营企业参与旅游业的开发，并加强与其他国家在旅游领域的合作，积极参与区域旅游合作。然而，这一时期军政府发展旅游业的主要目的是吸引外汇和恢复国家在国际舞台上的形象（Michalon，2017）。

然而，这一时期缅甸旅游业的发展仍然受到政局动乱的影响。在"8888"镇压中，昂山素季成为反对党领袖和新成立的全国民主联盟领导人。昂山素季于 1995 年煽动长期抵制旅游业，并得到许多西方旅游经营者和非政府组织的支持。2007 年的"藏红花革命"进一步阻碍了旅游业的发展。在外部环境上，从 1997 年开始，美国对缅甸实行制裁。2003 年，美国联合欧盟、加拿大、澳大利亚、日本等对缅甸实施了更加严厉的制裁，波及缅甸众多产业，制约了西方国家到缅甸旅游的人数。2007 年爆发的全球金融危机，进一步阻碍了旅游业的发展。在上述背景下，20 世纪 90 年代至 2010 年，每年赴缅甸旅游的外国游客约在 20 万—30 万人次。

三、波动发展阶段（2011年至今）

2010年昂山素季在大选后终于从软禁中获释，她领导的全国民主联盟撤销了对2011年全面抵制旅游的决定。随后国际社会逐渐放松了对缅甸的经济制裁。2011年缅甸新政府成立后，缅甸改善了与周边国家的关系，包括与中国建立了全面战略合作伙伴关系，与印度、日本和东盟的关系不断深化。由于旅游业可以创造收入和提供就业机会，缅甸政府在其经济和社会改革框架中优先考虑旅游业的发展，采取了一系列措施发展旅游业。

2012年颁布的《外商投资法》，通过一系列税收和其他激励措施刺激了包括旅游业在内的海外投资。2013年在国际组织和一些国家的双边援助下，缅甸制定了首个国家层面的《旅游总体规划（2013—2020）》，提出包含制度环境建设、目的地规划和管理、旅游产品开发、旅游交通提升、旅游形象打造的六项战略计划，旨在以尽可能包容的方式最大限度地提高该行业对就业和创收的贡献。2015年，缅甸还举办了第34届东盟旅游论坛以及第三届越老柬缅四国旅游部长会议。此外，缅甸重新加入联合国世界旅游组织，扩大落地签证范围以及推动边境旅游的发展，例如，2014年与中国共同打造了首条中缅自驾旅游环线。

这一时期缅甸旅游业经历了前所未有的增长，不仅入境旅游蓬勃发展，国内旅游也逐渐开展起来。入境旅游人数，包括持签证入境和持非签证通过陆地边境入境，于2012年首次突破100万人次。2015年入境旅游人数达到468万人次，远超缅甸《旅游总体规划（2013—2020）》设定的301万人次目标。尽管前往缅甸的外国游客数量迅速增长，但与其他东盟国家相比，缅甸的旅游业仍然相对不发达。与此同时，这一时期旅游业受到腐败、洗钱和难以落地的项目的损害，旅游业发展带有沉重的社会和环境成本（Michalon，2018）。新冠疫情及随后的政权变动，使缅甸旅游业发展再次滑入低谷，发展前景仍然不确定。

第二节　旅游业发展现状

一、旅行社与导游

2011年缅甸新政府成立以来，缅甸的旅行社数量快速增长，但在新冠疫情及2021年缅甸政局动荡的背景下增长速度减缓，并于2022年出现数量上的首度下降（图10-1）。2013—2021年，缅甸全国注册的旅行社数量从1 350家增长到3 375家，增长了1.5倍。其中的增长主要来自本地旅行社，合资旅行社增长幅度相对较小。外国独资旅行社长期维持1家的数量，该外国独资旅行社是由总部设在韩国汉城的Komy Tour投资经营。疫情期间，本地旅行社先略微增加后大幅下降，合资旅行社和外资旅行社保持相对稳定。总体上，缅甸全国注册的旅行社总量较大，但是外资旅行社所占比例较小，本地旅行社数量受疫情影响大。

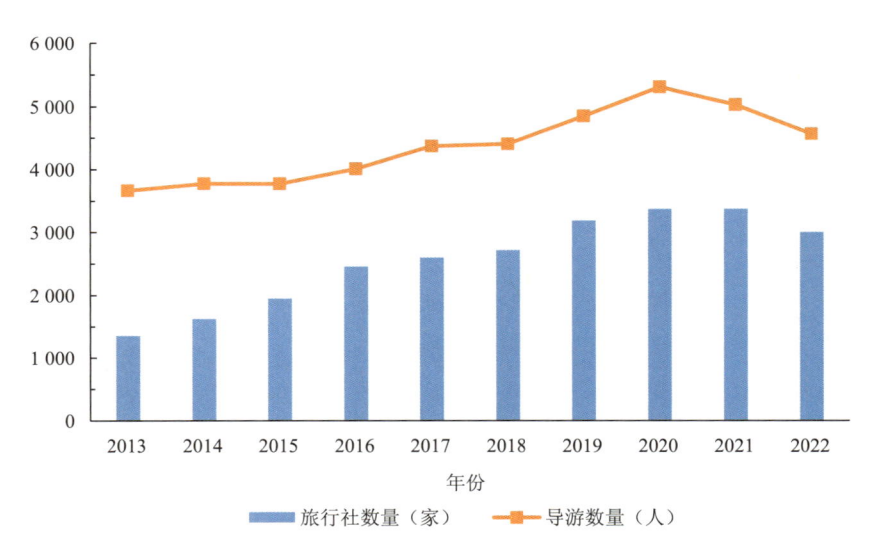

图10-1　2013—2022年缅甸的旅行社与导游数量变化

资料来源：缅甸酒店与旅游部。

与旅行社数量变化情况类似，缅甸持证导游数量在 2011 年缅甸新政府成立后迅速增长，但增长速度低于旅行社增长速度；2013—2020 年，缅甸持证导游增长了 45%；从 2021 年开始，导游数量呈现大幅下降趋势（图 10-1）。

从持证导游语言构成来看（图 10-2），2022 年英语导游占比最大，达到 61%，日语导游和法语导游构成比例相当，分别居第二和第三位。尽管中国、泰国长期为缅甸主要的入境旅游市场，但是汉语、泰语导游所占比例相对较小。2013—2020 年，缅甸持证导游中增长幅度最大的为韩语导游，增长了 1.5 倍；其次为泰语导游，增长了 1 倍；汉语导游增长了 83%，增长幅度排名第三。日语、西班牙语导游在这期间出现小幅下降。新冠疫情期间各语种导游数量普遍下降，下降幅度最大的为英语导游，下降幅度为 18%，其次为西班牙语导游，下降幅度为 9%，唯一实现增长的为韩语导游。

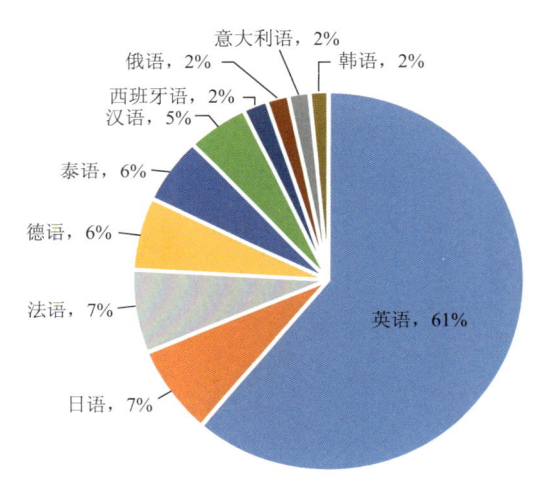

图 10-2　2022 年缅甸持证导游语言构成

资料来源：缅甸酒店与旅游部。

二、旅游接待设施

2013—2022 年，缅甸酒店客房数量持续增长，增长率呈现波动下降态势（图 10-3）。2013 年缅甸酒店客房数量为 34 834 间，到 2022 年酒店客房数量达到 94 860 间，十年间增长了近 1.72 倍。然而，与快速增长的客房数量相比，游客人数未相应增加，缅甸酒店客房入住率维持在较低水平。根据缅甸高力国际

(Colliers International Myanmar) 2018 年第二季度的报告，仰光的客房入住率为 47%，低于维持盈利所需的一半的客房入住率。此外，缅甸的酒店结构与需求脱节，大多数新增加的酒店为四星级和五星级酒店，而市场对更实惠的住宿需求较高。值得注意的是，尽管缅甸酒店客房数量近年来实现迅速扩张，但是其整体规模仍相对较小。新冠疫情及 2021 年的政局动乱，游客数量大幅下降，引发了酒店关闭潮。

图 10-3　2013—2022 年缅甸酒店客房数量与入境旅游人数变化

资料来源：缅甸酒店与旅游部。

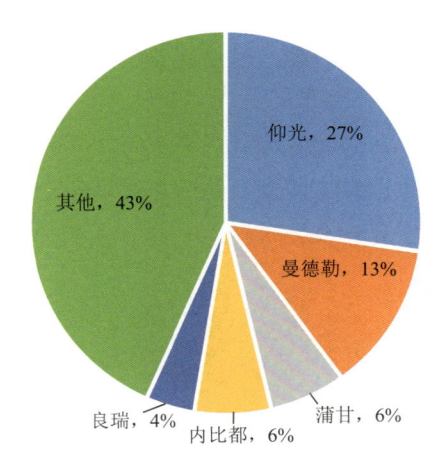

图 10-4　2022 年缅甸酒店的地域分布

资料来源：缅甸酒店与旅游部。

缅甸酒店客房集中分布在仰光、曼德勒、蒲甘、内比都、良瑞，2022年这五个旅游目的地的客房总量占全国客房总量的57%。这五个城市是缅甸的热门旅游城市或靠近热门旅游地，因此酒店数量较多。内比都作为缅甸首都，接待设施的规模相对较大。然而，酒店设施的高度集中分布不利于旅游业长远发展及实现包容性增长（OECD，2018）。

比较近十年五个旅游目的地客房数量的变化情况（图10-5），发现良瑞的酒店客房数量从2013年的1 277间增加至2022年的3 840间，增长了201%，在五个旅游目的地中增长最快。尽管如此，仰光仍然是缅甸的商业中心和该国国际旅行的门户。与其他地区相比，仰光拥有大多数的国际酒店和餐厅。内比都的酒店客房数量从2013年的4 030间增加至2022年的5 999间，增长了49%，在五个旅游目的地中增速最慢。五个主要旅游目的地只有良瑞在十年间的客房增长率高于全国平均水平，表明缅甸全国客房的空间分布趋于分散。

图 10-5　缅甸主要旅游目的地的客房数量变化

资料来源：缅甸酒店与旅游部。

三、旅游交通设施

旅游交通指为旅游者由客源地到旅游目的地的往返，以及为在旅游目的地各处旅游活动而提供的交通设施及服务（保继刚、楚义芳，2012）。交通基础设施一方面是一个国家作为有潜力旅游地的决定性因素，另一方面也是游客旅游体验的重要组成部分（卢松，2009）。常见的旅游交通方式有公路旅游交通、铁路旅游交通、航空旅游交通、水路旅游交通、公共旅游交通等。

缅甸目前拥有约 13 万 km 的各类道路（每千人约 2 km），其中不到 13% 按照全天候标准铺设。缅甸在东盟国家中铺设道路的比例最低[①]，东盟国家的道路密度高出缅甸 5 倍以上，泰国铺砌道路的比例约为 97%，越南约为 50%[②]。这种短缺对旅游活动有两个影响。首先，目的地之间的公路旅行非常耗时，由于交通不便，一些地区基本上与旅游业无缘。其次，目的地及其周边地区的道路质量不佳，限制了游客的流动和消费。

缅甸拥有 41 个机场，仰光国际机场、曼德勒国际机场、内比都国际机场是仅有的 3 个可以起降波音 747 机型的国际机场。在 2013 年中期，缅甸有 7 家国家航空公司（即蒲甘航空、KBZ 航空、曼德勒航空、亚洲之翼、金色缅甸航空、缅甸航空和仰光航空），国内定期航班 32 106 架次。仰光、曼德勒、赫霍、蒲甘和山多威机场总共处理了约 85% 的国内航班。缅甸还有 23 家外国航空公司提供服务，约占往返该国总运力的八成。主要的旅游门户仰光国际机场处理 94% 的国际空中交通。

缅甸拥有东南亚最大的铁路网络，铁路里程约 3 500 km，连接主要、次要和新兴旅游目的地的路线。虽然乘坐火车旅行比乘坐公共汽车贵，但价格仍较实惠。然而，由于频繁的延误和漫长的旅行时间（最高时速为 24 km，平均时速在 12—14 km），且部分线路雨季无法通行，游客并不常选用。此外，缅甸的铁路网络相对独立，至今尚未有与邻国连接的铁路。

2012 年，仰光接待了 9 艘邮轮，载有近 3 000 名乘客。目前，缅甸邮轮市场的发展受到以下限制：昂贵的港口费用、限制船舶尺寸的法律、缺乏可以容纳主导国际邮轮业的大型船舶的深水海港，以及基础设施和服务能力的不足。

国际游客往返缅甸以航空交通为主，在缅甸国内旅游地之间流动以航空交通和公路交通为主。较少的机场和有限的航班、较低的公路密度使得入境游客

---

① 注：旅游交通设施数据如未注明，全部来源于缅甸《旅游总体规划（2013—2020）》，数据见 https://tourism.gov.mm/wp-content/uploads/2019/05/myanmar-tourism-master-plan-english-version-min.pdf。

② 资料来源：世界银行发布的"World Development Indicators 2013"。

集中在仰光、蒲甘、曼德勒和茵莱等交通比较便捷的旅游地。以 2019 年为例，缅甸入境游客访问上述四个旅游地其一的比例为 73%（图 10-6）。相对落后的旅游交通已成为缅甸旅游业发展的主要障碍之一。

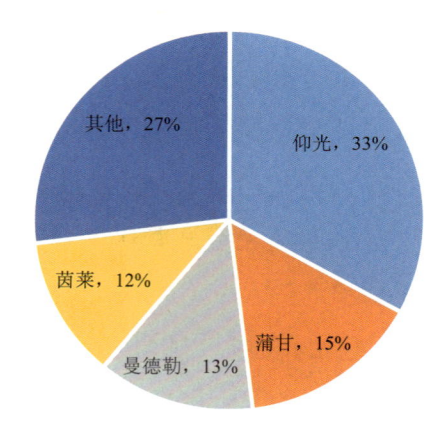

图 10-6　2019 年缅甸各旅游地接待外国游客占比

资料来源：缅甸酒店与旅游部。

四、旅游资源

旅游资源指自然界和社会能对旅游者产生吸引力，可以为旅游业开发利用，并可产生经济效益、社会效益和环境效益的各种事物和因素。旅游资源是旅游产业产生和发展的基础，跨境旅游活动对旅游资源的等级要求较高，以下所涉的旅游资源研究对象为国际与国内具备较大知名度的旅游资源单体，分国际级与国家级两类进行选取。

其中，国际级自然旅游资源的选择参考郭鹏等（2014）选用世界自然遗产及世界级自然保护区作为旅游资源单体，在此基础上，还采用了联合国保护区数据库中的国际级保护区（具体包含世界自然遗产、UNESCO-MAB 生物圈保护区、国际重要湿地三类）。国际级人文旅游资源则基于胡抚生（2008）认为的历史遗迹、博物馆、主题公园是人文旅游资源的研究重点，选用世界文化遗产、博物馆、主题公园作为国际级人文旅游资源，其中世界文化遗产数据采集自世界教科文组织数据库，博物馆及主题公园数据来自世界最大的旅游社区平台猫途鹰（TripAdvisor）发布的亚洲排名前 25 位的博物馆、亚洲排名前 25 位的游乐园、亚洲排名前 35 位的动物园、亚洲排名前 10 位的水上乐园、亚洲排名前 25 位的水族馆。国家级旅游资源数据来源于有"旅游圣经"之称的《孤独星球旅行指南系列：东南亚》中的亮点旅游资源。

国际上对旅游资源分类暂无统一标准，本研究以中国 2017 年颁布的国家标准《旅游资源分类、调查与评价》作为旅游资源分类准则，将所有旅游资源分为地文景观、水域风光、生物景观、天象与气候景观、遗址遗迹、建筑与设施、旅游商品及人文活动八大主类。

缅甸国际级旅游资源有水域风光类的莫伊云吉野生动物保护区湿地和遗址遗迹类的蒲甘古城。国家级旅游资源共 11 项，分别为遗址遗迹类 1 项——曼德勒考古区，建筑与设施类 9 项——达马扬吉寺、阿难陀寺、仰光大金塔、仰光波达通佛塔、乔达基佛塔、纳塔吉佛塔、格劳徒步中心、吉谛瑜佛塔、妙乌寺庙群，人文活动类 1 项——茵莱湖彭都奥佛塔节。与东盟其他国家相比，缅甸旅游资源单体数量排名在东盟国家中靠后，国际级旅游资源数量偏少（图 10-7）。然而，缅甸国家级旅游资源数量排名仅次于泰国、菲律宾，缅甸的旅游业发展具有较大潜力。

在八大主类旅游资源中，缅甸的旅游资源类型仅有水域风光、遗址遗迹、建筑与设施以及人文活动四大类，地文景观、生物景观、天象与气候景观、旅

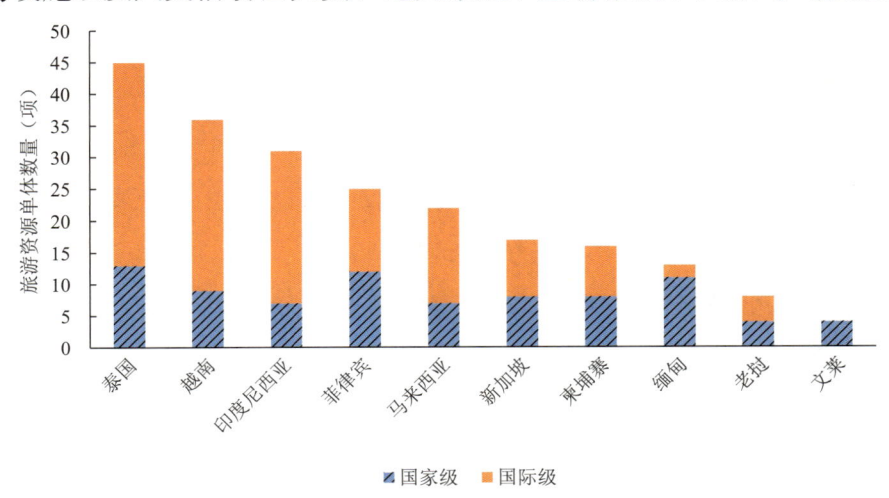

图 10-7　缅甸与东盟其他国家的旅游资源单体数量

游商品及人文活动类旅游资源缺乏。进一步分析发现，人文旅游资源占缅甸旅游资源的绝对优势，其中又以建筑与设施类占绝大比例。这与缅甸丰富的佛教建筑有关，缅甸被誉为"佛塔之国"，无论是在城区还是在乡村野郊，到处都有佛塔。

五、旅游业竞争力

产业国际竞争力是指在经济全球化大环境下，各国同一产业创造增加值和实现国民财富持续增长的能力（熊珍琴等，2019）。旅游产业国际竞争力就是一国旅游产业所具有的能够持续地比其他国家或地区相同产业更有效地向国际市场提供符合市场需求的旅游产品和服务，并能够获得盈利和促进产业持续发展的能力（张秀华，2009）。旅游业作为第三产业的重要组成部分，是一国创造就业和赚取外汇的重要手段，越来越受到世界各国的重视，使得国际旅游市场竞争加剧。透过旅游产业国际竞争力分析不仅可以了解一国在国际旅游市场的竞争能力，还能明晰影响一国旅游产业国际竞争力的因素。

世界经济论坛发布的《全球旅行与旅游竞争力报告 2015》对全球 141 个国家和地区的旅行与旅游竞争力进行分析，指标包含有利的环境（商业环境、安全保障、健康与卫生、人力资源和劳动力市场、ICT 便捷性）、旅行与旅游有利条件（旅游发展优先度、国际开放程度、价格竞争力、环境的可持续发展）、基础设施（航空运输设施、陆地和港口运输设施、旅游服务设施）、自然和人文资源（自然旅游资源、人文和商业旅游资源）4 个方面共 14 项。缅甸在 141 个国家和地区的排名中位居 134 位，排名居于东盟国家的末位（文莱数据缺失，未出现在报告内），旅游业国际竞争力低。

缅甸在有利的环境分项中的 ICT 便捷性，基础设施分项中的陆地和港口运输设施、旅游服务设施，自然和人文资源分项中的人文旅游资源和商业旅游资源，指标得分居东南亚和南亚地区的末位。仅在有利的环境分项中的健康与卫生，旅行与旅游有利条件分项中的旅游发展优先度，自然和人文资源分项中的自然旅游资源指标表现相对较好。

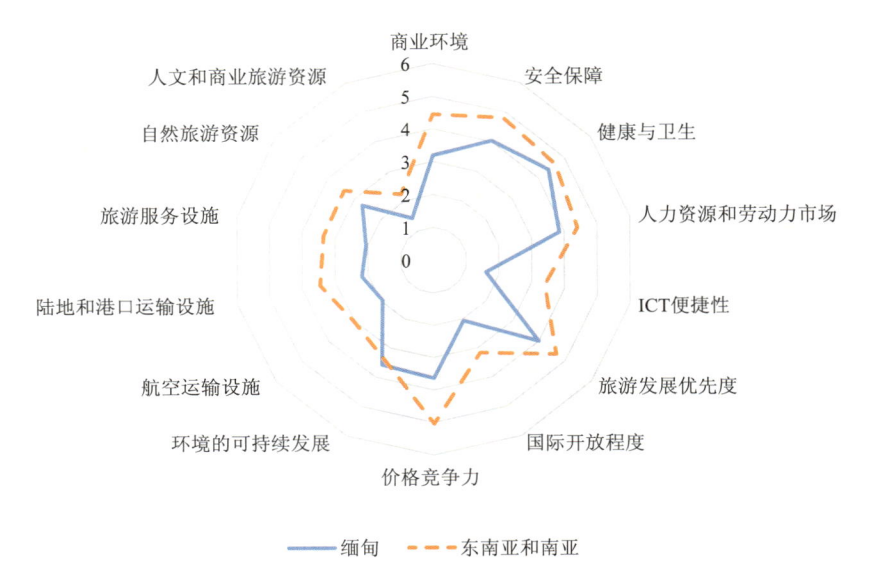

图 10-8　缅甸与东南亚、南亚国家旅游竞争力的各项指标得分对比

第三节　旅游市场规模与结构

一、国内旅游市场

（一）国内旅游市场规模

经过数十年对国内流动的限制，在 2011 年缅甸向民主政权过渡后，缅甸国内旅游才逐渐开展起来。当前缅甸国内旅游发展处于起步阶段，国内旅游市场规模较小。根据酒店与旅游部的统计数据，2018 年在正规酒店或宾馆过夜的国内旅游人数不足 500 万人次（图 10-9）。疫情期间国内旅游人数大幅下降，2022 年缅甸国内旅游基本恢复到疫情前水平。根据世界旅行和旅游理事会的数据，2017 年缅甸国内旅行支出占旅游业 GDP 的 32.4%。缅甸国内旅游中以朝圣为目的的宗教旅游在国内旅游市场中占据较大比例。随着缅甸国内流动性和信息渠道的改善，越来越多的家庭乘坐私家车旅行，并将朝圣与度假旅行结合起来（Oxford Business Group，2019）。

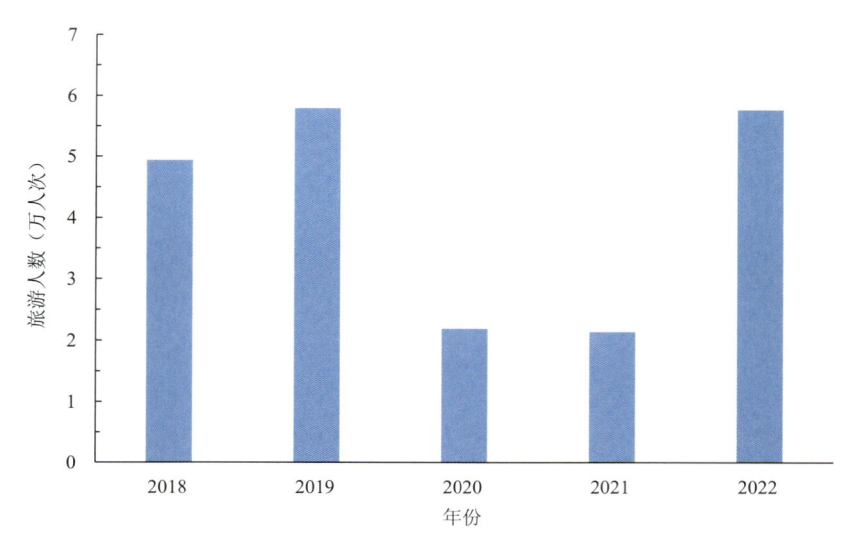

图 10-9　2018—2022 年缅甸国内旅游人数

资料来源：缅甸酒店与旅游部。

（二）国内旅游市场结构

缅甸尚缺乏全国范围的国内旅游市场结构的统计数据，本研究依据米哈隆（Michalon，2018）对缅甸掸邦南部国内旅游的调查，管窥缅甸国内旅游市场结构。在掸邦南部，商业旅行团游客占国内游客量的 20%，个人旅行者占国内游客量的 80%。64% 的缅甸国民声称他们进行朝圣/精神功德之旅，另一个出游目的是体验异乡情调（Sacareau，2006）。游客意识到他们正在访问一个与家乡不同的地方，有些人甚至觉得"就像在不同的国家"。国内游客主要是女性，占比 55%。她们中主要是年轻人，53% 的人不到 35 岁，而外国游客不到 35 岁的比例为 36%（Valentin，2014）。从空间的角度来看，尽管邻近逻辑占主导地位，但有一些访客可能来自很远的地方。此外，大多数缅甸游客似乎是重游者。在瓦伦汀（Valentin，2014）和哈图（Htoo，2015）对掸邦南部的调查中，当地游客为第一次来的比例分别为 45% 和 46%。在蒲甘，这一比例为 48%（Soe，2007）。出游方式上，朝圣旅游者中 47% 以包租轻型卡车集体出游。选择搭载一个核心家庭或 4—6 个朋友的个人汽车，现在占据度假者出游方式的很大部分，30% 到访茵莱湖的游客以这种方式旅行。对以个人汽车出游的游客来说，旅行是一种家庭（或朋友间）休闲甚至浪漫的方式。

二、入境旅游市场

（一）入境旅游市场规模

缅甸入境旅游市场呈现明显的波动态势，这同样与缅甸经济和政治形势的演变密切相关。2011年缅甸通过民主化改革打开国门，国际游客被其多样化的景观、丰富的文化和遗产吸引，入境旅游市场呈现快速增长的态势（图10-10）。2016年缅甸若开邦骚乱以及随后的国际媒体报道，对入境旅游市场产生了负面影响，入境人数出现下滑。2019年随着局势的平稳，入境旅游实现较大增长。然而，此后受到新冠疫情及2021年缅甸国内政治局势动乱的影响，入境旅游跌入低谷。将入境游客人数与缅甸人口规模进行比较，可以发现缅甸入境旅游规模在东盟国家中仍属于较低水平。以2019年入境旅游人数为例，虽然缅甸占东盟人口的8%，但该国仅吸引东盟国际游客总数的3%[①]。

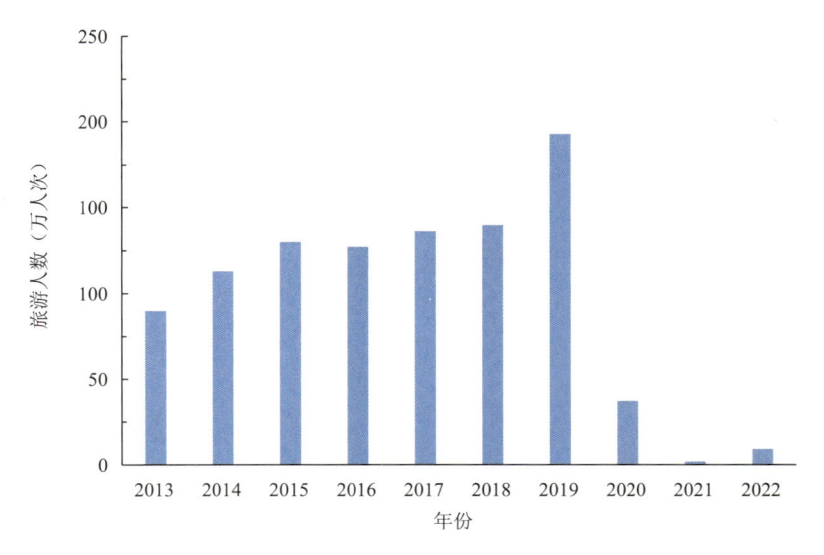

图 10-10　2013—2022 年缅甸持签证入境的旅游人数

资料来源：缅甸酒店与旅游部。

---

① 资料来源：Indah Gilang Pusparani. Tourist Arrival to ASEAN Countries 2019 Reaches 133 Million. seasia. co/2020/02/11/revealed-tourist-arrival-to-asean-countries-2019. 2011-2-11。

与入境旅游人数类似，2013—2022年缅甸入境旅游收入呈现波动特征。2013—2015年，缅甸入境旅游收入与人均每日消费都呈现增长趋势，入境旅游市场规模和旅游品质得到提升。2016年，尽管游客人均每日消费下降，但得益于人均停留时间的增长，缅甸入境旅游收入仍实现了增长。然而，2016年起人均每日消费开始下滑，说明缅甸旅游业质量的提升遭遇瓶颈。受疫情与国内局势动乱影响，2020—2022年缅甸入境旅游收入大幅下降。总体来看，缅甸入境旅游收入规模较小，游客人均每日消费也处于较低水平，缅甸入境旅游仍处于初级发展阶段。

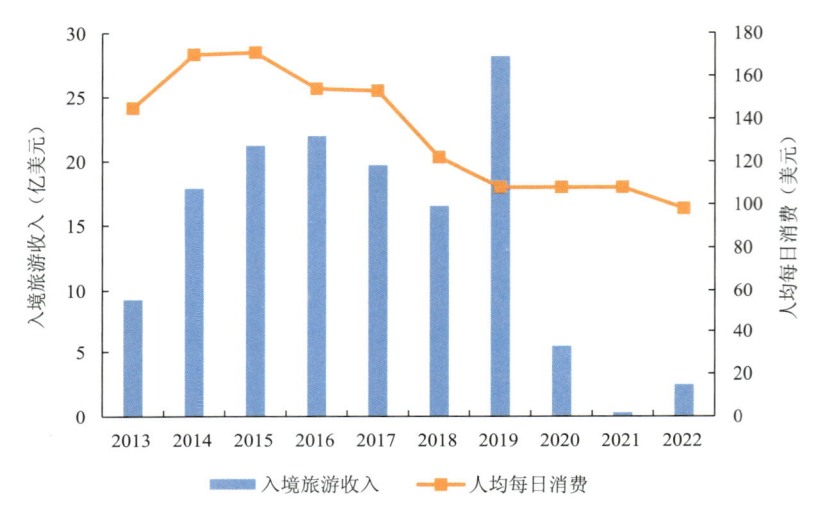

图 10-11　2013—2022 年缅甸入境旅游收入及人均每日消费

资料来源：缅甸酒店与旅游部。

（二）入境旅游市场结构

1. 入境旅游方式结构

缅甸入境游客的入境方式以通过陆地边界和乘坐国际航班为主，其中通过陆地边界入境的游客大体占全部入境旅游人数的 3/5 以上。这可能部分是由于缅甸航空基础设施不足，以及缅甸与中国、泰国、印度接壤，通过陆路过境相对容易。2021 年因为乘坐国际航班的游客大幅减少，从陆地边界入境人数占总入境人数的比例达到 86%。在新冠疫情前的 2017—2019 年，通过船舶入境的游客年均为 8 300 人次，2020—2022 年则降至年均 1 000 人次。

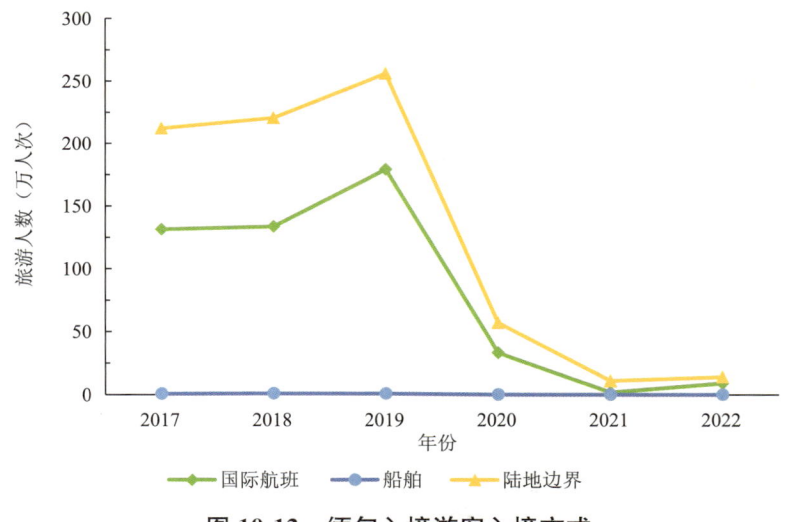

图 10-12　缅甸入境游客入境方式

资料来源：缅甸酒店与旅游部。

乘坐国际航班入境缅甸主要通过仰光、曼德勒和内比都国际机场。其中，经由仰光国际机场入境的居绝大部分，其次为曼德勒。以 2022 年为例，通过国际航班入境的游客中，96% 从仰光入境，3% 从曼德勒入境，仅有 1% 从内比都入境。通过国际航班入境的游客全部为持签证入境游客。

通过陆地边界入境的游客分为持签证入境游客和持非签证入境游客。持签证从泰缅陆地边界入境的游客最多，入境的边境口岸依据游客的数量依次为渺瓦底、大其力、高当、梯客（Hteekee）。其次为从印缅陆地边界持签证入境的游客，入境的口岸为德穆（Tamu）、瑞考塔（Rihkhawdar）。持签证通过中缅边境入境的游客数量少于从泰缅、印缅边境入境者，入境的口岸为木姐。

持非签证从陆地边界入境的游客，以从泰缅、中缅边界入境为主，从印缅边界持非签证入境的游客规模相对较小。缅甸东部与中国、泰国有许多连接点，相当多的经济活动发生在中国和泰国边境沿线，车辆和人员来往频繁。

2. 入境旅游人口结构

依据缅甸酒店与旅游部 2022 年统计数据，缅甸入境游客以男性为主，男性入境旅游者占比达 75%。从年龄结构来看，入境游客以 30—39 岁最多，其次为

40—49岁的游客，两者占据入境游客总数的60%。这一群体拥有一定的收入，对旅游品质要求相对较高。20—29岁群体与50—59岁群体所占比例接近，老年人和青少年群体比例较少。

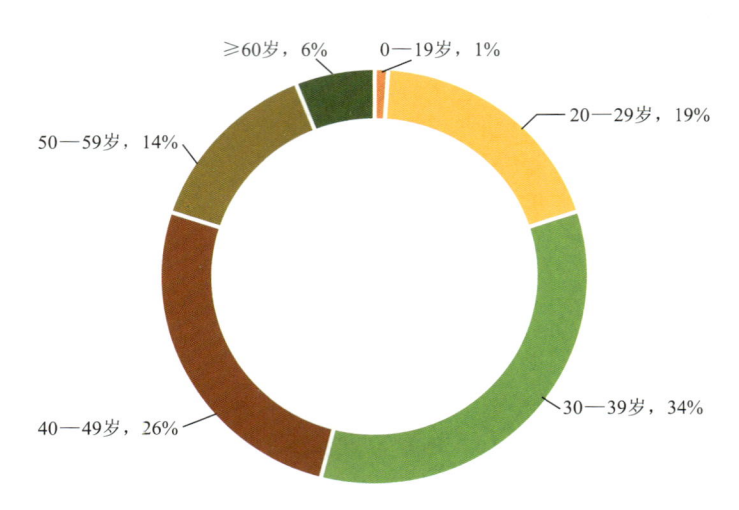

图 10-13　缅甸入境旅游者的年龄构成

资料来源：缅甸酒店与旅游部。

3. 入境旅游目的结构

缅甸入境旅游者出游的目的以度假、休闲和娱乐为主，这类游客占比近3/4，表明缅甸丰富的旅游资源是吸引游客的主要原因。以商务、会议、教育与培训为目的的游客数量次之，即一定比例的国际游客出于工作或学习需要访问缅甸。对日本游客的调查结果显示，来缅甸的日本游客大多有很强的工作目的，休闲旅游的比例仍然很低[1]。日本是缅甸主要援助国，日本在缅甸的农业、工业、教育、医疗和地区发展等广泛领域提供支持。值得注意的是，缅甸入境旅游者中，访友探亲的目的也占据较高的比例，可能是因为中缅、泰缅边境地区存在同一民族跨境婚姻的现象。以宗教与朝圣为目的的游客占据一定比例，缅甸具有深厚的宗教文化，宗教与朝圣旅游构成了缅甸入境旅游的一部分。

---

[1] 资料来源：The Detailed Planning Survey on Establishment of the Pilot Model for Regional Tourism Development in Myanma.

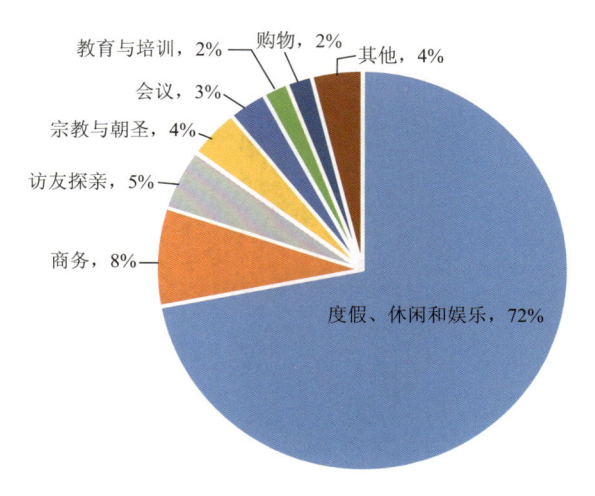

图 10-14　缅甸入境旅游者的旅游目的构成

资料来源：缅甸酒店与旅游部。

4. 入境旅游市场空间结构

以 2019 年缅甸的入境旅游市场为例，缅甸入境旅游市场高度集中于亚洲（统计数据将中东地区与亚洲其他地区分别统计，因此以下"亚洲"所指不包含中东地区），入境游客人数排名前十的国家中，有九个为亚洲国家。受疫情和缅甸国内局势动荡影响，缅甸入境旅游客源市场进一步集中，2022 年来自亚洲的入境游客占比从 2019 年的 58% 上升到 85%。来自欧洲、北美洲和大洋洲的游客在缅甸入境旅游客源市场中具有重要地位，来自这些地区的游客日均消费额及平均居留时长相比亚洲国家的游客高，但是与后者相比，这些地区的游客更易受缅甸国内政治局势动荡的影响。2022 年，欧洲、北美洲和大洋洲在缅甸入境旅游客源市场中的占比从 2019 年的 26%、9% 和 4%，分别下降到 9%、3%、1%，下降幅度大。非洲、南美洲和中东地区入境缅甸的游客数量较少。

为了进一步反映以国别为分析单位的缅甸入境旅游客源市场的空间分布集中化程度，可以利用地理集中度指数 G 进行测度（保继刚等，2002）。采用入境过夜游客表征客源地游客数；选取入境旅游人数排名居前的国家计算地理集中度指数，选取的时间期限内这些国家入境旅游人数总量占全部入境旅游人数的比例都在 74% 以上，因此选取的样本具有较好的代表性。地理集中度指数 G 取值为 [0，1]，越接近 1 表明地理集中程度越高，地理集中度指数较高时，一旦

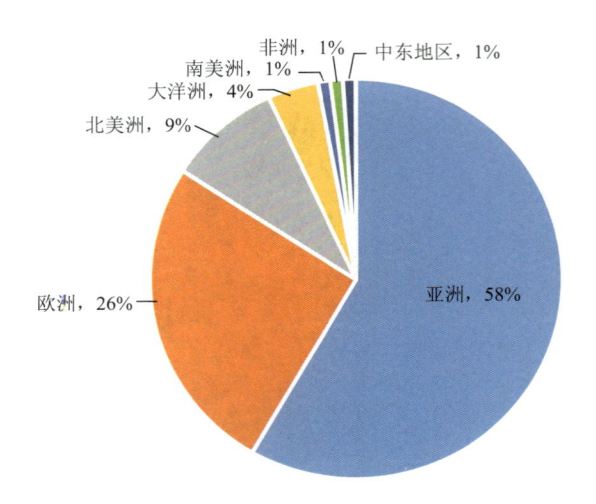

图 10-15　2019 年缅甸入境旅游的客源市场分布

资料来源：缅甸酒店与旅游部。

主体客源地市场内部出现危机，旅游业可能出现较大波动；G 值越接近 0 则表明客源市场越分散，不利于主要客源市场的确定，会给旅游服务、旅游宣传带来困难进而影响旅游收益。

图 10-16 显示 2013—2022 年间，缅甸入境旅游客源市场地理集中度指数略高于 0.3，客源市场分布较分散。2017—2019 年指数呈现上升态势，客源市场地理集中程度增强，客源市场地理集中程度趋近合理水平。在新冠疫情及 2021

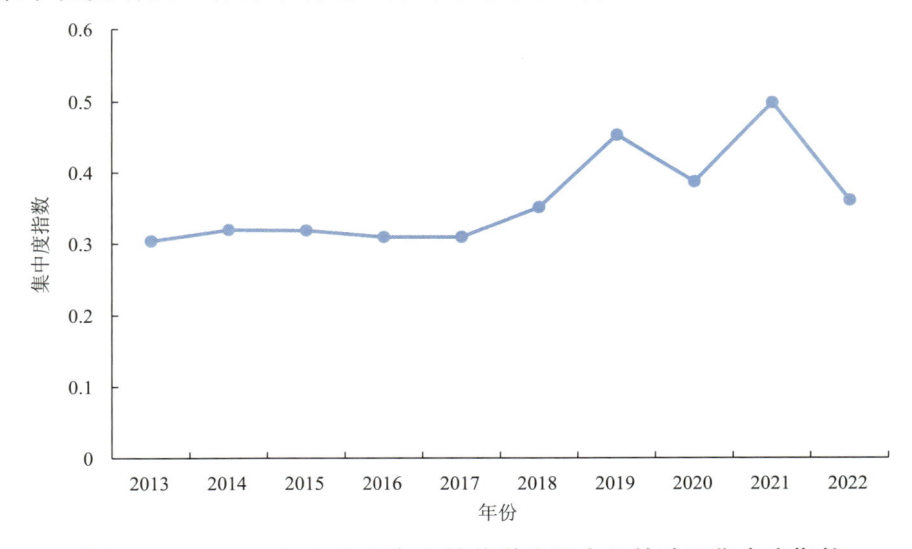

图 10-16　2013—2022 年缅甸入境旅游客源市场的地理集中度指数

年缅甸政局动荡背景下，地理集中度指数波动较大，客源市场不稳定。

5. 入境旅游市场竞争力结构

入境旅游市场竞争力模型可反映入境旅游客源市场各细分市场的竞争力和发展趋势，该模型采用市场占有率（a）和增长率（b）两项指标将入境旅游客源市场划分为明星市场（Bright-star Market）、金牛市场（Cash-cow Markets）、幼童市场（Child Markets）和瘦狗市场（Thin-dog Markets）4 种类型，它们分别处于由占有率和增长率所圈定的 4 个象限内（孙根年，2005）。其中，旅游统计指标可以是入境客流量（万人次），也可以是国际旅游收入（万美元）。合适的阈值或划分标准（a，b）则是通过对入境旅游市场所处发展阶段分析以及结合整体的入境旅游市场发展态势分析后依据经验确定。

研究利用旅游市场竞争力模型对缅甸入境旅游客源市场的竞争力格局进行分析。从图 10-17 可以看出缅甸入境旅游人数具有明显的阶段性，选择 2013—2015 年作为一个时间段，2016—2019 年作为另一个时间段，通过对比来分析缅甸客源市场竞争力的变化。2020—2022 年间因新冠疫情及缅甸国内政治变动的影响不列入分析。此外，将选择市场占有率 5%、市场增长率 10% 作为划分 4 个象限的标准。

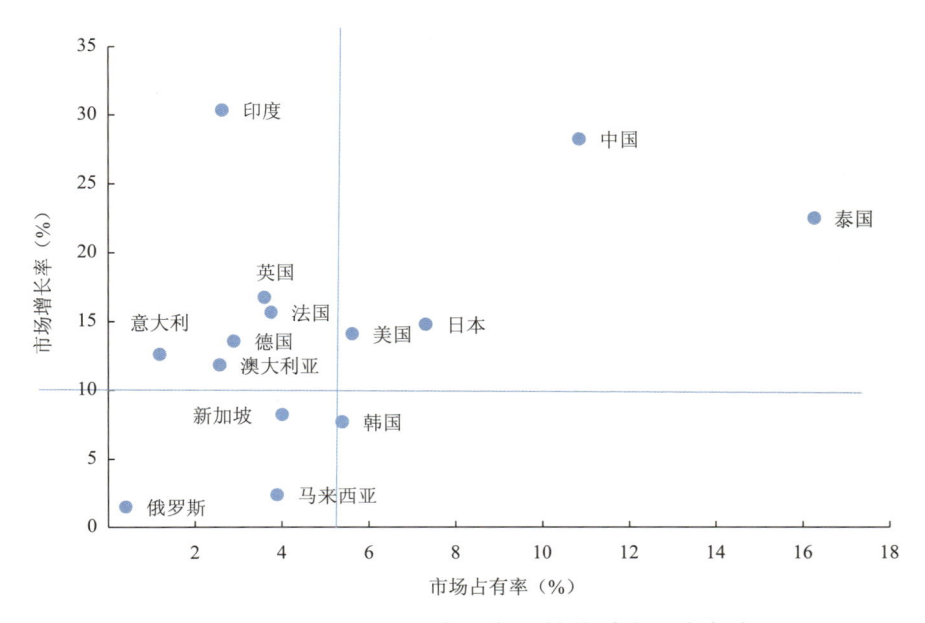

图 10-17　2013—2015 年缅甸入境旅游市场竞争态

从图 10-17 和图 10-18 可以看到，中国、泰国在两个时间段都为明星市场，与 2013—2015 年相比，2016—2019 年中国无论是市场占有率还是市场增长率都大幅上涨，在缅甸入境旅游市场中竞争力显著增强。尽管泰国在两个阶段都为明星市场，但是两个指标都呈现下降态势。亚洲其他国家中，韩国从金牛市场成长为明星市场，日本从明星市场下降为金牛市场，印度从幼童市场转变为瘦狗市场。欧美国家在缅甸入境旅游市场竞争态中整体趋于下降，美国从明星市场下降为瘦狗市场，英、法、德、意四国从幼童市场转变为瘦狗市场。总体上来看，亚洲国家在缅甸入境旅游市场中竞争力增强，欧美及大洋洲国家则竞争力下降。

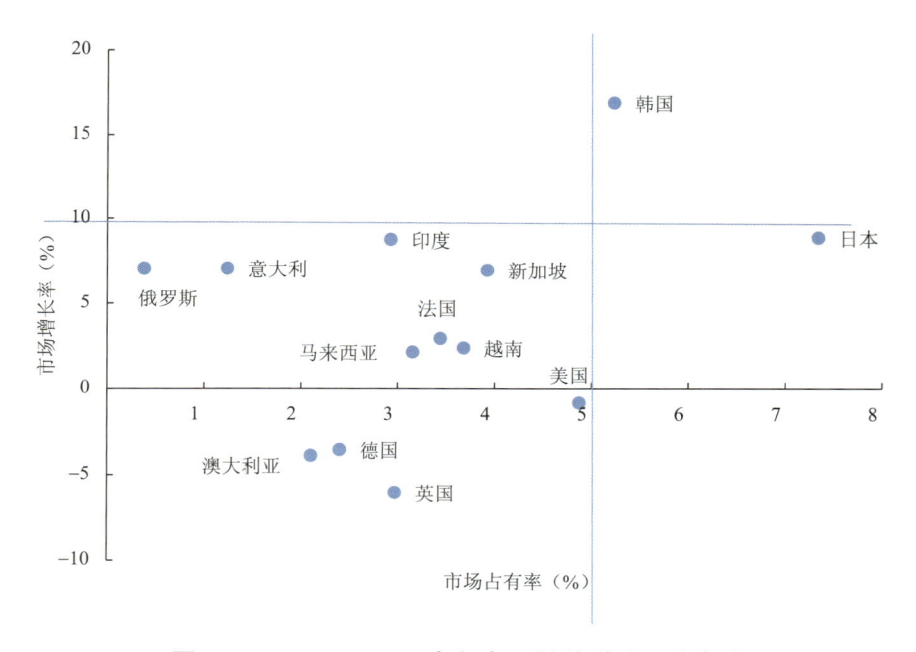

图 10-18　2016—2019 年缅甸入境旅游市场竞争态

注：2016—2019 年，中国、泰国的市场占有率、市场增长率数据分别为 23%、58%（中国），19%、8%（泰国），与其他国家对比悬殊，未在图中展示。

第四节 中缅跨境旅游

一、中缅跨境旅游规模

联合国世界旅游组织将旅游分为两种，一种是国内旅游，一种是跨境旅游，其中还包括出境旅游和入境旅游。跨境旅游强调跨越国家边界，具有国际旅游的性质。跨境旅游因其和平属性、文化交流属性，可改善政治关系和带动旅游产业综合效益，故而是中国与周边国家发展地缘关系的重要抓手（高大帅等，2020）。中国、印度和泰国是缅甸重要的陆上邻国，也是缅甸重要的跨境旅游客源市场，通过对比三国入境旅游人数，重点分析中缅跨境旅游规模。

缅甸入境旅游统计分成两个部分，一个是持签证入境游客，一个是从陆地边界持非签证入境游客。图10-19显示了近十年中、泰、印三国持签证入境缅甸的游客人数。2013—2018年，中国位居缅甸持签证入境旅游人数的第二位，在2018年超过泰国成为缅甸持签证入境游客的最大客源国。印度持签证入境缅甸的人数远少于中国和泰国，但是在2013—2019年入境缅甸的旅游人数平均增长率达16%，在缅甸入境旅游客源国中排名总体保持上升势头，2013年为第13名，2018年首次跻身前十，排第九名。2020—2022年，印度的排名分别为第七、第二和第三。尽管近年来中国已成为缅甸持签证入境游客的最大客源国，但是入境旅游人数规模仍然较小。

缅甸酒店与旅游部公布了自2016年起分国别的从中缅、泰缅、印缅陆地边界持非签证入缅的游客人数。对比中缅、泰缅、印缅陆地边界持非签证入缅的游客人数，2016—2022年从泰缅陆地边界持非签证入境缅甸的游客，远多于从中缅边境持非签证入境的游客数（图10-20）。通过印缅陆地边界持非签证入境的游客规模较小（2021年和2022年数据缺失）。由此，大体可以看出泰缅边境的交流相比中缅边境活跃，印缅边境相对最不活跃。在新冠疫情前，通过陆地边界持非签证入境缅甸的游客总体保持增长趋势，新冠疫情及随后的缅甸政局动荡使该群体数量出现了大幅下降。

对比分析 2016—2019 年中、泰、印三国持签证入境缅甸的人数占总入境人数的比例，发现泰国持签证入境者比例最低，四年间平均为 16%，中国为 37%，印度为 48%。上述三国持非签证入境缅甸游客均多于持签证入境游客，表明通过边境入境的短途旅游是缅甸重要的入境旅游市场组成部分。进一步分

图 10-19　中、泰、印三国持签证入境缅甸游客人数

资料来源：缅甸酒店与旅游部。

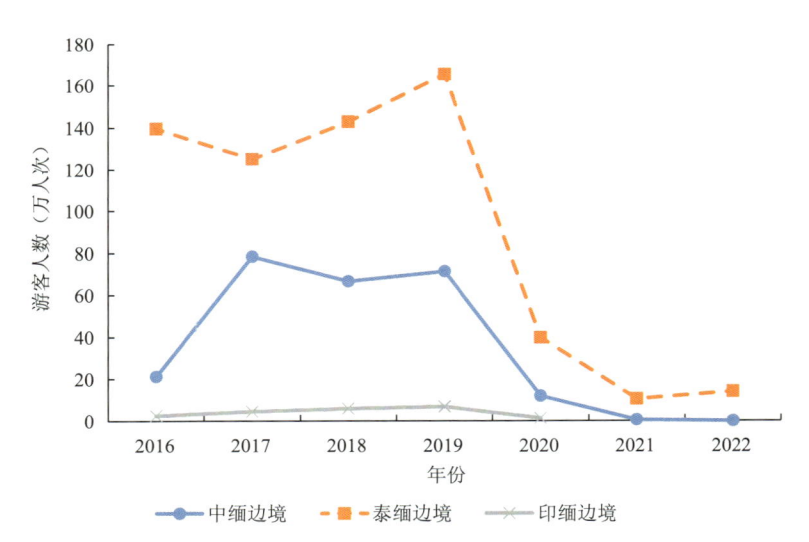

图 10-20　从陆地边界持非签证入缅的游客人数

资料来源：缅甸酒店与旅游部。

析 2017—2020 年从陆地边界持签证入境缅甸的中国、泰国、印度游客占总入境人数的平均比例，泰国为 36%，印度 6%，中国在这期间仅有 12 人持签证通过陆地边界入境缅甸，比例远低于泰国和印度。相比泰国和印度游客，中国游客持签证入境缅甸的方式主要为经由国际航班。

二、中国游客对缅认知

缅甸是中国重要的邻邦，中缅具有深厚的情谊。近年来，在全球地缘政治经济格局变化的背景下，缅甸成为地缘政治博弈的新战场，大国地缘战略在缅甸汇聚（胡志丁等，2015）。密松水电站和皎漂-昆明铁路项目停建、莱比塘铜矿事件、2021 年打砸中资企业事件表明缅甸国内形势日益复杂。通过中国游客在缅甸直接接触形成的认知，采用网络文本分析法，探究缅甸的真实现状。网络文本数据来源于主打海外旅游攻略分享、海外旅游论坛运营较为成熟的"穷游网"。穷游网的经营模式为用户生成内容（User Generated Content，UGC）吸引其他用户访问，然后商城提供旅行产品获取佣金收入。相比先提供旅游产品后获取用户评价的在线旅游平台，穷游网上游客分享的内容更为真实和充实。

以"缅甸"为关键词，在穷游网搜索关于缅甸的游记，选取阅读量过万的精华帖共 15 篇。精华帖是穷游网界定一篇游记属于高阅读量、具有独特性和实用性的高质量游记的标志。所选取的文本涵盖热门旅游地，发表时间为 2010—2022 年，游记在空间、时间维度上具有较好的代表性。网络文本数据收集完成后，采用 ROST Content Mining 软件对文本数据进行分词，然后通过人工去除与对缅甸的描述不相干的词汇，最后利用词频结果进行可视化处理生成词云。

从高频词统计结果来看（图 10-21），佛塔、寺庙两个词出现的频率最高，相关的高频词还有佛像、佛教、佛祖、大金塔等，与佛教文化相关的词汇比较丰富，反映中国游客对缅甸的佛教文化印象深刻。日出、日落、风景等与自然景色相关的词汇出现频率相对较高，说明自然景观是吸引中国游客的重要方面。古城、宫殿、古迹等与人文历史相关的词汇出现频率也较高，在中国游客印象中，缅甸是一个拥有悠久历史和灿烂文明的国度。马车、土路、村子等词汇表明当前缅甸的发展仍然相对落后。英语、英国、殖民等词汇，一定程度上表明缅甸仍然保留着英国殖民的印记。从高频形容词精美、巨大、好看、干净等来看，中国游客对缅甸的印象比较正面。总体来看，中国游客认为缅甸是一个以佛教文化为特色，具有灿烂文明且受英国殖民历史影响而发展较为落后的国家。

图 10-21　中国游客对缅甸的旅游形象认知

参 考 文 献

[1] 保继刚、楚义芳：《旅游地理学》，高等教育出版社，2012 年。
[2] 保继刚、郑海燕、戴光全："桂林国内客源市场的空间结构演变"，《地理学报》，2002 年第 1 期。
[3] 高大帅、吴菊平、骆华松："地缘关系视角下云南跨境旅游发展探析"，《云南地理环境研究》，2020 年第 5 期。
[4] 郭鹏、董锁成、李泽红等："丝绸之路经济带旅游业格局与国际旅游合作模式研究"，《资源科学》，2014 年第 12 期。
[5] 胡抚生："国外旅游吸引物理论研究综述"，《北京第二外国语学院学报》，2008 年第 3 期。
[6] 胡志丁、骆华松、李灿松等："2009 年后缅甸国内冲突的地缘政治学视角解读"，《热带地理》，2015 年第 4 期。
[7] 卢松："旅游交通研究进展及启示"，《热带地理》，2009 年第 4 期。
[8] 熊珍琴、汤金丽、洪秀丽："中美两国旅游服务贸易国际竞争力比较研究"，《亚太经济》，2019 年第 5 期。

[9] 孙根年："新世纪中国入境旅游市场竞争态分析",《经济地理》,2005 年第 1 期。
[10] 张秀华："我国旅游产业国际竞争力研究",哈尔滨工程大学博士论文,2009 年。
[11] Chaudhuri, S., P. Yamin, 2018. Development of tourism in Myanmar. In Ray, N., D. K. Das., R. Kumar. *Tourism Marketing: A Strategic Approach*. Apple Academic Press.
[12] Henderson, J. C., 2003. The politics of tourism in Myanmar. *Current Issues in Tourism*, Vol. 6, Iss. 2.
[13] Henderson, J. C., 2010. International tourism in South East Asia from 1975 to 2009: A political perspective. *Tourism Recreation Research*, Vol. 35, Iss. 1.
[14] Htoo, T., 2015. Geographical assessment on tourism industry in Taunggyi district. PhD dissertation, Mandalay University.
[15] Khin, K. M., 2012. Geographical assessment on the tourist industry in Bago township. PhD dissertation, Yangon University.
[16] Michalon, M., 2017. Tourism(s) and the way to Democracy in Myanmar. *Asian Journal of Tourism Research*. hal-01637983.
[17] Michalon, M., 2018. Domestic tourism and its spatiality in Myanmar: A dynamic and geographical vision. *Asian Journal of Tourism Research*, Vol. 3, No. 1.
[18] OECD, 2018. Economic Outlook for Southeast Asia, China and India 2019: Toward Smart Urban Transportation. OECD Publishing.
[19] Oxford Business Group, 2019. Myanmar Report 2019. https://oxfordbusinessgroup.com/reports/myanmar/2019-report/economy/be-enchanted-heritage-beauty-and-improved-regulations-attract-a-new-crop-of-domestic-and-regional-visitors. 2023-7-5.
[20] Sacareau, I., 2006. Tourisme et sociétés en développement, une approche géographique appliquée aux montagnes et sociétés des pays du Sud. Habilitation à Diriger des Recherches dissertation, Paris IV University.
[21] Scheyvens, R., 2011. The challenge of sustainable tourism development in the Maldives: Understanding the social and political dimensions of sustainability. *Asia Pacific Viewpoint*, Vol. 52, Iss. 2.
[22] Soe, T., 2007. Analysis of tourism development in Bagan Archaeological Zone. PhD dissertation, Yangon University.
[23] Than, T. W., 2019. A Study of factors affecting tourism development and economic development in Yangon, Myanmar. Master dissertation, Siam University.
[24] Tip, N. P., 2016. Analysis of hotel and tourism in Yangon. Master dissertation, Siam University.
[25] Valentin, A., 2014. Tourism Survey Report. 2014: Destination Management Plan for the Inle Lake Region. Ministry of Hotels and Tourism, The Republic of the Union of Myanmar.

第十一章　对外经济发展

本章将对缅甸对外经济发展的历史、结构特征和发展特点作分析介绍。首先，纵观已有世界经济发展历程，缅甸被认为游离在世界政治经济体系边缘地带的国家。历史殖民时期的长期被掠夺和独立建国之后的封闭发展，导致其成为世界上最为贫困的国家之一。其次，缅甸的对外经济是伴随着世界格局变化和地缘环境变迁而发展的。被殖民和内部动乱造成了缅甸发展的长期积贫积弱。20世纪后期以来，"军政府统治"和"经济制裁"始终是缅甸对外经济发展的重要制约因素。随着民主化改革推进和社会发展需求的持续涌现，各方政治势力开始注重提振地方经济，缅甸的对外经济发展也相比以前更具活力。再次，在全球化的浪潮中，缅甸的对外贸易伙伴也向广域化发展，但少数国家处于缅甸对外贸易结构的核心地位。随着国际政治经济局势的变化，缅甸的对外经济未来境况仍然存在着一些扰动因素，基础产业薄弱、全球价值链条位置边缘等问题持续存在并仍将长远影响缅甸的对外经济发展。除政治外，文化、政策、政党、民族等因素也牵制缅甸的良性持续发展，落后的科技实力和市场经济制度也体现出世界市场竞争中的务实性与残酷性。近年来，缅甸军政府采取了一系列收回权力的措施，各地方政局又出现不稳定情境，导致缅甸的深化开放与外向经济增长仍需时间检验。最后，从缅甸的发展禀赋、历史承接与区域问题等来看，缅甸属于经济脆弱国家的现状还较难改变，在全球产业与贸易结构中仍然处于边缘化地位。

第一节 缅甸对外贸易的发展历史

进出口贸易是对一个国家对外经济的基本衡量。发展对外贸易可以"互通有无，调节余缺"，实现资源的优化配置，助推区域经济发展。对于落后国家而言，贸易亦是增强本国与世界联系的渠道，有利于吸收和引进先进的科技成果，助力本国发展。缅甸的对外贸易既是其发展形势的展现，也反映了缅甸曲折的对外交往历程。

一、殖民时期与建国初期的对外贸易

缅甸作为一个自然资源丰富、空间区位独特的国家，在对外经济发展方面有着很大的提振潜力。但是，缅甸在历史时期自身政局不稳，在民族问题、发展意识上摇摆、迷茫，自身有太多的基本社会问题需要解决。水稻贸易是缅甸对外贸易的重要部分，也是缅甸发展的缩影。作为"水稻之国"，水稻经济占据了国民经济的很大比重，并且缅甸也有着悠久的水稻种植历史。在近代历史中，缅甸遭受了长期的殖民统治，至1948年才独立建国。缅甸在受英国殖民时期，可谓大英帝国的"粮仓"和"粮食出口源地"。为了抢占国际粮食市场，英国将水稻售卖至国际市场用以换取大量货币，占据更多产业的先头位置，促进资本的原始积累。英国殖民者努力推动缅甸的水稻种植，并采取了免除人头税和赠予

表 11-1 英国殖民时期部分财年的缅甸水稻生产情况

财政年度	种植面积（万 ha）	总产量（万箩）
1930—1931	500.60	35 900
1931—1932	480.36	29 200
1935—1936	480.36	35 000
1939—1940	503.03	33 000

资料来源：陈玉凤（2015）及缅甸统计总局年鉴。

表 11-2　英国殖民时期部分财年的缅甸水稻出口情况

财政年度	出口量（万 t）
1900—1901	107.1
1923—1924	221.5
1931—1932	315.2
1939—1940	304.9

资料来源：陈玉凤（2015）。

使用权等措施鼓励农民种植水稻。一系列人为措施加上缅甸得天独厚的农业条件，使缅甸的水稻种植面积与产量快速提升。1921年后的20年间，缅甸成为世界上最大的水稻出口国。

此后日本在缅甸殖民，由于战争等原因，缅甸部分农民被迫进行军事生产活动。该时期缅甸的水稻种植面积遭遇大幅下降。"二战"结束后，英国殖民者回归到过去的政策，继续将缅甸水稻出售至国际市场以帮助本国恢复经济。战后一段时间，缅甸的贸易输出品主要包括水稻及其加工制品、矿物、木材、橡胶等，水稻尤其成为了1948年"二战"后缅甸外汇的主要来源。20世纪50年代缅甸产的水稻是国际市场上畅销的农产品之一。同时，受政策和外交等因素影响，缅甸在1955年前后向苏联、东欧和中国输出了大量水稻，但并未维持多久。总体上看，缅甸贸易在此时期以逆差为主，还存在以物换物的情况（杜丁丁瑞、黄文瑞，1960）。当时缅甸的周边国家由于发展需要和社会动荡，每年需要从缅甸进口大量水稻。在此种背景下，缅甸对外贸易长年均是顺差。由于自身工业产业不发达，缅甸在贸易进口上输入的多为工业制成品，例如纺织品、机器、建筑材料和生产设备等。且至1960年前后，缅甸的外贸输出对象是邻近诸国，主要输出物品为水稻等初级产品；输入品主要来自西欧各工业国、日本及印度，主要包含本地无法生产的生活用品与工业发展用品。1962年，军事将领吴奈温发动政变并成立军政府，宣布要使缅甸成为社会主义国家，对内实行"缅甸式社会主义"，对主要工商企业实行国有化，在社会上实行封闭经济管理，自此缅甸的自身经济和对外贸易发展受到严重影响。在联邦革命委员会执政时期的缅甸，水稻的种植面积增加，但是由于人口迅速增长，国内的水稻消费随之增加，水稻出口量相对减少（林锡星，1984）。加之国际水稻市场价格波动，水稻出口贸易停滞不前。总体而言，殖民时期的水稻贸易，影响了后来缅甸的工农业发展和对外贸易发展。

二、20 世纪 70 年代后的对外贸易

20 世纪八九十年代的西方对缅制裁行动，使缅甸的进出口贸易与外部投资都受到了不同程度的影响：一些欧洲国家大约从 1988 年暂停了对缅甸的经济和技术援助，世界银行、国际货币基金组织等国际组织的对缅事务也遭遇停摆。同时，此时期很多亚洲国家与地区开始走上高速发展的道路，对比之下缅甸在国家生产、对外经济运行境况上均较差，一定程度上造成缅甸"游离于世界之外"的独特图景（肖蕾，2014）。

由图 11-1 可知，缅甸出口贸易在 1971—1991 年呈现出一个极低的状态，1971 年出口贸易额仅 1.25 亿美元，中间虽然经过波动发展，但总体处于低水平状态。至 1991 年缅甸出口贸易额约 4.19 亿美元。此阶段由于缅甸本身存在革命运动，社会发展不稳定，缺乏对外贸易发展的温床，对外经济处于一种低迷状态。1974 年，颁布了缅甸"1974 年宪法"，进而激发了缅甸境内的少数民族矛盾。因为国内政治动荡和治理水平低下，缅甸政府于 1977 年开始寻求外部因素的支持。20 世纪 80 年代，缅甸被评估为世界上最不发达国家之一。1992—2005 年，缅甸的出口贸易相比于上一个时期有一定发展，出口贸易逐渐有了起色，这对缅甸脆弱的国家经济而言是一种积极的信号。2006—2020 年，缅甸的出口贸易呈现高速增长状态，由 2006 年的 45.39 亿美元增长至 2020 年的 167.95 亿美元，年均增长率约 9.8%。出口贸易的发展有力地带动了缅甸的社会建设和人民生活水平的提高，也使缅甸更加深入地嵌入国际经济体系中。

作为落后的非工业国家，进口是缅甸获取重要工业品和其他发展资料的主要途径。缅甸的进口贸易经历了与出口贸易类似的发展过程。1971—1990 年为低迷发展时期，进口贸易额保持在 1.65 亿—3 亿美元。与出口贸易相同，它也受到了自身发展能力不足和国际制裁等因素的困扰。1991—2005 年，缅甸的进口贸易呈现了先增后减的态势，原因可能是当时的缅甸政府对经济发展缺少必要的关注；同时美国于 2003 年以缅甸"民主化与人权问题"对其实施制裁，包

括停止经济援助、限制人员流动、阻止银行合作等措施。欧洲与日本方面也跟随美国，对缅甸进行了相应限制。虽然在货物进口方面元气大伤，但缅甸进口贸易未完全停止和被冻结。

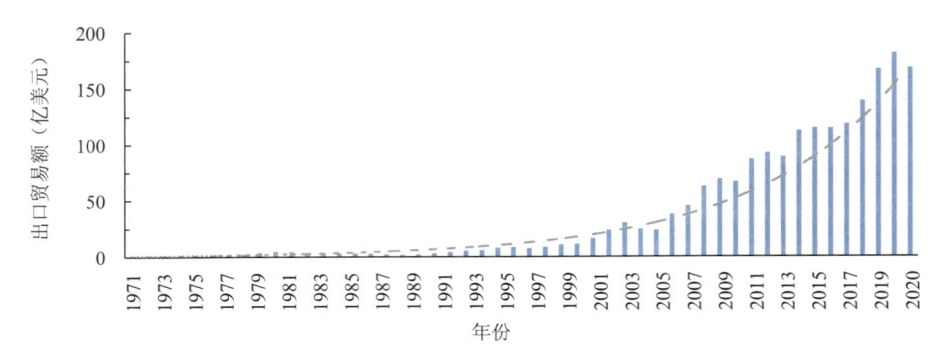

图 11-1　1971—2020 年缅甸向世界的出口贸易总额

资料来源：世界银行（www.worldbank.org）。

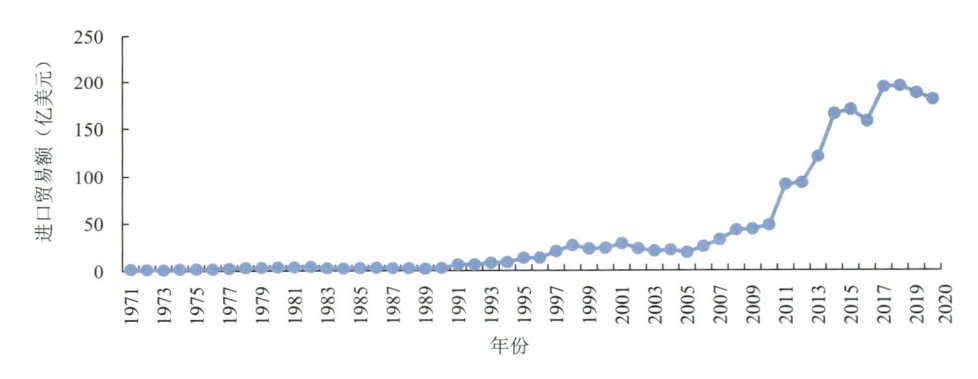

图 11-2　1971—2020 年缅甸向世界的进口贸易总额

资料来源：世界银行（www.worldbank.org）。

2009 年以来，缅甸的进出口贸易规模相比之前有极高的增长率和发展势头。其中的主要原因是政治发生了相应改变，导致政策向经济方向聚焦，此外国际势力也稍微放松了对缅甸的制裁与限制。2010 年 3 月吴登盛就任缅甸总统，实现了缅甸由军人政府向民选政府的历史性转变。新政府基本独立承担起领导国家的责任，将改善国内经济环境作为重要的发展目标，转向实现市场经济体制，积极争取对外开放，促进农业向工业化转化，促进公司大规模民营化，将一部分国有资产转化为私有资产。2012 年开始，美财政部放松了对缅的部分经济制裁,缅甸的国际贸易发展有了更少的束缚(郑国富,2014)。同时可以看到,新冠疫情对缅甸对外贸易有一些冲击,同 2019 年相比,其贸易规模总体下降 5.4%,缅甸国际贸易的未来发展还需寻找新的发力点。

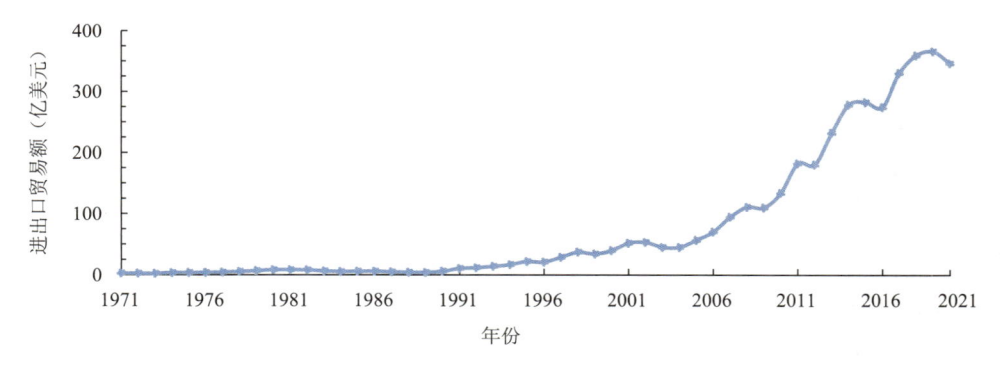

图 11-3　1971—2020 年缅甸向世界的进出口贸易总额

资料来源:世界银行(www.worldbank.org)。

由图 11-4 可知,2003—2020 年,缅甸外贸依存度大致经历了先降后升的演化态势,大部分时间维持在 20%—60%。具体来看,2001 年、2002 年比较突出,两年的商品贸易占 GDP 比重分别为 83.7% 和 87.4%。该时间段缅甸贸易规模的增长得益于加入东盟,区域贸易呈现高速发展态势。2009—2012 年缅甸外贸依存度处于较低的发展态势,推测是受到世界金融危机的影响,缅甸的对外商品贸易发展有所受阻。后续对外贸易占 GDP 比重持续走高,一方面是由于缅甸自身 GDP 比重低,另一方面是因为同中国等国家贸易活动的持续增加,经济次区域化机制确实带动了缅甸地方经济的对外嵌入。

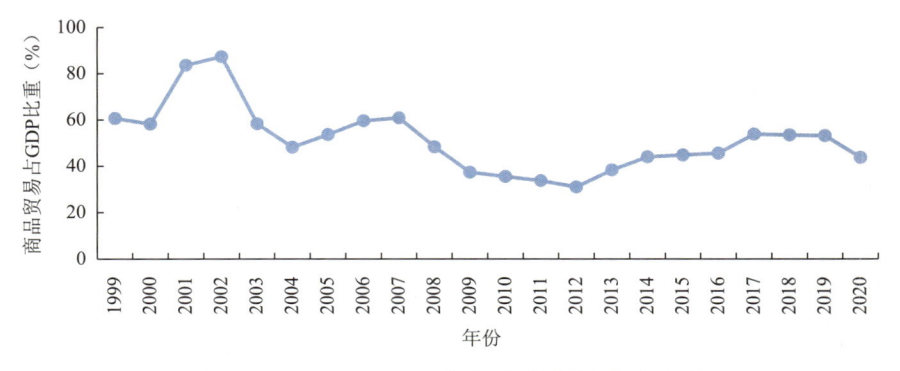

图 11-4　1999—2020 年缅甸外贸依存度变化

资料来源:世界银行(www.worldbank.org)。

贸易顺差、贸易逆差和贸易平衡是反映国与国之间商品贸易状况的基本要素，是判断宏观经济运行状况的重要指标。商品贸易逆差时，国家的外汇储备可能减少，国家竞争力减弱，不仅会加剧对外贸易的不利地位，还会增加资源的外溢效应。贸易顺差则会带来外汇盈余，常会使一国市场上本币投放量增长，很可能引起通货膨胀。在历史时期，缅甸的贸易逆差和贸易顺差交替出现，缺乏一定的稳定性，侧面反映出缅甸面对国际市场波动时常处于不利位置。具体来看，20世纪90年代之前，缅甸的进出口贸易脆弱性突出，顺差和逆差交替现象显著。进入21世纪后，交替变化周期为6—8年。这种现象背后的原因是多方面的。20世纪初期，缅甸的对外贸易呈现递增势头，但这种势头的延续性被美国等西方国家的经济制裁打破，政府努力拓展在亚洲的贸易空间，造成此期间的贸易顺差出现震荡。20世纪90年代受到开放经济政策的影响，进口增加，从而进入贸易逆差状况，贸易逆差最高的时候达到16亿美元。在随后的几年中，缅甸发现天然气并大量开采，配额进口政策及天然气的大量出口造成贸易顺差增加。相对稳定的贸易对象及不断上升的贸易量，促使缅甸贸易顺差大幅度增长，也提高了对外贸易对国民经济的贡献率。2010年缅甸贸易顺差达到最高。随后，受到缅币贬值的影响，进口数量大幅度增加，进入贸易逆差阶段。缅甸贸易顺差和贸易逆差的波动，一方面是经济弱势国受各种现实因素的影响大，另一方面是政府本身对经济的指导与建设能力还有待提高，根本原因仍然是在世界经济体系中作为边缘国家发展经济的困顿与无奈（王璐瑶、朱翠萍，2016）。

不同于其他国家，缅甸的边境贸易对其国家发展与国民需求都有重要意义，尤其自21世纪以来，缅甸的边境贸易成为沿边地方经济增长的重要途径之一，承担了重要的发展功能。从边境贸易的绝对规模上来看，2012—2021年，无论是进口还是出口，边境贸易规模均处于增长趋势，且进口的绝对规模上要大于出口。从结构占比上看，缅甸的边境贸易从2012年的占比约1/6上升到2021年的1/3，相对规模大大增加，可见边境贸易在缅甸国民经济结构中的地位愈加重要。诚然，这与缅甸自身发展以及与周围国家的合作意愿增强息息相关。例如，在"一带一路"倡议发起之后，中缅合作规模大大增加，边境口岸政策鼓励双边深化交流沟通，也带动了边境贸易蓬勃发展。

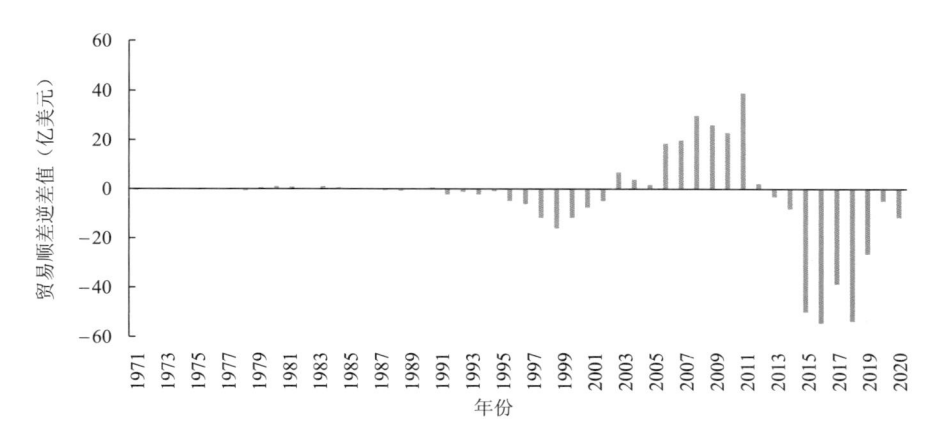

图 11-5　1971—2020 年缅甸贸易顺差与逆差发展

资料来源：世界银行（www.worldbank.org）。

表 11-3　2012—2021 年缅甸进出口贸易发展及其结构　（单位：亿美元）

年度	进口			出口			进出口总量		
	海外贸易	边境贸易	贸易总量	海外贸易	边境贸易	贸易总量	海外贸易	边境贸易	贸易总量
2012—2013	68.43	21.34	89.77	78.30	12.39	90.69	146.73	33.73	180.46
2013—2014	84.43	27.61	112.04	119.33	18.27	137.60	203.75	45.88	249.63
2014—2015	82.31	42.93	125.24	141.39	24.94	166.33	223.70	67.87	291.57
2015—2016	65.88	45.49	111.37	139.73	26.05	165.78	205.61	71.54	277.15
2016—2017	70.89	49.10	119.99	143.44	28.67	172.11	214.33	77.77	292.10
2017—2018	93.79	55.04	148.83	156.81	30.14	186.95	250.60	85.18	335.78
2018—2019	98.41	72.19	170.60	150.18	30.68	180.87	248.59	102.88	351.47
2019—2020	104.93	71.88	176.81	156.03	34.47	190.51	260.97	106.35	367.32
2020—2021	84.54	69.09	153.63	114.27	32.59	146.86	198.82	101.68	300.49

资料来源：缅甸商务部（www.commerce.gov.mm）。

第二节　缅甸对外贸易的发展特征

一、对外贸易品类

缅甸的重点产业包括农业、加工制造业、能源产业、交通通信业、旅游业等。农业是缅甸国家经济的根本和首要,是政府优先推进的产业之一。缅甸现有城镇人口占总人口的30%左右,大部分人分布在农村地区,相当多的人口依靠农业和畜牧业生活。缅甸的主要农作物包括水稻、小麦、玉米、豆类等常规作物,以及橡胶、甘蔗、棉花、棕榈等工业用作物。近年来,豆类的出口创汇价值也展现出一定的发展潜力,补充了以水稻为主的农产品出口结构。

由于缅甸劳动力资源较为丰富,以纺织制造业为代表的劳动密集型加工制造业取得了良好发展。缅甸的纺织品是出口贸易的重中之重,各年度出口额常居第一、二位。在服务产业方面,缅甸风景优美,国际性旅游资源多,主要景点有仰光大金塔、文化古都曼德勒等。基于得天独厚的旅游条件,缅甸政府鼓励发展旅游事业,将旅游业作为促进经济增长的重点产业,采取措施改善旅游基础设施以及推进放开签证等事宜。根据缅甸酒店与旅游部统计数据,2019年前6个月,以护照签证通过航空、游轮及边境口岸赴缅的外国游客已近91万人次,比2018年同期增长近22.7万人,同比增长了33%[①]。

表11-4 缅甸2001年出口品类前十位概况

贸易品类	出口额(万美元)	份额	部门
石油气	65 035.44	21.39%	矿业
粗木	30 394.01	10.00%	农业
豆类	26 615.98	8.75%	农业
针织类	25 855.57	8.50%	纺织
信息通信技术	25 551.48	8.40%	服务
甲壳类	11 248.36	3.70%	农业
旅游	10 796.79	3.55%	服务
锯木	8 768.77	2.88%	农业
运输类	7 032.08	2.31%	服务
非针织衣物	6 996.56	2.30%	纺织

资料来源:经济复杂性地图集(www.atlas.cid.harvard.edu)。

---

① 资料来源:中国政府网,https://www.gov.cn/xinwen/2019-07/27/content_5415762.htm。

表 11-5　缅甸 2019 年出口品类前十位概况

贸易品类	出口额（万美元）	份额	部门
石油气	418 838.78	16.61%	矿业
信息通信技术	380 771.55	15.10%	服务
旅行和旅游	248 325.88	9.85%	服务
未按种类指定的商品	109 600.80	4.35%	其他
米	84 904.57	3.37%	农业
女式衣物	81 579.07	3.24%	纺织
精炼铜及铜合金	66 558.15	2.64%	金属
女士西装裤	61 973.66	2.46%	纺织
豆类	58 485.67	2.32%	农业
男士衣物	53 672.98	2.13%	纺织

资料来源：经济复杂性地图集（www.atlas.cid.harvard.edu）。

由表 11-4 与表 11-5 可知，2001—2019 年，缅甸同世界出口的主要商品品类未发生太大变化。纺织品、农业产品、矿产品占据着缅甸出口品类的主体。信息技术产品占比经历了由低向高的演变历程。由出口品类所属产业可以看出，近年来缅甸的制造业、工业有一定的发展，信息技术产品、精炼钢铁产品出口份额的增加也侧面体现了这一趋势。旅游产品也是缅甸吸纳外部经济要素的重要战略资源。未来缅甸出口的重头品类依然会是纺织品、农业产品、矿物资源类产品，信息技术产品的出口背后是缅甸对发达地区电子产业的承接，后疫情时代缅甸电子信息产业能否继续扩大产量，继续改善出口结构，还需要缅甸政府对相关产业继续投入。

由表 11-6 可知，缅甸的进口品类相比出口品类，细分品种更多、更繁杂，各品类占比相对较均衡。缅甸自身农业产品、纺织品出口占比高，但能生产的产品层级均比较低。从外部进口的农业产品、纺织产品相对于自身出口产品层次都较高级。农业产品中，棕榈油、植物油、调味产品是重要的进口产品；进口纺织品中合成纤维与合成丝织物占比较大；化学品也是缅甸进口的重要品类，化学品中医药品、血清疫苗产品、重要工业化合物占比较高。机械类、电子类、汽车类产品是缅甸生产生活的重要物品，缅甸在与这些产品相关的行业也基本依赖进口，自身缺少相应的生产能力与行业控制力。

总体而言，缅甸自身的对外贸易处于层次不高、规模不大、后劲不强的发展现状，贸易惩罚、经济制裁等因素很容易在一定程度上影响缅甸的自身发展与外部经济的再扩大化。

表 11-6　缅甸 2019 年进口品类概况

贸易品类	进口额（万美元）	份额	部门
精炼石油	289 512.60	9.59%	矿业
信息通信技术	181 223.24	6.00%	服务
运输	160 666.11	5.32%	服务
无线电、电话和电视的传输装置	100 076.27	3.31%	电子产品
未按种类指定的商品	85 791.33	2.84%	其他
合成短纤维的机织物	65 714.15	2.18%	纺织
化纤长丝机织物	61 324.49	2.03%	纺织
摩托车	53 711.70	1.78%	汽车
其他针织面料	51 954.43	1.72%	纺织
药物	43 283.59	1.43%	化学
扁钢	36 929.71	1.22%	金属
棕榈油	36 722.40	1.22%	农业
汽车	32 311.89	1.07%	汽车
混合肥料	29 440.77	0.97%	化学
食品准备	28 168.34	0.93%	农业

二、缅甸对外贸易的空间特征

进出口空间反映了一个国家在世界产业链中的区域地位和区域偏好。经济发达、产业品类多的国家往往同更多的地区产生贸易联系与价值连接。缅甸作为经济后发型国家，可能在产业链中存在着地区依赖，并在贸易伙伴上存在极化现象。在与世界上 200 多个国家与地区的贸易中，缅甸只同十余个国家构建了较紧密的经济联系，与其余国家的经济联系还较弱。

从出口空间上看，1995 年缅甸同世界各国有产生贸易联系的并不多，贸易规模也不大。主要出口目标国家为泰国、中国、印度、印度尼西亚、美国以及西欧各国，此外还有拉丁美洲、东欧部分国家；撒哈拉以南非洲的广大地区同缅甸均未形成较大规模的出口联系。且此时期缅甸对各国出口贸易的规模差异较小。而 2020 年缅甸出口的重要目标国包括中国、日本、美国、泰国、德国等国家。与 1995 年相比，其对各国出口贸易的相对规模出现了较大变化，例如，对中国的出口额由 2.08 亿美元上涨至 60.02 亿美元，占总出口额的比例超过了 1/3。同时排名前列的出口国家由缅甸周边国家转变为亚、欧、美洲的各大国均有涉及。

表 11-7　缅甸 1995—2020 年出口国别概况

1995 年出口国家	出口规模	份额	2020 年出口国家	出口规模	份额
泰国	2.21 亿美元	18.18%	中国	60.02 亿美元	34.63%
中国	2.08 亿美元	17.18%	泰国	28.30 亿美元	16.26%
新加坡	1.99 亿美元	16.35%	日本	10.09 亿美元	6.25%
印度	1.62 亿美元	13.31%	德国	10.02 亿美元	5.85%
印度尼西亚	9 640 万美元	7.93%	美国	8.59 亿美元	4.94%
日本	8 250 万美元	6.78%	印度	5.87 亿美元	3.37%
美国	7 020 万美元	5.77%	西班牙	5.76 亿美元	3.31%
马来西亚	3 930 万美元	3.23%	韩国	3.96 亿美元	2.28%
孟加拉国	2 570 万美元	2.12%	英国	3.82 亿美元	2.20%
德国	2 240 万美元	1.84%	波兰	2.64 亿美元	1.52%
英国	1 200 万美元	0.99%	荷兰	2.50 亿美元	1.44%
韩国	1 160 万美元	0.95%	意大利	2.28 亿美元	1.31%
加拿大	841 万美元	0.69%	新加坡	2.28 亿美元	1.31%
法国	668 万美元	0.55%	马来西亚	2.04 亿美元	1.17%
比利时	648 万美元	0.53%	法国	1.98 亿美元	1.14%
意大利	610 万美元	0.50%	越南	1.98 亿美元	1.14%
荷兰	466 万美元	0.38%	比利时	1.78 亿美元	1.02%
丹麦	429 万美元	0.35%	印度尼西亚	1.63 亿美元	0.94%
澳大利亚	409 万美元	0.34%	菲律宾	1.05 亿美元	0.61%

资料来源：经济复杂性地图集（www.atlas.cid.harvard.edu）。

在进口方面，由于缅甸自身的工业、科技相对不发达，很多生产、服务、技术资料需要依靠进口。在 1995 年，中国是缅甸最大的进口来源国，新加坡、泰国、马来西亚、日本等国家也是重要的进口来源地；至 2020 年，缅甸的进口来源国相比 1995 年已经有较大发展，居前几位进口来源地为中国、泰国、新加坡、印度尼西亚、印度、马来西亚、越南。可以看出，缅甸的主要进口贸易伙伴集中在东亚、东南亚地区，与西欧、北美的少数发达国家也有一些进口往来。同出口方面类似，缅甸前几位进口来源国也占据了较大份额，缅甸与个别国家的贸易规模远远超出其他国家。

表 11-8　缅甸 1995—2020 年进口国别概况

1995 年进口国家	进口规模	份额	2020 年进口国家	进口规模	份额
中国	6.79 亿美元	27.75%	泰国	37.60 亿美元	14.61%
新加坡	6.38 亿美元	26.02%	中国	127.28 亿美元	49.59%
泰国	3.47 亿美元	14.18%	新加坡	26.2 亿美元	10.18%
马来西亚	2.30 亿美元	9.39%	印度尼西亚	10.03 亿美元	4.02%
日本	1.56 亿美元	6.38%	印度	8.37 亿美元	3.25%
韩国	8 670 万美元	3.54%	马来西亚	7.48 亿美元	2.91%
印度尼西亚	6 040 万美元	2.47%	越南	6.14 亿美元	2.39%
法国	4 950 万美元	2.02%	韩国	6.09 亿美元	2.37%
德国	3 510 万美元	1.43%	日本	6.03 亿美元	2.34%
印度	3 010 万美元	1.23%	美国	3.38 亿美元	1.31%
英国	2 280 万美元	0.93%	俄罗斯	1.96 亿美元	0.76%
罗马尼亚	1 690 万美元	0.69%	阿联酋	1.59 亿美元	0.62%
美国	1 610 万美元	0.66%	德国	1.60 亿美元	0.62%
荷兰	1 300 万美元	0.53%	澳大利亚	1.15 亿美元	0.45%
比利时	1 070 万美元	0.44%	阿曼	8 830 万美元	0.34%
澳大利亚	908 万美元	0.37%	沙特阿拉伯	8 430 万美元	0.33%
意大利	863 万美元	0.35%	意大利	6 920 万美元	0.27%
以色列	765 万美元	0.31%	荷兰	6 550 万美元	0.25%

资料来源：经济复杂性地图集（www.atlas.cid.harvard.edu）。

中国是缅甸最重要的贸易对象，贸易交往频繁。两国贸易的"火热"一定程度上要归功于发达的边境贸易，边境贸易从形式上和结构上均使缅甸更便捷灵活地参与国际市场。特别是滇缅边境贸易额较大，且近年来中国对缅投资较多，促使中国与缅甸的贸易愈加火热。同时，边境贸易对于缅甸的社会发展、边境安全、人文交流均起到正向的带动作用。缅甸从政府至普通民众也在重新审视边境贸易在社会发展中的重要意义。此外，新加坡、泰国、马来西亚等东盟国家也都是缅甸重要的贸易伙伴国，在缅甸对外经济中占据重要位置。从贸易的背后可以看出东盟在区域性经济和政治事务上给予了缅甸较多支持。究其原因，除空间邻近的因素外，也与缅甸被制裁后被迫同周边国家建立更紧密的区域关系相关。从整体上看，缅甸的对外贸易存在极化现象，中国在缅甸贸易伙伴中逐渐占据核心地位，从侧面也显示出中国对于缅甸贸易的重要性。

第三节 缅甸的外部投资与经济特区

一、缅甸的外部投资发展

1988年，缅甸军政府上台，实施对外开放政策，同年11月30日颁布了《缅甸联邦外国投资法》，成立了由18位部长组成的投资委员会，并于12月7日颁布《缅甸联邦外国投资法实施条例》，标志着缅甸逐渐由"封闭国门"走向"全方位开放"（杨光祖，2011）。但直到2007年外资才大量进入缅甸，帮助当地经济发展。

缅甸外部投资净流入的发展过程与缅甸贸易发展过程类似（图11-6）。1971—1990年外部投资处于低谷低温状态，1991—2005年经历了波动起伏的发展阶段。自2005年之后，缅甸的外部投资快速增加，2011年、2015年、2017年均有突破性进展。2011年1月27日，缅甸政府颁布《缅甸特区经济法》，设立土瓦等经济特区和工业区以更好地吸引外国投资。2011年3月，吴登盛民选政府执政，缅甸政府高度重视国内经济发展，致力改善于对外关系，采取各项措施改善投资环境，加大对外国投资的吸引力度；在放款投资领域，完善了相关的投资法律法规；加快企业私有化进程，调整汇率制度。民选政府于2012年、2013年颁布新的《外国投资法》和《外国投资细则》，缅甸吸引外国投资由此跨入了一个崭新的阶段。在外部政治与经济环境方面，美国解除了对缅经济制裁，允许美资企业在缅投资缅甸资源产业；欧盟方面暂停制裁缅甸政府，并提出了一些合作计划；日本宣布免除缅甸债务，并促成缅甸与亚洲开发银行和世界银行解决债务问题，从而协助缅甸实施改革（郑国富，2014）。随着国内投资环境的不断改善，缅甸吸引了大量外国投资进入。虽然缅甸长期的经济"内虚"使得其利用外资发展经济、稳定市场的能力有限，但这种以外资带动国内经济产业发展的模式取得了一定的成效（宋涛，2016）。

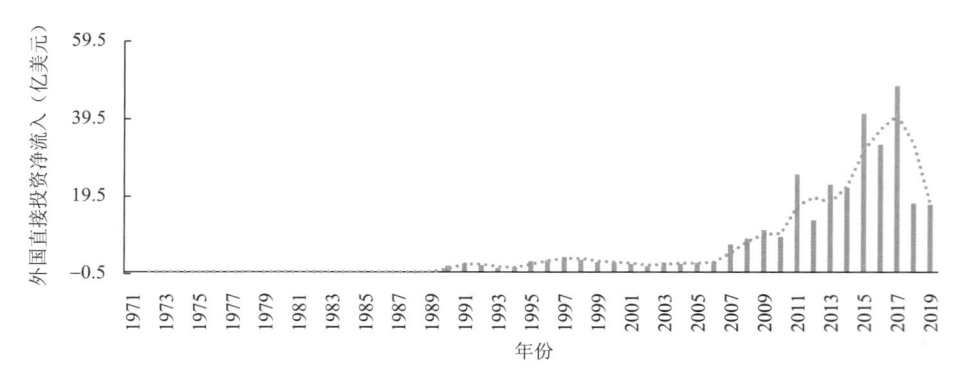

图 11-6　缅甸 1971—2019 年外部投资净流入变化

资料来源：世界银行（www.worldbank.org）。

总体上看，缅甸的外国投资来源地基本集中在东亚与东南亚的国家，中国既是重要的贸易伙伴国，也是重要的投资来源国。英国、法国虽然受到国际对缅制裁的限制，但也有一定规模的对缅投资。

表 11-9　1989—2012 年缅甸吸引外国投资前十位的国家

序号	国家	投资数目	投资金额（亿美元）	占比（%）
1	中国	84	205.42	49.37
2	泰国	61	95.68	23.00
3	韩国	74	29.77	7.15
4	英国	54	27.99	6.73
5	新加坡	78	18.59	4.47
6	马来西亚	43	10.31	2.48
7	法国	2	4.69	1.13
8	越南	5	3.49	0.84
9	印度	8	2.74	0.66
总计（包含其他国家）		519	416.08	100.00

资料来源：投资数据中心（Coordinated Direct Investment Survey）。

国际投资头寸表反映的是资产和负债的存量，也就是截至某一时间的余额。国际投资头寸的变动由特定时期内的国际收支交易、价格变化、汇率变化等引起。对外金融资产和负债相抵后的差额就是净头寸；如果对外资产大于对外负债，即表现为净资产（例如，中国在缅甸国际投资的净头寸即中国在缅甸投资的净对外资产）。2015—2019年，缅甸的外国投资头寸来源结构未发生较大变化（表11-10），中国、新加坡的头寸规模远超其他国家。投资头寸居前列者仍然为东南亚和东亚的国家。2019年相比2015年，投资头寸居前列国家的地区分布更为集中，欧美地区的英国、法国对缅投资相对较少，美国、荷兰对缅投资则相对增加。

表11-10　2015—2019年缅甸外国投资头寸变化

2015年投资来源地	数额（亿美元）	2019年投资来源地	数额（亿美元）
全世界总计	232.04	全世界总计	293.41
中国	84.12	新加坡	84.87
新加坡	75.53	中国	82.12
英国	20.39	泰国	36.02
印度	19.75	日本	31.42
泰国	8.33	英国	11.42
日本	7.66	韩国	9.37
马来西亚	6.01	越南	5.43
法国	4.65	马来西亚	5.22
越南	1.74	荷兰	4.58
澳大利亚	0.80	法国	4.45
韩国	0.34	美国	1.94
巴拿马	0.21	印度	1.81
意大利	0.20	英属维尔京群岛	1.54
柬埔寨	0.10	澳大利亚	1.48
荷兰	0.09	开曼群岛	1.41
萨摩亚	0.08	印度尼西亚	0.51
美国	0.08	柬埔寨	0.46
黎巴嫩	0.04	百慕大	0.45

资料来源：投资数据中心（Coordinated Direct Investment Survey）。

缅甸吸引外国投资也存在着一些问题。首先，年际不均衡，缺少增长持续性，波动性比较高，不符合国际投资机构和大型企业的未来期望。其次，投资规模并不高，缅甸本身经济发展水平低，对外资的吸引能力欠缺，能承接大规模外部资金的能力有待提高。再次，缅甸的投资来源地集中化程度高，投资来源依赖化会加剧投资风险，而且投资环境交叉，与世界投资先导国家和地区的合作存在问题。最后，投资产业趋向个别命脉产业，主要为电力、油气和矿业等重要产业。其中，电力产业几乎占其外国投资总额的一半，而流入制造业领域的外国投资却极为有限。长期来看，这种投资结构反而不利于缅甸的经济结构跨越、升级。缅甸自身缺少"造血"能力，且在重大项目上严重依赖国外力量（陶程，2011）。

二、投资风险变化

后发国家在经济崛起的历程中，大部分均需要外部经济力量的帮助。在全球资本扩张体系下，外部投资与项目建设就成为落后国家经济腾飞需要借助的必要力量。缅甸作为长期经济不发达国家，近年来也意识到外部经济投资对于国民经济和产业的引导作用，对"投资委员会"等执行机构进行改革。但外部投资除了受东道国的市场因素影响外，东道国的政治、人文环境等也影响着经济力量的落地。以下重点阐述缅甸投资风险的变化发展概况。

结合已有对于国家投资风险的评估，研究从政治、经济、社会、项目实践4个维度，涵盖15个指标，形成投资风险评估框架（表11-11），采用统计分析方法计算缅甸（及周围国家）的投资风险。政治风险包括政治环境变化、政局不稳定以及东道国政策法规的改变使得投资项目出现经济损失或投资失败的概率。地方经济环境是良好投资环境的基础，缅甸的经济发展水平低，使得投资活动可能面临更大的不稳定性。社会风险指社会冲突发生的概率，或社会不稳定情况下投资项目遭受利益损失或者搁置风险的可能性，在经济全球化和大国博弈背景下，社会风险的增加在一定情况下可能会演变成社会危机，对国家秩序的维持和大型项目的推进构成阻碍。项目实践风险主要是指投资过程中由于某些不可控因素而造成的投资收益损失甚至是投资本金损失的可能性，项目实践风险的高低表征了东道国具体项目实施环节中的承载能力（王芯芮等，2023；Li et al.，2021）。为便于计算，研究选择对包括缅甸在内的东盟十国进行分析。

表 11-11　投资风险评估框架

目标层	二级指标（权重）	三级指标（权重）	指标含义
国家投资风险评价	政治维度（0.3）	政府稳定性（0.3）	表征该地区政府政策的有效延续性
		法治（0.3）	表征该地区的司法效度及水平
		腐败控制（0.4）	表征该地区主管部门的廉洁程度
	经济维度（0.3）	人均 GDP（0.4）	表征该地区的经济发展水平
		GDP 增长率（0.3）	表征该地区经济发展的可持续性
		通胀率（0.3）	表征该地区经济发展的潜在风险
	社会维度（0.2）	话语权和民主问责制（0.3）	表征该地区的社会包容性
		恐怖事件发生次数（0.3）	表征该地区受危害事件的威胁情况
		国家脆弱性指数（0.4）	表征该地区的社会不稳定程度
	项目实践维度（0.2）	施工通电时间（0.3）	表征该地区项目建设的承载水平
		创业时间（0.35）	表征该地区项目实施的管治水平
		执行合同所需时间（0.35）	表征该地区项目实施效率

从区域整体上看，东南亚各国按投资风险主要可分为 3 个等级，新加坡和马来西亚为低投资风险国家；泰国、老挝、越南、菲律宾、文莱、印度尼西亚为中等投资风险国家；柬埔寨和缅甸为高投资风险国家。从国别上看，在 2010—2019 年，缅甸的投资风险相对于其他国家较高，反映出缅甸的社会发展环境基础在东盟地区内部相对较差（表 11-12）。从国家风险发展趋势来看，2016—2018 年缅甸的投资风险相对较低，这与时任政府的政策支持有较强相关性。2019 年后，缅甸中央与地方的冲突和暴力事件的快速增加，造成了发展环境的波动（图 11-7）。具体投资风险的诱发因素表现在以下几个方面。第一，缅甸在长期的历史发展中由军人政府统治，且地方势力与中央政府的矛盾时而爆发，政治风险突出，对外部投资的非市场性约束很难出现改观，极大地限制了外部投资的引入；第二，由于地方经济长期落后，缺乏有力的经济承载空间和投资管理架构，经济联系和沟通渠道发育不佳；第三，历史民族问题长时间不解决，导致社会稳定性较差；第四，工业及服务产业水平层次低，增长驱动依

赖资源开发，政府主导差、干预却强的特征明显；第五，社会暴力事件与军事冲突对于外国投资的影响也极为明显。

表 11-12　2010—2019 年东南亚各国投资风险变化

	2010 年	2015 年	2019 年
文莱	0.555	0.469	0.427
柬埔寨	0.682	0.687	0.685
印度尼西亚	0.651	0.599	0.550
老挝	0.659	0.697	0.690
马来西亚	0.484	0.492	0.474
缅甸	0.799	0.785	0.815
菲律宾	0.655	0.658	0.648
新加坡	0.336	0.395	0.403
泰国	0.604	0.621	0.576
越南	0.590	0.570	0.545

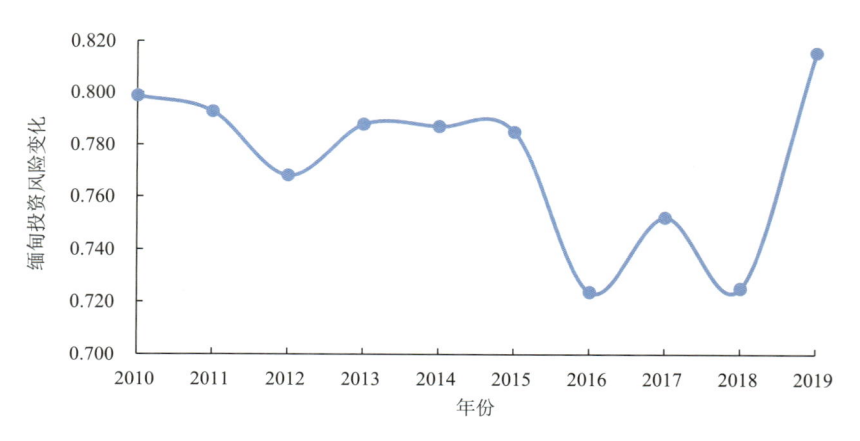

图 11-7　缅甸 2010—2019 年投资风险演变趋势

三、经济特区的发展变迁

经济特区发挥着带动区域经济发展和吸引外国投资的重要作用。缅甸的经济特区主要包括迪拉瓦经济特区、土瓦经济特区和皎漂港特区，目前仅迪拉瓦运转和建设得较好。

　　迪拉瓦经济特区占地 24 km^2，该特区位于缅甸最大城市仰光南部 25 km。园区内的第一座工厂于 2015 年 9 月提早完工，使迪拉瓦特区成为缅甸国内第一个运作的经济特区。迪拉瓦经济特区采用公私合营（Public-Private Partnership，PPP）模式，由缅甸日本迪拉瓦开发公司（Myanmar Japan Thilawa Development Ltd.，MJTD）运营和管理。迪拉瓦经济特区谈判始于 2011 年至 2012 年间，除了缅甸官方外，其他股份由日本企业联合体持有。相较于缅甸其他特区，迪拉瓦经济特区除了在税务上给予厂商减免外，此区域土地还可允许外国投资业者自行登记，并拥有 75 年使用权。目前的经济特区负责人直接对缅甸中央银行负责。自 2015 年招商以来，特区以外资劳动密集型轻工业为切入点，是缅甸政府改革的代表性项目之一（张馨予等，2022）。至 2020 年，该特区入驻了来自 19 个国家和地区的 110 家企业，总投资额约为 17 亿美元。整个经济特区包括 11 个管理部门，为投资者处理有关事务和提供商业运行服务（刘鹏，2020）。迪拉瓦经济区的发展体现出与外交政治强烈的相关性。历史上，日本将"价值观外交"作为其援缅理念，且对缅甸方面的需求颇有研究。1988 年缅甸军变后，日本为与西方国家保持一致，不得不对缅实行制裁。但很快日本就转变立场，承认缅甸军政府，恢复双方人员交往和经济合作。相比于中国在缅项目的进度时常遭到阻碍，日方在缅项目的推进要顺利很多，原因是日方在长期的对缅援助中积累了大量应对不同行为体诉求的反应机制，在经济利益划分中更注重下沉。中国在缅甸开展大型投资项目往往以国内企业为主要股东，相比之下更容易成为被批评和攻击的对象。

　　土瓦经济特区位于缅甸南部德林达依省的首府，距离印度洋安达曼海约 30 km，与泰国西部的北碧府相邻，因区位优势突出，历来是缅甸从事对外贸易和发展海洋经济的重要区域（杜志远，2022）。土瓦经济特区主要由泰缅两国政府合作，共同主导特区的投资开发。土瓦经济特区的建设，将对缅甸经济发展、社会进步产生重大的促进作用，对带动泰国经济发展、提升泰缅两国关系至关重要。自泰国与缅甸签署开发协议以来，该项目的进展情况及未来发展趋势一直备受关注（王楠，2020）。泰国政府组织财政部、商务部、工业部和交通部等机构共同成立土瓦项目建设工作组，承担土瓦项目的规划、建设及筹资等工作。但是，受多方因素的影响，土瓦项目的实际进展亦受到一些阻碍，未来发展面临诸多挑战。主要表现为土瓦项目重大，涉及土地征用、拆迁、补偿等众多复杂问题，资金投入巨大，而两国经济负担能力有限。因此，各方为能顺利推动其建设，做出了一系列努力。2008年，意大利、泰国组成合作发展公司以开发土瓦经济特区，但于2013年因民间抵制而终止。2015年，日本同意参加土瓦经济特区建设；2020年，日本决定对土瓦经济特区进行全面投资。据估计，土瓦经济特区建成后将成为东南亚最大的经济特区，将会发展成为联结东南亚与印度洋、欧洲、中东和非洲的新的区域贸易枢纽和物流中心，同时，将会极大地推动缅甸、泰国两国的社会经济发展。

皎漂为缅甸西部兰里岛北端城镇，东临天然港湾，背倚西北-东南向的砂岩丘陵，属若开邦的皎漂县。19世纪初英国占领皎漂后，利用该地作为由沿海走廊侵入伊洛瓦底江三角洲的基地，是近代英殖民地的英国皇家海军军港（司扬，2020）。皎漂半岛是优良的天然避风避浪港，港口交通禀赋较为优越，且拥有通向缅甸全国的公路、民用航空和民用船码头。鉴于其自然条件优势，2013年9月缅甸政府宣布设立皎漂经济特区，随后进行企业招标和引资活动。然而，由于地方和国际政治等多方面因素，皎漂经济特区的发展并非一帆风顺（常振明，2020）。皎漂经济特区是中缅两国共建"一带一路"和中缅经济走廊框架下的重点项目。2015年年底缅甸政府宣布中信联合体中标皎漂经济特区的深水港与工业园区项目，但由于缅甸政府不满意股权架构的设定，深水港与工业园区项目未能如期推进，皎漂经济特区项目一度搁置。2017年4月，中缅双方签署关于皎漂经济特区深水港和工业园区项目的开发实施的换文。中缅双方在深水港项目所占股比从最初的85%：15%调整到70%：30%。2018年9月，皎漂经济特区深水港项目建设框架协议正式签署，标志着皎漂经济特区的开发建设终于进入快速发展阶段。

经济特区的设立反映出缅甸人民对经济发展和美好生活的希望。通过设立特区，引导项目投资，一定程度上使当地的建设取得进步，也有助于缅甸不断深入全球化体系当中。但缅甸自身的政治问题和有限的国际影响力，使缅甸在对外合作中仍然处于较不利位置。根据《对外投资合作国别（地区）指南》等相关报告，现阶段缅甸的对外经济存在着以下特点：首先，国内政局相对于历史时期稳定得多；其次，各地方的资源禀赋为嵌入外部经济体系奠定了基础；再次，缅甸地缘经济位置邻接中国、印度、东盟三大新兴市场，拥有着枢纽和通道性质的地位；最后，西方对其解除制裁后，缅甸作为最不发达国家享有欧盟等发达地区给予的普惠制待遇。近年来，缅甸当局吸引外资的意愿和对外开放力度不断增强，据世界银行发布的《2020年营商环境报告》，虽然缅甸在190个经济体中排名第165位，但营商环境改善成绩突出，其中开办企业从排名第152位上升至第70位，由此可见缅甸的对外经济在向规范化、国际化的方向发展。

参 考 文 献

[1] 常振明："皎漂港项目扬帆启航于助力中缅经济走廊和中缅命运共同体建设"，《经济导刊》，2020年第Z1期。
[2] 陈玉凤："缅甸大米出口贸易发展研究"，广西大学硕士论文，2015年。
[3] 杜丁丁瑞、黄文瑞："1947—1960年缅甸的对外贸易趋势"，《南洋问题资料译丛》，1960年第2期。
[4] 杜志远："日印在缅土瓦经济特区的'第三国合作'研究"，《学术探索》，2022年第8期。
[5] 林锡星："缅甸水稻种植业的发展——兼谈大米出口在缅甸农业中的重要性"，《东南亚研究资料》，1984年第1期。
[6] 刘鹏："缅甸迪洛瓦经济特区何以脱颖而出"，《世界知识》，2020年第4期。
[7] 司扬："缅甸经济特区、工业园区、产业新城发展现状及市场前景分析"，《国际工程与劳务》，2020年第5期。
[8] 宋涛："中国对缅甸直接投资的发展特征及趋势研究"，《世界地理研究》，2016年第4期。
[9] 陶程："缅甸对外经济关系研究（1988-2009）"，云南大学硕士论文，2011年。
[10] 王璐瑶、朱翠萍："缅甸对外贸易的现状、问题与展望"，《印度洋经济体研究》，2016年第3期。
[11] 王楠："皎漂经济特区与土瓦经济特区的比较分析"，外交学院硕士论文，2020年。
[12] 王芯芮、杨鑫、胡志丁等："大国竞争视角下的区域投资风险评估——以东南亚地区为例"，《热带地理》，2023年第6期。
[13] 肖蕾："缅甸对外经济关系研究"，云南财经大学硕士论文，2014年。
[14] 杨光祖："外国对缅甸直接投资研究（1989-2005）"，云南师范大学硕士论文，2011年。
[15] 张馨予、鲁莹、祝湘辉："日本在缅甸迪洛瓦经济特区的发展战略"，《云大地区研究》，2022年第1期。
[16] 郑国富："缅甸国际直接投资的特点、问题与前景"，《东南亚南亚研究》，2014年第1期。
[17] Li, J., X. Dong., Q. Jiang, et al., 2021. Analytical approach to quantitative country risk assessment for the Belt and Road Initiative. *Sustainability*, Vol. 13, Iss. 1.

后 记

　　不知从何时起，地理与区域研究已经成为本人安身立命之所在。钻研国别与区域地理研究，虽说是将一个自己"看似熟悉"的领域重新打包进行再梳理，却是一个不易的过程。《缅甸地理》一书从立项到出版，经历的个中甘苦，我尤为清晰。这本书有所专长，亦有瑕疵，很多部分仅仅停留在"器物"的层面，还没有上升到"道法"的境界，请各位专家学者、读者多加批评。吾当谨记，受用终身。

　　我素来对书籍怀有崇敬之情。在本书撰写的过程中，我亦重新反思了自己所理解的区域地理研究。在抛却晦涩的概念外衣后，地理学的博大内涵在使我感叹世间奇妙之余，也重塑了我的人生观。我愈发感受到地理学对复杂性事物透视解构之畅然。在不断思索"区域""国别""地方"这些词语的内质的过程中，我体会到被真理托举立体的生命意义。私以为，不懈追求事物本质的精神，也是地理学长期以来革新发展的重要动力，持之以恒，当开阔而坦然。

　　感谢对本书撰写有过帮助的各位，包括我的学生牛福长、王学文、顾斐菲、黄艺丹、张喆等人，以及前言中所列协助撰写的所有成员。感谢杜德斌教授的全程悉心指导。感谢"世界国别与区域地理研究丛书"其他分册作者的启发。感谢商务印书馆，她对于弘扬地理学知识，搭建能够体现中国智慧、中国风范、中国气派的地理学研究平台做出的贡献。我还要特别感谢李娟主任和苏娴编辑对于《缅甸地理》撰写与编辑出版所付出的辛勤劳动。

　　希望本书可以成为国别与区域地理研究的重要参考书之一，在研究范式和研究对象上对相关学科的研究人员有所助益。同时，希望本书可以作为通识类读物，带领大众读者认知缅甸的地理国情。

胡志丁　谨识

2024 年于上海